数 值 分 析

董亚丽　康传刚　编著

科 学 出 版 社

北 京

内 容 简 介

本书系统介绍科学与工程计算中常用的数值计算方法和理论，主要内容包括误差分析、解线性方程组的直接方法和迭代方法、非线性方程（组）的数值解法、插值法、函数逼近与曲线拟合、数值积分与数值微分、常微分方程的数值解法、矩阵特征值与特征向量的数值解法，以及MATLAB软件在数值计算中的应用.

本书内容丰富，论述翔实、严谨，重点突出，推导详尽，深入浅出，富有启发性，易于教学. 书中配有常用的、可运行的程序，并配有大量的例题和习题.

本书可作为理工科各专业研究生“数值分析”或“（数值）计算方法”课程的教材，也可作为数学与应用数学、信息与计算科学、软件工程、计算机科学与技术等专业本科生的“数值分析”或“计算方法”课程的教材或参考书，还可供从事科学与工程计算的科技工作者参考.

图书在版编目（CIP）数据

数值分析/董亚丽，康传刚编著. —北京：科学出版社，2020.9

ISBN 978-7-03-065999-6

Ⅰ. ①数… Ⅱ. ①董…②康… Ⅲ. ①数值分析－高等学校－教材 Ⅳ. ①O241

中国版本图书馆CIP数据核字（2020）第164935号

责任编辑：吉正霞 曾 莉／责任校对：高 嵘
责任印制：张 伟／封面设计：苏 波

科学出版社出版
北京东黄城根北街16号
邮政编码：100717
http://www.sciencep.com
北京凌奇印刷有限责任公司印刷
科学出版社发行 各地新华书店经销
*
2020年9月第 一 版 开本：787×1092 1/16
2025年1月第五次印刷 印张：18 1/4
字数：460 000

定价：68.00元

（如有印装质量问题，我社负责调换）

前　言

随着计算机的广泛使用和现代科学技术的飞速发展，数值计算的方法已成为科学与工程技术领域中解决实际问题的最重要且有效的手段. 理工科大学的学生应当具备一定的科学计算的知识和能力. 以现代数值方法的理论原理、计算及计算机实现为主要内容的“数值分析”课程在培养研究生的科学计算能力方面有着重要的、不可替代的作用. 因此，目前各高等院校为非数学专业的研究生开设了“数值分析”课程，同时“数值分析”还是数学与应用数学、信息与计算科学等专业本科生的主干课程.

本书介绍现代科学与工程计算中常用的数值计算方法，对这些数值计算方法的基本理论、计算效果、稳定性、收敛效果、优劣性及适用范围等进行比较详细的分析. 本书的具体内容包括误差分析的基础知识、解线性方程组的直接方法和迭代法、非线性方程和方程组的数值解法、插值与逼近、数值积分、数值微分、常微分方程的数值解法，以及矩阵特征值与特征向量的计算等. 另外，本书利用 MATLAB 应用软件的数值计算和绘图的基本功能，进行各类计算方法的程序构造与实现.

本书是天津工业大学数学科学学院的老师在长期从事“数值分析”教学的基础上编写的一本教材. 在编写时，力求既便于教学，又便于自学. 本书内容比较全面，系统性强，各章内容既有相互联系，又有一定的独立性. 本书基本概念清晰准确，语言叙述通俗易懂，内容组织由浅入深，理论分析科学严谨. 本书着重数值计算基本原理和各种方法的基本思想的阐述，注重数学概念的严密性和准确性. 书中每章都配备了大量的例题和习题.

全书内容由董亚丽教授主持编写，共分 10 章，其中第 1～7 章、第 9 章由董亚丽编写，第 8、10 章由康传刚编写. 全书由董亚丽负责统稿、定稿工作.

本书的编写和出版得到了天津工业大学研究生课程优秀教材建设项目的资助，科学出版社对本书的出版给予了大力支持，在此表示衷心的感谢. 同时，对本书编写时所参考的相关文献的作者也一并表示感谢.

由于编著水平有限，书中难免有疏漏或不妥之处，欢迎广大读者批评指正.

作　者

2019 年 12 月

目　录

第 1 章　绪　　论

1.1　数值分析的研究对象

数值分析是数学学科的一个分支，也称数值计算方法或计算方法. 它主要研究科学与工程技术中数学问题的数值解及其理论. 当今世界计算机已被广泛使用，因此数值分析所研究的应该是适合于计算机上使用的计算方法及其误差分析、收敛性和稳定性等问题. 数值分析把数学理论与计算机应用紧密结合起来，既有纯数学的高度抽象性和严谨性，又有应用的广泛性和实验的高度技术性.

一般地，用计算机进行科学与工程计算时要经历如下过程：

实际问题→建立数学建模→设计实用的数值计算方法→程序设计→上机计算求出结果

可见，数值分析是科学与工程计算过程中必不可少的环节，它以纯数学为基础，但不只研究数学本身的理论，而着重研究解决问题的数值方法及效果，如怎样使计算速度最快、存储量最少等，以及数值方法的收敛性、稳定性和误差分析等.

数值分析是一门与计算机紧密结合的实用性很强的有着自身研究方法与理论系统的计算数学课程. 数值分析以计算机为工具，以数值代数（线性方程组的解法、矩阵特征值及特征向量的计算、非线性方程及方程组的解法）、数值逼近（各种函数逼近问题数值解、数值微分、数值积分）和微分方程的数值解法等为研究内容.

最近半个世纪科学研究的实践使人们越来越清楚地认识到，当代科学研究方法应该由实验、科学计算及理论三大环节组成. 也就是说，科学计算已成为一种新的科学研究方法. 因此，作为科学计算的主体——数值分析也就越来越被人们所重视.

随着电子计算机的普及与发展，数值计算已成为科学研究与工程设计中必不可少的重要手段. 在科学计算与计算机技术飞速发展的今天，学习、掌握数值计算方法并会用电子计算机来解决科研与工程实际中的数值计算问题，已成为广大科技与工程技术人员的迫切需要.

1.2　误差的来源

在工程技术的计算中，估计计算结果的精确度是十分重要的工作，而影响精确度的是各种各样的误差，误差按照它们的来源可分为以下四种.

1. 模型误差

反映实际问题有关量之间的计算公式，即数学模型，通常只是近似的，由此产生的数学模型的解与实际问题的解之间的误差称为模型误差.

2. 观测误差

数学问题中总包含一些参量，它们的值往往是由观测得到的，而观测不可能绝对准确，由此产生的误差称为观测误差.

3. 截断误差

由于根据实际问题建立起来的数学模型在很多情况下很难得到准确解，通常要用数值方法求它的近似解，如用有限过程逼近无限过程，用能计算的问题代替不能计算的问题. 这种数学模型的精确解与由数值方法求出的近似解之间的误差称为截断误差. 截断误差是数值方法所固有的，也称方法误差.

求一个收敛的无穷级数之和，总是用它的部分和作为近似值，也就是截去该级数后面的无穷多项.

例如，由 Taylor（泰勒）公式，函数 $f(x)$ 可表示为

$$f(x)=f(0)+f'(0)x+\frac{f''(0)}{2!}x^2+\cdots+\frac{f^{(n)}(0)}{n!}x^n+\frac{f^{(n+1)}(\theta x)}{(n+1)!}x^{n+1}\quad (0<\theta<1)$$

为了简化计算，当 $|x|$ 不大时，去掉上式的最后一项，得近似公式

$$f(x)\approx f(0)+f'(0)x+\frac{f''(0)}{2!}x^2+\cdots+\frac{f^{(n)}(0)}{n!}x^n$$

此近似公式的误差就是截断误差.

4. 舍入误差

在计算过程中往往要对数字进行舍入，例如，受机器字长的限制，无穷小数和位数很多的数必须舍入成一定的位数. 这样产生的误差称为舍入误差.

在数值计算中，主要研究截断误差和舍入误差对计算结果的影响，一般不考虑模型误差和观测误差.

1.3 绝对误差、相对误差与有效数字

1.3.1 绝对误差与相对误差

定义 1.1 设 x^* 是准确值 x 的一个近似值，称

$$e(x^*)=x-x^* \tag{1.1}$$

为近似值 x^* 的绝对误差，简称误差.

注 1.1 绝对误差是有量纲的.

$\left|e(x^*)\right|$ 的大小标志着 x^* 的精度. 一般地，在同一量的不同近似中，$\left|e(x^*)\right|$ 越小，x^* 的精度越高.

一般情况下，准确值 x 难以求出，从而也不能算出绝对误差 $e(x^*)$ 的准确值，但可以根据测量工具或计算情况估计出它的取值范围. 即估计出误差绝对值的一个上界 ε，

$$\left|e(x^*)\right|=\left|x-x^*\right|\leqslant\varepsilon \tag{1.2}$$

称 ε 为近似值 x^* 的绝对误差限或绝对误差界，简称误差限或误差界.

有了误差限和近似值，就可以得到准确值的范围为

$$x^* - \varepsilon \leqslant x \leqslant x^* + \varepsilon \tag{1.3}$$

或记为 $x^* = x^* \pm \varepsilon$.

绝对误差的大小在很多情况下还不能完全刻画一个近似值的精确程度. 例如，在测量飞机机翼的长度时发生 1 mm 的误差，与在测量飞机机翼的厚度时发生 1 mm 的误差，虽然两者的绝对误差是一样的，但它们决定近似值的精确程度却是不一样的. 因此，要评价一个近似值的精确程度，除了要看它的绝对误差的大小之外，还必须要考虑该数值本身的大小，这就需要引入相对误差的概念.

定义 1.2　设 x^* 是准确值 x 的一个近似值，称绝对误差与准确值之比为近似值 x^* 的相对误差，记为 $e_r(x^*)$，即

$$e_r(x^*) = \frac{e(x^*)}{x} = \frac{x - x^*}{x} \tag{1.4}$$

注 1.2　相对误差反映了一个近似值的精确程度. 相对误差越小，x^* 的精确程度越高. 相对误差是没有量纲的量，一般用百分数表示.

由于在计算过程中准确值 x 总是未知的，也常常将相对误差定义为

$$e_r(x^*) = \frac{e(x^*)}{x^*} = \frac{x - x^*}{x^*} \tag{1.5}$$

同样，相对误差也只能估计其上限. 若存在正数 ε_r，使得

$$\left|e_r(x^*)\right| = \left|\frac{e(x^*)}{x^*}\right| \leqslant \varepsilon_r \tag{1.6}$$

则称 ε_r 为 x^* 的相对误差限.

显然，误差限与近似值的绝对值之比 $\dfrac{\varepsilon}{\left|x^*\right|}$ 为 x^* 的一个相对误差限.

容易看出，经过四舍五入得到的数，其误差必定不超过被保留的最后数位上的半个单位，即最后数位上的半个单位为其误差限.

例如，若取 π 的近似值为 3.14，则

$$|\pi - 3.14| \leqslant 0.0016 \leqslant \frac{1}{2} \times 10^{-2}$$

若取 π 的近似值为 3.142，则

$$|\pi - 3.142| \leqslant 0.00041 \leqslant \frac{1}{2} \times 10^{-3}$$

例 1.1　设 $a = 4.12$ 和 $b = -3.4210$ 是分别由准确值 x 和 y 经过四舍五入而得到的近似值，求绝对误差限 $\varepsilon(a), \varepsilon(b)$ 和相对误差限 $\varepsilon_r(a), \varepsilon_r(b)$.

解

$$\varepsilon(a) = 0.005, \qquad \varepsilon(b) = 0.00005$$

$$\varepsilon_r(a) = \frac{0.005}{4.12} \approx 0.12\%$$

$$\varepsilon_r(b) = \frac{0.00005}{3.4210} \approx 0.00146\%$$

1.3.2 有效数字

有效数字是近似值的一种表示法，它既能表示其大小，又能表示其精确程度.

定义 1.3 若 x 的某一近似值 x^* 的绝对误差限是它的某一位数字的半个单位，则称其“准确”到这一位，且从该位直到 x^* 的第一位非零数字共有 q 位，则称近似值 x^* 有 q 位有效数字.

例如，取 $\sqrt{3}$ 的近似值为 1.732 1. 因为

$$\left|\sqrt{3}-1.7321\right| \leqslant \frac{1}{2}\times 10^{-4}$$

所以 $\sqrt{3}$ 的近似值 1.7321 准确到小数点后第 4 位，它具有 5 位有效数字.

非零数 x^* 总可以写成

$$x^* = \pm 0.a_1a_2\cdots a_n\cdots \times 10^m$$

其中：m 为整数；$a_i\,(i=1,2,\cdots)$ 为 0～9 中的一个数字，$a_1 \neq 0$. 若 x^* 作为数 x 的近似值，且

$$\left|x-x^*\right| \leqslant \frac{1}{2}\times 10^{m-n} \tag{1.7}$$

则称近似值 x^* 有 n 位有效数字.

例如，若 $x^* = 3\,246.089$ 是具有 7 位有效数字的近似值，则它的误差限为

$$\left|x-x^*\right| \leqslant \frac{1}{2}\times 10^{-3}$$

从有效数字的定义可知，由准确值经过四舍五入得到的近似值，从它的末位数字到第一位非零数字都是有效数字. 同一个准确值的不同近似值，有效数字越多，其绝对误差和相对误差都越小.

例 1.2 下列近似值的绝对误差限都是 0.005：

$$a = 2.67, \quad b = -0.0231, \quad c = 0.54\times 10^{-4}$$

问各个近似值分别有几位有效数字？

解 a 有 3 位有效数字 2, 6, 7；b 有 1 位有效数字 2；c 没有有效数字.

下面的定理给出了相对误差限与有效数字的关系.

定理 1.1 若 x 的近似值 $x^* = \pm 0.a_1a_2\cdots a_n \times 10^m\ (a_1 \neq 0)$ 有 n 位有效数字，则 $\dfrac{1}{2a_1}\times 10^{-n+1}$ 为其相对误差限；反之，若 x^* 的相对误差限 ε_r 满足

$$\varepsilon_r \leqslant \frac{1}{2(a_1+1)}\times 10^{-n+1} \tag{1.8}$$

则 x^* 至少有 n 位有效数字.

证明 由式（1.7）有

$$\left|e(x^*)\right| = \left|x-x^*\right| \leqslant \frac{1}{2}\times 10^{m-n}$$

从而有

$$\left|e_r(x^*)\right| = \left|\frac{x-x^*}{x^*}\right| \leqslant \frac{\frac{1}{2}\times 10^{m-n}}{a_1\times 10^{m-1}} = \frac{1}{2a_1}\times 10^{-n+1}$$

所以 $\frac{1}{2a_1}\times 10^{-n+1}$ 是 x^* 的相对误差限.

若 $\varepsilon_r \leqslant \frac{1}{2(a_1+1)}\times 10^{-n+1}$，则由式（1.5）有

$$
\begin{aligned}
\left|e(x^*)\right| &= \left|x^* e_r(x^*)\right| \leqslant 0.a_1a_2\cdots a_n \times 10^m \varepsilon_r \\
&\leqslant (a_1+1)\times 10^{m-1}\times \frac{1}{2(a_1+1)}\times 10^{-n+1} = \frac{1}{2}\times 10^{m-n}
\end{aligned}
$$

由式（1.7）知，x^* 至少有 n 位有效数字.

定理 1.1 表明，由有效数字位数可以求出相对误差限. 例如，$x^*=3.14$ 是 $x=\pi$ 具有 3 位有效数字的近似值，故其相对误差限为

$$
\varepsilon_r = \frac{1}{2\times 3}\times 10^{-3+1} = 0.166\,67\times 10^{-2}
$$

例 1.3　要使 $\sqrt{20}$ 近似值的相对误差小于 1%，应取几位有效数字？

解　由于 $4<\sqrt{20}<5$，$\sqrt{20}$ 的首位非零数字是 4，即 $a_1=4$. 设近似数 x^* 有 n 位有效数字，只需取 n 使得

$$
\frac{1}{2a_1}\times 10^{-n+1}<1\%
$$

即

$$
\frac{1}{2\times 4}\times 10^{-n+1}<1\%
$$

由上式解得 $n>2.097$. 只要取 $n=3$，即取 3 位有效数字，近似值的相对误差就小于 1%.

1.4　误差的传播

1.4.1　一元函数计算误差的传播

设 $y=f(x)$ 存在足够高阶的导数，x^* 是自变量 x 的近似值，则 $y^*=f(x^*)$ 是函数值 $y=f(x)$ 的近似值. 若 $f'(x^*)\neq 0$ 且比值 $\left|f''(x^*)\right|/\left|f'(x^*)\right|$ 不很大，则由 Taylor 公式可得 $y^*=f(x^*)$ 的估计误差为

$$
e(y^*) = f(x)-f(x^*) \approx f'(x^*)(x-x^*) = f'(x^*)e(x^*) \tag{1.9}
$$

因为

$$
\left|e(y^*)\right| \approx \left|f'(x^*)\right|\left|e(x^*)\right| \leqslant \left|f'(x^*)\right|\varepsilon(x^*)
$$

所以

$$
\left|\varepsilon(y^*)\right| \approx \left|f'(x^*)\right|\varepsilon(x^*) \tag{1.10}
$$

若 $f'(x^*)=f''(x^*)=\cdots=f^{(k-1)}(x^*)=0$，$f^{(k)}(x^*)\neq 0$，且比值 $\left|f^{(k+1)}(x^*)\right|/\left|f^{(k)}(x^*)\right|$ 不很大，则 $y^*=f(x^*)$ 的误差估计为

$$e(y^*) \approx \frac{f^{(k)}(x^*)}{k!}[e(x^*)]^k \tag{1.11}$$

$$|\varepsilon(y^*)| \approx \left|\frac{f^{(k)}(x^*)}{k!}\right|[\varepsilon(x^*)]^k \tag{1.12}$$

1.4.2 多元函数计算误差的传播

设 n 元函数 $y = f(x_1, x_2, \cdots, x_n)$ 充分可微，x_i^* 是 $x_i\ (i = 1, 2, \cdots, n)$ 的近似值，则 $y^* = f(x_1^*, x_2^* \cdots, x_n^*)$ 是函数值 $y = f(x_1, x_2, \cdots, x_n)$ 的近似值. 由多元函数 Taylor 公式可得 y^* 的误差估计为

$$\begin{aligned} e(y^*) &= f(x_1, x_2, \cdots, x_n) - f(x_1^*, x_2^*, \cdots, x_n^*) \approx \sum_{i=1}^{n} \frac{\partial f(x_1^*, x_2^*, \cdots, x_n^*)}{\partial x_i}(x_i - x_i^*) \\ &= \sum_{i=1}^{n} \frac{\partial f(x_1^*, x_2^*, \cdots, x_n^*)}{\partial x_i} e(x_i^*) \end{aligned} \tag{1.13}$$

$$\varepsilon(y^*) \approx \sum_{i=1}^{n} \left|\frac{\partial f(x_1^*, x_2^*, \cdots, x_n^*)}{\partial x_i}\right| \varepsilon(x_i^*) \tag{1.14}$$

$$e_{\mathrm{r}}(y^*) = \frac{e(y^*)}{y^*} \approx \sum_{i=1}^{n} \frac{\partial f(x_1^*, x_2^*, \cdots, x_n^*)}{\partial x_i} \frac{x_i^*}{y^*} e_{\mathrm{r}}(x_i^*) \tag{1.15}$$

由式（1.13）可得四则运算结果的误差估计. 设 x^* 和 y^* 分别是准确值 x 和 y 的近似值，则 $x^* + y^*, x^* - y^*, x^* y^*, x^*/y^*$ 分别是 $x + y, x - y, xy, x/y$ 的近似值，由式（1.13）和式（1.15）可得

$$e(x^* \pm y^*) = e(x^*) \pm e(y^*) \tag{1.16}$$

$$e_{\mathrm{r}}(x^* \pm y^*) = \frac{x^*}{x^* \pm y^*} e_{\mathrm{r}}(x^*) \pm \frac{y^*}{x^* \pm y^*} e_{\mathrm{r}}(y^*) \tag{1.17}$$

$$e(x^* y^*) \approx y^* e(x^*) + x^* e(y^*) \tag{1.18}$$

$$e_{\mathrm{r}}(x^* y^*) \approx e_{\mathrm{r}}(x^*) + e_{\mathrm{r}}(y^*) \tag{1.19}$$

$$e\left(\frac{x^*}{y^*}\right) \approx \frac{y^* e(x^*) - x^* e(y^*)}{(y^*)^2} \tag{1.20}$$

$$e_{\mathrm{r}}\left(\frac{x^*}{y^*}\right) \approx e_{\mathrm{r}}(x^*) - e_{\mathrm{r}}(y^*) \tag{1.21}$$

由式（1.14）可得四则运算后的误差限分别为

$$\varepsilon(x^* \pm y^*) = \varepsilon(x^*) + \varepsilon(y^*) \tag{1.22}$$

$$\varepsilon(x^* y^*) \approx |y^*| \varepsilon(x^*) + |x^*| \varepsilon(y^*) \tag{1.23}$$

$$\varepsilon\left(\frac{x^*}{y^*}\right) \approx \frac{|y^*| \varepsilon(x^*) + |x^*| \varepsilon(y^*)}{|y^*|^2} \quad (y^* \neq 0) \tag{1.24}$$

例 1.4 设有三个近似数 $a = 2.31, b = 1.45, c = 7.82$，它们都有 3 位有效数字，试求 $q = ab - c$

的绝对误差限和相对误差限，并问 q 有几位有效数字？

解

$$q = 2.31\times1.45 - 7.82 = -4.470\,5$$

$$e(q) = e(ab) - e(c) \approx be(a) + ae(b) - e(c)$$
$$= 1.45\times e(2.31) + 2.31\times e(1.45) - e(7.82)$$

因为 a, b, c 都有三位有效数字，所以

$$|e(q)| \leqslant 1.45\times|e(2.31)| + 2.31\times|e(1.45)| + |e(7.82)|$$
$$\leqslant 1.45\times\frac{1}{2}\times10^{-2} + 2.31\times\frac{1}{2}\times10^{-2} + \frac{1}{2}\times10^{-2} = 0.023\,8$$

即 q 的绝对误差限为 $\varepsilon(q) = 0.023\,8$.

又因为

$$|e_{\mathrm{r}}(q)| = \frac{|e(q)|}{|q|} \leqslant \frac{0.023\,8}{4.470\,5} = 0.532\%$$

所以 q 的相对误差限为 0.532%. 由于 $0.023\,8 < 0.05$， $q = -4.470\,5$ 有 2 位有效数字.

例 1.5 设 $f(x,y) = \dfrac{\cos y}{x}$，$x = 1.30\pm0.005$，$y = 0.871\pm0.000\,5$，若用 $z^* = f(1.30, 0.871)$ 作为 $f(x,y)$ 的近似值，则 z^* 有几位有效数字？

解 $z^* = \dfrac{\cos(0.871)}{1.30} \approx 0.495\,43$. 因为 $\dfrac{\partial f}{\partial x} = -\dfrac{\cos y}{x^2}$，$\dfrac{\partial f}{\partial y} = -\dfrac{\sin y}{x}$，所以

$$|e(z^*)| \approx \left|\frac{\partial f(x^*, y^*)}{\partial x}e(x^*) + \frac{\partial f(x^*, y^*)}{\partial y}e(y^*)\right| = \left|-\frac{\cos y^*}{(x^*)^2}e(x^*) - \frac{\sin y^*}{x^*}e(y^*)\right|$$
$$\leqslant \left|\frac{\cos 0.871}{1.30^2}e(1.30)\right| + \left|\frac{\sin 0.871}{1.30}e(0.871)\right|$$
$$\leqslant \left|\frac{\cos 0.871}{1.30^2}\right|\times0.005 + \left|\frac{\sin 0.871}{1.30}\right|\times0.000\,5 \approx 0.002\,2 < 0.005$$

从而 $z^* = 0.495\,43$ 有 2 位有效数字.

1.5 在近似计算中需要注意的一些问题

数值计算中的误差分析是一个既复杂又不可避免的问题. 为了保证数值计算结果的正确性，就必须将误差控制在比较小的范围内，也就是要求掌握误差产生和传播的规律. 目前尚无有效的方法对误差做出定量的估计，因此，在解决具体数值问题时，往往需要先对该问题做出定性的分析. 下面将通过对误差传播规律及算法优劣的分析，指出选用和设计算法时应注意的几个问题.

1.5.1 算法的数值稳定性

在计算过程中，初始数据产生的舍入误差总是存在的，这导致近似数的运算及函数值的计算中都会产生相应的误差，从而影响最终计算结果.

一个算法若初始数据有误差，且计算过程中舍入误差不增长，则称此算法为数值稳定的；否则称为数值不稳定的.

例 1.6　计算积分值 $I_n=\int_0^1 \frac{x^n}{x+5}\mathrm{d}x\ (n=0,1,2,\cdots)$.

解　由于

$$I_n+5I_{n-1}=\int_0^1 \frac{x^n}{x+5}\mathrm{d}x+\int_0^1 \frac{5x^{n-1}}{x+5}\mathrm{d}x=\int_0^1 x^{n-1}\mathrm{d}x=\frac{1}{n}$$

可得以下两个递推算法.

算法 1　$$I_n=\frac{1}{n}-5I_{n-1}\quad (n=1,2,\cdots)$$

算法 2　$$I_{k-1}=\frac{1}{5}\left(\frac{1}{k}-I_k\right)\quad (k=n,n-1,\cdots,1)$$

且

$$\frac{1}{6(n+1)}=\int_0^1 \frac{1}{6}x^n\mathrm{d}x<I_n<\int_0^1 \frac{1}{5}x^n\mathrm{d}x=\frac{1}{5(n+1)}$$

取 $I_0=\ln 1.2\approx 0.1823$，按算法 1 计算结果如表 1.1 第 2 列所示（计算结果精确到小数点后第 4 位）.

表 1.1　两种递推算法的计算结果

n	I_n（按算法 1 计算）	I_n（按算法 2 计算）
0	0.182 3	0.182 3
1	0.088 5	0.088 4
2	0.057 5	0.058 0
3	0.045 8	0.043 1
4	0.020 8	0.034 3
5	0.095 8	0.028 5
6	−0.312 5	0.024 3
7	1.705 4	0.021 2
8	−8.401 8	0.018 9
9	42.120 0	0.016 7
10	−210.500 2	0.016 7

取 $I_{10}^*=\frac{1}{2}\left(\frac{1}{6\times 11}+\frac{1}{5\times 11}\right)\approx 0.0167$，按算法 2 计算结果如表 1.1 第 3 列所示.

由表 1.1 中结果可见，按算法 1 得到 $I_6<0$，这显然是错的. 因为对任意 $n\geqslant 0$ 均有

$$I_n>\frac{1}{6(n+1)}>0$$

事实上，按算法 1 有

$$e_n=I_n-I_n^*=-5I_{n-1}+5I_{n-1}^*=-5e_{n-1}\quad (n=1,2,\cdots)$$

可见，从 I_{n-1}^* 计算 I_n^*，其误差以每步 5 倍的速度增长，从而有

$$e_n=(-5)^n e_0$$

这表明算法 1 是数值不稳定的.

而按算法 2 计算，尽管 I_{10}^* 取值精度不高，其误差限为 $\varepsilon=\frac{1}{2}\left(\frac{1}{55}-\frac{1}{66}\right)\approx 0.0015$，但递推到 I_0^* 计算结果是正确的. 按算法 2 有

$$e_{k-1}=\frac{-1}{5}e_k$$

从而有

$$e_0=\left(-\frac{1}{5}\right)^n e_n$$

因此，从 I_{10}^* 出发计算到 I_0^* 时，其误差 e_0 缩小到 $\frac{e_{10}}{5^{10}}$. 这表明算法 2 是数值稳定的.

在例 1.6 中，算法 2 具有数值稳定性，而算法 1 是数值不稳定的. 例 1.6 表明，在实际数值计算中，数值方法不稳定的算法是不能使用的.

1.5.2　数值算法设计的若干原则

为了减少舍入误差的影响，设计算法时应遵循如下一些原则.

（1）避免两个相近的数相减.

两数之差 $z=x^*-y^*$ 的相对误差为

$$e_{\mathrm{r}}(z)=e_{\mathrm{r}}(x^*-y^*)=\frac{e(x^*)-e(y^*)}{x^*-y^*}$$

当 x^* 与 y^* 很接近时，z 的相对误差会很大，有效数字位数将严重丢失. 例如，当 $x=3\,000$ 时，计算 $\sqrt{x+1}-\sqrt{x}$ 的值，若取 4 位有效数字计算，有

$$\sqrt{x+1}-\sqrt{x}=\sqrt{3\,001}-\sqrt{3\,000}\approx 54.78-54.77=0.01$$

这个结果只有 1 位有效数字，损失了 3 位有效数字，从而绝对误差和相对误差都变得很大，严重影响了计算精度. 但如果将公式改变为

$$\sqrt{x+1}-\sqrt{x}=\frac{1}{\sqrt{x+1}+\sqrt{x}}=\frac{1}{\sqrt{3\,001}+\sqrt{3\,000}}\approx 0.009\,128$$

它仍然有 4 位有效数字. 可见改变计算公式可以避免两个相近数相减而引起的有效数字的损失，从而得到比较精确的计算结果.

例 1.7　求方程 $x^2-20x+1=0$ 的根（取 4 位有效数字）.

解　由公式解得

$$x_1=\frac{20+\sqrt{20^2-4}}{2}=10+\sqrt{99}\approx 19.95$$

$$x_2=\frac{20-\sqrt{20^2-4}}{2}=10-\sqrt{99}\approx 0.05=x_2^*$$

由于相近的数相减，x_2^* 仅有 1 位有效数字.

如果

$$x_2=10-\sqrt{99}=\frac{1}{10+\sqrt{99}}\approx\frac{1}{19.95}\approx 0.050\,12$$

可以得到较好的结果.

一般地，当 x 接近于 0 时，应作变换

$$1-\cos x=2\sin^2\frac{x}{2}$$

$$\frac{1-\cos x}{\sin x}=\frac{\sin x}{1+\cos x}$$

当 x 充分大时，应作变换

$$\sqrt{x+1}-\sqrt{x}=\frac{1}{\sqrt{x+1}+\sqrt{x}}$$

$$\frac{1}{x}-\frac{1}{x+1}=\frac{1}{x(x+1)}$$

当 x_1 与 x_2 很接近时，应作变换

$$\ln x_1-\ln x_2=\ln\frac{x_1}{x_2}$$

……

（2）避免大数“吃”小数的现象.

在数值计算中，参加计算的数有时数量级相差很大，而计算机的位数是有限的. 如果不注意运算次序就可能发生大数“吃”小数的现象，影响计算结果的可靠性.

计算机在进行运算时，首先要把参与运算的数对阶，即把两数都写成绝对值小于 1 而阶数相同的数. 例如，$a=10^{11}+1$ 必须改写成

$$a=0.1\times10^{12}+0.000\,000\,000\,001\times10^{12}$$

若计算机只能表示 10 位小数，则算出 $a=0.1\times10^{12}$，大数“吃”了小数.

又如，求解方程 $x^2-(10^{11}+1)x+10^{11}=0$ 的根时，利用因式分解容易求出两根分别为 10^{11} 和 1. 利用求根公式可得

$$x_{1,2}=\frac{10^{11}+1\pm\sqrt{(10^{11}+1)^2-4\times10^{11}}}{2}$$

如果利用 10 位小数计算机求解，由于 $10^{11}+1\approx10^{11}$，$\sqrt{(10^{11}+1)^2-4\times10^{11}}\approx10^{11}$，有 $x_1=10^{11}$，$x_2=0$. 可以看出 x_2 的误差太大，显然在求 x_2 时出现了大数“吃”小数现象. 从上述计算可以看出，x_1 是可靠的，故可利用根与系数的关系 $x_1\cdot x_2=c/a$ 来求 x_2，即

$$x_2=\frac{c}{ax_1}=\frac{10^{11}}{1\times10^{11}}=1$$

此方法是可靠的.

再如，已知 $x=6\times10^{12}$，$y=9$，$z=-6\times10^{12}$. 若按 $(x+y)+z$ 的次序来编程序，则计算结果为 0；若按 $(x+z)+y$ 的次序来编程序，则计算结果为 9.

避免大数“吃”小数的方法是调整计算次序，尽量使数量级相近的数进行相加或相减的运算.

（3）避免用绝对值太小的数作除数.

由式（1.20）可知

$$e\left(\frac{x_1}{x_2}\right)=\frac{x_2 e(x_1)-x_1 e(x_2)}{x_2^2}$$

当$|x_2| \ll |x_1|$时，舍入误差可能增大很多.

例如，$\frac{3.141\,6}{0.001}=3\,141.6$，当分母变为 0.001 1，即分母只有 0.000 1 的变化时，有

$$\frac{3.141\,6}{0.001\,1}=2\,856$$

商却引起了巨大的变化. 因此，在计算过程中，不仅要避免两个相近的数相减，还应特别注意避免用这个差作除数.

（4）尽量简化计算步骤以便减少运算次数.

同样一个计算问题，若能选用更为简单的计算公式，减少运算次数，不但可以节省计算量，提高计算速度，还能简化逻辑结构，减少误差积累，这也是数值计算必须遵守的原则.

例 1.8　计算多项式

$$P_n(x)=a_n x^n+a_{n-1}x^{n-1}+\cdots+a_1 x+a_0$$

的值. 如果直接计算$a_k x^k$，再逐项相加，一共需做

$$n+(n-1)+\cdots+2+1=\frac{n(n+1)}{2}$$

次乘法和 n 次加法.

而对

$$P_n(x)=\{[\cdots(a_n x+a_{n-1})x+a_{n-2}]x+\cdots+a_1\}x+a_0$$

采用递推算法（秦九韶算法）

$$\begin{cases}u_n=a_n\\u_k=xu_{k+1}+a_k\quad(k=n-1,n-2,\cdots,1,0)\\P_n(x)=u_0\end{cases}$$

计算，仅需 n 次乘法和 n 次加法就可以算出$P_n(x)$的值.

例 1.9　利用公式

$$\ln(1+x)=\sum_{k=1}^{\infty}(-1)^{k+1}\frac{x^k}{k}$$

的前 n 项部分和，可以计算$\ln(1+x)$的近似值. 令$x=1$，计算 $\ln 2$ 的近似值，若要精确到10^{-5}，则需要计算 10 万项求和，这种计算方法不仅计算量很大，而且舍入误差的积累也十分严重. 如果改用级数

$$\ln\frac{1+x}{1-x}=2x\left(1+\frac{1}{3}x^2+\frac{1}{5}x^4+\cdots+\frac{x^{2n}}{2n+1}+\cdots\right)$$

取$x=\frac{1}{3}$，则

$$\ln 2=\frac{2}{3}\left[1+\frac{1}{3\times 3^2}+\frac{1}{5\times 3^4}+\cdots+\frac{1}{(2n+1)\times 9^n}+\cdots\right]$$

只需计算前 5 项，截断误差便小于10^{-5}.

例 1.10　计算 $\sum_{n=1}^{3\,000}\frac{1}{(n+1)n}$ 的值.

解　若直接逐项求和，则其运算次数不仅很多而且误差积累也不小；但若将该和式简化为

$$\sum_{n=1}^{3\,000}\frac{1}{(n+1)n}=\sum_{n=1}^{3\,000}\left(\frac{1}{n}-\frac{1}{n+1}\right)=1-\frac{1}{3\,001}\approx 9.996\,7$$

整个计算就只需一次除法和一次减法.

（5）选用数值稳定性好的算法.

习　题　1

1. 按四舍五入法原则，求下列各数具有 4 位有效数字的近似值：

$$421.517,\ 3.000\,65,\ 73.225\,0,\ 0.005\,216\,3$$

2. 设 $x>0$，x 的相对误差为δ，求 $\ln x$ 的绝对误差.

3. 设下列各数均为经过四舍五入后得到的近似值，试求各数的绝对误差限和相对误差限.

$$a=35.423,\quad b=0.002\,16,\quad c=6\,751\times 10^{-2},\quad d=0.324\,0\times 10^{8}$$

4. 已知 $a=2.456$，$b=0.654$ 是经过四舍五入后得到的近似值，问 $a+b$，$a\times b$ 分别有几位有效数字？

5. 设 x 的相对误差为 2%，求 x^n 的相对误差.

6. 求$\sqrt{12}$ 的近似值 x^*，使其相对误差不超过 0.1%.

7. 使$\sqrt{70}$ 的近似值有小于 0.1%的相对误差，要取几位有效数字？

8. 正方形的边长约 100 cm，求测量边长时误差应多大才能保证面积的误差不超过 1 cm^2？

9. 计算球体积要使相对误差限小于 0.1%，求度量半径 R 时允许的相对误差限为多少？

10. 设 $s=\frac{1}{2}gt^2$，假设 g 是准确的，而对 t 的测量有 ±0.1 s 的误差，试证当 t 增大时，s 的绝对误差增大而相对误差却减小.

11. 已测得某住房长 $l^*=5.67\ \mathrm{m}$，宽 $d^*=3.70\ \mathrm{m}$，已知 $|l-l^*|\leqslant 0.02\ \mathrm{m}$，$|d-d^*|\leqslant 0.01\ \mathrm{m}$，试求住房面积 $S=ld$ 的误差限和相对误差限.

12. 已知$\sqrt{168}\approx 12.961$ 有 5 位有效数字，试求方程

$$x^2-26+1=0$$

的两个根及它们的误差限和相对误差限.

13. 已知$\sqrt{783}\approx 27.982$ 有 5 位有效数字，试求方程 $x^2-56+1=0$ 的两个根，使它们至少有 4 位有效数字.

14. 当 $x\ (x>0)$ 很大时，如何计算下列式子？

（1）$\arctan(x+1)-\arctan x$；

（2）$\ln(x-\sqrt{x^2-1})$；

（3）$\dfrac{\sin x}{x-\sqrt{x^2-1}}$.

15. 化简或改写下列算式，使其运算次数减少.

（1）$(x-1)^5+3(x-1)^4-5(x-1)^3+6(x-1)^2-7(x-1)+2$；

（2）$\dfrac{1}{1\times 3}+\dfrac{1}{2\times 4}+\dfrac{1}{3\times 5}+\dfrac{1}{4\times 6}+\dfrac{1}{5\times 7}+\cdots+\dfrac{1}{99\times 101}$.

16. 设 $I_n=\mathrm{e}^{-1}\int_0^1 x^n\mathrm{e}^x\mathrm{d}x$，求证：

（1）$I_n=1-nI_{n-1}\ (n=0,1,2,\cdots)$；

（2）利用（1）中的公式正向递推计算时误差逐步增大，反向递推计算时误差逐步减小.

第 2 章　解线性方程组的直接方法

2.1　引　　言

在数值计算中，存在大量线性方程组的求解问题，如线性问题、非线性问题线性化、船舶数学放样中建立三次样条函数问题、用最小二乘法求实验数据的曲线拟合问题、非线性方程组求根及微分方程离散化后的求解问题等，最后均归结为线性方程组的求解问题. 因此，线性方程组的解法在数值计算中占有极其重要的地位.

设有线性方程组

$$\begin{cases} a_{11}x_1 + a_{12}x_2 + \cdots + a_{1n}x_n = b_1 \\ a_{21}x_1 + a_{22}x_2 + \cdots + a_{2n}x_n = b_2 \\ \cdots\cdots \\ a_{n1}x_1 + a_{n2}x_2 + \cdots + a_{nn}x_n = b_n \end{cases} \tag{2.1}$$

写成矩阵形式为

$$\boldsymbol{Ax} = \boldsymbol{b} \tag{2.2}$$

其中 $\boldsymbol{A} = (a_{ij})$ 为方程组（2.1）的系数 a_{ij} 构成的 $n \times n$ 阶矩阵，称为系数矩阵；$\boldsymbol{b} = (b_1, b_2, \cdots, b_n)^{\mathrm{T}}$，$\boldsymbol{x} = (x_1, x_2, \cdots, x_n)^{\mathrm{T}}$ 为 n 维向量，$\boldsymbol{b}$ 称为方程组（2.1）的右端项，$\boldsymbol{x}$ 称为解向量.

当 $\det(\boldsymbol{A}) \neq 0$ 时，由 Cramer（克拉墨）法则，方程组（2.1）的解存在且唯一，且有

$$x_i = \frac{\det(\boldsymbol{A}_i)}{\det(\boldsymbol{A})} \quad (i = 1, 2, \cdots, n)$$

其中 $\boldsymbol{A}_i$ 为用方程组（2.1）的右端向量 $\boldsymbol{b}$ 代替 $\boldsymbol{A}$ 中第 i 列向量所得的矩阵. Cramer 法则在理论上十分完满，但这种方法需要计算 $n+1$ 个 n 阶行列式，而按定义计算一个 n 阶行列式的乘法运算量为 $(n-1) \times n!$，于是 $n+1$ 个 n 阶行列式的乘法运算量为 $(n^2-1) \times n!$. 当 $n = 50$ 时，乘法运算量为 7×10^{66}，计算量十分惊人. 可见，Cramer 法则在理论上是绝对正确的，但当 n 较大时，在实际计算中却是不可行的.

解线性方程组的方法大致可分为两类.

（1）直接法，就是假设计算过程中不产生舍入误差，经过有限次运算可求得方程组的精确解的方法. 这类算法中最基本的方法是 Gauss（高斯）消元法及其某些变形.

（2）迭代法，就是从解的某个近似值出发，通过构造一个无穷序列去逼近精确解的方法. 一般地，有限步内得不到精确解.

这两种方法都有广泛应用，将分别进行讨论. 本章介绍几种常用的解线性方程组的直接方法及其有关问题. 迭代法将在第 3 章讨论.

在下文中，如不作特别说明，均假设方程组（2.1）的系数矩阵非奇异，方程组存在唯一解.

2.2　Gauss 消元法

Gauss 消元法是一个古老的方法，但实践证明它仍是目前计算机上一种常用且有效的方法.

2.2.1　Gauss 消元法的基本思想

首先举一个简单的例子来说明 Gauss 消元法的基本思想和过程.

例 2.1　用 Gauss 消元法解线性方程组

$$\begin{cases} x_1+2x_2+x_3=6 & (2.3)\\ 2x_1+3x_2+5x_3=13 & (2.4)\\ 3x_1+4x_2-9x_3=2 & (2.5)\end{cases}$$

解　第 1 步，将式（2.3）乘 -2 加到式（2.4），将式（2.3）乘 -3 加到式（2.5），得到

$$\begin{cases} x_1+2x_2+x_3=6 & (2.6)\\ -x_2+3x_3=1 & (2.7)\\ -2x_2-12x_3=-16 & (2.8)\end{cases}$$

第 2 步，将式（2.7）乘 -2 加到式（2.8）得到

$$\begin{cases} x_1+2x_2+x_3=6\\ -x_2+3x_3=1\\ -18x_3=-18\end{cases} \tag{2.9}$$

这是一个三角形方程组. 由式（2.9）容易解出

$$x_3=1,\quad x_2=2,\quad x_1=1$$

上述过程用矩阵表述为

$$[\boldsymbol{A},\boldsymbol{b}]=\begin{bmatrix}1&2&1&6\\2&3&5&13\\3&4&-9&2\end{bmatrix}\to\begin{bmatrix}1&2&1&6\\0&-1&3&1\\0&-2&-12&-16\end{bmatrix}\to\begin{bmatrix}1&2&1&6\\0&-1&3&1\\0&0&-18&-18\end{bmatrix}$$

由此看出上述求解过程的基本思想是：首先逐次消去变量，将方程化成同解的上三角形方程组，此过程称为消元过程. 换句话说就是对线性方程组（2.1）的增广矩阵（$\boldsymbol{A},\boldsymbol{b}$）进行一系列的初等行变换，把 $\boldsymbol{A}$ 化为上三角形矩阵，从而使方程组（2.1）化为容易求解的上三角形方程组. 然后按方程相反顺序求解上三角形方程组，得到原方程组的解，此过程称为回代过程. 这种方法称为 Gauss 消元法，它由消元过程和回代过程构成.

2.2.2　Gauss 消元法的计算公式

一般地，线性方程组（2.1）的 Gauss 消元法过程如下.

为方便叙述，记方程组（2.2）为

$$\boldsymbol{A}^{(1)}\boldsymbol{x}=\boldsymbol{b}^{(1)} \tag{2.10}$$

其中 $\boldsymbol{A}^{(1)}=\boldsymbol{A}$，$\boldsymbol{b}^{(1)}=\boldsymbol{b}$，即 $a_{ij}^{(1)}=a_{ij}$，$b_i^{(1)}=b_i$ ($i,j=1,2,\cdots,n$).

1. 消元过程

第 1 步，设 $a_{11}^{(1)} \neq 0$，令

$$l_{i1}=\frac{a_{i1}^{(1)}}{a_{11}^{(1)}} \quad (i=2,3,\cdots,n)$$

将方程组（2.1）中第 i 个方程减去第 1 个方程乘 $l_{i1}\ (i=2,3,\cdots,n)$ 完成第 1 次消元，得方程组（2.1）的同解方程组

$$\begin{cases} a_{11}^{(1)}x_1+a_{12}^{(1)}x_2+a_{13}^{(1)}x_3+\cdots+a_{1n}^{(1)}x_n=b_1^{(1)} \\ \qquad a_{22}^{(2)}x_2+a_{23}^{(2)}x_3+\cdots+a_{2n}^{(2)}x_n=b_2^{(2)} \\ \qquad a_{32}^{(2)}x_2+a_{33}^{(2)}x_3+\cdots+a_{3n}^{(2)}x_n=b_3^{(2)} \\ \cdots\cdots \\ \qquad a_{n2}^{(2)}x_2+a_{n3}^{(2)}x_3+\cdots+a_{nn}^{(2)}x_n=b_n^{(2)} \end{cases} \tag{2.11}$$

用矩阵符号表示为

$$\boldsymbol{A}^{(2)}\boldsymbol{x}=\boldsymbol{b}^{(2)} \tag{2.12}$$

其中：

$$\boldsymbol{A}^{(2)}=\begin{bmatrix} a_{11}^{(1)} & a_{12}^{(1)} & a_{13}^{(1)} & \cdots & a_{1n}^{(1)} \\ 0 & a_{22}^{(2)} & a_{23}^{(2)} & \cdots & a_{2n}^{(2)} \\ 0 & a_{32}^{(2)} & a_{33}^{(2)} & \cdots & a_{3n}^{(2)} \\ \vdots & \vdots & \vdots & & \vdots \\ 0 & a_{n2}^{(2)} & a_{n3}^{(2)} & \cdots & a_{nn}^{(2)} \end{bmatrix}, \qquad \boldsymbol{b}^{(2)}=\begin{bmatrix} b_1^{(1)} \\ b_2^{(2)} \\ b_3^{(2)} \\ \vdots \\ b_n^{(2)} \end{bmatrix}$$

$$a_{ij}^{(2)}=a_{ij}^{(1)}-l_{i1}a_{1j}^{(1)}, \qquad b_i^{(2)}=b_i^{(1)}-l_{i1}b_1^{(1)} \quad (i,j=2,3,\cdots,n)$$

第 2 步，设 $a_{22}^{(2)} \neq 0$，令

$$l_{i2}=\frac{a_{i2}^{(2)}}{a_{22}^{(2)}} \quad (i=3,4,\cdots,n)$$

将方程组（2.11）中第 i 个方程减去第 2 个方程乘 $l_{i2}\ (i=3,4,\cdots,n)$ 完成第 2 次消元，得方程组（2.11）的同解方程组

$$\begin{cases} a_{11}^{(1)}x_1+a_{12}^{(1)}x_2+a_{13}^{(1)}x_3+\cdots+a_{1n}^{(1)}x_n=b_1^{(1)} \\ \qquad a_{22}^{(2)}x_2+a_{23}^{(2)}x_3+\cdots+a_{2n}^{(2)}x_n=b_2^{(2)} \\ \qquad\qquad a_{33}^{(3)}x_3+\cdots+a_{3n}^{(3)}x_n=b_3^{(3)} \\ \cdots\cdots \\ \qquad\qquad a_{n3}^{(3)}x_3+\cdots+a_{nn}^{(3)}x_n=b_n^{(3)} \end{cases} \tag{2.13}$$

用矩阵符号表示为

$$\boldsymbol{A}^{(3)}\boldsymbol{x}=\boldsymbol{b}^{(3)} \tag{2.14}$$

其中：

$$
\boldsymbol{A}^{(3)}=\begin{bmatrix} a_{11}^{(1)} & a_{12}^{(1)} & a_{13}^{(1)} & \cdots & a_{1n}^{(1)} \\ 0 & a_{22}^{(2)} & a_{23}^{(2)} & \cdots & a_{2n}^{(2)} \\ 0 & 0 & a_{33}^{(3)} & \cdots & a_{3n}^{(3)} \\ \vdots & \vdots & \vdots & & \vdots \\ 0 & 0 & a_{n3}^{(3)} & \cdots & a_{nn}^{(3)} \end{bmatrix}, \qquad \boldsymbol{b}^{(3)}=\begin{bmatrix} b_1^{(1)} \\ b_2^{(2)} \\ b_3^{(3)} \\ \vdots \\ b_n^{(3)} \end{bmatrix}
$$

$$
a_{ij}^{(3)}=a_{ij}^{(2)}-l_{i2}a_{2j}^{(2)}, \qquad b_i^{(3)}=b_i^{(2)}-l_{i2}b_2^{(2)} \quad (i,j=3,4,\cdots,n)
$$

第 k 步，设已完成第 k–1 次消元，得到同解方程组

$$
\begin{cases} a_{11}^{(1)}x_1+a_{12}^{(1)}x_2+\cdots+a_{1k}^{(1)}x_k+a_{1,k+1}^{(1)}x_{k+1}+\cdots+a_{1n}^{(1)}x_n=b_1^{(1)} \\ \qquad a_{22}^{(2)}x_2+\cdots+a_{2k}^{(2)}x_k+a_{2,k+1}^{(2)}x_{k+1}+\cdots+a_{2n}^{(2)}x_n=b_2^{(2)} \\ \cdots\cdots \\ \qquad a_{kk}^{(k)}x_k+a_{k,k+1}^{(k)}x_{k+1}+\cdots+a_{kn}^{(k)}x_n=b_k^{(k)} \\ \qquad a_{k+1,k}^{(k)}x_k+a_{k+1,k+1}^{(k)}x_{k+1}+\cdots+a_{k+1,n}^{(k)}x_n=b_{k+1}^{(k)} \\ \cdots\cdots \\ \qquad a_{nk}^{(k)}x_k+a_{n,k+1}^{(k)}x_{k+1}+\cdots+a_{nn}^{(k)}x_n=b_n^{(k)} \end{cases} \tag{2.15}
$$

简记为 $\boldsymbol{A}^{(k)}\boldsymbol{x}=\boldsymbol{b}^{(k)}$. 设 $a_{kk}^{(k)}\neq 0$，令 $l_{ik}=a_{ik}^{(k)}\big/a_{kk}^{(k)}\ (i=k+1,k+2,\cdots,n)$，将方程组（2.15）中第 i 个方程减去第 k 个方程乘 $l_{ik}\ (i=k+1,k+2,\cdots,n)$，完成第 k 次消元，得同解方程组

$$
\begin{cases} a_{11}^{(1)}x_1+a_{12}^{(1)}x_2+\cdots+a_{1k}^{(1)}x_k+a_{1k+1}^{(1)}x_{k+1}+\cdots+a_{1n}^{(1)}x_n=b_1^{(1)} \\ \qquad a_{22}^{(2)}x_2+\cdots+a_{2k}^{(2)}x_k+a_{2,k+1}^{(2)}x_{k+1}+\cdots+a_{2n}^{(2)}x_n=b_2^{(2)} \\ \cdots\cdots \\ \qquad a_{kk}^{(k)}x_k+a_{k,\,k+1}^{(k)}x_{k+1}+\cdots+a_{kn}^{(k)}x_n=b_k^{(k)} \\ \qquad a_{k+1,\,k+1}^{(k+1)}x_{k+1}+\cdots+a_{k+1,\,n}^{(k+1)}x_n=b_{k+1}^{(k+1)} \\ \cdots\cdots \\ \qquad a_{n,\,k+1}^{(k+1)}x_{k+1}+\cdots+a_{nn}^{(k+1)}x_n=b_n^{(k+1)} \end{cases} \tag{2.16}
$$

用矩阵符号表示为

$$
\boldsymbol{A}^{(k+1)}\boldsymbol{x}=\boldsymbol{b}^{(k+1)} \tag{2.17}
$$

其中：

$$
\boldsymbol{A}^{(k+1)}=\begin{bmatrix} a_{11}^{(1)} & a_{12}^{(1)} & \cdots & a_{1k}^{(1)} & a_{1,\,k+1}^{(1)} & \cdots & a_{1n}^{(1)} \\ 0 & a_{22}^{(2)} & \cdots & a_{2k}^{(2)} & a_{2,\,k+1}^{(2)} & \cdots & a_{2n}^{(2)} \\ \vdots & \vdots & \ddots & \vdots & \vdots & & \vdots \\ 0 & 0 & \cdots & a_{kk}^{(k)} & a_{k,k+1}^{(k)} & \cdots & a_{kn}^{(k)} \\ 0 & 0 & \cdots & 0 & a_{k+1,\,k+1}^{(k+1)} & \cdots & a_{k+1\ n}^{(k+1)} \\ \vdots & \vdots & & \vdots & \vdots & & \vdots \\ 0 & 0 & \cdots & 0 & a_{n,\,k+1}^{(k+1)} & \cdots & a_{nn}^{(k+1)} \end{bmatrix}, \qquad \boldsymbol{b}^{(k+1)}=\begin{bmatrix} b_1^{(1)} \\ b_2^{(2)} \\ \vdots \\ b_k^{(k)} \\ b_{k+1}^{(k+1)} \\ \vdots \\ b_n^{(k+1)} \end{bmatrix}
$$

$$a_{ij}^{(k+1)} = a_{ij}^{(k)} - l_{ik} a_{kj}^{(k)}, \qquad b_i^{(k+1)} = b_i^{(k)} - l_{ik} b_k^{(k)} \quad (i,\ j = k+1, k+2, \cdots, n)$$

反复进行上述过程且设 $a_{kk}^{(k)} \neq 0\ (k = 1, 2, \cdots, n-1)$，直到完成第 $n-1$ 步消元计算，最后得到与原方程组同解的上三角形方程组

$$\begin{cases} a_{11}^{(1)} x_1 + a_{12}^{(1)} x_2 + a_{13}^{(1)} x_3 + \cdots + a_{1n}^{(1)} x_n = b_1^{(1)} \\ \qquad a_{22}^{(2)} x_2 + a_{23}^{(2)} x_3 + \cdots + a_{2n}^{(2)} x_n = b_2^{(2)} \\ \qquad\qquad a_{33}^{(3)} x_3 + \cdots + a_{3n}^{(3)} x_n = b_3^{(3)} \\ \cdots\cdots \\ \qquad\qquad\qquad a_{nn}^{(n)} x_n = b_n^{(n)} \end{cases} \tag{2.18}$$

用矩阵符号表示为

$$\boldsymbol{A}^{(n)} \boldsymbol{x} = \boldsymbol{b}^{(n)} \tag{2.19}$$

其中：

$$\boldsymbol{A}^{(n)} = \begin{bmatrix} a_{11}^{(1)} & a_{12}^{(1)} & a_{13}^{(1)} & \cdots & a_{1n}^{(1)} \\ 0 & a_{22}^{(2)} & a_{23}^{(2)} & \cdots & a_{2n}^{(2)} \\ 0 & 0 & a_{33}^{(3)} & \cdots & a_{3n}^{(3)} \\ \vdots & \vdots & \vdots & & \vdots \\ 0 & 0 & 0 & \cdots & a_{nn}^{(n)} \end{bmatrix}, \qquad \boldsymbol{b}^{(n)} = \begin{bmatrix} b_1^{(1)} \\ b_2^{(2)} \\ b_3^{(3)} \\ \vdots \\ b_n^{(n)} \end{bmatrix}$$

2. 回代过程

若 $a_{nn}^{(n)} \neq 0$，从式（2.18）中的最后一个式子即可解出 $x_n = b_n^{(n)} / a_{nn}^{(n)}$，把求出的 x_n 代入方程组（2.18）的倒数第 2 个式子，就可算出 x_{n-1}，把求出的 x_n，x_{n-1} 代入方程组（2.18）的倒数第 3 个式子就可算出 x_{n-2}，依次可求出全部 x_i. 其计算公式可归纳为

$$\begin{cases} x_n = \dfrac{b_n^{(n)}}{a_{nn}^{(n)}} \\ x_k = \dfrac{1}{a_{kk}^{(k)}} \left(b_k^{(k)} - \displaystyle\sum_{l=k+1}^{n} a_{kl}^{(k)} x_l \right) \quad (k = n-1, n-2, \cdots, 1) \end{cases} \tag{2.20}$$

以下讨论 Gauss 消元法的可行条件. 第 1 步消元的可行条件为 $a_{11}^{(1)} \neq 0$. 第 2 步消元的可行条件为 $a_{22}^{(2)} \neq 0$. 考虑 $\boldsymbol{A}^{(2)}$ 的 2 阶顺序主子式

$$\begin{vmatrix} a_{11}^{(1)} & a_{12}^{(1)} \\ 0 & a_{22}^{(2)} \end{vmatrix} = \begin{vmatrix} a_{11}^{(1)} & a_{12}^{(1)} \\ a_{21}^{(1)} & a_{22}^{(1)} \end{vmatrix} = \begin{vmatrix} a_{11} & a_{12} \\ a_{21} & a_{22} \end{vmatrix}$$

于是 $a_{11}^{(1)} \neq 0$，$a_{22}^{(2)} \neq 0$ 的充要条件为

$$a_{11} \neq 0, \qquad \begin{vmatrix} a_{11} & a_{12} \\ a_{21} & a_{22} \end{vmatrix} \neq 0$$

以此类推，$a_{11}^{(1)} \neq 0,\ a_{22}^{(2)} \neq 0, \cdots, a_{kk}^{(k)} \neq 0$ 的充要条件为 $\boldsymbol{A}$ 的 1 阶直至 k 阶顺序主子式不为零.

定理 2.1 线性方程组（2.1）能用 Gauss 消元法求解的充分必要条件是其系数矩阵 $\boldsymbol{A}$ 的各阶顺序主子式不为零.

2.2.3　Gauss 消元法的计算量

由于计算机作乘除运算所需时间远大于作加减运算所需时间，这里只讨论乘除运算量. 由 Gauss 消元法步骤知，在进行第 k 次消元时，需作除法 $n-k$ 次，乘法 $(n-k)(n-k+1)$ 次，故消元过程中乘法运算次数为

$$\sum_{k=1}^{n-1}(n-k)(n-k+1)=\frac{n}{3}(n^2-1)$$

除法运算次数为

$$\sum_{k=1}^{n-1}(n-k)=\frac{n}{2}(n-1)$$

由式（2.20），在回代过程中，计算 x_k 需要作 $n-k+1$ 次乘除法，整个回代过程需要乘除运算的总量为 $\sum_{k=1}^{n}(n-k+1)=\frac{n}{2}(n+1)$，所以，Gauss 消元法的乘除总运算量为

$$N=\frac{n}{3}(n^2-1)+\frac{n}{2}(n-1)+\frac{n}{2}(n+1)=\frac{n^3}{3}+n^2-\frac{n}{3}$$

由上式容易求出，用 Gauss 消元法求解 50 阶线性方程组时，共需乘除运算次数为

$$\frac{50^3}{3}+50^2-\frac{50}{3}=44\,150$$

远少于用 Cramer 法则求解所需的乘除运算量.

例 2.2　采用 4 位有效数字求解方程组

$$\begin{cases}0.003\,000x_1+59.14x_2=59.17\\ 5.291x_1-6.130x_2=46.78\end{cases}\tag{2.21}$$

解　令

$$l_{21}=\frac{5.291}{0.003\,000}=1\,763.666\,7\approx 1\,764$$

按 Gauss 消元法步骤，上式中第一个方程乘 $-1\,764$ 加到第二个方程得同解方程组

$$\begin{cases}0.003\,000x_1+59.14x_2=59.17\\ -104\,300x_2=-104\,400\end{cases}$$

回代得解 $x_2=1.001$，$x_1=-10.00$.

容易验证方程组（2.21）的准确解为 $x_1=10.00$，$x_2=1.000$.

显然两者相差很大，但若在解方程组前，先把方程的次序交换一下，即

$$\begin{cases}5.291x_1-6.130x_2=46.78\\ 0.003\,000x_1+59.14x_2=59.17\end{cases}$$

再用 Gauss 消元法求解，消元后得同解方程组

$$\begin{cases}5.291x_1-6.130x_2=46.78\\ 59.14x_2=59.14\end{cases}$$

回代得解 $x_2=1.000$，$x_1=10.00$，与准确解相同.

产生上述现象的原因在于舍入误差. 因为按方程（2.21）的顺序进行消元时，主元 $a_{11}^{(1)} = 0.003\,000$ 比较小，以它为除数就增长了舍入误差，从而导致计算结果不准确. 为了在计算过程中抑制舍入误差的增长，应尽量避免小主元的出现. 例如，例 2.2 中第二种解法，通过交换方程次序，选取绝对值大的元素作主元. 基于这种想法导出了主元素法.

2.3 选主元素的 Gauss 消元法

根据主元素选取范围不同，选主元素的 Gauss 消元法可分为列主元消元法和全主元消元法.

2.3.1 列主元消元法

设方程组（2.1）的增广矩阵为

$$[\boldsymbol{A},\boldsymbol{b}] = \begin{bmatrix} a_{11} & a_{12} & \cdots & a_{1n} & b_1 \\ a_{21} & a_{22} & \cdots & a_{2n} & b_2 \\ \vdots & \vdots & & \vdots & \vdots \\ a_{n1} & a_{n2} & \cdots & a_{nn} & b_n \end{bmatrix} \tag{2.22}$$

首先在矩阵（2.22）的第 1 列中选取绝对值最大的元 $a_{i_1 1}$ 作为第 1 列的主元，即

$$|a_{i_1 1}| = \max_{1 \leqslant i \leqslant n} |a_{i1}| \neq 0$$

然后交换矩阵（2.22）中第 1 行与第 i_1 行，为方便起见，记行互换后的增广矩阵为 $[\boldsymbol{A}^{(1)},\boldsymbol{b}^{(1)}]$；再进行第 1 次消元，得矩阵

$$[\boldsymbol{A}^{(2)},\boldsymbol{b}^{(2)}] = \begin{bmatrix} a_{11}^{(1)} & a_{12}^{(1)} & \cdots & a_{1n}^{(1)} & b_1^{(1)} \\ 0 & a_{22}^{(2)} & \cdots & a_{2n}^{(2)} & b_2^{(2)} \\ \vdots & \vdots & & \vdots & \vdots \\ 0 & a_{n2}^{(2)} & \cdots & a_{nn}^{(2)} & b_n^{(2)} \end{bmatrix}$$

此消元过程与 Gauss 消元法完全相同.

在矩阵 $[\boldsymbol{A}^{(2)},\boldsymbol{b}^{(2)}]$ 的第 2 列中选主元 $a_{i_2 2}^{(2)}$ 使 $|a_{i_2 2}^{(2)}| = \max\limits_{2 \leqslant i \leqslant n} |a_{i2}^{(2)}| \neq 0$，将矩阵 $[\boldsymbol{A}^{(2)},\boldsymbol{b}^{(2)}]$ 的第 2 行与第 i_2 行互换，进行第 2 次消元，得矩阵 $[\boldsymbol{A}^{(3)},\boldsymbol{b}^{(3)}]$.

重复上述过程，设已完成第 $k-1$ 步选主元素，交换两行及消元过程后 $[\boldsymbol{A},\boldsymbol{b}]$ 化为

$$[\boldsymbol{A}^{(k)},\boldsymbol{b}^{(k)}] = \begin{bmatrix} a_{11}^{(1)} & a_{12}^{(1)} & \cdots & a_{1k}^{(1)} & \cdots & a_{1n}^{(1)} & b_1^{(1)} \\ 0 & a_{22}^{(2)} & \cdots & a_{2k}^{(2)} & \cdots & a_{2n}^{(2)} & b_2^{(2)} \\ \vdots & \vdots & \ddots & \vdots & & \vdots & \vdots \\ 0 & 0 & \cdots & a_{kk}^{(k)} & \cdots & a_{kn}^{(k)} & b_k^{(k)} \\ \vdots & \vdots & & \vdots & & \vdots & \vdots \\ 0 & 0 & \cdots & a_{nk}^{(k)} & \cdots & a_{nn}^{(k)} & b_n^{(k)} \end{bmatrix}$$

在矩阵 $[\boldsymbol{A}^{(k)},\boldsymbol{b}^{(k)}]$ 的第 k 列中选主元 $a_{i_k k}^{(k)}$ 使 $|a_{i_k k}^{(k)}| = \max\limits_{k \leqslant i \leqslant n} |a_{ik}^{(k)}| \neq 0$，将矩阵 $[\boldsymbol{A}^{(k)},\boldsymbol{b}^{(k)}]$ 的第

k 行与第 i_k 行互换，再进行第 k 次消元. 如此重复上述过程，进行列主元 $n-1$ 步消元后得到 $[\boldsymbol{A}^{(n)},\boldsymbol{b}^{(n)}]$，$\boldsymbol{A}^{(n)}$ 已是上三角矩阵.

最后，将原方程组化为

$$\boldsymbol{A}^{(n)}\boldsymbol{x}=\begin{bmatrix} a_{11}^{(1)} & a_{12}^{(1)} & a_{13}^{(1)} & \cdots & a_{1n}^{(1)} \\ 0 & a_{22}^{(2)} & a_{23}^{(2)} & \cdots & a_{2n}^{(2)} \\ 0 & 0 & a_{33}^{(3)} & \cdots & a_{3n}^{(3)} \\ \vdots & \vdots & \vdots & \ddots & \vdots \\ 0 & 0 & 0 & \cdots & a_{nn}^{(n)} \end{bmatrix}\begin{bmatrix} x_1 \\ x_2 \\ x_3 \\ \vdots \\ x_n \end{bmatrix}=\begin{bmatrix} b_1^{(1)} \\ b_2^{(2)} \\ b_3^{(3)} \\ \vdots \\ b_n^{(n)} \end{bmatrix}$$

回代求解得

$$\begin{cases} x_n = b_n^{(n)} \big/ a_{nn}^{(n)} \\ x_k = \left(b_k^{(k)} - \sum\limits_{i=k+1}^{n} a_{ki}^{(k)} x_i\right) \Big/ a_{kk}^{(k)} \quad (k=n-1,n-2,\cdots,1) \end{cases}$$

在上述过程中，主元是按列选取的，列主元消元法由此得名. 例 2.2 中的第二种解法就是按列主元消元法进行的.

2.3.2　全主元消元法

若不是按列选主元，而是在全体待选系数 $a_{ij}^{(k)}\ (i,j=k,k+1,\cdots,n)$ 中选取主元，则得到全主元消元法，其计算过程如下.

首先在全体系数 $a_{ij}\ (i,j=1,2,\cdots,n)$ 中选取绝对值最大的元作为主元，并通过行与列的互换把它换到 $a_{11}^{(1)}$ 的位置，然后进行第一次消元，得到矩阵 $[\boldsymbol{A}^{(2)},\boldsymbol{b}^{(2)}]$.

经 $k-1$ 次消元后得到

$$[\boldsymbol{A}^{(k)},\boldsymbol{b}^{(k)}]=\begin{bmatrix} a_{11}^{(1)} & a_{12}^{(1)} & \cdots & a_{1k}^{(1)} & \cdots & a_{1n}^{(1)} & b_1^{(1)} \\ 0 & a_{22}^{(2)} & \cdots & a_{2k}^{(2)} & \cdots & a_{2n}^{(2)} & b_2^{(2)} \\ \vdots & \vdots & \ddots & \vdots & & \vdots & \vdots \\ 0 & 0 & \cdots & a_{kk}^{(k)} & \cdots & a_{kn}^{(k)} & b_k^{(k)} \\ \vdots & \vdots & & \vdots & & \vdots & \vdots \\ 0 & 0 & \cdots & a_{nk}^{(k)} & \cdots & a_{nn}^{(k)} & b_n^{(k)} \end{bmatrix}$$

在进行第 k 步消元之前，首先在 $\boldsymbol{A}^{(k)}$ 的子矩阵

$$\begin{bmatrix} a_{kk}^{(k)} & a_{kk+1}^{(k)} & \cdots & a_{kn}^{(k)} \\ a_{k+1k}^{(k)} & a_{k+1\,k+1}^{(k)} & \cdots & a_{k+1\,n}^{(k)} \\ \vdots & \vdots & & \vdots \\ a_{nk}^{(k)} & a_{nk+1}^{(k)} & \cdots & a_{nn}^{(k)} \end{bmatrix}$$

中选主元

$$\max_{k\leqslant i,j\leqslant n}\left|a_{ij}^{(k)}\right|=\left|a_{rl}^{(k)}\right|$$

对换$[\boldsymbol{A}^{(k)},\boldsymbol{b}^{(k)}]$的第 k 行与第 r 行及第 k 行与第 l 列元素，对换后的矩阵记为$[\overline{\boldsymbol{A}}^{(k)},\overline{\boldsymbol{b}}^{(k)}]$；然后按 Gauss 消元过程对$[\overline{\boldsymbol{A}}^{(k)},\overline{\boldsymbol{b}}^{(k)}]$进行消元，得到$[\boldsymbol{A}^{(k+1)},\boldsymbol{b}^{(k+1)}]$. 施行 $n-1$ 步后得到$[\boldsymbol{A}^{(n)},\boldsymbol{b}^{(n)}]$，$\boldsymbol{A}^{(n)}$已是上三角矩阵；最后对上三角形方程组回代求解.

例 2.3　分别用列主元消元法和全主元消元法求解线性方程组

$$\begin{cases} x_1+x_2+x_3=6 \\ 6x_1-2x_2+2x_3=8 \\ -18x_1+4x_2-x_3=-13 \end{cases}$$

计算过程保留 4 位小数. 它的准确解为$x_1=1$，$x_2=2$，$x_3=3$.

解　按列主元消元法，求解过程如下.

$$\begin{bmatrix} 1 & 1 & 1 & 6 \\ 6 & -2 & 2 & 8 \\ -18 & 4 & -1 & -13 \end{bmatrix} \xrightarrow{r_1 \leftrightarrow r_3} \begin{bmatrix} -18 & 4 & -1 & -13 \\ 6 & -2 & 2 & 8 \\ 1 & 1 & 1 & 6 \end{bmatrix}$$

$$\xrightarrow{\text{第1次消元}} \begin{bmatrix} -18 & 4 & -1 & -13 \\ 0 & -0.6667 & 1.6667 & 3.6667 \\ 0 & 1.2222 & 0.9444 & 5.2778 \end{bmatrix}$$

$$\xrightarrow{r_2 \leftrightarrow r_3} \begin{bmatrix} -18 & 4 & -1 & -13 \\ 0 & 1.2222 & 0.9444 & 5.2778 \\ 0 & -0.6667 & 1.6667 & 3.6667 \end{bmatrix}$$

$$\xrightarrow{\text{第2次消元}} \begin{bmatrix} -18 & 4 & -1 & -13 \\ 0 & 1.2222 & 0.9444 & 5.2778 \\ 0 & 0 & 2.1819 & 6.5457 \end{bmatrix}$$

对应同解方程组为

$$\begin{cases} -18x_1+4x_2-x_3=-13 \\ 1.2222x_2+0.9444x_3=5.2778 \\ 2.1819x_3=6.5457 \end{cases}$$

由回代过程得解$x_3=3.0000$, $x_2=2.0002$, $x_1=1.0000$.

按全主元消元法，求解过程如下.

$$\begin{bmatrix} 1 & 1 & 1 & 6 \\ 6 & -2 & 2 & 8 \\ -18 & 4 & -1 & -13 \end{bmatrix} \xrightarrow{r_1 \leftrightarrow r_3} \begin{bmatrix} -18 & 4 & -1 & -13 \\ 6 & -2 & 2 & 8 \\ 1 & 1 & 1 & 6 \end{bmatrix}$$

$$\xrightarrow{\text{第1次消元}} \begin{bmatrix} -18 & 4 & -1 & -13 \\ 0 & -0.6667 & 1.6667 & 3.6667 \\ 0 & 1.2222 & 0.9444 & 5.2778 \end{bmatrix}$$

$$\xrightarrow{c_2 \leftrightarrow c_3} \begin{bmatrix} -18 & -1 & 4 & -13 \\ 0 & 1.6667 & -0.6667 & 3.6667 \\ 0 & 0.9444 & 1.2222 & 5.2778 \end{bmatrix}$$

$$\xrightarrow{\text{第2次消元}}\begin{bmatrix} -18 & -1 & 4 & -13 \\ 0 & 1.6667 & -0.6667 & 3.6667 \\ 0 & 0 & 1.6000 & 3.2001 \end{bmatrix}$$

对应同解方程组为

$$\begin{cases} -18x_1 - x_3 + 4x_2 = -13 \\ 1.6667x_3 - 0.6667x_2 = 3.6667 \\ 1.6000x_2 = 3.2001 \end{cases}$$

由回代过程得解 $x_2 = 2.0001$， $x_3 = 3.0000$， $x_1 = 1.0000$.

例 2.3 的计算结果表明，全主元消元法的精度优于列主元消元法，这是由于全主元素是在全体系数中选主元，它对控制舍入误差十分有效. 但全主元消元法在计算过程中，需同时作行与列的互换，因而程序较复杂，计算时间较长. 列主元消元法的精度虽稍低于全主元消元法，但其计算简单，工作量大为减少，且计算经验及理论分析均表明，它与全主元消元法同样具有良好的数值稳定性。因此，列主元消元法是求解中小型稠密线性方程组的最好方法之一.

2.4　Gauss-Jordan 消元法

2.4.1　Gauss-Jordan 消元法的过程

Gauss 消元法始终消去对角线下方的元素，若同时消去对角线下方和上方的元素，而且将对角元化为 1，就是 Gauss-Jordan（高斯-约尔当）消元法.

设 Gauss-Jordan 消元法已完成 $k-1$ 步，则 $\boldsymbol{Ax}=\boldsymbol{b}$ 化为 $\boldsymbol{A}^{(k)}\boldsymbol{x}=\boldsymbol{b}^{(k)}$，增广矩阵为

$$[\boldsymbol{A}^{(k)},\boldsymbol{b}^{(k)}]=\begin{bmatrix} 1 & & & a_{1k} & \cdots & a_{1n} & b_1 \\ & \ddots & & \vdots & & \vdots & \vdots \\ & & 1 & a_{k-1,k} & & a_{k-1,n} & b_{k-1} \\ & & & a_{kk} & \cdots & a_{kn} & b_k \\ & & & \vdots & & \vdots & \vdots \\ & & & a_{nk} & \cdots & a_{nn} & b_n \end{bmatrix}$$

在第 k 步计算时，考虑将第 k 行上下的第 k 列元素都化为 0，且 $a_{kk}\ (k=1,2,\cdots,n)$ 化为 1.

（1）按列选主元，确定 i_k，使 $|a_{i_k k}| = \max\limits_{k\leqslant i\leqslant n} |a_{ik}|$；

（2）当 $i_k \neq k$ 时，交换增广阵的第 k 行与第 i_k 行；

（3）计算乘数 $l_{ik} = -a_{ik}/a_{kk}\ (i=1,2,\cdots,n\ 且\ i\neq k)$，$l_{kk}=1/a_{kk}$；

（4）消元计算

$$\begin{cases} a_{ij} \leftarrow a_{ij} + l_{ik}a_{kj} & (i=1,2,\cdots,n\ 且\ i\neq k;\ j=k+1,k+2,\cdots,n) \\ b_i \leftarrow b_i + l_{ik}b_k & (i=1,2,\cdots,n\ 且\ i\neq k) \end{cases}$$

（5）计算主行

$$\begin{cases} a_{kj} \leftarrow a_{kj} l_{kk} \quad (j = k, k+1, \cdots, n) \\ b_k \leftarrow b_k l_{kk} \end{cases}$$

当 $k = n$ 时，有

$$[\boldsymbol{A}, \boldsymbol{b}] \to [\boldsymbol{A}^{(n)}, \boldsymbol{b}^{(n)}] = \begin{bmatrix} 1 & & & \tilde{b}_1 \\ & 1 & & \tilde{b}_2 \\ & & \ddots & \vdots \\ & & 1 & \tilde{b}_n \end{bmatrix}$$

因此 $x_i = \tilde{b}_i \ (i = 1, 2, \cdots, n)$ 就是 $\boldsymbol{Ax} = \boldsymbol{b}$ 的解.

Gauss-Jordan 消元法的消元过程比 Gauss 消元法略复杂，但省去了回代过程，它的计算量大约需要 $n^3 / 2$ 次乘除法，要比 Gauss 消元法大.

2.4.2　方阵求逆

Gauss-Jordan 消元法解方程组并不比 Gauss 消元法优越，但用 Gauss-Jordan 消元法求矩阵的逆矩阵还是比较合适的. 实际上，它是线性代数中学过的初等变换方法求逆的一种规范化算法.

例 2.4　用列主元 Gauss-Jordan 消元法求 $\boldsymbol{A} = \begin{bmatrix} 1 & 5 & 1 \\ 1 & -1 & 0 \\ 2 & 3 & 1 \end{bmatrix}$ 的逆矩阵.

解　将 $\boldsymbol{A}$ 与单位矩阵 $\boldsymbol{I}$ 组成分块矩阵 $[\boldsymbol{A} \vdots \boldsymbol{I}]$，对 $[\boldsymbol{A} \vdots \boldsymbol{I}]$ 作初等行变换，具体如下.

$$\begin{bmatrix} 1 & 5 & 1 & 1 & 0 & 0 \\ 1 & -1 & 0 & 0 & 1 & 0 \\ 2 & 3 & 1 & 0 & 0 & 1 \end{bmatrix} \xrightarrow{r_1 \leftrightarrow r_3} \begin{bmatrix} 2 & 3 & 1 & 0 & 0 & 1 \\ 1 & -1 & 0 & 0 & 1 & 0 \\ 1 & 5 & 1 & 1 & 0 & 0 \end{bmatrix}$$

$$\xrightarrow{\text{第1次消元}} \begin{bmatrix} 1 & \frac{3}{2} & \frac{1}{2} & 0 & 0 & \frac{1}{2} \\ 0 & -\frac{5}{2} & -\frac{1}{2} & 0 & 1 & -\frac{1}{2} \\ 0 & \frac{7}{2} & \frac{1}{2} & 1 & 0 & -\frac{1}{2} \end{bmatrix} \xrightarrow{r_2 \leftrightarrow r_3} \begin{bmatrix} 1 & \frac{3}{2} & \frac{1}{2} & 0 & 0 & \frac{1}{2} \\ 0 & \frac{7}{2} & \frac{1}{2} & 1 & 0 & -\frac{1}{2} \\ 0 & -\frac{5}{2} & -\frac{1}{2} & 0 & 1 & -\frac{1}{2} \end{bmatrix}$$

$$\xrightarrow{\text{第2次消元}} \begin{bmatrix} 1 & 0 & \frac{2}{7} & -\frac{3}{7} & 0 & \frac{5}{7} \\ 0 & 1 & \frac{1}{7} & \frac{2}{7} & 0 & -\frac{1}{7} \\ 0 & 0 & -\frac{1}{7} & \frac{5}{7} & 1 & -\frac{6}{7} \end{bmatrix} \xrightarrow{\text{第3次消元}} \begin{bmatrix} 1 & 0 & 0 & 1 & 2 & -1 \\ 0 & 1 & 0 & 1 & 1 & -1 \\ 0 & 0 & 1 & -5 & -7 & 6 \end{bmatrix}$$

所以

$$\boldsymbol{A}^{-1} = \begin{bmatrix} 1 & 2 & -1 \\ 1 & 1 & -1 \\ -5 & -7 & 6 \end{bmatrix}$$

2.5 直接三角分解法

2.5.1 Gauss 消元法的矩阵形式

由线性代数知，对矩阵进行一次初等行变换，相当于用相应的初等矩阵去左乘原来的矩阵. 下面利用矩阵理论来分析 Gauss 消元法，从而建立矩阵的三角分解理论.

设方程组（2.1）的系数矩阵 $\boldsymbol{A}$ 的顺序主子式不为零，即

$$A_k=\begin{vmatrix} a_{11} & a_{12} & \cdots & a_{1k} \\ a_{21} & a_{22} & \cdots & a_{2k} \\ \vdots & \vdots & & \vdots \\ a_{k1} & a_{k2} & \cdots & a_{kk} \end{vmatrix}\neq 0 \quad (k=1,2,\cdots,n-1)$$

在 Gauss 消元法中，第 1 次消元时等价于用单位下三角阵

$$\boldsymbol{L}_1=\begin{bmatrix} 1 & 0 & 0 & \dots & 0 \\ -l_{21} & 1 & 0 & \cdots & 0 \\ -l_{31} & 0 & 1 & \cdots & 0 \\ \vdots & \vdots & \vdots & \ddots & \vdots \\ -l_{n1} & 0 & 0 & \cdots & 1 \end{bmatrix}$$

左乘矩阵 $[\boldsymbol{A}^{(1)},\boldsymbol{b}^{(1)}]=[\boldsymbol{A},\boldsymbol{b}]$，其中 $l_{i1}=a_{i1}^{(1)}/a_{11}^{(1)}\ (i=2,3,\cdots,n)$，于是有 $[\boldsymbol{A}^{(2)},\boldsymbol{b}^{(2)}]=\boldsymbol{L}_1[\boldsymbol{A}^{(1)},\boldsymbol{b}^{(1)}]$.

进行第 2 次消元时等价于用矩阵

$$\boldsymbol{L}_2=\begin{bmatrix} 1 & 0 & 0 & \dots & 0 \\ 0 & 1 & 0 & \cdots & 0 \\ 0 & -l_{32} & 1 & \cdots & 0 \\ \vdots & \vdots & \vdots & \ddots & \vdots \\ 0 & -l_{n2} & 0 & \cdots & 1 \end{bmatrix}$$

左乘 $[\boldsymbol{A}^{(2)},\boldsymbol{b}^{(2)}]$，其中 $l_{i2}=a_{i2}^{(2)}/a_{22}^{(2)}\ (i=3,4,\cdots,n)$，于是有 $[\boldsymbol{A}^{(3)},\boldsymbol{b}^{(3)}]=\boldsymbol{L}_2[\boldsymbol{A}^{(2)},\boldsymbol{b}^{(2)}]$.

一般地，第 k 次消元等价于用矩阵

$$\boldsymbol{L}_k=\begin{bmatrix} 1 & & & & & \\ & \ddots & & & & \\ & & 1 & & & \\ & & -l_{k+1,k} & 1 & & \\ & & \vdots & & \ddots & \\ & & -l_{nk} & & & 1 \end{bmatrix}$$

左乘矩阵 $[\boldsymbol{A}^{(k)},\boldsymbol{b}^{(k)}]$，于是有 $[\boldsymbol{A}^{(k+1)},\boldsymbol{b}^{(k+1)}]=\boldsymbol{L}_k[\boldsymbol{A}^{(k)},\boldsymbol{b}^{(k)}]$，其中 $l_{ik}=a_{ik}^{(k)}/a_{kk}^{(k)}\ (i=k+1,k+2,\cdots,n)$.

经过 $n-1$ 次消元后得到

$$[\boldsymbol{A}^{(n)},\boldsymbol{b}^{(n)}]=\begin{bmatrix} a_{11}^{(1)} & a_{12}^{(1)} & \cdots & a_{1n}^{(1)} & b_1^{(1)} \\ 0 & a_{22}^{(2)} & \cdots & a_{2n}^{(2)} & b_2^{(2)} \\ \vdots & \vdots & \ddots & \vdots & \vdots \\ 0 & 0 & \cdots & a_{nn}^{(n)} & b_n^{(n)} \end{bmatrix}=\boldsymbol{L}_{n-1}[\boldsymbol{A}^{(n-1)},\boldsymbol{b}^{(n-1)}]=\boldsymbol{L}_{n-1}\boldsymbol{L}_{n-2}\cdots\boldsymbol{L}_1[\boldsymbol{A}^{(1)},\boldsymbol{b}^{(1)}]$$

由上式可得

$$\boldsymbol{A}^{(n)}=\boldsymbol{L}_{n-1}\boldsymbol{L}_{n-2}\cdots\boldsymbol{L}_1\boldsymbol{A}^{(1)},\qquad \boldsymbol{b}^{(n)}=\boldsymbol{L}_{n-1}\boldsymbol{L}_{n-2}\cdots\boldsymbol{L}_1\boldsymbol{b}^{(1)} \tag{2.23}$$

将上三角矩阵 $\boldsymbol{A}^{(n)}$ 记为 $\boldsymbol{U}$. 因为 $\boldsymbol{L}_k\,(k=1,2,\cdots,n-1)$ 均为非奇异阵，所以它们的逆矩阵存在. 容易求出

$$\boldsymbol{L}_k^{-1}=\begin{bmatrix} 1 & & & & & \\ & \ddots & & & & \\ & & 1 & & & \\ & & l_{k+1,\,k} & 1 & & \\ & & \vdots & & \ddots & \\ & & l_{nk} & & & 1 \end{bmatrix}$$

由式（2.23）可得

$$\boldsymbol{A}=\boldsymbol{A}^{(1)}=\boldsymbol{L}_1^{-1}\boldsymbol{L}_2^{-2}\cdots\boldsymbol{L}_{n-1}^{-1}\boldsymbol{U}=\boldsymbol{L}\boldsymbol{U}$$

其中：

$$\boldsymbol{L}=\boldsymbol{L}_1^{-1}\boldsymbol{L}_2^{-2}\cdots\boldsymbol{L}_{n-1}^{-1}=\begin{bmatrix} 1 & & & & \\ l_{21} & 1 & & & \\ l_{31} & l_{32} & 1 & & \\ \vdots & \vdots & \vdots & \ddots & \\ l_{n1} & l_{n2} & l_{n3} & \cdots & 1 \end{bmatrix}$$

为单位下三角矩阵.

上述分析说明，通过 Gauss 消元法，可将方程组的系数矩阵 $\boldsymbol{A}$ 分解为单位下三角矩阵 $\boldsymbol{L}$ 与上三角矩阵 $\boldsymbol{U}$ 的乘积. 这种分解称为矩阵 $\boldsymbol{A}$ 的 Doolittle（杜利特）分解，也称 LU 分解.

当系数矩阵进行三角分解后，求解方程组 $\boldsymbol{Ax}=\boldsymbol{b}$ 的问题就变得十分容易，它等价于求解两个三角形方程组 $\boldsymbol{Ly}=\boldsymbol{b}$ 和 $\boldsymbol{Ux}=\boldsymbol{y}$. 因此，解线性方程组问题可转化为矩阵的三角分解问题.

2.5.2　矩阵的三角分解

正如 Gauss 消元法要在一定条件下才能进行到底一样，矩阵 $\boldsymbol{A}$ 也必须满足一定条件才能进行三角分解.

定理 2.2　若非奇异矩阵 $\boldsymbol{A}$ 满足下列三个条件之一：

（1）$\boldsymbol{A}$ 的各阶顺序主子式 $A_i\neq 0\ (i=1,2,\cdots,n)$；

（2）$$\begin{cases} |a_{11}|>\sum\limits_{j=2}^{n}|a_{1j}|, \\ |a_{ii}|\geqslant\sum\limits_{\substack{j=1\\ j\neq i}}^{n}|a_{ij}|\ \ (i=2,3,\cdots,n); \end{cases}$$

（3）$\boldsymbol{A}$ 为对称正定矩阵.

则矩阵 $\boldsymbol{A}$ 存在唯一的 Doolittle 分解.

证明　仅证在条件（1）下 $\boldsymbol{A}$ 存在唯一的 Doolittle 分解，其余情形证明留给读者.

因为 $\boldsymbol{A}$ 的各阶顺序主子式 $A_i \neq 0$ $(i=1,2,\cdots,n)$，由定理 2.1 知 Gauss 消元过程可以进行下去，即 $\boldsymbol{A}$ 存在 Doolittle 分解. 以下证分解的唯一性.

设矩阵 $\boldsymbol{A}$ 是非奇异的，且

$$\boldsymbol{A}=\boldsymbol{L}\boldsymbol{U}=\tilde{\boldsymbol{L}}\tilde{\boldsymbol{U}}$$

其中：$\boldsymbol{L},\tilde{\boldsymbol{L}}$ 为单位下三角矩阵；$\boldsymbol{U},\tilde{\boldsymbol{U}}$ 为上三角矩阵. 因为单位下（上）三角阵的逆仍是单位下（上）三角阵，上（下）三角阵的乘积仍是上（下）三角阵，所以

$$\tilde{\boldsymbol{L}}^{-1}\boldsymbol{L}=\tilde{\boldsymbol{U}}\boldsymbol{U}^{-1}=\boldsymbol{I}$$

于是 $\boldsymbol{L}=\tilde{\boldsymbol{L}}$，$\boldsymbol{U}=\tilde{\boldsymbol{U}}$.

$\boldsymbol{A}$ 的 LU 分解可以用 Gauss 消元法完成，也可以用矩阵乘法原理推出计算公式. 设 $\boldsymbol{A}=\boldsymbol{L}\boldsymbol{U}$，即

$$\begin{bmatrix} a_{11} & a_{12} & a_{13} & \cdots & a_{1n} \\ a_{21} & a_{22} & a_{23} & \cdots & a_{2n} \\ a_{31} & a_{32} & a_{33} & \cdots & a_{3n} \\ \vdots & \vdots & \vdots & & \vdots \\ a_{n1} & a_{n2} & a_{n3} & \cdots & a_{nn} \end{bmatrix}=\begin{bmatrix} 1 & & & & \\ l_{21} & 1 & & & \\ l_{31} & l_{32} & 1 & & \\ \vdots & \vdots & \vdots & \ddots & \\ l_{n1} & l_{n2} & l_{n3} & \cdots & 1 \end{bmatrix}\begin{bmatrix} u_{11} & u_{12} & \cdots & u_{1n} \\ & u_{22} & \cdots & u_{2n} \\ & & \ddots & \vdots \\ & & & u_{nn} \end{bmatrix}$$

由矩阵的乘法法则可得

$$a_{1j}=u_{1j} \quad (j=1,2,\cdots,n)$$
$$a_{i1}=l_{i1}u_{11} \quad (i=2,3,\cdots,n)$$

即有

$$u_{1j}=a_{1j} \quad (j=1,2,\cdots,n)$$
$$l_{i1}=\frac{a_{i1}}{u_{11}} \quad (i=2,3,\cdots,n)$$

这样就定出 $\boldsymbol{U}$ 的第 1 行和 $\boldsymbol{L}$ 的第 1 列.

设已定出 $\boldsymbol{U}$ 的第 1 行至第 $r-1$ 行元素与 $\boldsymbol{L}$ 的第 1 列至第 $r-1$ 列元素，比较两边可得

$$a_{ri}=\sum_{k=1}^{n} l_{rk}u_{ki}$$

当 $r<i$ 时，有 $l_{ri}=0$ 且 $l_{rr}=1$，得到

$$a_{ri}=\sum_{k=1}^{r-1} l_{rk}u_{ki}+u_{ri}$$

故有

$$u_{ri}=a_{ri}-\sum_{k=1}^{r-1} l_{rk}u_{ki} \quad (i=r,r+1,\cdots,n) \tag{2.24}$$

这是计算 $\boldsymbol{U}$ 的第 r 行的公式. 又由

$$a_{ir}=\sum_{k=1}^{r-1} l_{ik}u_{kr}+l_{ir}u_{rr}$$

可得

$$l_{ir}=\frac{a_{ir}-\sum_{k=1}^{r-1}l_{ik}u_{kr}}{u_{rr}}\quad (i=r+1,r+2,\cdots,n)$$

这是计算 $\boldsymbol{L}$ 的第 r 列的公式.

计算过程应按第 1 行、第 1 列、第 2 行、第 2 列……的顺序进行，具体步骤如下.

第 1 步，计算 $\boldsymbol{U}$ 的第 1 行，$\boldsymbol{L}$ 的第 1 列.

$$\begin{aligned}&u_{1j}=a_{1j}\quad (j=1,2,\cdots,n)\\&l_{i1}=\frac{a_{i1}}{u_{11}}\quad (i=2,3,\cdots,n)\end{aligned}\tag{2.25}$$

第 2 步，计算 $\boldsymbol{U}$ 的第 r 行，$\boldsymbol{L}$ 的第 r 列 $(r=2,3,\cdots,n)$.

$$\begin{cases}u_{ri}=a_{ri}-\sum_{k=1}^{r-1}l_{rk}u_{ki}\quad (i=r,r+1,\cdots,n)\\ l_{ir}=\dfrac{a_{ir}-\sum_{k=1}^{r-1}l_{ik}u_{kr}}{u_{rr}}\quad (i=r+1,r+2,\cdots,n)\end{cases}\tag{2.26}$$

例 2.5　求矩阵

$$\boldsymbol{A}=\begin{bmatrix}2&1&10\\8&3&10\\4&-3&7\end{bmatrix}$$

的三角分解.

解　设

$$\begin{bmatrix}2&1&3\\8&3&10\\4&-3&7\end{bmatrix}=\begin{bmatrix}1&0&0\\l_{21}&1&0\\l_{31}&l_{32}&1\end{bmatrix}\begin{bmatrix}u_{11}&u_{12}&u_{13}\\0&u_{22}&u_{23}\\0&0&u_{33}\end{bmatrix}$$

则有

$$u_{11}=a_{11}=2,\quad u_{12}=a_{12}=1,\quad u_{13}=a_{13}=3,\quad l_{21}=\frac{a_{21}}{u_{11}}=\frac{8}{2}=4,\quad l_{31}=\frac{a_{31}}{u_{11}}=\frac{4}{2}=2$$

$$u_{22}=a_{22}-l_{21}u_{12}=3-4\times1=-1,\qquad u_{23}=a_{23}-l_{21}u_{13}=10-4\times3=-2$$

$$l_{32}=\frac{a_{32}-l_{31}u_{12}}{u_{22}}=\frac{-3-2\times1}{-1}=5$$

$$u_{33}=a_{33}-(l_{31}u_{13}+l_{32}u_{23})=7-6-5\times(-2)=11$$

所以

$$\boldsymbol{A}=\begin{bmatrix}1&0&0\\4&1&0\\2&5&1\end{bmatrix}\begin{bmatrix}2&1&3\\0&-1&-2\\0&0&11\end{bmatrix}$$

根据式（2.25）和式（2.26）的特点，矩阵的三角分解可按以下格式及顺序进行. 这种格式既便于记忆，又便于计算，称为紧凑格式.

$(a_{11})u_{11}$	$(a_{12})u_{12}$	$(a_{13})u_{13}$	$\cdots$	$(a_{1n})u_{1n}$
$(a_{21})l_{21}$	$(a_{22})u_{22}$	$(a_{23})u_{23}$	$\cdots$	$(a_{2n})u_{2n}$
$(a_{31})l_{31}$	$(a_{32})l_{32}$	$(a_{33})u_{33}$	$\cdots$	$(a_{3n})u_{3n}$
$\vdots$	$\vdots$	$\vdots$	$\ddots$	
$(a_{n1})l_{n1}$	$(a_{n2})l_{n2}$	$(a_{n3})l_{n3}$		$(a_{nn})u_{nn}$

说明　（1）计算顺序. 将 a_{ij}, u_{ij}, l_{ij} 按上表列好，计算时按框从外到内进行. 每一框中先算行，从左向右依次计算 u_{kj}；再算列，自上而下求 l_{ik}.

（2）计算方法. 按行计算时，需将所求元 u_{kj} 的对应元 a_{kj} 逐项减去 u_{kj} 所在行左面各框的元 l_{kl} 乘 u_{kj} 所在列上面各框相应的元 u_{lj}.

按列计算 l_{ik} 时，在作上述运算后还需除以 l_{ik} 所在框的对角元 u_{kk}.

例 2.5 中矩阵 $\boldsymbol{A}$ 的三角分解按紧凑格式计算，结果如下.

(2) 2	(1) 1	(3) 3
(8) $\frac{8}{2}=4$	(3) $3-4\times1=-1$	(10) $10-4\times3=-2$
(4) $\frac{4}{2}=2$	(−3) $\frac{[-3-2\times1]}{-1}=5$	(7) $7-2\times3-5\times(-2)=11$

所以

$$\boldsymbol{L}=\begin{bmatrix}1&0&0\\4&1&0\\2&5&1\end{bmatrix},\quad \boldsymbol{U}=\begin{bmatrix}2&1&3\\0&-1&-2\\0&0&11\end{bmatrix},\quad \boldsymbol{A}=\boldsymbol{LU}$$

2.5.3　直接三角分解法的计算公式

如果线性方程组 $\boldsymbol{Ax}=\boldsymbol{b}$ 的系数矩阵已进行三角分解 $\boldsymbol{A}=\boldsymbol{LU}$，那么方程组变为 $\boldsymbol{LUx}=\boldsymbol{b}$. 若令 $\boldsymbol{Ux}=\boldsymbol{y}$，则 $\boldsymbol{Ly}=\boldsymbol{b}$. 从而原方程组的求解等价于求解两个三角形方程组

$$\boldsymbol{Ly}=\boldsymbol{b} \tag{2.27}$$

$$\boldsymbol{Ux}=\boldsymbol{y} \tag{2.28}$$

即由

$$\boldsymbol{Ly}=\begin{bmatrix}1&0&\cdots&0\\l_{21}&1&\cdots&0\\\vdots&\vdots&\ddots&\vdots\\l_{n1}&l_{n2}&\cdots&1\end{bmatrix}\begin{bmatrix}y_1\\y_2\\\vdots\\y_n\end{bmatrix}=\begin{bmatrix}b_1\\b_2\\\vdots\\b_n\end{bmatrix} \tag{2.29}$$

可求出

$$y_1=b_1 \tag{2.30}$$

$$y_k=b_k-\sum_{j=1}^{k-1}l_{kj}y_j\quad(k=2,\cdots,n) \tag{2.31}$$

再由

$$
\boldsymbol{Ux}=\begin{bmatrix} u_{11} & u_{12} & \cdots & u_{1n} \\ 0 & u_{22} & \cdots & u_{2n} \\ \vdots & \vdots & \ddots & \vdots \\ 0 & 0 & \cdots & u_{nn} \end{bmatrix}\begin{bmatrix} x_1 \\ x_2 \\ \vdots \\ x_n \end{bmatrix} = \begin{bmatrix} y_1 \\ y_2 \\ \vdots \\ y_n \end{bmatrix} \tag{2.32}
$$

解得

$$
x_n=\frac{y_n}{u_{nn}} \tag{2.33}
$$

$$
x_k=\frac{y_k-\sum\limits_{j=k+1}^{n} u_{kj}x_j}{u_{kk}} \quad (k=n-1,n-2,\cdots,1) \tag{2.34}
$$

容易看出，式（2.31）与式（2.24）的运算规律相同，故在利用三角分解求解方程组时，只需把右端向量列在表中最后一列，按 u_{kj} 的计算方法即可求出 y_k.

下表是求解线性方程组的紧凑格式，其计算顺序和计算方法与三角分解相同. 按下表计算后，再按式（2.34）即可求出方程组的解.

$(a_{11})u_{11}$	$(a_{12})u_{12}$	$(a_{13})u_{13}$	$\cdots$	$(a_{1n})u_{1n}$	$(b_1)y_1$
$(a_{21})l_{21}$	$(a_{22})u_{22}$	$(a_{23})u_{23}$	$\cdots$	$(a_{2n})u_{2n}$	$(b_2)y_2$
$(a_{31})l_{31}$	$(a_{32})l_{32}$	$(a_{33})u_{33}$	$\cdots$	$(a_{3n})u_{3n}$	$(b_3)y_3$
$\vdots$	$\vdots$	$\vdots$	$\ddots$		
$(a_{n1})l_{n1}$	$(a_{n2})l_{n2}$	$(a_{n3})l_{n3}$		$(a_{nn})u_{nn}$	$(b_n)y_n$

例 2.6　用紧凑格式解线性方程组

$$
\begin{cases} 2x_1+2x_2+x_3=7 \\ 4x_1+3x_2-5x_3=5 \\ 6x_1-2x_2-3x_3=-1 \end{cases}
$$

解　按上表计算，计算结果如下.

(2) 2	(2) 2	(1) 1	(7) 7
$(4)\ \frac{4}{2}=2$	(3) −1	(−5) −7	(5) −9
$(6)\ \frac{6}{2}=3$	(−2) 8	(−3) 50	(−1) 50

所以

$$
\boldsymbol{L}=\begin{bmatrix} 1 & 0 & 0 \\ 2 & 1 & 0 \\ 3 & 8 & 1 \end{bmatrix},\quad \boldsymbol{U}=\begin{bmatrix} 2 & 2 & 1 \\ 0 & -1 & -7 \\ 0 & 0 & 50 \end{bmatrix},\quad \boldsymbol{y}=\begin{bmatrix} 7 \\ -9 \\ 50 \end{bmatrix}
$$

解方程组

$$Ux = \begin{bmatrix} 2 & 2 & 1 \\ 0 & -1 & -7 \\ 0 & 0 & 50 \end{bmatrix} \begin{bmatrix} x_1 \\ x_2 \\ x_3 \end{bmatrix} = \begin{bmatrix} 7 \\ -9 \\ 50 \end{bmatrix}$$

得原方程组的解 $x_3 = 1$，$x_2 = 2$，$x_1 = 1$.

2.6　平方根法与改进的平方根法

许多工程实际问题需求解的线性方程组 $\boldsymbol{Ax} = \boldsymbol{b}$ 的系数矩阵常常具有对称正定性，由 2.5 节的讨论可知，这样的系数矩阵 $\boldsymbol{A}$ 一定有唯一的 Doolittle 分解，因而完全可用 2.5 节的直接三角分解法进行求解. 然而，利用 $\boldsymbol{A}$ 的对称正定性，可以建立更简单的三角分解法，这就是下面的平方根法.

2.6.1　平方根法

定义 2.1　设 $\boldsymbol{A}$ 是 n ($n \geqslant 2$) 阶实对称正定矩阵，$\boldsymbol{L}$ 是非奇异下三角矩阵，则称 $\boldsymbol{A} = \boldsymbol{LL}^{\mathrm{T}}$ 为矩阵 $\boldsymbol{A}$ 的 Cholesky（楚列斯基）分解.

定理 2.3　设 $\boldsymbol{A}$ 是对称正定矩阵，则存在唯一的非奇异下三角矩阵 $\boldsymbol{L}$，使得

$$\boldsymbol{A} = \boldsymbol{LL}^{\mathrm{T}}$$

且 $\boldsymbol{L}$ 的对角元皆为正数.

证明　因为 $\boldsymbol{A}$ 是对称正定矩阵，所以 $\boldsymbol{A}$ 的各阶顺序主子式均为正. 矩阵 $\boldsymbol{A}$ 有唯一的 Doolittle 分解，设为 $\boldsymbol{A} = \boldsymbol{RU}$，其中 $\boldsymbol{R}$ 为单位下三角矩阵，$\boldsymbol{U}$ 为上三角矩阵. 令 $\boldsymbol{D} = \mathrm{diag}(u_{11}, u_{22}, \cdots, u_{nn})$，$\boldsymbol{P} = \boldsymbol{D}^{-1}\boldsymbol{U}$，则 $\boldsymbol{P}$ 为单位上三角矩阵，且 $\boldsymbol{A} = \boldsymbol{RDP}$，又 $\boldsymbol{A}$ 是对称矩阵，于是有

$$\boldsymbol{A}^{\mathrm{T}} = \boldsymbol{P}^{\mathrm{T}}\boldsymbol{DR}^{\mathrm{T}} = \boldsymbol{A} = \boldsymbol{RDP}$$

由 Doolittle 分解的唯一性，可得 $\boldsymbol{P}^{\mathrm{T}} = \boldsymbol{R}$，因此有 $\boldsymbol{A} = \boldsymbol{P}^{\mathrm{T}}\boldsymbol{DP}$. $\forall \boldsymbol{x} \neq \boldsymbol{0}$，有 $\boldsymbol{y} = \boldsymbol{P}^{-1}\boldsymbol{x} \neq 0$，于是有

$$\boldsymbol{x}^{\mathrm{T}}\boldsymbol{Dx} = \boldsymbol{x}^{\mathrm{T}}(\boldsymbol{P}^{\mathrm{T}})^{-1}\boldsymbol{AP}^{-1}\boldsymbol{x} = (\boldsymbol{P}^{-1}\boldsymbol{x})^{\mathrm{T}}\boldsymbol{A}(\boldsymbol{P}^{-1}\boldsymbol{x}) = \boldsymbol{y}^{\mathrm{T}}\boldsymbol{Ay} > 0$$

即 $\boldsymbol{D}$ 为正定矩阵，因此 $u_{ii} > 0\ (i = 1, 2, \cdots, n)$. 令 $\bar{\boldsymbol{D}} = \mathrm{diag}\left(\sqrt{u_{11}}, \sqrt{u_{22}}, \cdots, \sqrt{u_{nn}}\right)$，则

$$\boldsymbol{A} = \boldsymbol{P}^{\mathrm{T}}\bar{\boldsymbol{D}}\bar{\boldsymbol{D}}\boldsymbol{P} = (\bar{\boldsymbol{D}}\boldsymbol{P})^{\mathrm{T}}(\bar{\boldsymbol{D}}\boldsymbol{P}) = \boldsymbol{LL}^{\mathrm{T}}$$

其中：$\boldsymbol{L} = (\bar{\boldsymbol{D}}\boldsymbol{P})^{\mathrm{T}}$ 为非奇异下三角矩阵，且对角元皆为正数.

下面用反证法证明唯一性.

假设存在非奇异下三角矩阵 $\boldsymbol{G} \neq \boldsymbol{L}$，其对角元素皆为正数，且使得

$$\boldsymbol{A} = \boldsymbol{LL}^{\mathrm{T}} = \boldsymbol{GG}^{\mathrm{T}}$$

则有

$$\boldsymbol{L}^{\mathrm{T}}(\boldsymbol{G}^{\mathrm{T}})^{-1} = \boldsymbol{L}^{-1}\boldsymbol{LL}^{\mathrm{T}}(\boldsymbol{G}^{\mathrm{T}})^{-1} = \boldsymbol{L}^{-1}\boldsymbol{GG}^{\mathrm{T}}(\boldsymbol{G}^{\mathrm{T}})^{-1} = \boldsymbol{L}^{-1}\boldsymbol{G}$$

由于 $\boldsymbol{L}^{\mathrm{T}}(\boldsymbol{G}^{\mathrm{T}})^{-1}$ 是上三角矩阵，$\boldsymbol{L}^{-1}\boldsymbol{G}$ 是下三角矩阵，由上式可得

$$\boldsymbol{L}^{\mathrm{T}}(\boldsymbol{G}^{\mathrm{T}})^{-1}=\boldsymbol{L}^{-1}\boldsymbol{G}=\boldsymbol{I}$$

即有 $\boldsymbol{G}=\boldsymbol{L}$，与假设矛盾.

用比较法可得 $\boldsymbol{L}$ 的计算公式.

设 $\boldsymbol{A}$ 是对称正定矩阵，令 $\boldsymbol{A}=\boldsymbol{L}\boldsymbol{L}^{\mathrm{T}}$，即

$$\boldsymbol{A}=\begin{bmatrix} a_{11} & a_{12} & a_{13} & \cdots & a_{1n} \\ a_{21} & a_{22} & a_{23} & \cdots & a_{2n} \\ a_{31} & a_{32} & a_{33} & \cdots & a_{3n} \\ \vdots & \vdots & \vdots & & \vdots \\ a_{n1} & a_{n2} & a_{n3} & \cdots & a_{nn} \end{bmatrix}=\begin{bmatrix} l_{11} & & & & \\ l_{21} & l_{22} & & & \\ l_{31} & l_{32} & l_{33} & & \\ \vdots & \vdots & \vdots & \ddots & \\ l_{n1} & l_{n2} & l_{n3} & \cdots & l_{nn} \end{bmatrix}\begin{bmatrix} l_{11} & l_{21} & l_{31} & \cdots & l_{n1} \\ & l_{22} & l_{32} & \cdots & l_{n2} \\ & & l_{33} & & l_{n3} \\ & & & \ddots & \vdots \\ & & & & l_{nn} \end{bmatrix}$$

比较 $\boldsymbol{A}$ 与 $\boldsymbol{L}\boldsymbol{L}^{\mathrm{T}}$ 的相应元素，可得

$$\begin{cases} a_{kk}=\sum\limits_{j=1}^{k-1} l_{kj}^2+l_{kk}^2 \quad (k=1,2,\cdots,n) \\ a_{ik}=\sum\limits_{j=1}^{k} l_{ij}l_{kj}=\sum\limits_{j=1}^{k-1} l_{ij}l_{kj}+l_{ik}l_{kk} \quad (i=k+1,k+2,\cdots,n) \end{cases} \tag{2.35}$$

由上式可得

$$\begin{cases} l_{kk}=\sqrt{a_{kk}-\sum\limits_{j=1}^{k-1} l_{kj}^2} \quad (k=1,2,\cdots,n) \\ l_{ik}=\dfrac{a_{ik}-\sum\limits_{j=1}^{k-1} l_{ij}l_{kj}}{l_{kk}} \quad (i=k+1,k+2,\cdots,n) \end{cases} \tag{2.36}$$

这里规定 $\sum\limits_{j=1}^{0} l_{ij}l_{1j}=0,\ \sum\limits_{j=1}^{0} l_{1j}^2=0$. 计算顺序按列进行：

$$l_{11}\to l_{i1}\ (i=2,3,\cdots,n)\to l_{22}\to l_{i2}\ (i=3,4,\cdots,n)\to\cdots$$

当 $\boldsymbol{A}$ 完成了 Cholesky 分解后，方程组 $\boldsymbol{A}\boldsymbol{x}=\boldsymbol{b}$ 可转化为

$$\begin{cases} \boldsymbol{L}\boldsymbol{y}=\boldsymbol{b} \\ \boldsymbol{L}^{\mathrm{T}}\boldsymbol{x}=\boldsymbol{y} \end{cases}$$

它们的解分别为

$$\begin{cases} y_k=\dfrac{b_k-\sum\limits_{j=1}^{k-1} l_{kj}y_j}{l_{kk}} \quad (k=1,2,\cdots,n) \\ x_k=\dfrac{y_k-\sum\limits_{j=k+1}^{n} l_{jk}x_j}{l_{kk}} \quad (k=n,n-1,\cdots,1) \end{cases} \tag{2.37}$$

求解线性方程组的上述方法称为平方根法，也称分解法.

由式（2.35）知

$$a_{kk}=\sum_{j=1}^{k}l_{kj}^2$$

所以

$$l_{kj}^2 \leqslant a_{kk} \leqslant \max_{1\leqslant i\leqslant n} a_{ii} \quad (1\leqslant k\leqslant n)$$

这说明 Cholesky 分解过程中元素 l_{kj} 的平方不会超过 $\boldsymbol{A}$ 的最大对角元素，因而舍入误差的放大受到了限制. 因此，用平方根法求解对称正定矩阵所对应的线性方程组时可以不考虑选主元问题. 平方根法大约需要计算 $n^3/6$ 次乘除法，为一般 LU 分解法的一半.

例 2.7　用平方根法解线性方程组

$$\begin{cases}3x_1+2x_2+3x_3=5\\ 2x_1+2x_2=3\\ 3x_1+12x_3=7\end{cases}$$

解　显然系数矩阵是正定矩阵，设

$$\boldsymbol{A}=\begin{bmatrix}3&2&3\\2&2&0\\3&0&12\end{bmatrix}=\begin{bmatrix}l_{11}&0&0\\l_{21}&l_{22}&0\\l_{31}&l_{32}&l_{33}\end{bmatrix}\begin{bmatrix}l_{11}&l_{21}&l_{31}\\0&l_{22}&l_{32}\\0&0&l_{33}\end{bmatrix}$$

由矩阵乘法得

$$l_{11}=\sqrt{3},\quad l_{21}=\frac{a_{21}}{l_{11}}=\frac{2}{\sqrt{3}},\quad l_{31}=\frac{a_{31}}{l_{11}}=\sqrt{3},\quad l_{22}=\sqrt{a_{22}-l_{21}^2}=\sqrt{\frac{2}{3}}$$

$$l_{32}=\frac{a_{32}-l_{31}l_{21}}{l_{22}}=\frac{0-2}{\sqrt{2/3}}=-\sqrt{6},\qquad l_{33}=\sqrt{a_{33}-l_{31}^2-l_{32}^2}=\sqrt{12-3-6}=\sqrt{3}$$

于是有

$$\boldsymbol{L}=\begin{bmatrix}\sqrt{3}&0&0\\ \frac{2}{\sqrt{3}}&\sqrt{\frac{2}{3}}&0\\ \sqrt{3}&-\sqrt{6}&\sqrt{3}\end{bmatrix}$$

由

$$\begin{bmatrix}\sqrt{3}&0&0\\ \frac{2}{\sqrt{3}}&\sqrt{\frac{2}{3}}&0\\ \sqrt{3}&-\sqrt{6}&\sqrt{3}\end{bmatrix}\begin{bmatrix}y_1\\y_2\\y_3\end{bmatrix}=\begin{bmatrix}5\\3\\7\end{bmatrix}$$

解得 $y_1=\frac{5}{\sqrt{3}}$，$y_2=-\frac{1}{\sqrt{6}}$，$y_3=\frac{1}{\sqrt{3}}$. 由

$$\begin{bmatrix}\sqrt{3}&\frac{2}{\sqrt{3}}&\sqrt{3}\\ 0&\sqrt{\frac{2}{3}}&-\sqrt{6}\\ 0&0&\sqrt{3}\end{bmatrix}\begin{bmatrix}x_1\\x_2\\x_3\end{bmatrix}=\begin{bmatrix}y_1\\y_2\\y_3\end{bmatrix}$$

解得 $x_3=\dfrac{1}{3}$，$x_2=\dfrac{1}{2}$，$x_1=1$.

2.6.2 改进的平方根法

从定理 2.3 的证明可得下述定理.

定理 2.4 设 $\boldsymbol{A}$ 是 n（$n\geqslant 2$）阶对称正定矩阵，则存在单位下三角矩阵 $\boldsymbol{L}$ 和对角阵 $\boldsymbol{D}$ 使得

$$\boldsymbol{A}=\boldsymbol{LDL}^{\mathrm{T}} \tag{2.38}$$

且这种分解是唯一的.

记

$$\boldsymbol{L}=\begin{bmatrix}1 & 0 & \cdots & 0\\ l_{21} & 1 & \cdots & 0\\ \vdots & \vdots & \ddots & \vdots\\ l_{n1} & l_{n2} & \cdots & 1\end{bmatrix},\qquad \boldsymbol{D}=\mathrm{diag}(d_1,d_2,\cdots,d_n)$$

由比较法可以导出 $\boldsymbol{LDL}^{\mathrm{T}}$ 分解的计算公式. 由于

$$\boldsymbol{A}=\boldsymbol{LDL}^{\mathrm{T}}=\begin{bmatrix}1 & 0 & \cdots & 0\\ l_{21} & 1 & \cdots & 0\\ \vdots & \vdots & \ddots & \vdots\\ l_{n1} & l_{n2} & \cdots & 1\end{bmatrix}\begin{bmatrix}d_1 & & & \\ & d_2 & & \\ & & \ddots & \\ & & & d_n\end{bmatrix}\begin{bmatrix}1 & l_{21} & \cdots & l_{n1}\\ 0 & 1 & \cdots & l_{n2}\\ \vdots & \vdots & \ddots & \vdots\\ 0 & 0 & \cdots & 1\end{bmatrix}$$

注意到 $l_{jj}=1$，$l_{jk}=0\,(j<k)$，由比较法得到

$$\begin{cases}a_{kk}=\displaystyle\sum_{j=1}^{n}(\boldsymbol{LD})_{kj}(\boldsymbol{L}^{\mathrm{T}})_{jk}=\sum_{j=1}^{k}l_{kj}d_jl_{kj}=\sum_{j=1}^{k}d_jl_{kj}^2=\sum_{j=1}^{k-1}d_jl_{kj}^2+d_k\\ a_{ik}=\displaystyle\sum_{j=1}^{n}(\boldsymbol{LD})_{ij}(\boldsymbol{L}^{\mathrm{T}})_{jk}=\sum_{j=1}^{k}l_{ij}d_jl_{kj}=\sum_{j=1}^{k-1}l_{ij}d_jl_{kj}+l_{ik}d_kl_{kk}\end{cases}$$

因此，对 $k=1,2,\cdots,n$，有

$$\begin{cases}d_k=a_{kk}-\displaystyle\sum_{j=1}^{k-1}l_{kj}^2d_j\\ l_{ik}=\dfrac{a_{ik}-\displaystyle\sum_{j=1}^{k-1}l_{ij}d_jl_{kj}}{d_k}\quad(i=k+1,k+2,\cdots,n)\end{cases} \tag{2.39}$$

计算顺序为 $d_1\to l_{i1}\,(i=2,3,\cdots,n)\to d_2\to l_{i2}\,(i=3,\cdots,n)\to d_3\to\cdots$.

按式（2.39）进行 $\boldsymbol{LDL}^{\mathrm{T}}$ 分解虽然避免了开方运算，但在计算每个元时多了相乘的因子，故乘法运算次数比 Cholesky 分解约增多一倍，乘除总运算量又变成 $n^3/3$ 数量级，仔细分析式（2.39）可以看出，式中有许多计算是重复的. 引进辅助量 $u_{ik}=l_{ik}d_k\ (k=1,2,\cdots,n;\ i=k+1,k+2,\cdots,n)$，则式（2.39）可改写为

$$\begin{cases} d_k = a_{kk} - \sum_{j=1}^{k-1} u_{kj} l_{kj} & (k = 1, 2, \cdots, n) \\ u_{ik} = a_{ik} - \sum_{j=1}^{k-1} u_{ij} l_{kj} & (i = k+1, \cdots, n) \\ l_{ik} = \dfrac{u_{ik}}{d_k} \end{cases} \tag{2.40}$$

按式（2.40）进行 $\boldsymbol{LDL}^{\mathrm{T}}$ 分解，乘除运算量与 Cholesky 分解相当，且避免了开方运算.

矩阵 $\boldsymbol{A}$ 作 $\boldsymbol{LDL}^{\mathrm{T}}$ 分解后，方程组 $\boldsymbol{Ax} = \boldsymbol{b}$ 可转化为

$$\begin{cases} \boldsymbol{Ly} = \boldsymbol{b} \\ \boldsymbol{DL}^{\mathrm{T}} \boldsymbol{x} = \boldsymbol{y} \end{cases}$$

它们的解分别为

$$\begin{cases} y_1 = b_1 \\ y_k = b_k - \sum_{j=1}^{k-1} l_{kj} y_j & (k = 2, 3, \cdots, n) \\ x_n = \dfrac{y_n}{d_n} \\ x_k = \dfrac{y_k}{d_k} - \sum_{j=k+1}^{n} l_{jk} x_j & (k = n-1, n-2, \cdots, 1) \end{cases} \tag{2.41}$$

求解线性方程组的这一方法称为改进平方根法，也称 $\boldsymbol{LDL}^{\mathrm{T}}$ 法. 改进平方根法的算法如下.

算法 2.1　（1）对 $k = 1, 2, \cdots, n$，计算

$$d_k = a_{kk} - \sum_{j=1}^{k-1} u_{kj} l_{kj}, \quad u_{ik} = a_{ik} - \sum_{j=1}^{k-1} u_{ij} l_{kj}, \quad l_{ik} = \frac{u_{ik}}{d_k} \quad (i = k+1, k+2, \cdots, n)$$

（2）$y_1 = b_1$；

（3）对 $k = 2, 3, \cdots, n$，计算 $y_k = b_k - \sum_{j=1}^{k-1} l_{kj} y_j$；

（4）$x_n = \dfrac{y_n}{d_n}$；

（5）对 $k = n-1, n-2, \cdots, 1$，计算 $x_k = \dfrac{y_k}{d_k} - \sum_{j=k+1}^{n} l_{jk} x_j$.

例 2.8　用改进的平方根法解线性方程组

$$\begin{cases} 3x_1 + x_2 + 2x_3 = 7 \\ x_1 + 3x_2 + x_3 = 8 \\ 2x_1 + x_2 + 4x_3 = 8 \end{cases}$$

解　容易验证，系数矩阵

$$\boldsymbol{A} = \begin{bmatrix} 3 & 1 & 2 \\ 1 & 3 & 1 \\ 2 & 1 & 4 \end{bmatrix}$$

为对称正定阵. 按式（2.40）计算分解式，得到

$$d_1 = 3, \quad u_{21} = a_{21} = 1, \quad u_{31} = a_{31} = 2, \quad l_{21} = \frac{u_{21}}{d_1} = \frac{1}{3}$$

$$l_{31} = \frac{u_{31}}{d_1} = \frac{2}{3}, \quad d_2 = a_{22} - u_{21}l_{21} = \frac{8}{3}, \quad u_{32} = a_{32} - u_{31}l_{21} = \frac{1}{3}$$

$$l_{32} = \frac{u_{32}}{d_2} = \frac{1}{8}, \qquad d_3 = a_{33} - u_{31}l_{31} - u_{32}l_{32} = \frac{63}{24}$$

于是有

$$\boldsymbol{L} = \begin{bmatrix} 1 & 0 & 0 \\ \frac{1}{3} & 1 & 0 \\ \frac{2}{3} & \frac{1}{8} & 1 \end{bmatrix}, \qquad \boldsymbol{D} = \begin{bmatrix} 3 & 0 & 0 \\ 0 & \frac{8}{3} & 0 \\ 0 & 0 & \frac{63}{24} \end{bmatrix}$$

由 $\boldsymbol{Ly} = \boldsymbol{b}$ 解得 $\boldsymbol{y} = \left(7, \frac{17}{3}, \frac{63}{24}\right)^{\mathrm{T}}$. 由 $\boldsymbol{DL}^{\mathrm{T}}\boldsymbol{x} = \boldsymbol{y}$ 解得 $\boldsymbol{x} = (1,2,1)^{\mathrm{T}}$.

2.7 追 赶 法

在二阶常微分方程边值问题、热传导方程等科学工程计算中，经常遇到如下方程组的求解：

$$\begin{bmatrix} b_1 & c_1 & & & \\ a_2 & b_2 & c_2 & & \\ & \ddots & \ddots & \ddots & \\ & & a_{n-1} & b_{n-1} & c_{n-1} \\ & & & a_n & b_n \end{bmatrix} \begin{bmatrix} x_1 \\ x_2 \\ \vdots \\ x_{n-1} \\ x_n \end{bmatrix} = \begin{bmatrix} d_1 \\ d_2 \\ \vdots \\ d_{n-1} \\ d_n \end{bmatrix} \tag{2.42}$$

此类方程组称为三对角方程组，其中系数矩阵记为 $\boldsymbol{A}$，称为三对角矩阵. 假设三对角矩阵 $\boldsymbol{A}$ 是严格对角占优的，即满足条件

$$\begin{cases} |b_1| > |c_1| \\ |b_i| > |a_i| + |c_i| \quad (i = 2,3,\cdots,n-1) \\ |b_n| > |a_n| \end{cases}$$

此时 $\boldsymbol{A}$ 的各阶顺序主子式不为零. 因此，$\boldsymbol{A}$ 有唯一的 Doolittle 分解. 根据 $\boldsymbol{A}$ 是三对角矩阵的特点，易知三对角矩阵有如下更特殊的 Doolittle 分解 $\boldsymbol{A} = \boldsymbol{LU}$，且

$$\begin{bmatrix} b_1 & c_1 & & & \\ a_2 & b_2 & c_2 & & \\ & \ddots & \ddots & \ddots & \\ & & a_{n-1} & b_{n-1} & c_{n-1} \\ & & & a_n & b_n \end{bmatrix} = \begin{bmatrix} 1 & & & & \\ l_2 & 1 & & & \\ & l_3 & 1 & & \\ & & \ddots & \ddots & \\ & & & l_n & 1 \end{bmatrix} \begin{bmatrix} u_1 & c_1 & & & \\ & u_2 & c_2 & & \\ & & \ddots & \ddots & \\ & & & u_{n-1} & c_{n-1} \\ & & & & u_n \end{bmatrix}$$

由矩阵乘法运算，比较上式两边对应元素可得

$$\begin{cases} u_1 = b_1 \\ l_i = \dfrac{a_i}{u_{i-1}} \quad (i = 2,3,\cdots,n) \\ u_i = b_i - c_{i-1} l_i \end{cases} \tag{2.43}$$

求解方程组 $\boldsymbol{Ax}=\boldsymbol{d}$ 化为求解两个二对角方程组 $\boldsymbol{Ly}=\boldsymbol{d}$ 和 $\boldsymbol{Ux}=\boldsymbol{y}$，其中

$$\boldsymbol{L} = \begin{bmatrix} 1 & & & & \\ l_2 & 1 & & & \\ & l_3 & 1 & & \\ & & \ddots & \ddots & \\ & & & l_n & 1 \end{bmatrix}, \quad \boldsymbol{U} = \begin{bmatrix} u_1 & c_1 & & & \\ & u_2 & c_2 & & \\ & & \ddots & \ddots & \\ & & & u_{n-1} & c_{n-1} \\ & & & & u_n \end{bmatrix}, \quad \boldsymbol{d} = \begin{bmatrix} d_1 \\ d_2 \\ \vdots \\ d_{n-1} \\ d_n \end{bmatrix}$$

由 $\boldsymbol{Ly}=\boldsymbol{d}$ 可得到

$$\begin{cases} y_1 = d_1 \\ y_k = d_k - l_k y_{k-1} \quad (k = 2,3,\cdots,n) \end{cases} \tag{2.44}$$

由 $\boldsymbol{Ux}=\boldsymbol{y}$ 可得到

$$\begin{cases} x_n = \dfrac{y_n}{u_n} \\ x_k = \dfrac{y_k - c_k x_{k+1}}{u_k} \quad (k = n-1, n-2, \cdots, 1) \end{cases} \tag{2.45}$$

用式（2.43）～（2.45）解线性方程组（2.42）的方法称为追赶法，实际上，计算 $y_1 \to y_2 \to \cdots \to y_n$ 的过程中下标由小到大称为“追”，而计算 $x_n \to x_{n-1} \to \cdots \to x_1$ 的过程中下标由大到小称为“赶”，两者结合起来恰好形成了追赶的过程. 追赶法是求解三对角方程的有效方法.

算法 2.2　（1）输入 $\boldsymbol{a}=(a_2,a_2,\cdots,a_n)$，$\boldsymbol{b}=(b_1,b_2,\cdots,b_n)$，$\boldsymbol{c}=(c_1,c_2,\cdots,c_{n-1})$，$\boldsymbol{d}=(d_1,d_2,\cdots,d_n)$，$n$；

（2）对 $i=2,3,\cdots,n$

$$a_i/b_{i-1} \Rightarrow a_i \qquad (l_i)$$
$$b_i - c_{i-1}a_i \Rightarrow b_i \qquad (u_i)$$
$$d_i - a_i d_{i-1} \Rightarrow d_i \qquad (y_i)$$

（3）$d_n/b_n \Rightarrow d_n \ (x_n)$；

（4）对 $i=n-1,n-2,\cdots,1$

$$(d_i - c_i d_{i+1})/b_i \Rightarrow d_i \quad (x_i)$$

（5）输出 $\boldsymbol{d}=\boldsymbol{x}$，停机.

例 2.9　用追赶法求解线性方程组

$$\begin{bmatrix} 2 & 1 & 0 & 0 \\ 1 & 3 & 1 & 0 \\ 0 & 1 & 1 & 1 \\ 0 & 0 & 2 & 1 \end{bmatrix} \begin{bmatrix} x_1 \\ x_2 \\ x_3 \\ x_4 \end{bmatrix} = \begin{bmatrix} 1 \\ 2 \\ 2 \\ 0 \end{bmatrix}$$

解 令 $\boldsymbol{A}=\boldsymbol{LU}$，即

$$\boldsymbol{A}=\begin{bmatrix}2&1&0&0\\1&3&1&0\\0&1&1&1\\0&0&2&1\end{bmatrix}=\begin{bmatrix}1&0&0&0\\l_2&1&0&0\\0&l_3&1&0\\0&0&l_4&1\end{bmatrix}\begin{bmatrix}u_1&1&0&0\\0&u_2&1&0\\0&0&u_3&1\\0&0&0&u_4\end{bmatrix}$$

利用矩阵乘法运算，比较两边对应元素可得

$$u_1=2,\quad l_2=\frac{1}{2},\quad u_2=\frac{5}{2},\quad l_3=\frac{2}{5},\quad u_3=\frac{3}{5},\quad l_4=\frac{10}{3},\quad u_4=-\frac{7}{3}$$

从而

$$\boldsymbol{L}=\begin{bmatrix}1&0&0&0\\\frac{1}{2}&1&0&0\\0&\frac{2}{5}&1&0\\0&0&\frac{10}{3}&1\end{bmatrix},\qquad \boldsymbol{U}=\begin{bmatrix}2&1&0&0\\0&\frac{5}{2}&1&0\\0&0&\frac{3}{5}&1\\0&0&0&-\frac{7}{3}\end{bmatrix}$$

由 $\boldsymbol{Ly}=\boldsymbol{d}$ 解得 $\boldsymbol{y}=\left(1,\ \frac{3}{2},\ \frac{7}{5},\ -\frac{14}{3}\right)^{\mathrm{T}}$. 由 $\boldsymbol{Ux}=\boldsymbol{y}$ 解得 $\boldsymbol{x}=(0,\ 1,\ -1,\ 2)^{\mathrm{T}}$.

追赶法的基本思想与 Gauss 消元法和三角分解法相同，只是由于系数中出现了大量的零，计算中可将它们撇开，从而简化计算公式，也大大地减少计算量. 其乘除法运算量为 $5n-4$，加减法运算量为 $3n-3$.

2.8 方程组的性态与误差分析

由于不同的算法计算效果不同，必须进行误差分析. 向量和矩阵的范数及矩阵的条件数在研究用数值方法所求得的线性方程组解的误差分析中起着十分重要的作用.

2.8.1 向量与矩阵的范数

首先给出向量范数的定义.

定义 2.2 对任意向量 $\boldsymbol{x}\in\mathbf{R}^n$，若对应一个非负实值函数 $\|\boldsymbol{x}\|$，满足

（1）非负性：$\|\boldsymbol{x}\|>0$，$\|\boldsymbol{x}\|=0$ 当且仅当 $\boldsymbol{x}=\boldsymbol{0}$；

（2）齐次性：对任意实数 α 有 $\|\alpha\boldsymbol{x}\|=|\alpha|\|\boldsymbol{x}\|$；

（3）三角不等式：对任意向量 $\boldsymbol{x},\boldsymbol{y}\in\mathbf{R}^n$，有 $\|\boldsymbol{x}+\boldsymbol{y}\|\leqslant\|\boldsymbol{x}\|+\|\boldsymbol{y}\|$.

则称 $\|\boldsymbol{x}\|$ 为向量 $\boldsymbol{x}$ 的范数.

常使用的向量范数有以下几种.

（1）1-范数：$\|\boldsymbol{x}\|_1=\sum\limits_{i=1}^{n}|x_i|$；

（2）2-范数：$\|\boldsymbol{x}\|_2=\left(\sum_{i=1}^{n}|x_i|^2\right)^{1/2}$；

（3）∞-范数：$\|\boldsymbol{x}\|_\infty=\max\limits_{1\leqslant i\leqslant n}|x_i|$；

（4）p-范数：$\|\boldsymbol{x}\|_p=\left(\sum_{i=1}^{n}|x_i|^p\right)^{1/p}$，其中 $0<p<\infty$.

容易验证，它们都满足定义 2.2 中的三个条件.

例 2.10　设 $\boldsymbol{x}=(1,\ 0,\ -2,\ 3)^{\mathrm{T}}$，求 $\|\boldsymbol{x}\|_1,\|\boldsymbol{x}\|_2,\|\boldsymbol{x}\|_\infty$.

解

$$\|\boldsymbol{x}\|_1=1+0+2+3=6$$

$$\|\boldsymbol{x}\|_2=\sqrt{1^2+0+(-2)^2+3^2}=\sqrt{14}$$

$$\|\boldsymbol{x}\|_\infty=\max\{1,0,2,3\}=3$$

定义 2.3　若 $\mathbf{R}^n$ 中有两个范数 $\|\cdot\|$ 和 $\|\cdot\|'$，存在实数 $m,M>0$，使得对任意 n 维向量 $\boldsymbol{x}$，都有

$$m\|\boldsymbol{x}\|\leqslant\|\boldsymbol{x}\|'\leqslant M\|\boldsymbol{x}\|$$

则称这两种范数是等价的.

定理 2.5　若 $\mathbf{R}^n$ 中的所有向量范数是彼此等价的，即 $\|\cdot\|_t$ 和 $\|\cdot\|_s$ 为 $\mathbf{R}^n$ 中任意两个向量范数，则存在正常数 c_1 和 c_2，使得对任意 n 维向量 $\boldsymbol{x}$，都有

$$c_1\|\boldsymbol{x}\|_t\leqslant\|\boldsymbol{x}\|_s\leqslant c_2\|\boldsymbol{x}\|_t$$

证明见参考文献[1].

下面给出矩阵范数的定义.

定义 2.4　对任意矩阵 $\boldsymbol{A}\in\mathbf{R}^{n\times n}$，若对应一个非负实值函数 $\|\boldsymbol{A}\|$，满足

（1）非负性：$\|\boldsymbol{A}\|>0$，$\|\boldsymbol{x}\|=0$ 当且仅当 $\boldsymbol{A}=\boldsymbol{O}$；

（2）齐次性：对任意实数 $\alpha\in\mathbf{R}$，有 $\|\alpha\boldsymbol{A}\|=|\alpha|\|\boldsymbol{A}\|$；

（3）三角不等式：对任意 $\boldsymbol{A},\boldsymbol{B}\in\mathbf{R}^{n\times n}$，有 $\|\boldsymbol{A}+\boldsymbol{B}\|\leqslant\|\boldsymbol{A}\|+\|\boldsymbol{B}\|$；

（4）对任意 $\boldsymbol{A},\boldsymbol{B}\in\mathbf{R}^{n\times n}$，有 $\|\boldsymbol{AB}\|\leqslant\|\boldsymbol{A}\|\|\boldsymbol{B}\|$.

则称 $\|\boldsymbol{A}\|$ 为矩阵 $\boldsymbol{A}$ 的范数.

设 $\boldsymbol{A}=(a_{ij})_{n\times n}\in\mathbf{R}^{n\times n}$，常使用的矩阵范数有以下几种.

（1）1-范数或列范数：$\|\boldsymbol{A}\|_1=\max\limits_{1\leqslant j\leqslant n}\sum_{i=1}^{n}|a_{ij}|$；

（2）∞-范数或行范数：$\|\boldsymbol{A}\|_\infty=\max\limits_{1\leqslant i\leqslant n}\sum_{j=1}^{n}|a_{ij}|$；

（3）2-范数或谱范数：$\|\boldsymbol{A}\|_2=\sqrt{\lambda_{\max}(\boldsymbol{A}^{\mathrm{T}}\boldsymbol{A})}$；

（4）F-范数：$\|\boldsymbol{A}\|_F=\sqrt{\sum_{i=1}^{n}\sum_{j=1}^{n}a_{ij}^2}$.

定义 2.5　设在向量空间 $\mathbf{R}^n$ 和矩阵空间 $\mathbf{R}^{n\times n}$ 中分别规定了向量范数 $\|\cdot\|_p$ 和矩阵范数 $\|\cdot\|_q$，若对任意 $\boldsymbol{x}\in\mathbf{R}^n$，$\boldsymbol{A}\in\mathbf{R}^{n\times n}$，恒有

$$\|\boldsymbol{Ax}\|_p \leqslant \|\boldsymbol{A}\|_q \|\boldsymbol{x}\|_p$$

则称矩阵范数 $\|\cdot\|_q$ 与向量范数 $\|\cdot\|_p$ 是相容的.

可以证明 $\|\boldsymbol{Ax}\|_2 \leqslant \|\boldsymbol{A}\|_F \|\boldsymbol{x}\|_2$，即矩阵范数 $\|\cdot\|_F$ 与向量范数 $\|\cdot\|_2$ 是相容的.

定理 2.6　设 $\boldsymbol{x}\in\mathbf{R}^n$，$\boldsymbol{A}\in\mathbf{R}^{n\times n}$，$\|\boldsymbol{x}\|_p$ 为向量 $\boldsymbol{x}$ 的某种向量范数，令

$$\|\boldsymbol{A}\|_p = \max_{\boldsymbol{x}\neq\boldsymbol{0}} \frac{\|\boldsymbol{Ax}\|_p}{\|\boldsymbol{x}\|_p} = \max_{\|\boldsymbol{x}\|=1} \|\boldsymbol{Ax}\|_p \tag{2.46}$$

则 $\|\boldsymbol{A}\|_p$ 是矩阵范数，称其为由向量范数 $\|\boldsymbol{x}\|_p$ 诱导出的矩阵范数，也称算子范数.

证明　$\|\boldsymbol{A}\|_p$ 满足定义 2.4 的（1）、（2）是显然的. 下面验证（3）、（4）成立.

对任意 $\boldsymbol{A},\boldsymbol{B}\in\mathbf{R}^{n\times n}$，有

$$\|\boldsymbol{A}+\boldsymbol{B}\|_p = \max_{\boldsymbol{x}\neq\boldsymbol{0}} \frac{\|(\boldsymbol{A}+\boldsymbol{B})\boldsymbol{x}\|_p}{\|\boldsymbol{x}\|_p} \leqslant \max_{\boldsymbol{x}\neq\boldsymbol{0}} \frac{\|\boldsymbol{Ax}\|_p+\|\boldsymbol{Bx}\|_p}{\|\boldsymbol{x}\|_p} \leqslant \max_{\boldsymbol{x}\neq\boldsymbol{0}} \frac{\|\boldsymbol{Ax}\|_p}{\|\boldsymbol{x}\|_p} + \max_{\boldsymbol{x}\neq\boldsymbol{0}} \frac{\|\boldsymbol{Bx}\|_p}{\|\boldsymbol{x}\|_p} = \|\boldsymbol{A}\|_p + \|\boldsymbol{B}\|_p$$

由式（2.46）得

$$\|\boldsymbol{Ax}\|_p \leqslant \|\boldsymbol{A}\|_p \|\boldsymbol{x}\|_p \tag{2.47}$$

上式表明矩阵范数 $\|\cdot\|_p$ 与向量范数 $\|\cdot\|_p$ 是相容的.

利用式（2.47）可得

$$\|\boldsymbol{AB}\|_p = \max_{\boldsymbol{x}\neq\boldsymbol{0}} \frac{\|\boldsymbol{ABx}\|_p}{\|\boldsymbol{x}\|_p} \leqslant \max_{\boldsymbol{x}\neq\boldsymbol{0}} \frac{\|\boldsymbol{A}\|_p\|\boldsymbol{Bx}\|_p}{\|\boldsymbol{x}\|_p} = \|\boldsymbol{A}\|_p\|\boldsymbol{B}\|_p$$

所以式（2.46）是矩阵范数.

定理 2.7　矩阵范数 $\|\boldsymbol{A}\|_1, \|\boldsymbol{A}\|_\infty, \|\boldsymbol{A}\|_2$ 分别是由向量范数 $\|\boldsymbol{x}\|_1, \|\boldsymbol{x}\|_\infty, \|\boldsymbol{x}\|_2$ 诱导出的矩阵范数.

证明见参考文献[1].

例 2.11　设 $\boldsymbol{A}=\begin{bmatrix} 1 & 0 & 2 \\ -1 & 3 & 4 \\ 3 & 8 & 1 \end{bmatrix}$，求 $\|\boldsymbol{A}\|_1, \|\boldsymbol{A}\|_\infty \|\boldsymbol{A}\|_2, \|\boldsymbol{A}\|_F$.

解

$$\|\boldsymbol{A}\|_1 = \max\{5, 11, 7\} = 11, \qquad \|\boldsymbol{A}\|_\infty = \max\{3, 8, 12\} = 12$$

$$\|\boldsymbol{A}\|_F = (1+4+1+9+16+9+64+1)^{1/2} = \sqrt{105}$$

$$\|\boldsymbol{A}\|_2 = \sqrt{\lambda_{\max}(\boldsymbol{A}^{\mathrm{T}}\boldsymbol{A})} = 9.2374$$

矩阵的 F-范数可以认为是向量 2-范数的直接推广，即将 n 阶方阵看成 n^2 维向量所得到的. 可以证明，矩阵的 F-范数与向量的 2-范数相容，但 F-范数不是由向量范数诱导出的矩阵范数. 因为 $\|\boldsymbol{I}\|_F = \sqrt{n}$，而对任意一种由向量范数诱导出的矩阵范数 $\|\cdot\|$ 都有

$$\|\boldsymbol{I}\| = \max_{\|\boldsymbol{x}\|=1} \|\boldsymbol{Ix}\| = \max_{\|\boldsymbol{x}\|=1} \|\boldsymbol{x}\| = 1$$

若将矩阵范数看成 $\mathbf{R}^{n^2}$ 空间上的向量范数，则由向量范数的等价性可得矩阵范数的等价性.

矩阵的误差可用矩阵范数表示. 设 $\boldsymbol{A}^*$ 是 $\boldsymbol{A}$ 的近似矩阵，$\|\boldsymbol{A}-\boldsymbol{A}^*\|$ 和 $\|\boldsymbol{A}-\boldsymbol{A}^*\|/\|\boldsymbol{A}\|$ 分别称为 $\boldsymbol{A}^*$ 关于范数 $\|\cdot\|$ 的绝对误差和相对误差.

2.8.2　条件数与病态方程组

一个实际问题化为数学问题，初始数据往往会有误差即有扰动，从而使计算结果产生误差，因此需要研究扰动对解的影响.

例 2.12　线性方程组

$$\begin{bmatrix} 2 & 1 \\ 2.000\,01 & 1 \end{bmatrix}\begin{bmatrix} x_1 \\ x_2 \end{bmatrix}=\begin{bmatrix} 3 \\ 3.000\,01 \end{bmatrix}$$

的精确解为$(1, 1)^{\mathrm{T}}$.若 $\boldsymbol{A}$ 和 $\boldsymbol{b}$ 作微小扰动，扰动后的方程组为

$$\begin{bmatrix} 2 & 1 \\ 1.999\,99 & 1 \end{bmatrix}\begin{bmatrix} x_1 \\ x_2 \end{bmatrix}=\begin{bmatrix} 3 \\ 3.000\,02 \end{bmatrix}$$

其精确解为$(-2, 7)^{\mathrm{T}}$. 由此可见，本例中的 $\boldsymbol{A}$ 和 $\boldsymbol{b}$ 的微小扰动，引起 x_1 和 x_2 的很大变化.

当一个方程组由于系数矩阵或右端项的微小扰动而引起解发生很大变化时，称该方程组是病态的.

设有线性方程组

$$\boldsymbol{Ax}=\boldsymbol{b} \tag{2.48}$$

其中：$\boldsymbol{A}$ 为非奇异矩阵；$\boldsymbol{x}$ 为方程组（2.48）的解. 下面研究方程组的系数矩阵 $\boldsymbol{A}$ 或常数项 $\boldsymbol{b}$ 的微小扰动对解的影响.

1. 常数项 $\boldsymbol{b}$ 有扰动

设 $\boldsymbol{A}$ 是精确的，$\boldsymbol{b}$ 有扰动 $\delta\boldsymbol{b}$，解为 $\boldsymbol{x}+\delta\boldsymbol{x}$，即

$$\boldsymbol{A}(\boldsymbol{x}+\delta\boldsymbol{x})=\boldsymbol{b}+\delta\boldsymbol{b}$$

则 $\delta\boldsymbol{x}=\boldsymbol{A}^{-1}\delta\boldsymbol{b}$. 两边取范数，得

$$\|\delta\boldsymbol{x}\|=\|\boldsymbol{A}^{-1}\delta\boldsymbol{b}\|\leqslant\|\boldsymbol{A}^{-1}\|\|\delta\boldsymbol{b}\|$$

又因为 $\|\boldsymbol{x}\|\geqslant\dfrac{\|\boldsymbol{Ax}\|}{\|\boldsymbol{A}\|}=\dfrac{\|\boldsymbol{b}\|}{\|\boldsymbol{A}\|}$，所以

$$\frac{\|\delta\boldsymbol{x}\|}{\|\boldsymbol{x}\|}\leqslant\frac{\|\boldsymbol{A}^{-1}\|\|\delta\boldsymbol{b}\|}{\dfrac{\|\boldsymbol{b}\|}{\|\boldsymbol{A}\|}}=\frac{\|\boldsymbol{A}\|\|\boldsymbol{A}^{-1}\|\|\delta\boldsymbol{b}\|}{\|\boldsymbol{b}\|} \tag{2.49}$$

2. 系数矩阵 $\boldsymbol{A}$ 有扰动

设 $\boldsymbol{b}$ 是精确的，$\boldsymbol{A}$ 有扰动 $\delta\boldsymbol{A}$，解为 $\boldsymbol{x}+\delta\boldsymbol{x}$，即

$$(\boldsymbol{A}+\delta\boldsymbol{A})(\boldsymbol{x}+\delta\boldsymbol{x})=\boldsymbol{b}$$

则

$$A\delta x + \delta A(x + \delta x) = 0$$

因此

$$\delta x = -A^{-1}\delta A(x + \delta x)$$

于是有

$$\|\delta x\| = \|A^{-1}\delta A(x + \delta x)\| \leqslant \|A^{-1}\|\|\delta A\|\|(x + \delta x)\| \leqslant \|A^{-1}\|\|\delta A\|(\|x\| + \|\delta x\|)$$

若 δA 充分小，使得 $\|A^{-1}\|\|\delta A\| < 1$，则由上式得

$$\frac{\|\delta x\|}{\|x\|} \leqslant \frac{\|A^{-1}\|\|\delta A\|}{1 - \|A^{-1}\|\|\delta A\|} \leqslant \frac{\|A\|\|A^{-1}\|\dfrac{\|\delta A\|}{\|A\|}}{1 - \|A\|\|A^{-1}\|\dfrac{\|\delta A\|}{\|A\|}} \tag{2.50}$$

3. 常数项 b 和系数矩阵 A 均有扰动

系数矩阵 A 有扰动 δA，b 有扰动 δb，解为 $x + \delta x$，即

$$(A + \delta A)(x + \delta x) = b + \delta b$$

则

$$(A + \delta A)\delta x = \delta b - \delta A \cdot x$$

因此

$$\delta x = A^{-1}\delta b - A^{-1}\delta A \cdot x - A^{-1}\delta A\delta x$$

两边取范数得

$$\begin{aligned}\|\delta x\| &= \|A^{-1}\delta b - A^{-1}\delta A \cdot x - A^{-1}\delta A\delta x\| \leqslant \|A^{-1}\delta b\| + \|A^{-1}\delta A \cdot x\| + \|A^{-1}\delta A\delta x\| \\ &\leqslant \|A^{-1}\|\|\delta b\| + \|A^{-1}\|\|\delta A\|\|x\| + \|A^{-1}\|\|\delta A\|\|\delta x\|\end{aligned}$$

从而有

$$\left(1 - \|A^{-1}\|\|\delta A\|\right)\frac{\|\delta x\|}{\|x\|} \leqslant \frac{\|A^{-1}\|\|\delta b\| + \|A^{-1}\|\|\delta A\|\|x\|}{\|x\|} \leqslant \|A\|\|A^{-1}\|\left(\frac{\|\delta b\|}{\|b\|} + \frac{\|\delta A\|}{\|A\|}\right)$$

当 $\|A^{-1}\|\|\delta A\| < 1$ 时，可得

$$\frac{\|\delta x\|}{\|x\|} \leqslant \frac{\|A\|\|A^{-1}\|}{\left(1 - \|A\|\|A^{-1}\|\dfrac{\|\delta A\|}{\|A\|}\right)}\left(\frac{\|\delta b\|}{\|b\|} + \frac{\|\delta A\|}{\|A\|}\right) \tag{2.51}$$

式（2.49）～（2.51）表明，无论是式（2.48）中右端常数项 b 有扰动，还是系数矩阵有扰动，或者两者都有扰动，量 $\|A\|\|A^{-1}\|$ 越小，由 A 或 b 的相对误差引起的解的相对误差越小；量 $\|A\|\|A^{-1}\|$ 越大，很小的 δA 或 δb 可能使得解的相对误差很大. 量 $\|A\|\|A^{-1}\|$ 刻画了解对原始数据变化的灵敏程度，即刻画了方程组的“病态”程度.

定义 2.6　设 A 是非奇异矩阵，称数 $\|A\|\|A^{-1}\|$ 为矩阵 A 的条件数，记为

$$\mathrm{cond}(A) = \|A\|\|A^{-1}\|$$

由上述定义可知，矩阵的条件数与所取的矩阵范数有关，通常使用的条件数有

（1） $\mathrm{cond}(\boldsymbol{A})_\infty = \|\boldsymbol{A}\|_\infty \|\boldsymbol{A}^{-1}\|_\infty$；

（2） $\mathrm{cond}(\boldsymbol{A})_2 = \|\boldsymbol{A}\|_2 \|\boldsymbol{A}^{-1}\|_2 = \sqrt{\dfrac{\lambda_{\max}(\boldsymbol{A}^{\mathrm{T}}\boldsymbol{A})}{\lambda_{\min}(\boldsymbol{A}^{\mathrm{T}}\boldsymbol{A})}}$.

当 $\boldsymbol{A}$ 是对称正定矩阵时，有

$$\mathrm{cond}(\boldsymbol{A})_2 = \frac{\lambda_{\max}(\boldsymbol{A})}{\lambda_{\min}(\boldsymbol{A})}$$

条件数有如下性质.

（1）对任意 n 阶非奇异矩阵 $\boldsymbol{A}$，有 $\mathrm{cond}(\boldsymbol{A}) \geqslant 1$.

因为由定义 2.6，有

$$\mathrm{cond}(\boldsymbol{A}) = \|\boldsymbol{A}\|\|\boldsymbol{A}^{-1}\| \geqslant \|\boldsymbol{A}\boldsymbol{A}^{-1}\| = \|\boldsymbol{I}\| = 1$$

（2）对任意非零实数 α，有

$$\mathrm{cond}(\alpha\boldsymbol{A}) = \mathrm{cond}(\boldsymbol{A})$$

（3）若 $\boldsymbol{A}$ 为正交矩阵，则

$$\mathrm{cond}(\boldsymbol{A})_2 = 1$$

定义 2.7　给定线性方程组 $\boldsymbol{Ax}=\boldsymbol{b}$，其中 $\boldsymbol{A}$ 为非奇异矩阵. 若 $\mathrm{cond}(\boldsymbol{A}) \gg 1$，则称 $\boldsymbol{Ax}=\boldsymbol{b}$ 为病态方程组；若 $\boldsymbol{A}$ 的条件数相对较小，则称 $\boldsymbol{Ax}=\boldsymbol{b}$ 为良态方程组.

例 2.13　计算例 2.12 中方程组的系数矩阵的条件数，并说明方程组的性态.

解　系数矩阵为

$$\boldsymbol{A} = \begin{bmatrix} 2 & 1 \\ 2.000\,01 & 1 \end{bmatrix}$$

其逆矩阵为

$$\boldsymbol{A}^{-1} = \begin{bmatrix} 10^5 & -10^5 \\ -200\,001 & 2\times 10^5 \end{bmatrix}$$

于是有

$$\mathrm{cond}(\boldsymbol{A})_\infty = \|\boldsymbol{A}\|_\infty \|\boldsymbol{A}^{-1}\|_\infty = 3.000\,01 \times 400\,001 > 12\times 10^5$$

因为条件数很大，所以方程组病态严重.

例 2.14　已知方程组

$$\begin{cases} x_1 + \dfrac{1}{2}x_2 + \dfrac{1}{3}x_3 = 1 \\ \dfrac{1}{2}x_1 + \dfrac{1}{3}x_2 + \dfrac{1}{4}x_3 = 0 \\ \dfrac{1}{3}x_1 + \dfrac{1}{4}x_2 + \dfrac{1}{5}x_3 = 0 \end{cases}$$

的解为 $x_1 = 9$，$x_2 = -36$，$x_3 = -30$，若把系数取成有 2 位有效数字的小数，得方程组

$$\begin{cases} 1.00x_1 + 0.50x_2 + 0.33x_3 = 1 \\ 0.50x_1 + 0.33x_2 + 0.25x_3 = 0 \\ 0.33x_1 + 0.25x_2 + 0.20x_3 = 0 \end{cases}$$

求解此方程组，并分析所得结果.

解　用 Gauss 消元法求解，第 1 次消元得

$$\begin{cases} 1.00x_1+0.50x_2+0.33x_3=1 \\ 0.08x_2+0.085x_3=-0.50 \\ 0.085x_2+0.0911x_3=-0.33 \end{cases}$$

第 2 次消元得

$$\begin{cases} 1.00x_1+0.50x_2+0.33x_3=1 \\ 0.08x_2+0.085x_3=-0.50 \\ 7.875\times10^{-4}x_3=0.201\,25 \end{cases}$$

回代得解

$$x_3=255.555\,56,\quad x_2=-277.777\,78,\quad x_1=55.555\,56$$

比较两个方程组可以看出，它们的右端项系数相同，系数矩阵中元的最大相对误差仅为 0.01，而得到的解却严重失真. 这表明原方程组病态严重.

事实上，原方程组的系数矩阵为

$$\boldsymbol{A}=\begin{bmatrix} 1 & \frac{1}{2} & \frac{1}{3} \\ \frac{1}{2} & \frac{1}{3} & \frac{1}{4} \\ \frac{1}{3} & \frac{1}{4} & \frac{1}{5} \end{bmatrix}$$

其逆矩阵为

$$\boldsymbol{A}^{-1}=\begin{bmatrix} 9 & -36 & 30 \\ -36 & 192 & -180 \\ 30 & -180 & 180 \end{bmatrix}$$

于是有

$$\mathrm{cond}(\boldsymbol{A})_\infty=\|\boldsymbol{A}\|_\infty\left\|\boldsymbol{A}^{-1}\right\|_\infty=\frac{11}{6}\times408=748$$

因为条件数很大，所以方程组病态严重.

2.8.3　误差分析

式（2.49）～（2.51）虽然给出了方程组近似解相对误差的估计式，但是这种估计在很大程度上是属于理论性的，一般讲都是放大了的，而且由于求 $\left\|\boldsymbol{A}^{-1}\right\|$ 较困难，并不实用. 实用的办法是将求得的方程组 $\boldsymbol{Ax}=\boldsymbol{b}$ 的一个近似解 $\boldsymbol{x}^*$ 回代到原方程组去求出余量 $\boldsymbol{r}$，即

$$\boldsymbol{r}=\boldsymbol{b}-\boldsymbol{Ax}^*$$

若 $\boldsymbol{r}=\boldsymbol{0}$，则 $\boldsymbol{x}^*$ 为精确解. 一般来说，$\boldsymbol{r}\neq\boldsymbol{0}$，由于求 $\boldsymbol{r}$ 是容易的，自然希望根据 $\|\boldsymbol{r}\|$ 的大小来判断近似解 $\boldsymbol{x}^*$ 的精确程度.

定理 2.8　设 $\boldsymbol{x}$ 和 $\boldsymbol{x}^*$ 分别是方程组 $\boldsymbol{Ax}=\boldsymbol{b}$ 的准确解和近似解，$\boldsymbol{r}$ 是 $\boldsymbol{x}^*$ 的余量，则有

$$\frac{\|x-x^*\|}{\|x\|}\leqslant \text{cond}(A)\frac{\|r\|}{\|b\|} \tag{2.52}$$

证明　由 $Ax=b$ 和 $r=b-Ax^*=A(x-x^*)$ 可得

$$\|b\|=\|Ax\|\leqslant\|A\|\|x\|$$

$$\|x-x^*\|=\|A^{-1}r\|\leqslant\|A^{-1}\|\|r\|$$

于是

$$\frac{\|x-x^*\|}{\|x\|}\leqslant\frac{\|A^{-1}\|\|r\|}{\frac{\|b\|}{\|A\|}}=\|A\|\|A^{-1}\|\frac{\|r\|}{\|b\|}=\text{cond}(A)\frac{\|r\|}{\|b\|}$$

由定理 2.8 可知，若 $\text{cond}(A)$ 很大，则即使 $\|r\|$ 很小，相对误差仍可能很大，因此用余量 r 的大小来检验近似解的准确程度的办法仅对良态方程组适用，对病态方程组是不可靠的.

例如，例 2.12 中方程组

$$\begin{bmatrix}2 & 1\\ 2.000\,01 & 1\end{bmatrix}\begin{bmatrix}x_1\\ x_2\end{bmatrix}=\begin{bmatrix}3\\ 3.000\,01\end{bmatrix}$$

的条件数为

$$\text{cond}(A)_\infty=\|A\|_\infty\|A^{-1}\|_\infty=3.000\,01\times 400\,001>12\times 10^5$$

精确解为 $x=(1,1)^{\mathrm T}$，设近似解为 $x^*=(2,-1)^{\mathrm T}$，其余量为

$$r=b-Ax^*=\begin{bmatrix}3\\ 3.000\,01\end{bmatrix}-\begin{bmatrix}2 & 1\\ 2.000\,01 & 1\end{bmatrix}\begin{bmatrix}2\\ -1\end{bmatrix}=\begin{bmatrix}0\\ -0.000\,01\end{bmatrix}$$

很小，但解得误差

$$x-x^*=(1,1)^{\mathrm T}-(2,-1)^{\mathrm T}=(-1,2)^{\mathrm T}$$

却不小.

2.8.4　病态方程组的求解

可以用下列方法判别线性方程组 $Ax=b$ 是否病态.

（1）当 $|\det(A)|$ 相对很小或 A 的某些行（或列）近似线性相关时，方程组可能病态；

（2）用列主元素 Gauss 消元法求解方程组时，若出现小列主元 $\left|a_{i_k k}^{(k)}\right|\ll 1$，则方程组可能病态；

（3）分别用 b 和 $b+\Delta b$ ($\|\Delta b\|\ll 1$) 作方程组的右端向量，求解 $Ax=b$ 和 $A\tilde{x}=b+\Delta b$，若 x 与 $\tilde{x}$ 相差很大，则 $Ax=b$ 是病态的；

（4）当 A 的元素的数量级差别很大且无一定的规则时，方程组可能病态.

对于病态线性方程组可以采用以下的方法求解.

（1）采用高精度的算术浮点运算，使得由于舍入误差的放大损失若干有效数位之后，还能保留尽可能多的有效数位，从而改善和减轻病态的影响.

（2）平衡方法. 当 A 的元素的数量级差别很大时，采用行平衡或列平衡的方法可降低 A 的条件数.

设有 n 元方程组 $\boldsymbol{Ax}=\boldsymbol{b}$，其中 $\boldsymbol{A}=(a_{ij})_{n\times n}$ 非奇异. 平衡方法如下.

计算 $s_i = \max\limits_{1\leqslant j\leqslant n}\left|a_{ij}\right| \ (i=1,2,\cdots,n)$. 令

$$\boldsymbol{D}=\operatorname{diag}\left(\frac{1}{s_1},\frac{1}{s_2},\cdots,\frac{1}{s_n}\right)$$

得到与原方程组同解的方程组 $\boldsymbol{DAx}=\boldsymbol{Db}$，此方程组的系数矩阵 $\boldsymbol{DA}$ 的条件数有可能大大低于 $\boldsymbol{A}$ 的条件数. 例如，方程组

$$\begin{bmatrix} 0.1 & 0.1 \\ 0.1 & 10^{10} \end{bmatrix}\begin{bmatrix} x_1 \\ x_2 \end{bmatrix}=\begin{bmatrix} 0.2 \\ 10^{10} \end{bmatrix}$$

系数矩阵的条件数 $\operatorname{cond}(\boldsymbol{A})_\infty \approx 10^{11}$ 很大，此方程组是病态的.

现按上述方法进行处理. $\boldsymbol{D}=\operatorname{diag}(10,10^{-10})$，得到同解的方程组 $\boldsymbol{DAx}=\boldsymbol{Db}$ 为

$$\begin{bmatrix} 1 & 1 \\ 10^{-11} & 1 \end{bmatrix}\begin{bmatrix} x_1 \\ x_2 \end{bmatrix}=\begin{bmatrix} 2 \\ 1 \end{bmatrix}$$

此时系数矩阵的条件数 $\operatorname{cond}(\boldsymbol{DA})_\infty = \dfrac{4}{1-10^{-11}} \approx 4$ 很小，故该方程组是良态的.

2.9 应用举例

例 2.15 某厂生产 6 种产品，每种产品要经过 6 种机器进行加工制作，具体加工制作时间如表 2.1 所示. 已知机器 B_1 每星期最多可使用 60 h，机器 B_2 每星期最多可使用 69 h，机器 B_3 每星期最多可使用 65 h，机器 B_4 每星期最多可使用 69 h，机器 B_5 每星期最多可使用 70 h，机器 B_6 每星期最多可使用 62 h. 假设该企业可以卖出每周制造出的所有产品. 生产厂不希望机器有空闲时间，问一周内每种产品需制造多少个才能使机器能被充分利用？

表 2.1 不同机器加工不同产品所需时间 （单位：h）

机器	产品 1	产品 2	产品 3	产品 4	产品 5	产品 6
机器 B_1	2	3	1	2	1	3
机器 B_2	1	2	2	3	2	2
机器 B_3	2	1	1	2	3	4
机器 B_4	3	2	4	1	2	3
机器 B_5	1	2	1	3	4	2
机器 B_6	3	4	1	2	1	2

解 设每周制造产品 1、产品 2、产品 3、产品 4、产品 5、产品 6 的个数分别为 $x_1,x_2,x_3,x_4,\ x_5,x_6$，每种机器一周内被充分使用，意味着下述等式成立：

$$\begin{cases} 2x_1+3x_2+x_3+2x_4+x_5+3x_6=60 \\ x_1+2x_2+2x_3+3x_4+2x_5+2x_6=69 \\ 2x_1+x_2+x_3+2x_4+3x_5+4x_6=65 \\ 3x_1+2x_2+4x_3+x_4+2x_5+3x_6=69 \\ x_1+2x_2+x_3+3x_4+4x_5+2x_6=70 \\ 3x_1+4x_2+x_3+2x_4+x_5+2x_6=62 \end{cases}$$

利用 LU 分解法求解上述方程组，其实现的 MATLAB 代码如下.

```
clear all;
A=[2 3 1 2 1 3;1 2 2 3 2 2;2 1 1 2 3 4;3 2 4 1 2 3;1 2 1 3 4 2;
3 4 1 2 1 2];                                    %系数矩阵
b=[60 69 65 69 70 62]';                          %向量 b
[L,U]=lu(A)                                      %对系数矩阵进行 LU 分解
x=U\(L\b)                                        %求解线性方程组
A*x                                              %检查解是否正确
```

运行程序，输出如下.

```
L=
    0.6667   0.8333   0.3125  -0.0400  0.0000  1.0000
    0.3333   0.6667   1.0000   0        0       0
    0.6667  -0.1667  -0.8125   1.0000  0       0
    1.0000   0        0        0        0       0
    0.3333   0.6667   0.6250   0.2400  1.0000  0
    1.0000   1.0000   0        0        0       0
U=
    3.0000  2.0000   4.0000  1.0000   2.0000   3.0000
    0       2.0000  -3.0000  1.0000  -1.0000  -1.0000
    0       0        2.6667  2.0000   2.0000   1.6667
    0       0        0       3.1250   3.1250   3.1875
    0       0        0       0        2.0000  -0.1400
    0       0        0       0        0        1.4400
x=
    3.4792
    2.9375
    5.4583
   11.1458
    3.2292
    4.4167
ans=
    60.0000
    69.0000
```

```
65.0000
69.0000
70.0000
62.0000
```

方程的近似解为

$x_1 = 3.4792, \quad x_2 = 2.9375, \quad x_3 = 5.4583, \quad x_4 = 11.1458, \quad x_5 = 3.2292, \quad x_6 = 4.4167$

所以，每周需要制造产品 1、产品 2、产品 3、产品 4、产品 5、产品 6 的个数大约分别为 3, 2, 5, 11, 3, 4.

习 题 2

1. 用 Gauss 消元法求解下列方程组.

（1）$\begin{cases} 12x_1 - 3x_2 + 3x_3 = 15 \\ -18x_1 + 3x_2 - x_3 = -15 \\ x_1 + x_2 + x_3 = 6 \end{cases}$　　（2）$\begin{cases} 2x_1 + x_2 + 2x_3 = 6 \\ 4x_1 + 3x_2 + x_3 = 11 \\ 6x_1 + x_2 + 5x_3 = 13 \end{cases}$

2. 分别用 Gauss 消元法、列主元消元法和全主元消元法解下列方程组，计算过程保留 3 位小数.

（1）$\begin{cases} 12x_1 - 3x_2 + 3x_3 = 15 \\ -18x_1 + 3x_2 - x_3 = -15 \\ x_1 + x_2 + x_3 = 6 \end{cases}$　　（2）$\begin{cases} 2x_1 + x_2 + 2x_3 = 6 \\ 4x_1 + 3x_2 + x_3 = 11 \\ 6x_1 + x_2 + 5x_3 = 13 \end{cases}$

3. 分别用列主元消元法和全主元消元法解下列方程组.

$$\begin{cases} 2x_1 + 3x_2 + 5x_3 = 5 \\ 3x_1 + 4x_2 + 7x_3 = 6 \\ x_1 + 3x_2 + 3x_3 = 5 \end{cases}$$

4. 用三角分解法求解下列方程组.

（1）$\begin{cases} 2x_1 + 6x_2 - 4x_3 = 4 \\ x_1 + 4x_2 - 5x_3 = 3 \\ 6x_1 - x_2 + 18x_3 = 2 \end{cases}$　　（2）$\begin{cases} x_1 + 2x_2 + 3x_3 = 14 \\ 2x_1 + 5x_2 + 2x_3 = 18 \\ 3x_1 + x_2 + 5x_3 = 20 \end{cases}$

5. 用紧凑格式解下列方程组，并写出 $\boldsymbol{L},\boldsymbol{U}$ 矩阵.

（1）$\begin{bmatrix} 1 & 2 & 3 & 4 \\ 1 & 4 & 9 & 16 \\ 1 & 8 & 27 & 64 \\ 1 & 16 & 81 & 256 \end{bmatrix} \begin{bmatrix} x_1 \\ x_2 \\ x_3 \\ x_4 \end{bmatrix} = \begin{bmatrix} 2 \\ 10 \\ 44 \\ 190 \end{bmatrix}$　　（2）$\begin{bmatrix} 5 & 7 & 9 & 10 \\ 6 & 8 & 10 & 9 \\ 7 & 10 & 8 & 7 \\ 5 & 7 & 6 & 5 \end{bmatrix} \begin{bmatrix} x_1 \\ x_2 \\ x_3 \\ x_4 \end{bmatrix} = \begin{bmatrix} 1 \\ 1 \\ 1 \\ 1 \end{bmatrix}$

6. 试推导矩阵 $\boldsymbol{A}$ 的 Crout（克劳特）分解 $\boldsymbol{A} = \boldsymbol{LU}$ 的计算公式，其中 $\boldsymbol{L}$ 为下三角矩阵，$\boldsymbol{U}$ 为单位上三角矩阵.

7. 用 Gauss-Jordan 消元法求下列矩阵的逆矩阵.

（1）$\begin{bmatrix} 1 & 1 & -1 \\ 2 & 1 & 0 \\ 1 & -1 & 0 \end{bmatrix}$　　（2）$\begin{bmatrix} 2 & 2 & 3 \\ 1 & -1 & 0 \\ -1 & 2 & 1 \end{bmatrix}$

8. 分别用平方根法和改进的平方根法求解下列方程组.

（1）$\begin{bmatrix} 2 & -1 & 1 \\ -1 & -2 & 3 \\ -1 & 3 & 1 \end{bmatrix}\begin{bmatrix} x_1 \\ x_2 \\ x_3 \end{bmatrix}=\begin{bmatrix} 4 \\ 5 \\ 6 \end{bmatrix}$　　（2）$\begin{bmatrix} 1 & 2 & 1 & -3 \\ 2 & 5 & 0 & -5 \\ 1 & 0 & 14 & 1 \\ -3 & -5 & 1 & 15 \end{bmatrix}\begin{bmatrix} x_1 \\ x_2 \\ x_3 \\ x_4 \end{bmatrix}=\begin{bmatrix} 1 \\ 2 \\ 16 \\ 8 \end{bmatrix}$

9. 用追赶法解求下列方程组.

（1）$\begin{bmatrix} 2 & -1 & 0 & 0 \\ -1 & 2 & -1 & 0 \\ 0 & -1 & 2 & -1 \\ 0 & 0 & -1 & 2 \end{bmatrix}\begin{bmatrix} x_1 \\ x_2 \\ x_3 \\ x_4 \end{bmatrix}=\begin{bmatrix} 0 \\ 1 \\ 0 \\ 2.5 \end{bmatrix}$　　（2）$\begin{bmatrix} 3 & 2 & 0 & 0 \\ 1 & 3 & 2 & 0 \\ 0 & 1 & 3 & 2 \\ 0 & 0 & 1 & 3 \end{bmatrix}\begin{bmatrix} x_1 \\ x_2 \\ x_3 \\ x_4 \end{bmatrix}=\begin{bmatrix} 0 \\ 0 \\ 0 \\ -2 \end{bmatrix}$

10. 设 $\boldsymbol{A}=\begin{bmatrix} 0.2 & 0.3 \\ 0.1 & 0.4 \end{bmatrix}$，计算 $\|\boldsymbol{A}\|_\infty,\|\boldsymbol{A}\|_1,\|\boldsymbol{A}\|_2,\|\boldsymbol{A}\|_F$.

11. 设 $\boldsymbol{A}=\begin{bmatrix} -2 & 1 & 0 \\ -1 & 2 & 3 \\ 0 & -2 & 1 \end{bmatrix}$，试计算 $\|\boldsymbol{A}\|_\infty,\|\boldsymbol{A}\|_1,\|\boldsymbol{A}\|_2$ 和 $\mathrm{cond}(\boldsymbol{A})_1$，$\mathrm{cond}(\boldsymbol{A})_\infty$.

12. 计算下列矩阵 $\boldsymbol{A}$ 的条件数 $\mathrm{cond}(\boldsymbol{A})_v$ $(v=2,\infty)$.

（1）$\boldsymbol{A}=\begin{bmatrix} 100 & 99 \\ 99 & 98 \end{bmatrix}$　　（2）$\boldsymbol{A}=\begin{bmatrix} \cos\theta & -\sin\theta \\ \sin\theta & \cos\theta \end{bmatrix}$

13. 已知 $\boldsymbol{A}=\begin{bmatrix} 6 & 13 & -17 \\ 13 & 29 & -38 \\ -17 & -38 & 50 \end{bmatrix}$，求 $\mathrm{cond}(\boldsymbol{A})_1$ 和 $\mathrm{cond}(\boldsymbol{A})_\infty$，并说明方程组 $\boldsymbol{Ax}=\boldsymbol{b}$ 是否病态.

14. 分别用 Gauss 消元法与列主元素法求解线性方程组

$$\begin{cases} 1.003x_1+58.09x_2=68.12 \\ 321.8x_1+5.550x_2=377.3 \end{cases}$$

计算过程取 4 位有效数字. 比较计算结果，哪个算法的精度高？

15. 已知方程组

$$\begin{cases} x_1+0.99x_2=1 \\ 0.99x_1+0.98x_2=1 \end{cases}$$

的解为 $x_1=100$，$x_2=-100$.

（1）计算系数矩阵的条件数.

（2）取 $\boldsymbol{x}_1^*=(1,0)^{\mathrm{T}},\boldsymbol{x}_2^*=(100.5,-99.5)^{\mathrm{T}}$，分别计算残量 $\boldsymbol{r}_i=\boldsymbol{b}-\boldsymbol{Ax}_i^*$ $(i=1,2)$. 本题的计算结果说明了什么？

16. 证明：（1）若 $\boldsymbol{A}$ 是正交阵，即 $\boldsymbol{A}^{\mathrm{T}}\boldsymbol{A}=\boldsymbol{I}$，则 $\mathrm{cond}(\boldsymbol{A})_2=1$.

（2）若 $\boldsymbol{A}$ 是对称正定矩阵，λ_1 是 $\boldsymbol{A}$ 的最大特征值，λ_n 是 $\boldsymbol{A}$ 的最小特征值，则

$$\mathrm{cond}(\boldsymbol{A})_2=\frac{\lambda_1}{\lambda_n}$$

第 3 章　解线性方程组的迭代法

3.1　迭代法概述

解线性方程组的直接法，用于阶数不太高的线性方程组效果较好；对高阶方程组，即使系数矩阵是稀疏的，在运算中也很难保持稀疏性，因而有存储量大、程序复杂等不足. 本章介绍的迭代法则能保持矩阵的稀疏性，它具有计算简单、编程容易的优点，并在许多情况下收敛较快. 此外，迭代法也常用来提高已知近似解的精度.

3.1.1　向量序列与矩阵序列的收敛性

定义 3.1　设 $\{\boldsymbol{x}^{(k)}\}$ 为 $\mathbf{R}^n$ 中的向量序列，$\boldsymbol{x}\in\mathbf{R}^n$，若

$$\lim_{k\to\infty}\left\|\boldsymbol{x}^{(k)}-\boldsymbol{x}\right\|=0$$

其中：$\|\cdot\|$ 为向量范数，则称序列 $\{\boldsymbol{x}^{(k)}\}$ 收敛于 $\boldsymbol{x}$，记为

$$\lim_{k\to\infty}\boldsymbol{x}^{(k)}=\boldsymbol{x}$$

注 3.1　该定义形式上依赖于所选择的向量范数，但由于 $\mathbf{R}^n$ 中的范数具有等价性，若 $\{\boldsymbol{x}^{(k)}\}$ 对于某一种范数而言收敛于 $\boldsymbol{x}$，则它对其他范数而言也一定收敛于 $\boldsymbol{x}$. 这说明 $\{\boldsymbol{x}^{(k)}\}$ 的收敛性实际上与所选取的范数无关.

定理 3.1　$\mathbf{R}^n$ 中的向量序列 $\{\boldsymbol{x}^{(k)}\}$ 收敛于 $\boldsymbol{x}$ 的充要条件是

$$\lim_{k\to\infty}x_i^{(k)}=x_i\quad(i=1,2,\cdots,n)$$

其中：$\boldsymbol{x}^{(k)}=(x_1^{(k)},x_2^{(k)},\cdots,x_n^{(k)})^{\mathrm{T}}$；$\boldsymbol{x}=(x_1,x_2,\cdots,x_n)^{\mathrm{T}}$.

证明　由定义 3.1，$\{\boldsymbol{x}^{(k)}\}$ 收敛于 $\boldsymbol{x}$，即

$$\lim_{k\to\infty}\left\|\boldsymbol{x}^{(k)}-\boldsymbol{x}\right\|=0$$

而对任意的 $1\leqslant i\leqslant n$，有

$$0\leqslant\left|x_i^{(k)}-x_i\right|\leqslant\max_{1\leqslant j\leqslant n}\left|x_j^{(k)}-x_j\right|=\left\|\boldsymbol{x}^{(k)}-\boldsymbol{x}\right\|_\infty$$

由极限存在准则得

$$\lim_{k\to\infty}\left|x_i^{(k)}-x_i\right|=0$$

即

$$\lim_{k\to\infty}x_i^{(k)}=x_i\quad(i=1,2,\cdots,n)$$

定理 3.1 表明，向量序列的收敛性等价于向量分量构成的 n 个数列的收敛性. 完全类似地，可以定义矩阵序列的收敛性.

定义 3.2　设 $\{\boldsymbol{A}^{(k)}\}$ 为 n 阶方阵序列，$\boldsymbol{A}$ 为 n 阶方阵，若

$$\lim_{k\to\infty}\left\|\boldsymbol{A}^{(k)}-\boldsymbol{A}\right\|=0$$

其中 $\|\cdot\|$ 为矩阵范数，则称序列 $\{\boldsymbol{A}^{(k)}\}$ 收敛于矩阵 $\boldsymbol{A}$，记为

$$\lim_{k\to\infty}\boldsymbol{A}^{(k)}=\boldsymbol{A}$$

定理 3.2　设 $\boldsymbol{A}^{(k)}=(a_{ij}^{(k)})$ $(k=1,2,\cdots)$，$\boldsymbol{A}=(a_{ij})$ 均为 n 阶方阵，则矩阵序列 $\{\boldsymbol{A}^{(k)}\}$ 收敛于矩阵 $\boldsymbol{A}$ 的充要条件为

$$\lim_{k\to\infty}a_{ij}^{(k)}=a_{ij}\quad (i,j=1,2,\cdots,n)$$

定理 3.2 的证明留给读者. 定理 3.2 表明，矩阵序列的收敛性等价于对应元素序列的收敛性.

3.1.2　迭代法的一般形式

迭代法求解线性方程组(2.2)，就是构造一个无限的向量序列，使它的极限是方程组(2.2)的解向量. 即使计算过程是精确进行的，迭代法也不能通过有限次运算求得方程组（2.2）的精确解，而只能逐步逼近它. 因此，凡是迭代法都存在收敛性和精度控制的问题.

设有线性方程组

$$\boldsymbol{Ax}=\boldsymbol{b}\tag{3.1}$$

其中 $\boldsymbol{A}=(a_{ij})$ 为 n 阶非奇异矩阵，$\boldsymbol{b}\neq\boldsymbol{0}$，则方程组（3.1）有唯一的非零解向量. 构造其形如

$$\boldsymbol{x}=\boldsymbol{Mx}+\boldsymbol{g}\tag{3.2}$$

的同解方程组，其中 $\boldsymbol{M}$ 为 n 阶矩阵，$\boldsymbol{g}$ 为 n 维向量.

任取一个向量 $\boldsymbol{x}^{(0)}\in\mathbf{R}^n$ 作为方程组（3.1）的初始近似解，用递推公式

$$\boldsymbol{x}^{(k+1)}=\boldsymbol{Mx}^{(k)}+\boldsymbol{g}\tag{3.3}$$

产生向量序列 $\{\boldsymbol{x}^{(k)}\}$，当 k 足够大时，以 $\boldsymbol{x}^{(k)}$ 作为方程组(3.1)的近似解. 这种求解方程组(3.1)的方法称为迭代法，递推公式（3.3）称为迭代公式，其中的矩阵 $\boldsymbol{M}$ 称为迭代矩阵. 公式（3.3）就是求解方程组（3.1）的迭代法（严格地说，是线性迭代法）的一般形式.

若对任取的 $\boldsymbol{x}^{(0)}\in\mathbf{R}^n$，迭代公式(3.3)所产生的向量序列 $\{\boldsymbol{x}^{(k)}\}$ 都收敛于某一常向量 $\boldsymbol{x}^*$，则称该迭代法是收敛的. 显然，$\boldsymbol{x}^*$ 满足方程组（3.2），即

$$\boldsymbol{x}^*=\boldsymbol{Mx}^*+\boldsymbol{g}$$

因此，$\boldsymbol{x}^*$ 就是线性方程组（3.1）的解.

只有在迭代法收敛的情况下，用它所产生的向量序列 $\{\boldsymbol{x}^{(k)}\}$ 中的向量作为方程组（3.1）的近似解才有意义，而且，k 越大，$\boldsymbol{x}^{(k)}$ 作为方程组的解就越精确.

用迭代法解线性方程组（3.1）的关键问题如下.

（1）如何构造迭代公式（3.3）？

（2）迭代公式产生的向量序列 $\{\boldsymbol{x}^{(k)}\}$ 收敛的条件是什么？收敛速度如何？

下面将讨论这两个问题.

3.2　几种常用的迭代法

3.2.1　Jacobi 迭代法

设 n 元线性方程组

$$\begin{cases} a_{11}x_1 + a_{12}x_2 + \cdots + a_{1n}x_n = b_1 \\ a_{21}x_1 + a_{22}x_2 + \cdots + a_{2n}x_n = b_2 \\ \cdots\cdots \\ a_{n1}x_1 + a_{n2}x_2 + \cdots + a_{nn}x_n = b_n \end{cases} \tag{3.4}$$

的系数矩阵 $\boldsymbol{A} = (a_{ij})$ 为 n 阶非奇异矩阵，若 $\boldsymbol{A}$ 的对角元 $a_{ii} \neq 0$ $(i = 1,2,\cdots,n)$，则式（3.4）可改写为

$$\begin{cases} x_1 = \dfrac{1}{a_{11}}(-a_{12}x_2 - a_{13}x_3 - \cdots - a_{1n}x_n + b_1) \\ x_2 = \dfrac{1}{a_{22}}(-a_{21}x_1 - a_{23}x_3 - \cdots - a_{2n}x_n + b_2) \\ \cdots\cdots \\ x_n = \dfrac{1}{a_{nn}}(-a_{n1}x_1 - a_{n2}x_2 - \cdots - a_{n,n-1}x_{n-1} + b_n) \end{cases} \tag{3.5}$$

记

$$\boldsymbol{B} = \begin{bmatrix} 0 & b_{12} & b_{13} & \cdots & b_{1,n-1} & b_{1n} \\ b_{21} & 0 & b_{23} & \cdots & b_{2,n-1} & b_{2n} \\ \vdots & \vdots & \vdots & & \vdots & \vdots \\ b_{n1} & b_{n2} & b_{n3} & \cdots & b_{n,n-1} & 0 \end{bmatrix}, \qquad \boldsymbol{g} = \begin{bmatrix} g_1 \\ g_2 \\ \vdots \\ g_n \end{bmatrix}$$

其中：$b_{ij} = -\dfrac{a_{ij}}{a_{ii}}$ $(i \neq j; i, j = 1,2,\cdots,n)$；$g_i = \dfrac{b_i}{a_{ii}}$ $(i = 1,2,\cdots,n)$. 则方程组（3.5）可简记为

$$\boldsymbol{x} = \boldsymbol{Bx} + \boldsymbol{g}$$

选取初始向量 $\boldsymbol{x}^{(0)}$ 代入迭代公式

$$\boldsymbol{x}^{(k+1)} = \boldsymbol{Bx}^{(k)} + \boldsymbol{g} \quad (k = 0,1,2,\cdots) \tag{3.6}$$

产生向量序列 $\{\boldsymbol{x}^{(k)}\}$，由上述计算过程所给出的迭代法称为 Jacobi（雅可比）迭代法. 式（3.6）的分量形式为

$$\begin{cases} x_1^{(k+1)} = \dfrac{1}{a_{11}}\left(-a_{12}x_2^{(k)} - a_{13}x_3^{(k)} - \cdots - a_{1n}x_n^{(k)} + b_1\right) \\ x_2^{(k+1)} = \dfrac{1}{a_{22}}\left(-a_{21}x_1^{(k)} - a_{23}x_3^{(k)} - \cdots - a_{2n}x_n^{(k)} + b_2\right) \\ \cdots\cdots \\ x_n^{(k+1)} = \dfrac{1}{a_{nn}}\left(-a_{n1}x_1^{(k)} - a_{n2}x_2^{(k)} - \cdots - a_{n,n-1}x_{n-1}^{(k)} + b_n\right) \end{cases} \tag{3.7}$$

即

$$x_i^{(k+1)} = -\frac{1}{a_{ii}}\sum_{\substack{j=1\\ j\neq i}}^{n} a_{ij}x_j^{(k)} + \frac{b_i}{a_{ii}} \quad (i=1,2,\cdots,n;\ k=0,1,2,\cdots) \tag{3.8}$$

若用系数矩阵 $\boldsymbol{A}$ 来表示，则有

$$\boldsymbol{B} = \boldsymbol{I} - \boldsymbol{D}^{-1}\boldsymbol{A}, \qquad \boldsymbol{g} = \boldsymbol{D}^{-1}\boldsymbol{b}$$

其中：$\boldsymbol{D} = \mathrm{diag}(a_{11}, a_{22}, \cdots, a_{nn})$.

算法 3.1　（1）输入 $\boldsymbol{A}=(a_{ij})_{n\times n}$，$\boldsymbol{b}=(b_1,b_2,\cdots,b_n)^{\mathrm{T}}$，维数 n，初始值 $\boldsymbol{x}^{(0)}=(x_1^{(0)},x_2^{(0)},\cdots x_n^{(0)})^{\mathrm{T}}$，误差限 ε，最大容许迭代次数 N.

（2）置 $k=1$.

（3）对 $i=1,2,\cdots,n$，$x_i = \dfrac{b_i - \sum\limits_{\substack{j=1\\ j\neq i}}^{n} a_{ij}x_j^{(0)}}{a_{ii}}$.

（4）若 $\left\|\boldsymbol{x}-\boldsymbol{x}^{(0)}\right\| < \varepsilon$，输出 $\boldsymbol{x}=(x_1,x_2,\cdots,x_n)^{\mathrm{T}}$，停机；否则转（5）.

（5）若 $k<N$，置 $k+1 \Rightarrow k$，$x_i \Rightarrow x_i^{(0)}$ $(i=1,2,\cdots,n)$，转（3）；否则，输出失败信息，停机.

例 3.1　用 Jacobi 迭代法求线性方程组

$$\begin{cases} 8x_1 - 2x_2 - 3x_3 = 1 \\ 4x_1 + 8x_2 - x_3 = 19 \\ -x_1 + 3x_2 + 5x_3 = 10 \end{cases}$$

解　由 Jacobi 迭代法得迭代公式

$$\begin{cases} x_1^{(k+1)} = \dfrac{1}{8}\left(2x_2^{(k)} + 3x_3^{(k)} + 1\right) \\ x_2^{(k+1)} = \dfrac{1}{8}\left(-4x_1^{(k)} + x_3^{(k)} + 19\right) \\ x_3^{(k+1)} = \dfrac{1}{5}\left(x_1^{(k)} - 3x_2^{(k)} + 10\right) \end{cases}$$

取初始向量 $\boldsymbol{x}^{(0)}=(0,0,0)^{\mathrm{T}}$，代入上式得迭代序列 $\{\boldsymbol{x}^{(k)}\}$ $(k=0,1,2,\cdots)$ 如表 3.1 所示.

表 3.1　Jacobi 迭代法计算结果

k	$x_1^{(k)}$	$x_2^{(k)}$	$x_3^{(k)}$
0	0	0	0
1	0.125 0	2.375 0	2.000 0
2	1.468 8	2.562 5	0.600 0
3	0.990 6	1.715 6	0.756 2
4	0.837 5	1.974 2	1.168 8
5	1.056 8	2.102 3	0.983 0
6	1.019 2	1.969 5	0.950 0
7	0.973 6	1.984 1	1.022 2
8	1.004 3	2.016 0	1.004 2
9	1.005 6	1.998 4	0.991 3
10	0.996 3	1.996 1	1.002 1
11	0.999 8	2.002 1	1.001 6
12	1.001 1	2.000 3	0.998 7

迭代 12 次，得近似解 $\boldsymbol{x}^{(12)}=(1.0011,2.0003,0.9987)^{\mathrm{T}}$. 容易验证方程组的精确解为 $\boldsymbol{x}=(1,2,1)^{\mathrm{T}}$. 从表 3.1 可以看出，当迭代次数增加时，迭代结果越来越接近精确解.

3.2.2 Gauss-Seidel 迭代法

对 Jacobi 迭代法稍加改进，就可得到实用上更为有效的迭代公式.

在 Jacobi 迭代法的计算过程中，要同时保留两个近似解向量 $\boldsymbol{x}^{(k+1)}$ 和 $\boldsymbol{x}^{(k)}$. 在迭代收敛时，因新值 $x_i^{(k+1)}$ 比老值 $x_i^{(k)}$ 更准确些，求出 $x_i^{(k+1)}$ 后用 $x_i^{(k+1)}$ 代替前一次的 $x_i^{(k)}$ 继续进行计算，这种充分利用新值建立起来的迭代公式为

$$\begin{cases} x_1^{(k+1)}=\dfrac{1}{a_{11}}\left(-a_{12}x_2^{(k)}-a_{13}x_3^{(k)}-\cdots-a_{1n}x_n^{(k)}+b_1\right) \\ x_2^{(k+1)}=\dfrac{1}{a_{22}}\left(-a_{21}x_1^{(k+1)}-a_{23}x_3^{(k)}-\cdots-a_{2n}x_n^{(k)}+b_2\right) \\ \cdots\cdots \\ x_n^{(k+1)}=\dfrac{1}{a_{nn}}\left(-a_{n1}x_1^{(k+1)}-a_{n2}x_2^{(k+1)}-\cdots-a_{n,n-1}x_{n-1}^{(k+1)}+b_n\right) \end{cases} \tag{3.9}$$

这样，在整个计算过程中，只需用 n 个单元存储近似解分量.

选初始向量 $\boldsymbol{x}^{(0)}$，用迭代公式（3.9）产生近似解序列 $\{\boldsymbol{x}^{(k)}\}$，这种方法称为 Gauss-Seidel（高斯-塞德尔）迭代法，式（3.9）为 Gauss-Seidel 迭代法的计算公式.

下面给出 Gauss-Seidel 迭代法的矩阵形式.

将 $\boldsymbol{A}=(a_{ij})$ 分解成 $\boldsymbol{A}=\boldsymbol{L}+\boldsymbol{U}+\boldsymbol{D}$ ，其中：

$$\boldsymbol{L}=\begin{pmatrix} 0 & & & \\ a_{21} & 0 & & \\ \vdots & \vdots & \ddots & \\ a_{n1} & a_{n2} & \cdots & 0 \end{pmatrix},\quad \boldsymbol{U}=\begin{pmatrix} 0 & a_{12} & \cdots & a_{1n} \\ & 0 & \cdots & a_{2n} \\ & & \ddots & \vdots \\ & & & 0 \end{pmatrix},\quad \boldsymbol{D}=\begin{pmatrix} a_{11} & & & \\ & a_{22} & & \\ & & \ddots & \\ & & & a_{nn} \end{pmatrix} \tag{3.10}$$

则 $\boldsymbol{Ax}=\boldsymbol{b}$ 可写为

$$(\boldsymbol{L}+\boldsymbol{U}+\boldsymbol{D})\boldsymbol{x}=\boldsymbol{b}$$

解得 $\boldsymbol{Dx}+\boldsymbol{Lx}=-\boldsymbol{Ux}+\boldsymbol{b}$ ，故

$$\boldsymbol{Dx}^{(k+1)}+\boldsymbol{Lx}^{(k+1)}=-\boldsymbol{Ux}^{(k)}+\boldsymbol{b}$$

解得迭代公式

$$\boldsymbol{x}^{(k+1)}=-(\boldsymbol{D}+\boldsymbol{L})^{-1}\boldsymbol{Ux}^{(k)}+(\boldsymbol{D}+\boldsymbol{L})^{-1}\boldsymbol{b} \tag{3.11}$$

令 $\boldsymbol{G}=-(\boldsymbol{D}+\boldsymbol{L})^{-1}\boldsymbol{U}$，$\boldsymbol{f}_{\boldsymbol{G}}=(\boldsymbol{D}+\boldsymbol{L})^{-1}\boldsymbol{b}$ ，则有

$$\boldsymbol{x}^{(k+1)}=\boldsymbol{Gx}^{(k)}+\boldsymbol{f}_{\boldsymbol{G}} \tag{3.12}$$

式（3.12）称为 Gauss-Seidel 迭代法的矩阵形式，$\boldsymbol{G}$ 称为 Gauss-Seidel 迭代矩阵.

算法 3.2 （1）输入 $\boldsymbol{A}=(a_{ij})_{n\times n}$，$\boldsymbol{b}=(b_1,b_2,\cdots,b_n)^{\mathrm{T}}$ ，维数 n ，初始值 $\boldsymbol{x}^{(0)}=(x_1^{(0)},x_2^{(0)},\cdots x_n^{(0)})^{\mathrm{T}}$ ，误差限 ε ，最大容许迭代次数 N.

（2）置 $k=1$.

（3）计算

$$x_1 = \left(b_1 - \sum_{j=2}^{n} a_{1j} x_j^{(0)} \right) \Bigg/ a_{11}$$

$$x_i = \left(b_i - \sum_{j=1}^{i-1} a_{ij} x_j - \sum_{j=i+1}^{n} a_{ij} x_j^{(0)} \right) \Bigg/ a_{ii} \quad (i = 2,3,\cdots,n-1)$$

$$x_n = \left(b_n - \sum_{j=1}^{n-1} a_{nj} x_j \right) \Bigg/ a_{nn}$$

（4）若 $\left\| \boldsymbol{x} - \boldsymbol{x}^{(0)} \right\| < \varepsilon$，输出 $\boldsymbol{x} = (x_1, x_2, \cdots, x_n)^{\mathrm{T}}$，停机；否则转（5）.

（5）若 $k < N$，置 $k+1 \Rightarrow k$，$x_i \Rightarrow x_i^{(0)}$ $(i = 1,2,\cdots,n)$，转（3）；否则，输出失败信息，停机.

例 3.2 用 Gauss-Seidel 迭代法求解例 3.1.

解 按式（3.9），迭代公式为

$$\begin{cases} x_1^{(k+1)} = \dfrac{1}{8}\left(2x_2^{(k)} + 3x_3^{(k)} + 1\right) \\ x_2^{(k+1)} = \dfrac{1}{8}\left(-4x_1^{(k+1)} + x_3^{(k)} + 19\right) \\ x_3^{(k+1)} = \dfrac{1}{5}\left(x_1^{(k+1)} - 3x_2^{(k+1)} + 10\right) \end{cases}$$

取初始向量 $\boldsymbol{x}^{(0)} = (0,0,0)^{\mathrm{T}}$，代入上式得迭代序列 $\{\boldsymbol{x}^{(k)}\}$ $(k = 0,1,2,\cdots)$ 如表 3.2 所示.

表 3.2　Gauss-Seidel 迭代法计算结果

k	$x_1^{(k)}$	$x_2^{(k)}$	$x_3^{(k)}$
0	0	0	0
1	0.125 0	2.312 5	0.637 5
2	0.942 2	1.983 6	0.998 3
3	0.995 3	2.002 2	0.997 8
4	0.999 7	1.999 9	1.000 0
5	1.000 0	2.000 0	1.000 0

计算结果表明，用 Gauss-Seidel 迭代法求解例 3.1 中的方程组比 Jacobi 迭代法效果好，迭代 4 次所得到的结果与例 3.1 中迭代 10 次所得到的结果相仿. 事实上，对有些问题 Gauss-Seidel 迭代法确实比 Jacobi 迭代法收敛得快，但也有 Gauss-Seidel 迭代比 Jacobi 迭代收敛得慢，甚至还有 Jacobi 迭代收敛，Gauss-Seidel 迭代发散的情形.

3.2.3　松弛法

为了加速迭代过程的收敛，通过引入参数在 Gauss-Seidel 迭代的基础上得到一种新的迭代法. 记 $\Delta\boldsymbol{x} = (\Delta x_1, \Delta x_2, \cdots, \Delta x_n)^{\mathrm{T}} = \boldsymbol{x}^{(k+1)} - \boldsymbol{x}^{(k)}$，其中 $\boldsymbol{x}^{(k+1)}$ 由 Gauss-Seidel 迭代公式（3.9）算出，则有

$$\Delta x_i = -\frac{1}{a_{ii}} \sum_{j=1}^{i-1} a_{ij} x_j^{(k+1)} - \frac{1}{a_{ii}} \sum_{j=i+1}^{n} a_{ij} x_j^{(k)} + \frac{b_i}{a_{ii}} - x_i^{(k)} \quad (i = 1,2,\cdots,n) \tag{3.13}$$

若将 $\Delta\boldsymbol{x}$ 看成修正项，则 Gauss-Seidel 迭代的第 k 次近似解 $\boldsymbol{x}^{(k)}$ 以此项修正后得到新的近似解 $\boldsymbol{x}^{(k+1)}=\boldsymbol{x}^{(k)}+\Delta\boldsymbol{x}$. 松弛法是将 $\Delta\boldsymbol{x}$ 乘一个参数因子 ω 作为修正项而得到新的近似解，其具体公式为

$$\boldsymbol{x}^{(k+1)}=\boldsymbol{x}^{(k)}+\omega\Delta\boldsymbol{x}$$

即

$$x_i^{(k+1)}=x_i^{(k)}+\omega\Delta x_i=(1-\omega)x_i^{(k)}+\frac{\omega}{a_{ii}}\left(b_i-\sum_{j=1}^{i-1}a_{ij}x_j^{(k+1)}-\sum_{j=i+1}^{n}a_{ij}x_j^{(k)}\right)\quad(i=1,2,\cdots,n)\quad(3.14)$$

按式(3.14)计算方程组(3.1)的近似解序列的方法称为松弛法，ω 称为松弛因子. 当 $\omega<1$ 时称为低松弛，当 $\omega=1$ 时称为 Gauss-Seidel 迭代，当 $\omega>1$ 时称为超松弛，简称 SOR 法.

从式（3.14）可以推出松弛法的矩阵迭代形式为

$$\begin{aligned}\boldsymbol{x}^{(k+1)}&=\boldsymbol{x}^{(k)}+\omega\left(\boldsymbol{x}^{(k+1)}-\boldsymbol{x}^{(k)}\right)\\&=(1-\omega)\boldsymbol{x}^{(k)}+\omega\left(-\boldsymbol{D}^{-1}\boldsymbol{L}\boldsymbol{x}^{(k+1)}-\boldsymbol{D}^{-1}\boldsymbol{U}\boldsymbol{x}^{(k)}+\boldsymbol{D}^{-1}\boldsymbol{b}\right)\end{aligned}$$

由上式可得

$$\boldsymbol{x}^{(k+1)}=(\boldsymbol{D}+\omega\boldsymbol{L})^{-1}[(1-\omega)\boldsymbol{D}-\omega\boldsymbol{U}]\boldsymbol{x}^{(k)}+\omega(\boldsymbol{D}+\omega\boldsymbol{L})^{-1}\boldsymbol{b}$$

松弛法的迭代矩阵为

$$\boldsymbol{M}=(\boldsymbol{D}+\omega\boldsymbol{L})^{-1}[(1-\omega)\boldsymbol{D}-\omega\boldsymbol{U}]$$

算法 3.3　（1）输入 $\boldsymbol{A}=(a_{ij})_{n\times n}$，$\boldsymbol{b}=(b_1,b_2,\cdots,b_n)^{\mathrm{T}}$，维数 n，初始值 $\boldsymbol{x}^{(0)}=(x_1^{(0)},x_2^{(0)},\cdots,x_n^{(0)})^{\mathrm{T}}$，误差限 ε，参数 ω，最大容许迭代次数 N.

（2）置 $k=1$.

（3）计算

$$x_1=(1-\omega)x_1^{(0)}+\omega\left(b_1-\sum_{j=2}^{n}a_{1j}x_j^{(0)}\right)\Big/a_{11}$$

$$x_i=(1-\omega)x_i^{(0)}+\omega\left(b_i-\sum_{j=1}^{i-1}a_{ij}x_j-\sum_{j=i+1}^{n}a_{ij}x_j^{(0)}\right)\Big/a_{ii}\quad(i=2,3,\cdots,n-1)$$

$$x_n=(1-\omega)x_n^{(0)}+\omega\left(b_n-\sum_{j=1}^{n-1}a_{nj}x_j\right)\Big/a_{nn}$$

（4）若 $\left\|\boldsymbol{x}-\boldsymbol{x}^{(0)}\right\|<\varepsilon$，输出 $\boldsymbol{x}=(x_1,x_2,\cdots,x_n)^{\mathrm{T}}$，停机；否则转（5）.

（5）若 $k<N$，置 $k+1\Rightarrow k$，$x_i\Rightarrow x_i^{(0)}$ $(i=1,2,\cdots,n)$，转（3）；否则，输出失败信息，停机.

例 3.3　用超松弛法（取 $\omega=1.1$）解线性方程组

$$\begin{cases}8x_1-2x_2-3x_3=1\\4x_1+8x_2-x_3=19\\-x_1+3x_2+5x_3=10\end{cases}$$

解　由式（3.14）可得

$$\begin{cases} x_1^{(k+1)} = -0.1x_1^{(k)} + \dfrac{1.1}{8}\left(1 + 2x_2^{(k)} + 3x_3^{(k)}\right) \\ x_2^{(k+1)} = -0.1x_2^{(k)} + \dfrac{1.1}{8}\left(19 - 4x_1^{(k+1)} + x_3^{(k)}\right) \\ x_3^{(k+1)} = -0.1x_3^{(k)} + \dfrac{1.1}{5}\left(10 + x_1^{(k+1)} - 3x_2^{(k+1)}\right) \end{cases}$$

取初始向量 $\boldsymbol{x}^{(0)}=(0,0,0)^{\mathrm{T}}$，代入上式得迭代序列 $\{\boldsymbol{x}^{(k)}\}$ $(k=0,1,2,\cdots)$ 如表 3.3 所示.

表 3.3　SOR 法（$\omega = 1.1$）

k	$x_1^{(k)}$	$x_2^{(k)}$	$x_3^{(k)}$
0	0	0	0
1	0.137 5	2.536 9	0.555 9
2	1.050 7	1.857 4	1.149 7
3	1.017 5	2.025 2	0.972 2
4	0.993 7	1.997 1	1.003 3
5	1.001 2	2.000 1	0.999 9
6	0.999 9	2.000 1	0.999 9

取初始向量 $\boldsymbol{x}^{(0)}=(1,1,1)^{\mathrm{T}}$，计算结果如表 3.4 所示.

表 3.4　SOR 法（$\omega = 1.1$）

k	$x_1^{(k)}$	$x_2^{(k)}$	$x_3^{(k)}$
0	1.000 0	1.000 0	1.000 0
1	0.725 0	2.251 3	0.773 7
2	1.003 2	1.942 0	1.061 6
3	1.009 1	2.009 2	0.989 7
4	0.997 4	1.999 1	1.001 0
5	1.000 4	2.000 0	1.000 0
6	1.000 0	2.000 0	1.000 0

3.3　迭代法的收敛条件及误差分析

3.3.1　矩阵的谱半径

迭代法的收敛性与迭代矩阵的特征值有关.

定义 3.3　设 $\boldsymbol{A}$ 为 n 阶方阵，λ_i $(i=1,2,\cdots,n)$ 为 $\boldsymbol{A}$ 的特征值，称特征值模的最大值为矩阵 $\boldsymbol{A}$ 的谱半径，记为

$$\rho(\boldsymbol{A}) = \max_{1\leqslant i\leqslant n}\{|\lambda_i|\}$$

$\{\lambda_1,\lambda_2,\cdots,\lambda_n\}$ 称为矩阵 $\boldsymbol{A}$ 的谱.

由特征值的性质可得，矩阵 $\boldsymbol{A}^k$ 的谱为 $\left(\lambda_1^k,\lambda_2^k,\cdots,\lambda_n^k\right)$，因而有

$$\rho(\boldsymbol{A}^k) = [\rho(\boldsymbol{A})]^k$$

定理 3.3　设 $\boldsymbol{A}$ 为 n 阶方阵，$\|\cdot\|$ 为任意由向量范数诱导出的矩阵范数，则

$$\rho(\boldsymbol{A}) \leqslant \|\boldsymbol{A}\|$$

证明 对 $\boldsymbol{A}$ 的任一特征值 λ_i 及其相应的特征向量 $\boldsymbol{p}_i$ 都有

$$|\lambda_i|\|\boldsymbol{p}_i\| = \|\lambda_i \boldsymbol{p}_i\| = \|\boldsymbol{A}\boldsymbol{p}_i\| \leqslant \|\boldsymbol{A}\|\|\boldsymbol{p}_i\|$$

因为 $\boldsymbol{p}_i$ 为非零向量，所以有

$$|\lambda_i| \leqslant \|\boldsymbol{A}\|$$

由 λ_i 的任意性可得

$$\rho(\boldsymbol{A}) \leqslant \|\boldsymbol{A}\|$$

定理 3.4 设 $\boldsymbol{A} = (a_{ij})_{n\times n} \in \mathbf{R}^{n\times n}$，则

$$\lim_{k\to\infty} \boldsymbol{A}^k = \boldsymbol{O}$$

的充要条件为 $\rho(\boldsymbol{A}) < 1$.

证明 由于任何矩阵 $\boldsymbol{A}$ 总能相似于它的 Jordan 标准形，并且存在可逆矩阵 $\boldsymbol{P}$ 使得 $\boldsymbol{P}^{-1}\boldsymbol{A}\boldsymbol{P} = \boldsymbol{J}$，即 $\boldsymbol{A} = \boldsymbol{P}\boldsymbol{J}\boldsymbol{P}^{-1}$，其中 $\boldsymbol{J}$ 为分块对角矩阵

$$\boldsymbol{J} = \begin{bmatrix} \boldsymbol{J}_1 & & & \\ & \boldsymbol{J}_2 & & \\ & & \ddots & \\ & & & \boldsymbol{J}_r \end{bmatrix}$$

而 $\boldsymbol{J}_i \ (i = 1, 2, \cdots, r)$ 为 Jordan 块

$$\boldsymbol{J}_i = \begin{bmatrix} \lambda_i & 1 & & \\ & \lambda_i & \ddots & \\ & & \ddots & 1 \\ & & & \lambda_i \end{bmatrix}_{n_i \times n_i}$$

其中 n_i 为 $\boldsymbol{A}$ 的特征值 λ_i 的重数，并且 $\sum_{i=1}^{r} n_i = n$. 因此

$$\boldsymbol{A}^k = \boldsymbol{P}\boldsymbol{J}^k\boldsymbol{P}^{-1} = \boldsymbol{P}\begin{bmatrix} \boldsymbol{J}_1^k & & & \\ & \boldsymbol{J}_2^k & & \\ & & \ddots & \\ & & & \boldsymbol{J}_r^k \end{bmatrix}\boldsymbol{P}^{-1}$$

于是有

$$\lim_{k\to\infty} \boldsymbol{A}^k = \boldsymbol{O} \Leftrightarrow \lim_{k\to\infty} \boldsymbol{J}_i^k = \boldsymbol{O} \quad (i = 1, 2, \cdots, r)$$

而

$$\boldsymbol{J}_i^k = \begin{bmatrix} \lambda_i^k & C_1^k \lambda_i^{k-1} & \cdots & \cdots & C_k^{n_i-1} \lambda_i^{k+1-n_i} \\ 0 & \lambda_i^k & \ddots & & \vdots \\ \vdots & \vdots & \ddots & C_1^k \lambda_i^{k-1} & \vdots \\ 0 & 0 & \cdots & \lambda_i^k & C_1^k \lambda_i^{k-1} \\ 0 & 0 & \cdots & 0 & \lambda_i^k \end{bmatrix}_{n_i \times n_i}$$

其中：$C_m^k = \dfrac{1}{m!}k(k-1)\cdots(k-m+1)$. 因此对任意 $i=1,2,\cdots,r$ 有

$$\lim_{k\to\infty} \boldsymbol{J}_i^k = \boldsymbol{O} \Leftrightarrow \lim_{k\to\infty} \lambda_i^k = 0 \Leftrightarrow |\lambda_i| < 1 \Leftrightarrow \rho(\boldsymbol{A}) < 1$$

于是

$$\lim_{k\to\infty} \boldsymbol{A}^k = \boldsymbol{O} \Leftrightarrow \rho(\boldsymbol{A}) < 1$$

3.3.2 迭代法的收敛条件

设有迭代公式

$$\boldsymbol{x}^{(k+1)} = \boldsymbol{M}\boldsymbol{x}^{(k)} + \boldsymbol{g} \quad (k=0,1,2,\cdots) \tag{3.15}$$

定理 3.5 对任意初始向量 $\boldsymbol{x}^{(0)}$ 和 $\boldsymbol{g}$，由式（3.16）产生的迭代序列 $\{\boldsymbol{x}^{(k)}\}$ 收敛的充要条件是

$$\rho(\boldsymbol{M}) < 1$$

证明 （充分性）设 $\rho(\boldsymbol{M}) < 1$，则 $\lambda = 1$ 不是 $\boldsymbol{M}$ 的特征值，因而有 $|\boldsymbol{I}-\boldsymbol{M}| \neq 0$，于是对任意 n 维向量 $\boldsymbol{g}$，方程组 $(\boldsymbol{I}-\boldsymbol{M})\boldsymbol{x} = \boldsymbol{g}$ 有唯一解，记为 $\boldsymbol{x}^*$，即

$$\boldsymbol{x}^* = \boldsymbol{M}\boldsymbol{x}^* + \boldsymbol{g}$$

并且

$$\lim_{k\to\infty} \boldsymbol{M}^k = \boldsymbol{O}$$

又因为

$$\boldsymbol{x}^{(k)} - \boldsymbol{x}^* = \boldsymbol{M}\left(\boldsymbol{x}^{(k-1)} - \boldsymbol{x}^*\right) = \boldsymbol{M}^k\left(\boldsymbol{x}^{(0)} - \boldsymbol{x}^*\right)$$

所以，对任意初始向量 $\boldsymbol{x}^{(0)}$，都有

$$\lim_{k\to\infty}\left(\boldsymbol{x}^{(k)} - \boldsymbol{x}^*\right) = \lim_{k\to\infty} \boldsymbol{M}^k\left(\boldsymbol{x}^{(0)} - \boldsymbol{x}^*\right) = \boldsymbol{0}$$

即由迭代公式（3.16）产生的迭代序列 $\{\boldsymbol{x}^{(k)}\}$ 收敛.

（必要性）设对任意向量 $\boldsymbol{x}^{(0)}$ 有

$$\lim_{k\to\infty} \boldsymbol{x}^{(k)} = \boldsymbol{x}^*$$

则 $\boldsymbol{x}^*$ 满足 $\boldsymbol{x}^* = \boldsymbol{M}\boldsymbol{x}^* + \boldsymbol{g}$. 由式（3.16）有

$$\begin{aligned}\boldsymbol{x}^{(k)} - \boldsymbol{x}^* &= \boldsymbol{M}\boldsymbol{x}^{(k-1)} + \boldsymbol{g} - \boldsymbol{M}\boldsymbol{x}^* - \boldsymbol{g} = \boldsymbol{M}\left(\boldsymbol{x}^{(k-1)} - \boldsymbol{x}^*\right) \\ &= \boldsymbol{M}^2\left(\boldsymbol{x}^{(k-2)} - \boldsymbol{x}^*\right) = \boldsymbol{M}^k\left(\boldsymbol{x}^{(0)} - \boldsymbol{x}^*\right)\end{aligned}$$

于是有

$$\lim_{k\to 0} \boldsymbol{M}^k\left(\boldsymbol{x}^{(0)} - \boldsymbol{x}^*\right) = \lim_{k\to 0}\left(\boldsymbol{x}^{(k)} - \boldsymbol{x}^*\right) = \boldsymbol{0}$$

因为 $\boldsymbol{x}^{(0)}$ 为任意 n 维向量，所以上式成立必有

$$\lim_{k\to 0} \boldsymbol{M}^k = \boldsymbol{O}$$

由定理 3.4 可得

$$\rho(\boldsymbol{M}) < 1$$

定理 3.6　若$\|M\|<1$，则由迭代格式$x^{(k+1)}=Mx^{(k)}+g$和任意初始向量$x^{(0)}$产生的迭代序列$\{x^{(k)}\}$收敛于精确解x^*.

定理 3.7　松弛法收敛的必要条件是$0<\omega<2$.

证明　设松弛法的迭代矩阵为M，其特征值为$\lambda_1,\lambda_2,\cdots,\lambda_n$. 因为

$$|\det(M)|=|\lambda_1,\lambda_2,\cdots,\lambda_n|\leqslant|\rho(M)|^n$$

由定理 3.5，松弛法收敛必有$|\det(M)|<1$. 又因为

$$|\det(M)|=\left|\det\left\{(D+\omega L)^{-1}[(1-\omega)D-\omega U]\right\}\right|=\left|\det\left[(D+\omega L)^{-1}\right]\right|\left|\det[(1-\omega)D-\omega U]\right|$$

又

$$\det\left[(D+\omega L)^{-1}\right]=\frac{1}{a_{11}a_{22}\cdots a_{nn}}$$

$$\det[(1-\omega)D-\omega U]=(1-\omega)^n a_{11}a_{22}\cdots a_{nn}$$

于是有

$$|\det(M)|=\left|(1-\omega)^n\right|<1$$

所以

$$0<\omega<2.$$

例 3.4　考察用迭代法

$$x^{(k+1)}=Mx^{(k)}+g\quad(k=0,1,2,\cdots)$$

解线性方程组的收敛性，其中：$M=\begin{bmatrix}1&3\\5&1\end{bmatrix}$，$g=\begin{bmatrix}6\\9\end{bmatrix}$.

解　矩阵M的特征方程为$(\lambda-1)^2-15=0$，特征值为$\lambda_{1,2}=1\pm\sqrt{15}$，$\rho(M)>1$. 这说明用迭代法解此方程组不收敛.

例 3.5　讨论用 Jacobi 迭代法与 Gauss-Seidel 迭代法求解方程组

$$\begin{cases}2x_1-x_2+x_3=1\\x_1+x_2+x_3=5\\x_1+x_2-2x_3=9\end{cases}$$

的收敛性.

解

$$A=\begin{bmatrix}2&-1&1\\1&1&1\\1&1&-2\end{bmatrix},\quad D=\begin{bmatrix}2&0&0\\0&1&0\\0&0&-2\end{bmatrix},\quad L=\begin{bmatrix}0&0&0\\1&0&0\\1&1&0\end{bmatrix},\quad U=\begin{bmatrix}0&-1&1\\0&0&1\\0&0&0\end{bmatrix}$$

（1）Jacobi 迭代法的迭代矩阵为

$$B=I-D^{-1}A=\begin{bmatrix}1&0&0\\0&1&0\\0&0&1\end{bmatrix}-\begin{bmatrix}\frac{1}{2}&0&0\\0&1&0\\0&0&-\frac{1}{2}\end{bmatrix}\begin{bmatrix}2&-1&1\\1&1&1\\1&1&-2\end{bmatrix}=\begin{bmatrix}0&\frac{1}{2}&-\frac{1}{2}\\-1&0&-1\\\frac{1}{2}&\frac{1}{2}&0\end{bmatrix}$$

其特征方程为

$$
|\lambda \boldsymbol{I}-\boldsymbol{B}|=\begin{vmatrix} \lambda & -\frac{1}{2} & \frac{1}{2} \\ 1 & \lambda & 1 \\ -\frac{1}{2} & -\frac{1}{2} & \lambda \end{vmatrix}=\lambda^3+\frac{5}{4}\lambda=0
$$

因此有 $\lambda_1=0$，$\lambda_2=\sqrt{\frac{5}{4}}\mathrm{i}$，$\lambda_3=-\sqrt{\frac{5}{4}}\mathrm{i}$，于是 $\rho(\boldsymbol{B})>1$，所以 Jacobi 迭代法发散.

（2）Gauss-Seidel 迭代矩阵为

$$
\boldsymbol{G}=-(\boldsymbol{D}+\boldsymbol{L})^{-1}\boldsymbol{U}=-\begin{bmatrix} 2 & 0 & 0 \\ 1 & 1 & 0 \\ 1 & 1 & -2 \end{bmatrix}^{-1}\begin{bmatrix} 0 & -1 & 1 \\ 0 & 0 & 1 \\ 0 & 0 & 0 \end{bmatrix}=\begin{bmatrix} 0 & \frac{1}{2} & -\frac{1}{2} \\ 0 & -\frac{1}{2} & -\frac{1}{2} \\ 0 & 0 & -\frac{1}{2} \end{bmatrix}
$$

其特征方程为

$$
|\lambda \boldsymbol{I}-\boldsymbol{G}|=\begin{vmatrix} \lambda & -\frac{1}{2} & \frac{1}{2} \\ 0 & \lambda+\frac{1}{2} & \frac{1}{2} \\ 0 & 0 & \lambda+\frac{1}{2} \end{vmatrix}=\lambda\left(\lambda+\frac{1}{2}\right)^2=0
$$

因此有 $\lambda_1=0$，$\lambda_2=\lambda_3=-\frac{1}{2}$，于是 $\rho(\boldsymbol{G})=\frac{1}{2}<1$，所以 Gauss-Seidel 迭代法收敛.

定理 3.5 虽然给出了判别迭代法收敛的充要条件，但实际使用时很不方便. 因为求逆矩阵和特征值的难度并不亚于用直接法求解线性方程组. 定理 3.6 和定理 3.7 使用起来方便得多，但它们分别给出收敛的充分条件和必要条件，许多情形下不能起作用.

下面对一些特殊的系数矩阵给出几个常用的判敛条件.

定义 3.4　若 $\boldsymbol{A}=(a_{ij})_{n\times n}$ 满足

$$
|a_{ii}|\geqslant\sum_{\substack{j=1\\ j\neq i}}^{n}|a_{ij}|\quad(i=1,2,\cdots,n)
$$

且至少有一个 i 值使 $|a_{ii}|>\sum_{\substack{j=1\\ j\neq i}}^{n}|a_{ij}|$ 成立，则称 $\boldsymbol{A}$ 为弱对角占优矩阵. 若 $|a_{ii}|>\sum_{\substack{j=1\\ j\neq i}}^{n}|a_{ij}|$ $(i=1,2,\cdots,n)$，则称 $\boldsymbol{A}$ 为严格对角占优矩阵.

定义 3.5　若矩阵 $\boldsymbol{A}$ 能通过行的对换和相应列的对换变成

$$
\begin{bmatrix} \boldsymbol{A}_{11} & \boldsymbol{A}_{12} \\ \boldsymbol{O} & \boldsymbol{A}_{22} \end{bmatrix}
$$

的形式，其中 $\boldsymbol{A}_{11}$ 和 $\boldsymbol{A}_{22}$ 为方阵，则称 $\boldsymbol{A}$ 为可约；反之称 $\boldsymbol{A}$ 为不可约.

显然，若 $\boldsymbol{A}$ 的所有元素都非零，则 $\boldsymbol{A}$ 为不可约. 三对角矩阵若三条对角线都没有零元素，则不可约.

定理 3.8　若方阵 A 为严格对角占优矩阵或不可约弱对角占优矩阵，则 A 为非奇异矩阵.

证明见参考文献[1].

定理 3.9　若 $Ax=b$ 的系数矩阵 A 为严格对角占优矩阵或不可约弱对角占优矩阵，则解此线性方程组的 Jacobi 迭代法和 Gauss-Seidel 迭代法均收敛.

证明　仅证明当 A 为严格对角占优阵时，Jacobi 迭代法和 Gauss-Seidel 迭代法均收敛.

（1）设 A 为严格对角占优阵，则有

$$|a_{ii}|>\sum_{\substack{j=1\\j\neq i}}^{n}|a_{ij}| \quad (i=1,2,\cdots,n)$$

故 $a_{ii}\neq 0$，于是 $D^{-1}\neq O$. 又 $A=L+U+D$，对 Jacobi 迭代矩阵 B 有

$$B=I-D^{-1}A=-D^{-1}(L+U)$$

所以

$$\|B\|_{\infty}=\left\|D^{-1}(L+U)\right\|_{\infty}=\max_{1\leqslant i\leqslant n}\left(\frac{1}{|a_{ii}|}\sum_{\substack{j=1\\j\neq i}}^{n}|a_{ij}|\right)<1$$

因此，Jacobi 迭代法收敛.

（2）Gauss-Seidel 迭代矩阵为 $G=-(D+L)^{-1}U$，其特征方程为

$$|\lambda I-G|=|\lambda I+(D+L)^{-1}U|=|(D+L)^{-1}||\lambda(D+L)+U|=0$$

由于 $|(D+L)^{-1}|\neq 0$，G 的特征值为方程 $|\lambda(D+L)+U|=0$ 的根. 记 $C=\lambda(D+L)+U=(c_{ij})$. 现证 $|\lambda|<1$. 采用反证法，若 $|\lambda|\geqslant 1$，则由 A 为严格对角占优阵有

$$|c_{ii}|=|\lambda a_{ii}|>|\lambda|\sum_{\substack{j=1\\j\neq i}}^{n}|a_{ij}|\geqslant|\lambda|\sum_{j=1}^{i-1}|a_{ij}|+\sum_{j=i+1}^{n}|a_{ij}|=\sum_{\substack{j=1\\j\neq i}}^{n}|c_{ij}| \quad (i=1,2,\cdots,n)$$

于是 C 为严格对角占优阵. 由定理 3.8 知 $|C|\neq 0$，矛盾. 因此，$|\lambda|<1$，即 $\rho(G)<1$，从而 Gauss-Seidel 迭代法收敛.

例 3.6　就例 3.1 中系数矩阵

$$A=\begin{bmatrix}8 & -2 & -3\\4 & 8 & -1\\-1 & 3 & 5\end{bmatrix}$$

判别迭代法的收敛性.

解　由于 A 为严格对角占优矩阵，根据定理 3.9 知该方程组对 Jacobi 迭代法和 Gauss-Seidel 迭代法均收敛.

定理 3.10　（1）若 $Ax=b$ 的系数矩阵 A 为对称正定矩阵，则解此线性方程组的 Jacobi 迭代法收敛的充要条件是矩阵 $2D-A$ 也是对称正定矩阵.

（2）若 $Ax=b$ 的系数矩阵 A 为对称正定矩阵，则解此线性方程组的 Gauss-Seidel 迭代法收敛.

定理 3.11　若 $Ax=b$ 的系数矩阵 A 为严格对角占优矩阵或不可约弱对角占优矩阵，且

$0<\omega\leqslant 1$，则解此线性方程组的松弛法收敛.

定理 3.12　若 $\boldsymbol{Ax}=\boldsymbol{b}$ 的系数矩阵 $\boldsymbol{A}$ 为对称正定矩阵，且 $0<\omega<2$，则解此线性方程组的松弛法收敛.

上述定理的证明见参考文献[2]～[4].

例 3.7　设有方程组 $\boldsymbol{Ax}=\boldsymbol{b}$，其中：

$$\boldsymbol{A}=\begin{bmatrix}7&3&3\\3&5&3\\3&3&5\end{bmatrix}$$

讨论三种迭代法的收敛性.

解　$\boldsymbol{A}$ 为对称矩阵，且

$$7>0,\quad \begin{vmatrix}7&3\\3&5\end{vmatrix}=26>0,\quad \begin{vmatrix}7&3&3\\3&5&3\\3&3&5\end{vmatrix}=76>0$$

故 $\boldsymbol{A}$ 为对称正定矩阵. 由定理 3.10 可得解线性方程组 $\boldsymbol{Ax}=\boldsymbol{b}$ 的 Gauss-Seidel 迭代法收敛. 由定理 3.12 可得解线性方程组 $\boldsymbol{Ax}=\boldsymbol{b}$ 的松弛法（$0<\omega<2$）收敛. $\boldsymbol{A}$ 不是弱对角占优，故不能用定理 3.9 判别 Jacobi 迭代法的收敛性.

Jacobi 迭代法的迭代矩阵为

$$\boldsymbol{B}=\boldsymbol{I}-\boldsymbol{D}^{-1}\boldsymbol{A}=\begin{bmatrix}1&0&0\\0&1&0\\0&0&1\end{bmatrix}-\begin{bmatrix}\frac{1}{7}&0&0\\0&\frac{1}{5}&0\\0&0&\frac{1}{5}\end{bmatrix}\begin{bmatrix}7&3&3\\3&5&3\\3&3&5\end{bmatrix}=\begin{bmatrix}0&-\frac{3}{7}&-\frac{3}{7}\\-\frac{3}{5}&0&-\frac{3}{5}\\-\frac{3}{5}&-\frac{3}{5}&0\end{bmatrix}$$

其特征方程为

$$|\lambda\boldsymbol{I}-\boldsymbol{B}|=\begin{vmatrix}\lambda&\frac{3}{7}&\frac{3}{7}\\\frac{3}{5}&\lambda&\frac{3}{5}\\\frac{3}{5}&\frac{3}{5}&\lambda\end{vmatrix}=\left(\lambda-\frac{3}{5}\right)\left(\lambda^2+\frac{3}{5}\lambda-\frac{18}{35}\right)=0$$

$\boldsymbol{B}$ 的特征值为 $\lambda_1=0.6$，$\lambda_2=0.4774$，$\lambda_3=-1.0774$. 因此，$\rho(\boldsymbol{B})=1.077\,4>1$. 由定理 3.5 知，Jacobi 迭代法不收敛.

3.3.3　误差估计

定理 3.13　设有迭代格式 $\boldsymbol{x}^{(k+1)}=\boldsymbol{Mx}^{(k)}+\boldsymbol{g}$，若 $\|\boldsymbol{M}\|=q<1$，则对任意初始向量 $\boldsymbol{x}^{(0)}$，迭代序列 $\{\boldsymbol{x}^{(k)}\}$ 收敛于精确解 $\boldsymbol{x}^*$，且有误差估计式

$$\left\|\boldsymbol{x}^{(k)}-\boldsymbol{x}^*\right\|\leqslant\frac{q}{1-q}\left\|\boldsymbol{x}^{(k)}-\boldsymbol{x}^{(k-1)}\right\| \tag{3.16}$$

及

$$\left\|\boldsymbol{x}^{(k)}-\boldsymbol{x}^{*}\right\| \leqslant \frac{q^{k}}{1-q}\left\|\boldsymbol{x}^{(1)}-\boldsymbol{x}^{(0)}\right\| \tag{3.17}$$

证明　由定理 3.6 知，迭代序列 $\{\boldsymbol{x}^{(k)}\}$ 收敛于精确解 $\boldsymbol{x}^{*}$. 因为 $\boldsymbol{x}^{*}$ 是方程的精确解，所以

$$\boldsymbol{x}^{*}=\boldsymbol{M}\boldsymbol{x}^{*}+\boldsymbol{g}$$

又 $\rho(\boldsymbol{M}) \leqslant \|\boldsymbol{M}\|=q<1$，故 $|\boldsymbol{I}-\boldsymbol{M}| \neq 0$，于是 $\boldsymbol{I}-\boldsymbol{M}$ 可逆. 又 $(\boldsymbol{I}-\boldsymbol{M})(\boldsymbol{I}-\boldsymbol{M})^{-1}=\boldsymbol{I}$，于是

$$(\boldsymbol{I}-\boldsymbol{M})^{-1}=\boldsymbol{I}+\boldsymbol{M}(\boldsymbol{I}-\boldsymbol{M})^{-1}$$

取范数得

$$\left\|(\boldsymbol{I}-\boldsymbol{M})^{-1}\right\|=\left\|\boldsymbol{I}+\boldsymbol{M}(\boldsymbol{I}-\boldsymbol{M})^{-1}\right\| \leqslant\|\boldsymbol{I}\|+\left\|\boldsymbol{M}(\boldsymbol{I}-\boldsymbol{M})^{-1}\right\| \leqslant 1+\|\boldsymbol{M}\|\left\|(\boldsymbol{I}-\boldsymbol{M})^{-1}\right\|$$

于是有

$$\left\|(\boldsymbol{I}-\boldsymbol{M})^{-1}\right\| \leqslant \frac{1}{1-\|\boldsymbol{M}\|}=\frac{1}{1-q} \tag{3.18}$$

又

$$\boldsymbol{x}^{(k)}-\boldsymbol{x}^{*}=\boldsymbol{M}\left(\boldsymbol{x}^{(k-1)}-\boldsymbol{x}^{*}\right)=\boldsymbol{M}\left[\boldsymbol{x}^{(k-1)}-(\boldsymbol{I}-\boldsymbol{M})^{-1}\boldsymbol{g}\right]=\boldsymbol{M}(\boldsymbol{I}-\boldsymbol{M})^{-1}\left(\boldsymbol{x}^{(k-1)}-\boldsymbol{x}^{(k)}\right)$$

两边取范数得

$$\left\|\boldsymbol{x}^{(k)}-\boldsymbol{x}^{*}\right\| \leqslant\|\boldsymbol{M}\|\left\|(\boldsymbol{I}-\boldsymbol{M})^{-1}\right\|\left\|\boldsymbol{x}^{(k-1)}-\boldsymbol{x}^{(k)}\right\| \leqslant \frac{q}{1-q}\left\|\boldsymbol{x}^{(k)}-\boldsymbol{x}^{(k-1)}\right\|$$

又由于

$$\begin{aligned}\boldsymbol{x}^{(k)}-\boldsymbol{x}^{*}&=\boldsymbol{M}\boldsymbol{x}^{(k-1)}+\boldsymbol{g}-\boldsymbol{M}\boldsymbol{x}^{*}-\boldsymbol{g}=\boldsymbol{M}\left(\boldsymbol{x}^{(k-1)}-\boldsymbol{x}^{*}\right)=\boldsymbol{M}^{k}\left(\boldsymbol{x}^{(0)}-\boldsymbol{x}^{*}\right)\\&=\boldsymbol{M}^{k}(\boldsymbol{I}-\boldsymbol{M})^{-1}\left[(\boldsymbol{I}-\boldsymbol{M})\boldsymbol{x}^{(0)}-\boldsymbol{g}\right]=\boldsymbol{M}^{k}(\boldsymbol{I}-\boldsymbol{M})^{-1}\left(\boldsymbol{x}^{(0)}-\boldsymbol{x}^{(1)}\right)\end{aligned}$$

两边取范数得

$$\left\|\boldsymbol{x}^{(k)}-\boldsymbol{x}^{*}\right\| \leqslant\|\boldsymbol{M}\|^{k}\left\|(\boldsymbol{I}-\boldsymbol{M})^{-1}\right\|\left\|\boldsymbol{x}^{(0)}-\boldsymbol{x}^{(1)}\right\| \leqslant \frac{q^{k}}{1-q}\left\|\boldsymbol{x}^{(1)}-\boldsymbol{x}^{(0)}\right\|$$

有了误差估计（3.17），根据事先给定的精度 ε，可以估计出迭代的次数 k，即

$$k \geqslant \frac{\ln \dfrac{\varepsilon(1-q)}{\left\|x^{(1)}-x^{(0)}\right\|}}{\ln q} \tag{3.19}$$

在实际计算时，对预先给定的精度 $\varepsilon>0$，若有

$$\left\|\boldsymbol{x}^{(k+1)}-\boldsymbol{x}^{(k)}\right\|<\varepsilon$$

则认为 $\boldsymbol{x}^{(k+1)}$ 是满足精度要求的近似解.

3.4 应用举例

例 3.8　某地有一座煤矿、一个发电厂和一条铁路，经成本核算，每生产价值 1 元的煤需消耗 0.4 元的电；为了把这 1 元的煤运出去需花费 0.3 元的运费；每生产 1 元的电需 0.6 元的煤作燃料；为了运行电厂的辅助设备需消耗本身 0.1 元的电，还需要花费 0.1 元的运费；作为铁路局，每提供 1 元运费的运输需消耗 0.5 元的煤，辅助设备要消耗 0.1 元的电. 现煤矿接到

外地 8 万元煤的订货，电厂有 12 万元电的外地需求，求煤矿和电厂各生产多少才能满足需求？（不考虑价格变动等其他因素）

解 假设煤矿、电厂和铁路分别产出 x 元、y 元和 z 元刚好满足需求，则有

$$\begin{cases} x-0.6y-0.5z=80\,000 \\ y-0.4x-0.1y-0.1z=120\,000 \\ z-0.3x-0.1y=0 \end{cases}$$

采用 Gauss-Seidel 迭代法求解如下.

```
function [x,number]=exam1(A,b,x0,er)
D=diag(diag(A));
U=triu(A,1);
L=tril(A,-1);
D=inv(D+L);
B=-D*U;
f=D*b;
number=0;
x=B*x0+f;
number=number+1;
while norm(x-x0)>er
      x0=x;
      x=B*x0+f;
      number=number+1;
end
```

实现的 MATLAB 代码如下.

```
clear all
A=[1 -0.6 -0.5; -0.4  0.9  -0.1;-0.3  -0.1  1];
b=[80000;120000;0];
er=1e-5;
x0=[20000;30000;4900];
[x,n]=exam1(A,b,x0,er)
A*x
```

运行程序，输出如下.

```
x=
      1.0e+05*
      3.1279
      2.8595
      1.2243
n=
      35
ans=
```

```
1.0e+05*
0.8000
1.2000
0.0000
```

因此，煤矿生产 312 790 元，电厂生产 285 950 元能满足需求.

习　题　3

1. 分别用 Jacobi 迭代法和 Gauss-Seidel 迭代法求解下列方程组. 取初值 $\boldsymbol{x}^{(0)}=(0,0,0)^{\mathrm{T}}$，计算结果精确到 3 位小数.

（1）$\begin{cases}10x_1-2x_2-x_3=3\\-2x_1+10x_2-x_3=15\\-x_1-2x_2+5x_3=10\end{cases}$　　（2）$\begin{cases}7x_1-x_2+2x_3=10\\x_1+4x_2+1x_3=4\\2x_1+2x_2+9x_3=6\end{cases}$

2. 用 SOR 法（$\omega=1.35$）求解方程组

$$\begin{cases}4x_1-x_2=1\\-x_1+4x_2-x_3=4\\-x_2+4x_3=-3\end{cases}$$

取初值 $\boldsymbol{x}^{(0)}=(0,0,0)^{\mathrm{T}}$，精确到$10^{-3}$.

3. 分别用 Jacobi 迭代和 Gauss-Seidel 迭代求解方程组

$$\begin{cases}x_1+2x_2-2x_3=1\\x_1+x_2+x_3=1\\2x_1+2x_2+x_3=1\end{cases}$$

取初值 $\boldsymbol{x}^{(0)}=(0,0,0)^{\mathrm{T}}$，迭代 4 次，并比较它们的计算结果.

4. 分别用 Gauss-Seidel 迭代法与 SOR 法（$\omega=1.2$）求解方程组

$$\begin{bmatrix}5&2&1\\-1&4&2\\2&-3&10\end{bmatrix}\begin{bmatrix}x_1\\x_2\\x_3\end{bmatrix}=\begin{bmatrix}-12\\20\\3\end{bmatrix}$$

取 $\boldsymbol{x}^{(0)}=(1,1,1)^{\mathrm{T}}$，迭代 7 次，并比较它们的计算结果.

5. 设线性方程组的系数矩阵为 $\boldsymbol{A}=\begin{bmatrix}a&-1&-3\\-1&a&-2\\3&-2&a\end{bmatrix}$，当 a 为何值时，Jacobi 迭代法收敛？当$a=3$时，Gauss-Seidel 迭代法是否收敛？

6. 试证用 Jacobi 迭代法求解方程组

$$\begin{cases}a_{11}x_1+a_{12}x_2=b_1\\a_{12}x_1+a_{22}x_2=b_2\end{cases}$$

迭代收敛的充要条件是

$$\left|\frac{a_{12}a_{21}}{a_{11}a_{22}}\right|<1$$

7. 设有方程组

$$\begin{cases} 10x_1 + 4x_2 + 4x_3 = 15 \\ 4x_1 + 10x_2 + 8x_3 = 13 \\ 4x_1 + 8x_2 + 10x_3 = 21 \end{cases}$$

（1）分别写出 Jacobi 迭代法、Gauss-Seidel 迭代法和 SOR 法（$\omega = 1.35$）的计算公式及迭代矩阵.

（2）对任意初值，各迭代是否收敛？说明理由.

8. 试考察解下列方程组的 Jacobi 迭代法和 Gauss-Seidel 迭代法的收敛性.

（1）$\begin{cases} x_1 + 0.4x_2 + 0.4x_3 = 5 \\ 0.4x_1 + x_2 + 0.8x_3 = 7 \\ 0.4x_1 + 0.8x_2 + x_3 = 3 \end{cases}$　（2）$\begin{cases} x_1 + 2x_2 - 2x_3 = 1 \\ x_1 + x_2 + x_3 = 1 \\ 2x_1 + 23x_2 + x_3 = 1 \end{cases}$

9. 设方程组 $\boldsymbol{Ax} = \boldsymbol{b}$，其中：

$$\boldsymbol{A} = \begin{bmatrix} 1 & a & a \\ a & 1 & a \\ a & a & 1 \end{bmatrix}$$

（1）a 取何值时，$\boldsymbol{A}$ 为正定阵？

（2）a 取何值时，Jacobi 迭代法收敛？

10. 调整方程组

$$\begin{bmatrix} 1 & 4 & 1 \\ 1 & 1 & 5 \\ 4 & 1 & 1 \end{bmatrix} \begin{bmatrix} x_1 \\ x_2 \\ x_3 \end{bmatrix} = \begin{bmatrix} 1 \\ 2 \\ 3 \end{bmatrix}$$

中方程的次序，使得 Jacobi 迭代法和 Gauss-Seidel 迭代法收敛.

11. 设有方程组

$$\begin{bmatrix} 1 & a & a \\ 4a & 1 & 0 \\ a & 0 & 1 \end{bmatrix} \begin{bmatrix} x_1 \\ x_2 \\ x_3 \end{bmatrix} = \begin{bmatrix} b_1 \\ b_2 \\ b_3 \end{bmatrix}$$

（1）分别写出 Jacobi 迭代法和 Gauss-Seidel 迭代法的计算公式.

（2）用迭代收敛的充要条件给出使这两种迭代法都收敛的 a 的取值范围.

12. 分别用 Jacobi 迭代法和 Gauss-Seidel 迭代法求解方程组

$$\begin{cases} 10x_1 + 2x_2 + 3x_3 = 21 \\ x_1 + 8x_2 + x_3 = 15 \\ 2x_1 - 3x_2 + 15x_3 = 35 \end{cases}$$

取 $\boldsymbol{x}^{(0)} = (0, 0, 0)^{\mathrm{T}}$，求迭代是否收敛？若收敛，需要迭代多少次，才能保证各分量误差绝对值小于 10^{-6}？

13. 证明严格对角占优阵是非奇异矩阵.

第 4 章　非线性方程与方程组的数值解法

在科学研究与工程技术中经常会遇到求解非线性方程或非线性方程组的问题，如求代数方程

$$x^5-4x^4-10x^3-27x^2+10x+8=0$$

和超越方程

$$xe^x-4=0$$

的根.

一般地，求方程

$$f(x)=0 \tag{4.1}$$

的根，其中 $f(x)$ 为非线性函数，即为非线性方程求解问题.

方程 $f(x)=0$ 的根也称函数 $f(x)$ 的零点.

非线性方程的根可以是实数，也可以是复数. 对于代数方程已有单根和重根的概念，这个概念可以推广到一般方程 $f(x)=0$ 上.

设函数 $f(x)$ 可分解为

$$f(x)=(x-a)^k\psi(x)$$

其中：k 为正整数；$\psi(a)\neq 0$. 则当 $k=1$ 时，称 a 为 $f(x)=0$ 的单根或 $f(x)$ 的单零点；当 $k\geqslant 2$ 时，称 a 为 $f(x)=0$ 的 k 重根或 $f(x)$ 的 k 重零点.

显然，若 $\psi(x)$ 充分光滑，a 为 $f(x)$ 的 k 重零点，则有

$$f(a)=f'(a)=\cdots=f^{(k-1)}(a)=0, \qquad f^{(k)}(a)\neq 0$$

非线性方程（组）的根能用解析式表示的极少，绝大多数需借助于数值方法求近似解. 本章主要介绍几种非线性方程（组）求根的数值方法.

4.1　二　分　法

设 $f(x)$ 在区间 $[a,b]$ 上连续，且 $f(a)f(b)<0$，则由连续函数介值定理，$f(x)$ 在 (a,b) 内必有零点，称 (a,b) 为方程（4.1）的有根区间. 不妨设 $f(a)<0$，$f(b)>0$，取 $x_0=\dfrac{a+b}{2}$，若 $f(x_0)=0$，则 $x=x_0$ 就是方程（4.1）的解. 否则，若 $f(x_0)<0$，取 $a_1=x_0$，$b_1=b$；若 $f(x_0)>0$，取 $a_1=a$，$b_1=x_0$，则有

$$[a_1,b_1]\subset[a,b], \qquad b_1-a_1=\frac{b-a}{2}$$

且 $f(x)$ 在 $[a_1,b_1]$ 上连续，满足 $f(a_1)f(b_1)<0$. 重复上述过程又可得区间 $[a_2,b_2]$ 满足

$$[a_2,b_2]\subset[a_1,b_1], \qquad b_2-a_2=\frac{b_1-a_1}{2}$$

且 $f(a_2)f(b_2)<0$，如图 4.1 所示.

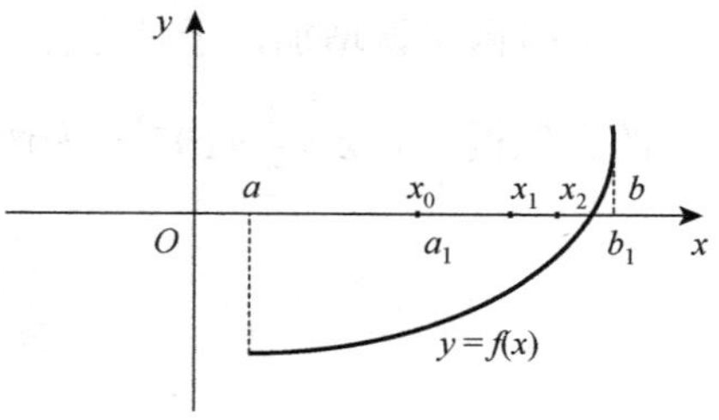

图 4.1　二分法

如此继续下去，得到一个区间序列

$$[a,b]\supset[a_1,b_1]\supset[a_2,b_2]\supset\cdots\supset[a_n,b_n]\supset\cdots$$

满足

$$f(a_n)f(b_n)<0,\qquad b_n-a_n=\frac{b_{n-1}-a_{n-1}}{2}=\cdots=\frac{b-a}{2^n}$$

从而 $[a_n,b_n]$ $(n=1,2,\cdots)$ 均为方程（4.1）的有根区间.

由区间套定理，存在 $x^*\in[a,b]$ 使得

$$\lim_{n\to\infty}a_n=\lim_{n\to\infty}b_n=x^*$$

且 $x=x^*$ 是方程（4.1）的根.

若取 $x_n=\dfrac{a_n+b_n}{2}$ 作为根 x^* 的近似值，则误差为

$$\left|x^*-x_n\right|\leqslant\frac{b_n-a_n}{2}=\frac{b-a}{2^{n+1}}\tag{4.2}$$

按上述方法求非线性方程（4.1）的近似解的方法称为二分法（对分区间法）.

用二分法求非线性方程（4.1）的实根可以达到任意指定精度. 事实上，对于任意给定的绝对误差限 ε，要求

$$\left|x^*-x_n\right|\leqslant\frac{b-a}{2^{n+1}}\leqslant\varepsilon$$

可得

$$2^{n+1}\geqslant\frac{b-a}{\varepsilon}$$

从而有

$$n\geqslant\frac{\ln\dfrac{b-a}{\varepsilon}}{\ln 2}-1=\frac{\ln(b-a)-\ln\varepsilon}{\ln 2}-1\tag{4.3}$$

即得到区间对分次数 n.

算法 4.1　（1）输入 $f(x)$，a，b，误差限 ε，最大允许迭代次数 N.

（2）置 $n=0$.

（3）$x_n=\dfrac{a+b}{2}$.

（4）若 $f(x_n)=0$ 或 $\dfrac{b-a}{2}<\varepsilon$，则输出 $x^*=x_n$，停机；否则转（5）.

（5）若 $n<N$，转（6）；否则输出失败信息，停机.

（6）若 $f(a)f(x_n)<0$，则 $x_n\Rightarrow b$；否则，$x_n\Rightarrow a$.

（7）置 $n+1\Rightarrow n$，转（3）.

例 4.1　试用二分法求方程

$$f(x)=x^3+5x-10=0\tag{4.4}$$

具有 3 位有效数字的近似根.

解　容易验证 $f(1)=-4<0$，$f(2)=8>0$，且 $f'(x)=3x^2+5>0,\ \forall x\in(-\infty,+\infty)$，$f(x)$ 在

$(-\infty,+\infty)$ 内单调增加，于是方程（4.4）有唯一实根，且[1, 2]为有根区间. 对具有 3 位有效数字的近似根，有 $\varepsilon=\frac{1}{2}\times10^{-2}$. 为达到近似要求，对分区间的次数为

$$n\geqslant\frac{\ln(2-1)-\ln\left(\frac{1}{2}\times10^{-2}\right)}{\ln 2}-1=6.64$$

故 $n=7$. 计算结果如表 4.1 所示.

表 4.1　二分法的计算结果

n	a_n	b_n	x_n	$f(x_n)$
0	1	2	1.5	0.875
1	1	1.5	1.25	−1.796 875
2	1.25	1.5	1.375	−0.525 391
3	1.375	1.5	1.437 5	0.157 959
4	1.375	1.437 5	1.406 25	−0.187 836
5	1.406 25	1.437 5	1.421 875	−0.015 980
6	1.421 875	1.437 5	1.429 687 3	0.070 728
7	1.421 875	1.429 687 3	1.425 781 15	0.027 307

所以，$x_7=1.425\,78115$ 即为符合精度要求的近似解.

二分法的优点是计算简便，容易估计误差，对函数 $y=f(x)$ 的要求不高，只要求函数 $y=f(x)$ 在区间 $[a,b]$ 上连续，容易在计算机上实现；缺点是收敛较慢，不能用其求复根或偶数重根.

4.2 迭 代 法

4.2.1　迭代法的基本思想

迭代法是用某种收敛于所给问题的精确解的极限过程来逐步逼近精确解，从而可以用有限步骤算出精确解的具有指定精确度的近似解. 迭代法是求方程的根最重要的方法之一. 迭代法的基本思想是：对于计算问题的精确解，首先取一个初始近似值，通过构造一个递推关系，即迭代格式，使用这个迭代格式反复校正根的近似值，计算出方程（4.1）一个根的近似值序列，直到满足预先给定的精度要求为止. 该序列收敛于方程（4.1）的根.

4.2.2　不动点迭代法及其几何意义

将方程（4.1）改写成其等价形式

$$x=\varphi(x)\tag{4.5}$$

若 x^* 满足 $f(x^*)=0$，则 $x^*=\varphi(x^*)$；反之亦然. 称 x^* 为 $\varphi(x)$ 的一个不动点. 求 $f(x)=0$ 的根等价于求 $\varphi(x)$ 的不动点.

选取初始近似值（简称初值）x_0，并构造迭代格式

$$x_{n+1}=\varphi(x_n)\quad(n=0,1,2,\cdots)\tag{4.6}$$

根据初值 x_0 及迭代格式（4.6）产生迭代序列 $\{x_n\}$. 式（4.6）称为迭代格式，$\varphi(x)$ 称为迭代函数，$\{x_n\}$ 称为迭代序列. 若 $\{x_n\}$ 收敛于 x^*，则称迭代法收敛；否则称迭代法发散.

显然，若 $\{x_n\}$ 收敛于 x^*，且 $\varphi(x)$ 在 x^* 处连续，则有

$$x^* = \lim_{n\to\infty} x_{n+1} = \lim_{n\to\infty} \varphi(x_n) = \varphi(x^*)$$

即 x^* 是方程（4.5）的解，从而也是方程（4.1）的解. 故当 n 充分大时，可取 x_n 作为方程（4.1）的根的近似值.

按上述方法构造迭代格式（4.6）来求解方程（4.1），称为不动点迭代法，也称简单迭代法或逐步逼近法.

例 4.2　用简单迭代法求方程

$$f(x) = x^3 + 5x - 10 = 0$$

的根，要求 $|x_{n+1} - x_n| \leqslant 10^{-5}$.

解　由例 4.1 知，所给方程在[1, 2]上有根，取 $x_0 = 1.5$.

（1）若化原方程为其等价方程

$$x = x^3 + 6x - 10$$

按迭代格式

$$x_{n+1} = x_n^3 + 6x_n - 10 \tag{4.7}$$

计算，有

$x_1 = 2.375\,000$，$x_2 = 17.646\,484$，$x_3 = 5\,590.966\,097$，$x_4 = 174\,767\,494\,255.345\,520, \cdots$

显然，按迭代格式（4.7）计算，所得迭代序列发散.

（2）若化原方程为其等价方程

$$x = \frac{10}{x^2 + 5}$$

按迭代格式

$$x_{n+1} = \frac{10}{x_n^2 + 5} \tag{4.8}$$

计算，结果如表 4.2 所示.

表 4.2　迭代格式（4.8）的计算结果

n	x_n	n	x_n
0	1.5	10	1.423 629
1	1.379 310	11	1.423 139
2	1.448 751	12	1.423 422
3	1.408 673	13	1.423 259
4	1.431 771	14	1.423 353
5	1.418 446	15	1.423 299
6	1.426 129	16	1.423 330
7	1.421 698	17	1.423 312
8	1.424 253	18	1.423 322
9	1.422 779	19	1.423 316

因为

$$|x_{19} - x_{18}| < 10^{-5}$$

所以 $x_{19}=1.423\,316$ 即为方程满足精度要求的近似根.

（3）若化原方程为其等价方程

$$x=(10-5x)^{1/3}$$

按迭代格式

$$x_{n+1}=(10-5x_n)^{1/3} \tag{4.9}$$

计算，结果如表 4.3 所示.

表 4.3　迭代格式（4.9）的计算结果

n	x_n	n	x_n
0	1.5	11	1.414 067
1	1.357 209	12	1.430 889
2	1.475 752	13	1.417 062
3	1.378 803	14	1.428 447
4	1.459 037	15	1.419 087
5	1.393 304	16	1.426 791
6	1.447 595	17	1.420 455
7	1.403 059	18	1.425 670
8	1.439 795	19	1.421 381
9	1.409 632	20	1.424 910
10	1.434 490		

$$|x_{20}-x_{19}|=1.424\,910-1.421\,381=0.352\,9\times10^{-2}$$

容易看出，按迭代格式（4.9）计算，所得迭代序列也收敛，但收敛较慢，迭代 20 次尚未达到精度要求.

（4）若化原方程为其等价方程

$$x=2-\frac{x^3}{5}$$

按迭代格式

$$x_{n+1}=2-\frac{x_n^3}{5} \tag{4.10}$$

计算，结果如表 4.4 所示.

表 4.4　迭代格式（4.10）的计算结果

n	x_n	n	x_n
0	1.5	10	1.822 439
1	1.325 000	11	0.789 432
2	1.534 759	12	1.901 605
3	1.276 979	13	0.624 721
4	1.583 532	14	1.951 237
5	1.205 835	15	0.514 201
6	1.649 334	16	1.972 809
7	1.102 662	17	0.464 376
8	1.731 862	18	1.423 322
9	0.961 109	19	0.447 588

显然，按迭代格式（4.10）计算，所得迭代序列发散.

例 4.2 的计算结果表明，将一方程化为其等价方程的方法很多，由此可以构造许多不同的迭代函数，得到多种迭代格式. 而它们所产生的迭代序列则可能收敛，也可能发散；可能收敛很快，也可能收敛很慢. 迭代法的收敛性取决于迭代函数在方程的根的邻近性态.

图 4.2 描述了迭代过程的几何意义. 求 $x=\varphi(x)$ 的根等价于在 xOy 平面上确定曲线 $y=\varphi(x)$ 与直线 $y=x$ 的交点 P^*的横坐标. 对于 x^* 的某个近似值 x_0，沿直线 $x=x_0$ 走到曲线 $y=\varphi(x)$，得点 $\left(x_0,\varphi(x_0)\right)$；再沿直线 $y=\varphi_0(x)$，走到直线 $y=x$，交点为 (x_1,x_1). 如此继续下去，越来越接近点 (x^*,x^*)，如图 4.2（a）所示. 当然，迭代过程也可能出现如图 4.2（b）所示的情况，此时点 (x_n,x_n) 越来越远离交点 (x^*,x^*).

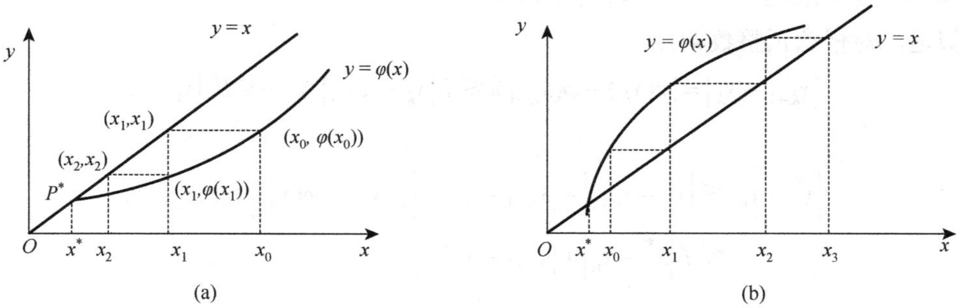

图 4.2　不动点迭代法的几何解释

4.2.3　迭代法的收敛条件

若在 $[a,b]$ 上任意选取初值 x_0 均能保证某迭代格式收敛，则称该迭代格式具有全局收敛性.

定理 4.1　（压缩映象原理）若函数 $\varphi(x)$ 满足：

（1）$\forall x\in[a,b]$，有 $a\leqslant\varphi(x)\leqslant b$；

（2）存在常数 $0<L<1$，使得 $\forall x,y\in[a,b]$，都有

$$|\varphi(x)-\varphi(y)|\leqslant L|x-y|$$

则方程 $x=\varphi(x)$ 在区间 $[a,b]$ 上有唯一根 x^*，且对任意初值 $x_0\in[a,b]$，由迭代格式 $x_{n+1}=\varphi(x_n)$ $(n=0,1,2,\cdots)$ 产生的序列 $\{x_n\}$ 均收敛于 x^*，并有

$$\left|x^*-x_n\right|\leqslant\frac{L^n}{1-L}|x_1-x_0| \tag{4.11}$$

证明　由条件（2）易得 $\varphi(x)$ 在 $[a,b]$ 上连续. 令

$$\psi(x)=x-\varphi(x)$$

则 $\psi(x)$ 在 $[a,b]$ 上连续，且

$$\psi(a)=a-\varphi(a)\leqslant 0,\qquad \psi(b)=b-\varphi(b)\geqslant 0$$

由连续函数介值定理知，存在 $\zeta\in[a,b]$，使得 $\psi(\zeta)=0$，即 $\zeta=\varphi(\zeta)$，所以方程 $x=\varphi(x)$ 在区间 $[a,b]$ 上有根.

假设方程 $x=\varphi(x)$ 在 $[a,b]$ 上有两个根 x_1^*，x_2^*，且 $x_1^*\neq x_2^*$，由条件（2），有

$$\left|x_1^*-x_2^*\right|=\left|\varphi(x_1^*)-\varphi(x_2^*)\right|\leqslant L\left|x_1^*-x_2^*\right|<\left|x_1^*-x_2^*\right|$$

导出矛盾，因此方程 $x=\varphi(x)$ 在区间 $[a,b]$ 上有唯一根.

对任意 $x_0\in[a,b]$，由迭代公式有

$$|x_n - x^*| = |\varphi(x_{n-1}) - \varphi(x^*)| \leqslant L|x_{n-1} - x^*|$$

依此类推，可得

$$|x_n - x^*| \leqslant L^2 |x_{n-2} - x^*| \leqslant \cdots \leqslant L^n |x_0 - x^*|$$

因为$0<L<1$，所以有

$$\lim_{n\to\infty} x_n = x^*$$

即对任意初值$x_0 \in [a,b]$，迭代序列$\{x_n\}$均收敛到方程的根x^*.

类似地，对任意正整数k有

$$|x_{k+1} - x_k| = |\varphi(x_k) - \varphi(x_{k-1})| \leqslant L|x_k - x_{k-1}| \leqslant \cdots \leq L^k |x_1 - x_0|$$

由

$$\begin{aligned} |x^* - x_n| &\leqslant |x^* - x_{n+1}| + |x_{n+1} - x_n| = |\varphi(x^*) - \varphi(x_n)| + |x_{n+1} - x_n| \\ &\leqslant L|x^* - x_n| + |x_{n+1} - x_n| \end{aligned}$$

可得

$$|x^* - x_n| \leqslant \frac{1}{1-L}|x_{n+1} - x_n| \leqslant \frac{L}{1-L}|x_n - x_{n-1}| \leqslant \cdots \leqslant \frac{L^n}{1-L}|x_1 - x_0|$$

定理 4.1 给出了判别不动点迭代法收敛的充分条件. 由于实际计算时，常数L十分难求，所讨论的函数通常都是可导函数，使用的收敛条件是用导数的界得到的.

定理 4.2 若函数$\varphi(x)$满足：

（1）$\forall x \in [a,b]$，有$a \leqslant \varphi(x) \leqslant b$；

（2）存在常数$0<L<1$，使得$\forall x \in [a,b]$，都有$|\varphi'(x)| \leqslant L<1$.

则方程$x=\varphi(x)$在区间$[a,b]$上有唯一根x^*，且对任意初值$x_0 \in [a,b]$, 由迭代格式$x_{n+1} = \varphi(x_n)$ $(n=0,1,2,\cdots)$产生的序列$\{x_n\}$均收敛于x^*，并有

$$|x^* - x_n| \leqslant \frac{L^n}{1-L}|x_1 - x_0|$$

证明 设x, y为$[a,b]$上任意两点，由微分中值定理，在x与y之间至少存在一点ξ使得

$$\varphi(x) - \varphi(y) = \varphi'(\xi)(x-y)$$

于是

$$|\varphi(x) - \varphi(y)| = |\varphi'(\xi)(x-y)| \leqslant L|x-y|$$

即$\varphi(x)$满足定理 4.1 的条件（2），故结论成立.

用定理 4.2 判别不动点迭代法的收敛性比定理 4.1 方便.

定理 4.3 设方程$x=\varphi(x)$在区间$[a,b]$上有根x^*，且当$x \in [a,b]$时，$|\varphi'(x)| \geqslant 1$，则对任意初值$x_0 \in [a,b]$且$x_0 \neq x^*$，迭代格式$x_{n+1} = \varphi(x_n)$ $(n=0,1,2,\cdots)$发散.

证明 设$x_0 \in [a,b]$且$x_0 \neq x^*$. 由$|\varphi'(x)| \geqslant 1$知

$$|x_1 - x^*| = |\varphi(x_0) - \varphi(x^*)| = |\varphi'(\zeta)(x_0 - x^*)| \geqslant |x_0 - x^*| > 0$$

如此继续下去，或者 $x_k \notin [a,b]$，或者 $\left|x_k - x^*\right| \geqslant \left|x_0 - x^*\right| > 0$. 因此，迭代序列不可能收敛于 x^*，即迭代格式发散.

例 4.3　考查例 4.2 中迭代格式（4.7）和（4.8）在 $[1.3,1.5]$ 上的收敛性.

解　（1）$\varphi_1(x) = x^3 + 6x - 10$，$\varphi_1'(x) = 3x^2 + 6 > 1$. 因此，对任意 $x_0 \in [1.3, 1.5]$，迭代格式 $x_{n+1} = x_n^3 + 6x_n - 10$ 发散.

（2）$\varphi_2(x) = \dfrac{10}{x^2+5}$，$\varphi_2'(x) = \dfrac{-20x}{(x^2+5)^2}$. 当 $x \in [1.3, 1.5]$ 时，有

$$1.3 < \frac{10}{5+1.5^2} \leqslant \varphi_2(x) \leqslant \frac{10}{1.3^2+5} < 1.5, \qquad \left|\varphi_2'(x)\right| = \frac{20|x|}{(x^2+5)^2} \leqslant \frac{30}{6.69^2} < 1$$

故对任意 $x_0 \in [1.3, 1.5]$，迭代格式 $x_{n+1} = \dfrac{10}{x_n^2+5}$ 收敛.

对例 4.2 中的迭代函数 $\varphi_3(x) = (10-5x)^{1/3}$，有 $\varphi_3'(x) = -\dfrac{5}{3}\dfrac{1}{\sqrt[3]{(10-5x)^2}}$，当 $x \in [1,1.5]$ 时，有

$$\left|\varphi_3'(x)\right| = \frac{5}{3}\frac{1}{\sqrt[3]{(10-5x)^2}} \leqslant \frac{5}{3}\frac{1}{\sqrt[3]{(10-5\times 1.5)^2}} < 1 ,$$

但 $\varphi_3(1) = (5)^{1/3} = 1.709\,98 > 1.5$，因此 $\varphi_3(x)$ 在 $[1,1.5]$ 上不满足定理 4.2 的条件，不能用定理 4.2 判定收敛性. 容易看出，在小区间 $[1.35, 1.5]$ 上有 $1.35 < \varphi_3(x) < 1.5$. 因此，$\varphi_3(x)$ 在 $[1.35, 1.5]$ 上满足定理 4.2 的条件，故取 $x_0 = 1.5$，按 $\varphi_3(x)$ 所导出的迭代序列是收敛的.

一般来说，构造迭代函数使其在预先制定的较大区间上满足定理 4.2 的条件是比较困难的，但若取 x_0 充分接近根 x^*，则收敛性的讨论可在根的邻近进行.

定义 4.1　对于 $x^* = \varphi(x^*)$，若存在 x^* 的一个闭邻域 $U(x^*,\delta) = [x^* - \delta, x^* + \delta]$ $(\delta > 0)$，使得对任意 $x_0 \in U(x^*,\delta)$，由迭代格式 $x_{n+1} = \varphi(x_n)$ $(n = 0,1,2,\cdots)$ 产生的迭代序列 $\{x_n\}$ 都收敛到 x^*，则称迭代格式 $x_{n+1} = \varphi(x_n)$ 在 x^* 的闭邻域 $U(x^*,\delta)$ 内是局部收敛的.

定理 4.4　若函数 $\varphi(x)$ 在 x^* 的某邻域内有一阶连续导数，且 $x^* = \varphi(x^*)$，$\left|\varphi'(x^*)\right| \leqslant L < 1$, 则迭代格式 $x_{n+1} = \varphi(x_n)(n = 0,1,2,\cdots)$ 具有局部收敛性.

证明　因 $\left|\varphi'(x^*)\right| < 1$，又 $\varphi'(x)$ 在 x^* 的某邻域内连续，故存在 x^* 某个闭邻域 $U(x^*,\delta)$，使得在此邻域内恒有 $\left|\varphi'(x)\right| \leqslant L < 1$，且对任意 $x \in U(x^*,\delta)$ 有

$$\left|\varphi(x) - \varphi(x^*)\right| = \left|\varphi'(\zeta)\right|\left|x - x^*\right| \leqslant L\left|x - x^*\right| < \delta$$

从而也有 $\varphi(x) \in U(x^*,\delta)$. 根据定理 4.2 可知，迭代格式 $x_{n+1} = \varphi(x_n)$ 对任意 $x_0 \in U(x^*,\delta)$ 均收敛，即具有局部收敛性.

定理 4.4 表明，只要构造迭代函数，使其在根的邻近满足导数的绝对值有小于 1 的上界，即可保证不动点迭代局部收敛.

下面给出迭代法的计算步骤.

（1）选取初值 x_0.

（2）计算迭代值 $x_1=\varphi(x_0)$.

（3）检查 $|x_1-x_0|$. 若 $|x_1-x_0|>\varepsilon$（ε 为预先指定的精度），则以 x_1 替换 x_0，转（2），继续迭代；若 $|x_1-x_0|\leqslant\varepsilon$，终止迭代，取 x_1 作为所求的结果.

4.2.4　迭代法收敛速度

收敛速度是用来衡量迭代法好坏的重要标志，常用收敛阶来刻画.

定义 4.2　设序列 $\{x_n\}$ 收敛于 x^*，记误差 $e_n=x_n-x^*$. 若存在实数 $r\geqslant 1$ 和 $a>0$ 使得

$$\lim_{n\to\infty}\frac{|e_{n+1}|}{|e_n|^r}=a$$

则称序列 $\{x_n\}$ 是 r 阶收敛的，或者称 $\{x_n\}$ 的收敛阶为 r，a 称为渐近误差常数. 当 $r=1$ 且 $0<a<1$ 时，称序列 $\{x_n\}$ 是线性收敛的；当 $r>1$ 时称为超线性收敛；当 $r=2$ 时称为平方收敛或二次收敛.

显然，收敛阶 r 的大小刻画了序列 $\{x_n\}$ 的收敛速度，r 越大，收敛越快. 关于迭代法的收敛速度有以下结果.

定理 4.5　设迭代函数 $\varphi(x)$ 在 x^* 邻近有 r 阶连续导数 $(r\geqslant 2)$，且 $x^*=\varphi(x^*)$，$\varphi^{(k)}(x^*)=0$ $(k=1,2,\cdots,r-1)$，$\varphi^{(r)}(x^*)\neq 0$，则迭代格式 $x_{n+1}=\varphi(x_n)(n=0,1,2,\cdots)$ 产生的序列 $\{x_n\}$ 是 r 阶收敛的. 若 $x^*=\varphi(x^*)$，$0<|\varphi'(x^*)|<1$，则迭代序列 $\{x_n\}$ 是线性收敛的.

证明　显然 $\varphi(x)$ 满足定理 4.4 的条件，故存在 $\delta>0$，使得对任意 $x_0\in[x^*-\delta,x^*+\delta]$，迭代序列 $\{x_n\}$ 收敛于 x^*，且 $x_n\in[x^*-\delta,x^*+\delta]$.

由 $\varphi(x)$ 在 x^* 处的 Taylor 公式得

$$\begin{aligned}x_{n+1}=\varphi(x_n)&=\varphi(x^*)+\varphi'(x^*)(x_n-x^*)+\cdots+\frac{\varphi^{(r-1)}(x^*)}{(r-1)!}(x_n-x^*)^{r-1}+\frac{\varphi^{(r)}(\xi)}{r!}(x_n-x^*)^r\\&=x^*+\frac{\varphi^{(r)}(\xi)}{r!}(x_n-x^*)^r\end{aligned}$$

其中：ξ 介于 x^* 与 x_n 之间. 于是

$$\frac{x_{n+1}-x^*}{(x_n-x^*)^r}=\frac{\varphi^{(r)}(\xi)}{r!}$$

令 $n\to\infty$，因为 $x_n\to x^*$，所以 $\xi\to x^*$，从而有

$$\lim_{n\to\infty}\frac{|e_{n+1}|}{|e_n|^r}=\lim_{n\to\infty}\frac{|x_{n+1}-x^*|}{|x_n-x^*|^r}=\frac{|\varphi^{(r)}(x^*)|}{r!}>0$$

故迭代序列 $\{x_n\}$ 是 r 阶收敛的.

类似地，当 $x^*=\varphi(x^*)$ 时，$0<|\varphi'(x^*)|<1$，由定理 4.4 知迭代序列 $\{x_n\}$ 收敛于 x^*，且由微分中值定理有

$$\lim_{n\to\infty}\frac{|e_{n+1}|}{|e_n|}=\lim_{n\to\infty}\frac{|x_{n+1}-x^*|}{|x_n-x^*|}=\lim_{n\to\infty}\frac{|\varphi(x_n)-\varphi(x^*)|}{|x_n-x^*|}=|\varphi'(x^*)|>0$$

故迭代序列$\{x_n\}$是线性收敛的.

4.2.5　Steffensen 方法——简单迭代法的加速

对于收敛的迭代过程，若不考虑误差的积累及计算机硬件的限制，理论上迭代足够次数就可以使计算结果达到任意高的精度，但有时迭代过程收敛缓慢而使计算量很大，因此建立加速迭代收敛的算法非常重要.

设$x^*=\varphi(x^*)$，对由迭代格式$x_{n+1}=\varphi(x_n)$ $(n=0,1,2,\cdots)$产生的迭代序列$\{x_n\}$，利用微分中值定理有

$$x_{n+1}-x^*=\varphi(x_n)-\varphi(x^*)=\varphi'(\xi_n)(x_n-x^*)\quad(\xi_n\text{介于}x^*\text{与}x_n\text{之间})$$

$$x_{n+2}-x^*=\varphi(x_{n+1})-\varphi(x^*)=\varphi'(\xi_{n+1})(x_{n+1}-x^*)\quad(\xi_{n+1}\text{介于}x^*\text{与}x_{n+1}\text{之间})$$

若$\varphi'(x)$变化不大，则有

$$\frac{x_{n+2}-x^*}{x_{n+1}-x^*}\approx\frac{x_{n+1}-x^*}{x_n-x^*}$$

由上式解得

$$x^*\approx\frac{x_{n+2}x_n-x_{n+1}^2}{x_{n+2}-2x_{n+1}+x_n}=x_n-\frac{(x_{n+1}-x_n)^2}{x_{n+2}-2x_{n+1}+x_n}\quad(n=0,1,2,\cdots)$$

它是x^*的一个新的近似值. 记

$$\bar{x}_n=x_n-\frac{(x_{n+1}-x_n)^2}{x_{n+2}-2x_{n+1}+x_n}\quad(n=0,1,2,\cdots)\tag{4.12}$$

则得到序列$\{\bar{x}_n\}$，称为序列$\{x_n\}$的 Aitken（艾特肯）序列.

基于不动点迭代，根据式（4.12），可建立迭代格式

$$\begin{cases}y_n=\varphi(x_n)\\ z_n=\varphi(y_n)\\ x_{n+1}=x_n-\dfrac{(y_n-x_n)^2}{z_n-2y_n+x_n}\end{cases}\quad(n=0,1,2,\cdots)\tag{4.13}$$

上式也可写为

$$x_{n+1}=x_n-\frac{[\varphi(x_n)-x_n]^2}{\varphi(\varphi(x_n))-2\varphi(x_n)+x_n}\tag{4.14}$$

式（4.13）或式（4.14）称为 Steffensen（斯蒂芬森）迭代格式.

令

$$\psi(x)=x-\frac{[\varphi(x)-x]^2}{\varphi(\varphi(x))-2\varphi(x)+x}\tag{4.15}$$

定理 4.6　若x^*为式（4.15）定义的函数$\psi(x)$的不动点，则x^*为$\varphi(x)$的不动点；反之，若x^*是$\varphi(x)$的不动点，设$\varphi''(x)$在x^*处连续，且$\varphi'(x^*)\neq1$，则x^*是$\psi(x)$的不动点，且 Steffensen

迭代格式（4.13）是平方收敛的.

证明见参考文献[5].

例 4.4　用 Steffensen 方法求方程 $f(x)=x^3+5x-10=0$ 的根，取 $x_0=1.5$，要求

$$|x_{n+1}-x_n|\leqslant 10^{-4}$$

解　取迭代函数为 $\varphi(x)=\dfrac{10}{x^2+5}$，由 Steffensen 迭代格式（4.13），计算结果如表 4.5 所示.

表 4.5　Steffensen 迭代格式的计算结果

n	x_n	y_n	z_n
0	1.5	1.379 310 3	1.448 751 1
1	1.423 389 4	1.423 277 3	1.423 342 0
2	1.423 321 5	1.423 316 5	1.423 319 4

迭代 2 次，就得到满足精度要求的解

$$x^*\approx x_2=1.4233215$$

4.3　Newton 迭代法与弦截法

4.3.1　Newton 迭代法

将非线性方程线性化，以线性方程的解逐步逼近非线性方程的解，这就是 Newton（牛顿）迭代法的基本思想.

设 x_n 是方程 $f(x)=0$ 的一个近似根. 把 $f(x)$ 在 x_n 处作一阶 Taylor 展开（假设 $f(x)$ 二阶可导）有

$$f(x)=f(x_n)+f'(x_n)(x-x_n)+\frac{f''(\xi)}{2!}(x-x_n)^2$$

略去高阶无穷小项有

$$f(x)\approx f(x_n)+f'(x_n)(x-x_n)$$

于是得到近似方程

$$f(x_n)+f'(x_n)(x-x_n)=0 \tag{4.16}$$

设 $f'(x_n)\neq 0$，则方程（4.16）的解为

$$\bar{x}=x_n-\frac{f(x_n)}{f'(x_n)}$$

取 $\bar{x}$ 作为原方程（4.1）新的近似根，即令

$$x_{n+1}=x_n-\frac{f(x_n)}{f'(x_n)}\quad (n=0,1,2,\cdots) \tag{4.17}$$

称式（4.17）为 Newton 迭代格式，用 Newton 迭代格式（4.17）求方程（4.1）的根的方法称为 Newton 迭代法，简称 Newton 法.

Newton 法有明显的几何意义. 方程

$$y=f(x_n)+f'(x_n)(x-x_n) \tag{4.18}$$

是曲线 $y=f(x)$ 上点 $(x_n,f(x_n))$ 处的切线方程. 如图 4.3 所示，Newton 法的几何意义是：点 $(x_n,f(x_n))$ 处的切线与 x 轴的交点处的横坐标作为 x_{n+1}.

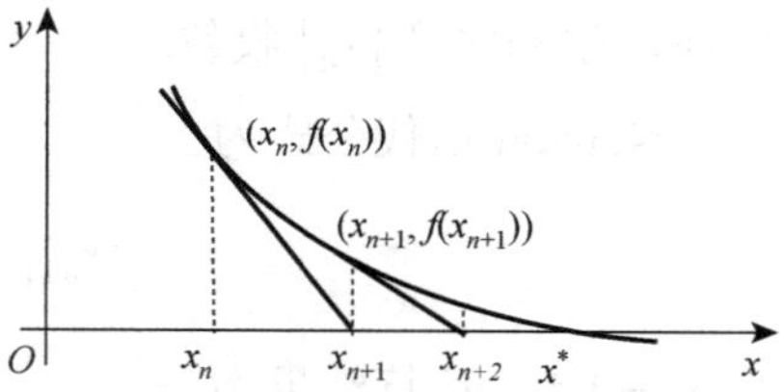

图 4.3　Newton 法的几何意义

关于 Newton 法有如下收敛性定理.

定理 4.7　设函数 $f(x)$ 在其零点 x^* 邻近二阶连续可微，且 $f'(x^*)\neq 0$，则存在 $\delta>0$，使得对任意 $x_0\in[x^*-\delta,x^*+\delta]$，Newton 法所产生的序列 $\{x_n\}$ 至少二阶收敛于 x^*.

证明　按式（4.17），Newton 法的迭代函数为

$$\varphi(x)=x-\frac{f(x)}{f'(x)}$$

于是有

$$\varphi'(x)=1-\frac{[f'(x)]^2-f(x)f''(x)}{[f'(x)]^2}=\frac{f(x)f''(x)}{[f'(x)]^2}$$

已知 $f''(x)$ 在 x^* 邻近连续，因而 $\varphi'(x)$ 在 x^* 邻近连续，且

$$\varphi'(x^*)=\frac{f(x^*)f''(x^*)}{\left[f'(x^*)\right]^2}=0$$

根据定理 4.5，Newton 法所产生的序列 $\{x_n\}$ 至少二阶收敛于 x^*.

定理 4.8　对于方程 $f(x)=0$，设函数 $f(x)$ 在 $[a,b]$ 上二阶连续可导，且满足

（1）$f(a)f(b)<0$；

（2）对任意 $x\in[a,b]$，有 $f'(x)\neq 0,\ f''(x)\neq 0$；

（3）存在 $x_0\in[a,b]$，使得 $f(x_0)f''(x_0)>0$.

则由 Newton 法所产生的序列 $\{x_n\}$ 收敛到 $f(x)=0$ 的根 x^*，且

$$\lim_{n\to\infty}\frac{x_{n+1}-x^*}{(x_n-x^*)^2}=\frac{f''(x^*)}{2f'(x^*)}$$

即 Newton 迭代二阶收敛.

证明见参考文献[1].

算法 4.2　（Newton 迭代法）

（1）输入 $f(x)$，初值 x_0，误差限 ε，最大允许迭代次数 N.

（2）置 $n=1$.

（3）计算 $x=x_0-\dfrac{f(x_0)}{f'(x_0)}$.

（4）若 $|x-x_0|<\varepsilon$，$n<N$ 或 $|f(x)|<\varepsilon$，则输出 x，停机；否则转（5）.

（5）若 $n<N$，则置 $n+1\Rightarrow n, x\Rightarrow x_0$，转（3）；否则输出失败信息，停机.

例 4.5　用 Newton 法求方程 $f(x)=x^3+5x-10=0$ 在 $[1,2]$ 上的根，计算结果保留 6 位有效数字.

解　由 $f(x)=x^3+5x-10$ 可得 $f'(x)=3x^2+5$，$f''(x)=6x$.

由于 $f(1)f(2)<0$，且 $x\in[1,2]$，$f'(x)>0$，$f''(x)>0$，根据定理 4.8，对任意 $x_0\in[1,2]$，Newton

法所产生的序列$\{x_n\}$收敛.

Newton 迭代公式为

$$x_{n+1}=x_n-\frac{x_n^3+5x_n-10}{3x_n^2+5}\quad (n=0,1,2,\cdots)$$

取$x_0=1.5$，计算结果为

$$x_1=1.425\,532,\quad x_2=1.423\,320,\quad x_3=1.423\,318,\quad x_4=1.423\,318$$

取$x_0=1.1$，计算结果为

$$x_1=1.467\ \ 207,\quad x_2=1.424\,051,\quad x_3=1.423\,319,\quad x_4=1.423\,318,\quad x_5=1.423\,318$$

例 4.6　导出计算$\sqrt{a}$ $(a>0)$的 Newton 公式，并计算$\sqrt{2}$.

解　求$\sqrt{a}$ $(a>0)$等价于求$f(x)=x^2-a=0$的正根. Newton 迭代格式为

$$x_{n+1}=x_n-\frac{x_n^2-a}{2x_n}=\frac{1}{2}\left(x_n+\frac{a}{x_n}\right)\quad (n=0,1,2,\cdots)\tag{4.19}$$

当$a=2$时，式（4.19）变为

$$x_{n+1}=\frac{1}{2}\left(x_n+\frac{2}{x_n}\right)\quad (n=0,1,2,\cdots)$$

取$x_0=1$，计算结果为

$$x_1=1.500\,00,\quad x_2=1.416\,667,\quad x_3=1.414\,216,\quad x_4=1.414\,214,\quad x_5=1.414\,214$$

定理 4.7 表明，当初始值x_0充分接近方程（4.1）的单根x^*时，Newton 法的收敛速度较快；但计算实践表明，当初始值不够好时，Newton 法可能发散. 一般可由问题的实际背景来预测或由对分区间法求得较好的初始值.

还要指出的是，若x^*为方程$f(x)=0$的m $(m\geqslant 2)$重根，且$f(x)$在x^*的某邻域内有m阶连续导数，则$f(x)$可表示为

$$f(x)=(x-x^*)^m g(x),\qquad g(x^*)\neq 0$$

且有

$$f(x^*)=f'(x^*)=\cdots=f^{(m-1)}(x^*)=0,\qquad f^{(m)}(x^*)\neq 0$$

Newton 法的迭代函数为

$$\varphi(x)=x-\frac{f(x)}{f'(x)}$$

因为$\varphi'(x^*)=1-\dfrac{1}{m}\neq 0$且$\left|\varphi'(x^*)\right|<1$，所以对于$f(x)=0$的$m$ $(m\geqslant 2)$重根x^*，Newton 法是线性收敛的. 为了改善其收敛性，通常用以下两种方法.

（1）若重根x^*的重数m已知 $(m\geqslant 2)$，则用迭代公式

$$x_{n+1}=x_n-m\frac{f(x_n)}{f'(x_n)}\quad (n=0,1,2,\cdots)$$

（2）若x^*的重数未知，则令$\mu(x)=\dfrac{f(x)}{f'(x)}$，对$\mu(x)$用 Newton 法，得迭代公式

$$x_{n+1}=x_n-\frac{f(x_n)f'(x_n)}{[f'(x_n)]^2-f(x_n)f''(x_n)}$$

容易证明，这两种方法都是至少二阶收敛的.

4.3.2　弦截法

Newton 迭代法需要求函数的导数值，需要人工干预，不利于计算机自动实现，有时求导函数还有一定的困难. 为避免计算导数，可用差商近似导数. 在 Newton 迭代公式（4.17）中，用差商 $\dfrac{f(x_n)-f(x_{n-1})}{x_n-x_{n-1}}$ 代替导数 $f'(x_n)$ 得到迭代公式

$$x_{n+1}=x_n-\frac{f(x_n)}{f(x_n)-f(x_{n-1})}(x_n-x_{n-1}) \tag{4.20}$$

按式（4.20）计算方程（4.1）的近似解称为弦截法. 其几何意义如图 4.4 所示.

过曲线上两点 $(x_{n-1},f(x_{n-1}))$ 和 $(x_n,f(x_n))$ 的直线为

$$y-f(x_n)=\frac{f(x_n)-f(x_{n-1})}{x_n-x_{n-1}}(x-x_n)$$

它与 x 轴的交点横坐标为

$$x=x_n-\frac{f(x_n)}{f(x_n)-f(x_{n-1})}(x_n-x_{n-1})=x_{n+1}$$

于是，从几何上看，弦截法是以曲线上两点的割线与 x 轴的交点作为曲线与 x 轴的交点的近似，故弦截法也称割线法.

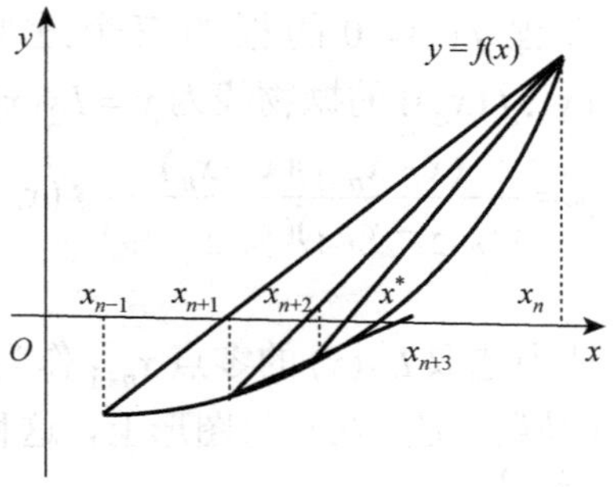

图 4.4　弦截法的几何意义

弦截法在求 x_{n+1} 时要用到前面两步的计算结果 x_{n-1},x_n，因此使用时需要给出两个初值 x_0,x_1.

弦截法具有超线性的局部收敛性，其结论由下面定理给出.

定理 4.9　设 $f(x)$ 在 x^* 邻近二阶连续可微，且 $f(x^*)=0$，$f'(x^*)\neq 0$，则存在 $\delta>0$，当 $x_0,x_1\in [x^*-\delta,x^*+\delta]$ 时，由弦截法产生的序列 $\{x_n\}$ 收敛于 x^*，且收敛阶至少为 1.618.

证明见参考文献[6].

算法 4.3　（1）输入 $f(x)$，初值 x_0,x_1，误差限 ε，最大允许迭代次数 N.

（2）置 $f_0=f(x_0)$，$f_1=f(x_1)$，$f_2=f(x_2)$，$n=1$.

（3）计算 $x=x_1-\dfrac{f_1}{f_1-f_0}(x_1-x_0)$.

（4）若 $|x-x_1|<\varepsilon$，输出 $x^*=x$，停机；否则转（5）.

（5）若 $n<N$，置 $n+1\Rightarrow n$，$x_1\Rightarrow x_0$，$x\Rightarrow x_1$，$f_1\Rightarrow f_0$，$f(x)\Rightarrow f_1$，转（3）；否则输出失败信息，停机.

例 4.7　用弦截法求方程 $f(x)=x^3+5x-10=0$ 的根，取 $x_0=1,x_1=1.5$.

解　$f(x)=x^3+5x-10=0$，$x_0=1,x_1=1.5$. 迭代格式为

$$x_{n+1}=x_n-\frac{f(x_n)}{f(x_n)-f(x_{n-1})}(x_n-x_{n-1})$$

计算结果如表 4.6 所示.

表 4.6　弦截法计算结果

n	x_n
0	1
1	1.5
2	1.410 256 410 256 41
3	1.422 936 058 715 38
4	1.423 320 273 420 08
5	1.423 318 344 468 85
6	1.423 318 344 753 07

4.4 抛 物 线 法

弦截法以过两点 $(x_{n-1}, f(x_{n-1}))$ 和 $(x_n, f(x_n))$ 的直线与 x 轴交点的横坐标为 x_{n+1}. 设已知方程 $f(x)=0$ 的根的三个近似值 x_{n-2}, x_{n-1}, x_n. 过三点 $(x_{n-2}, f(x_{n-2}))$，$(x_{n-1}, f(x_{n-1}))$，$(x_n, f(x_n))$ 的抛物线为 $y = L_2(x)$，即

$$y = \frac{(x-x_{n-1})(x-x_n)}{(x_{n-2}-x_{n-1})(x_{n-2}-x_n)} f(x_{n-2}) + \frac{(x-x_{n-2})(x-x_n)}{(x_{n-1}-x_{n-2})(x_{n-1}-x_n)} f(x_{n-1}) + \frac{(x-x_{n-2})(x-x_{n-1})}{(x_n-x_{n-2})(x_n-x_{n-1})} f(x_n) \tag{4.21}$$

适当选取 $L_2(x)$ 的零点 x_{n+1} 作为新的近似根，这样确定的迭代过程称为抛物线法，也称 Müller（马勒）法. 在几何图形上，这种方法的基本思想是用抛物线 $y = L_2(x)$ 与 x 轴的交点的横坐标 x_{n+1} 作为所求根 x^* 的近似，如图 4.5 所示.

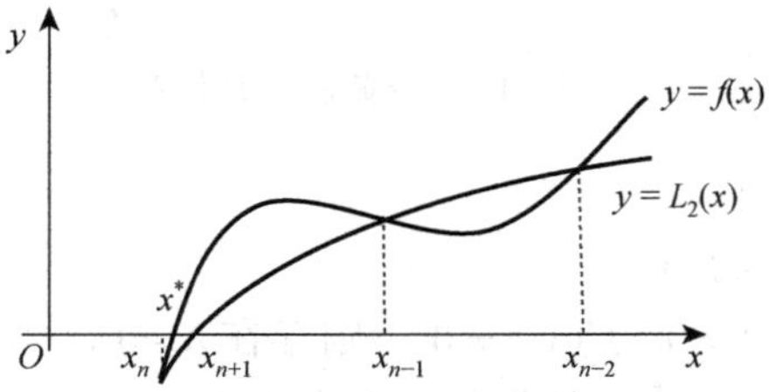

图 4.5　抛物线法的几何意义

为简便起见，令

$$z = \frac{x-x_n}{x_n-x_{n-1}}, \quad \beta = \frac{x_n-x_{n-1}}{x_{n-1}-x_{n-2}}, \quad \alpha = 1+\beta = \frac{x_n-x_{n-2}}{x_{n-1}-x_{n-2}} \tag{4.22}$$

则抛物线（4.21）可改写为

$$L_2(x) = \frac{1}{\alpha}(az^2+bz+c) \tag{4.23}$$

其中：

$$\begin{cases} a = \beta^2 f(x_{n-2}) - \beta\alpha f(x_{n-1}) + f(x_n)\beta \\ b = \beta^2 f(x_{n-2}) - \alpha^2 f(x_{n-1}) + f(x_n)(\beta+\alpha) \\ c = f(x_n)\alpha \end{cases} \tag{4.24}$$

式（4.23）的两个零点为

$$z_{1,2} = \frac{-b \pm \sqrt{b^2-4ac}}{2a} = -\frac{2c}{b \pm \sqrt{b^2-4ac}} \tag{4.25}$$

按式（4.25），$L_2(x)$ 有两个零点，取哪个作为新的近似根？考虑到 x_n 已是方程（4.1）的近似根，新的近似根自然应在 x_n 的邻近，故选取新近似根的原则是使得 $|x-x_n|$ 较小，即取模较小的 z，于是取

$$\bar{z} = \frac{-2c}{b + \operatorname{sgn}(b)\sqrt{b^2-4ac}} \tag{4.26}$$

由 z 的表达式知，x^* 新的近似值为

$$x_{n+1}=x_n+\overline{z}(x_n-x_{n-1}) \tag{4.27}$$

按式（4.26）计算方程（4.1）的近似根称为抛物线法，也称 Müller 方法或二次插值法.

抛物线法的计算步骤如下.

（1）由式（4.22）计算 β,α.

（2）由式（4.24）计算 a,b,c.

（3）由式（4.26）计算 $\overline{z}$.

（4）由式（4.27）计算 x_{n+1}.

（5）由 x_{n-1},x_n,x_{n+1} 分别代替 x_{n-2},x_{n-1},x_n；用 $f(x_{n-1}),f(x_n),f(x_{n+1})$ 分别代替 $f(x_{n-2}),f(x_{n-1}),f(x_n)$. 做下一步迭代.

例 4.8　用抛物线法求方程 $f(x)=x^3+5x-10=0$ 的根.

解　取初始值 $x_0=1$，$x_1=1.25$，$x_2=1.5$，则

$$f(x_0)=f(1)=-4,\quad f(x_1)=f(1.25)=-1.796\,9,\quad f(x_2)=f(1.5)=0.875\,0$$

按式（4.22）计算得 $\beta=1$，$\alpha=2$. 由式（4.24）计算得

$$\begin{cases} a=f(x_0)-2f(x_1)+f(x_2)=0.468\,8 \\ b=f(x_0)-4f(x_1)+3f(x_2)=5.812\,6 \\ c=1.75 \end{cases}$$

由式（4.26）计算得

$$\overline{z}=\frac{-2c}{b+\operatorname{sgn}(b)\sqrt{b^2-4ac}}=-0.308\,758\,843$$

按式（4.27）计算得

$$x_3=x_2+\overline{z}(x_2-x_1)=1.422\,810\,289$$

重复上述过程，迭代数次可得到满足精度要求的解.

若 $f(x)$ 在 x^* 邻域有三阶连续导数，$f(x^*)\neq 0$，且初值 x_0,x_1,x_2 充分接近 x^*，则抛物线法是收敛的. 特别地，若 x^* 是方程 $f(x)=0$ 的单根，收敛阶为 1.84.

抛物线法对初值的选取范围较 Newton 法和弦截法要宽一些. 对弦截法在 x^* 是 $f(x)=0$ 的重根时有可能不收敛，而抛物线法仍收敛，但收敛速度较慢. 因此，抛物线法是一个比较有效的求根方法，它的缺点是每一步迭代所需的计算量较大.

4.5　非线性方程组的求根

4.5.1　不动点迭代法

设有方程组

$$\begin{cases} f_1(x_1,x_2,\cdots,x_n)=0 \\ f_2(x_1,x_2,\cdots,x_n)=0 \\ \cdots\cdots \\ f_n(x_1,x_2,\cdots,x_n)=0 \end{cases} \tag{4.28}$$

其中：$f_1,f_2,\cdots,f_n$ 均为$(x_1,x_2,\cdots,x_n)$的多元函数. 当$n\geqslant 2$且$f_i(x_1,x_2,\cdots,x_n)$ $(i=1,2,\cdots,n)$中至少有一个是非线性函数时，称方程组（4.28）为非线性方程组；当$n=1$时，为前面已经讨论的单个方程求根问题. 在下面的讨论中始终假设$n\geqslant 2$.

为方便讨论，引进向量记法. 令$\boldsymbol{x}=(x_1,x_2,\cdots,x_n)^{\mathrm{T}}$，$\boldsymbol{F}(\boldsymbol{x})=(f_1(\boldsymbol{x}),f_2(\boldsymbol{x}),\cdots,f_n(\boldsymbol{x}))^{\mathrm{T}}$，则方程组（4.28）可写为向量形式

$$\boldsymbol{F}(\boldsymbol{x})=\boldsymbol{0} \tag{4.29}$$

将方程组（4.28）写为等价方程组

$$\begin{cases} x_1=\phi_1(x_1,x_2,\cdots,x_n)\\ x_2=\phi_2(x_1,x_2,\cdots,x_n)\\ \cdots\cdots\\ x_n=\phi_n(x_1,x_2,\cdots,x_n)\end{cases} \tag{4.30}$$

写为向量形式

$$\boldsymbol{x}=\boldsymbol{\phi}(\boldsymbol{x}) \tag{4.31}$$

其中$\boldsymbol{\phi}(\boldsymbol{x})=(\phi_1(\boldsymbol{x}),\phi_2(\boldsymbol{x}),\cdots,\phi_n(\boldsymbol{x}))^{\mathrm{T}}$.

$\boldsymbol{\phi}(\boldsymbol{x})$的不动点$\boldsymbol{\alpha}$，就是$\boldsymbol{F}(\boldsymbol{x})=\boldsymbol{0}$的解. 于是，方程组的求解问题转化为求$\boldsymbol{\phi}(\boldsymbol{x})$的不动点的问题.

适当选取初始向量$\boldsymbol{x}^{(0)}$，作迭代

$$\boldsymbol{x}^{(k+1)}=\boldsymbol{\phi}(\boldsymbol{x}^{(k)}) \tag{4.32}$$

得到迭代序列$\{\boldsymbol{x}^{(k)}\}$. 若$\boldsymbol{\phi}(\boldsymbol{x})$的每个分量$\phi_i(\boldsymbol{x})$对变量$\boldsymbol{x}=(x_1,x_2,\cdots,x_n)^{\mathrm{T}}$是连续的，则当$\{\boldsymbol{x}^{(k)}\}$收敛时，其极限就是$\boldsymbol{\phi}(\boldsymbol{x})$的不动点$\boldsymbol{\alpha}$，即$\boldsymbol{F}(\boldsymbol{x})=\boldsymbol{0}$的解. 称矩阵

$$\boldsymbol{G}(\boldsymbol{x})=\begin{bmatrix} \dfrac{\partial\phi_1}{\partial x_1} & \dfrac{\partial\phi_1}{\partial x_2} & \cdots & \dfrac{\partial\phi_1}{\partial x_n}\\ \dfrac{\partial\phi_2}{\partial x_1} & \dfrac{\partial\phi_2}{\partial x_2} & \cdots & \dfrac{\partial\phi_2}{\partial x_n}\\ \vdots & \vdots & & \vdots\\ \dfrac{\partial\phi_n}{\partial x_1} & \dfrac{\partial\phi_n}{\partial x_2} & \cdots & \dfrac{\partial\phi_n}{\partial x_n}\end{bmatrix}$$

为迭代函数$\boldsymbol{\phi}(\boldsymbol{x})$的 Jacobi 矩阵.

定理 4.10　（收敛定理）若$\boldsymbol{\phi}(\boldsymbol{x})$的每个分量有连续一阶偏导数$\dfrac{\partial\phi_i}{\partial x_j}$ $(i,j=1,2,\cdots,n)$，$\boldsymbol{\alpha}$为$\boldsymbol{x}=\boldsymbol{\phi}(\boldsymbol{x})$的解，且存在$\rho>0$，当$\|\boldsymbol{x}-\boldsymbol{\alpha}\|_\infty\leqslant\rho$时，有

$$\|\boldsymbol{G}(\boldsymbol{x})\|_\infty\leqslant L<1$$

则当$\boldsymbol{x}^{(0)}$满足$\left\|\boldsymbol{x}^{(0)}-\boldsymbol{\alpha}\right\|_\infty\leqslant\rho$时，由$\boldsymbol{x}^{(k+1)}=\boldsymbol{\phi}\left(\boldsymbol{x}^{(k)}\right)$产生的序列$\{\boldsymbol{x}^{(k)}\}$收敛于$\boldsymbol{\alpha}$.

证明从略.

例 4.9　用不动点迭代法解方程组

$$\begin{cases} 3x_1-\cos x_1-\sin x_2=0\\ 4x_2-\sin x_1-\cos x_2=0\end{cases}$$

要求满足精度 $\dfrac{\left\|\boldsymbol{x}^{(k)}-\boldsymbol{x}^{(k-1)}\right\|_\infty}{\left\|\boldsymbol{x}^{(k)}\right\|_\infty}\leqslant 10^{-12}$.

解　将方程组改写为 $\boldsymbol{x}=\boldsymbol{\phi}(\boldsymbol{x})$，其中

$$\boldsymbol{x}=\begin{bmatrix}x_1\\x_2\end{bmatrix},\qquad \boldsymbol{\phi}(\boldsymbol{x})=\begin{bmatrix}\phi_1(\boldsymbol{x})\\\phi_2(\boldsymbol{x})\end{bmatrix}=\begin{bmatrix}\dfrac{1}{3}(\cos x_1+\sin x_2)\\\dfrac{1}{4}(\sin x_1+\cos x_2)\end{bmatrix}$$

Jacobi 矩阵为

$$\boldsymbol{G}(\boldsymbol{x})=\begin{bmatrix}-\dfrac{1}{3}\sin x_1 & \dfrac{1}{3}\cos x_2\\\dfrac{1}{4}\cos x_1 & -\dfrac{1}{4}\sin x_2\end{bmatrix}$$

对任意 $\boldsymbol{x}\in\mathbf{R}^2$，都有 $\|\boldsymbol{G}(\boldsymbol{x})\|_\infty\leqslant\dfrac{2}{3}<1$. 因此，对任意 $\boldsymbol{x}^{(0)}\in\mathbf{R}^2$，迭代公式

$$\begin{cases}x_1^{(k+1)}=\dfrac{1}{3}(\cos x_1^{(k)}+\sin x_2^{(k)})\\x_2^{(k+1)}=\dfrac{1}{4}(\sin x_1^{(k)}+\cos x_2^{(k)})\end{cases}\quad(k=0,1,2,\cdots)$$

产生的序列 $\{\boldsymbol{x}^{(k)}\}$ 必收敛于方程组的唯一解. 取 $x_1^{(0)}=1$，$x_2^{(0)}=1$，经过 28 次迭代得到满足精度要求的近似解为

$$\boldsymbol{x}^{(28)}=(0.415\,169\,427\,139,\ 0.336\,791\,217\,025)^{\mathrm{T}}$$

4.5.2　Newton 迭代法

在求非线性方程 $f(x)=0$ 的根时，用 Taylor 展开法将非线性方程近似地化为线性方程得到了 Newton 迭代法. 同样，对多元非线性方程组 $\boldsymbol{F}(\boldsymbol{x})=\boldsymbol{0}$，也可用 Taylor 展开法得到 Newton 迭代法.

设 $D\subset\mathbf{R}^n$，$\boldsymbol{F}(\boldsymbol{x})=\boldsymbol{0}$ 存在解 $\boldsymbol{x}^*\in\operatorname{int}(D)$，$\boldsymbol{F}(\boldsymbol{x})$ 在 $\boldsymbol{x}^*$ 的某个开邻域

$$U(\boldsymbol{x}^*,\delta)=\left\{\boldsymbol{x}\,\middle|\,\left\|\boldsymbol{x}-\boldsymbol{x}^*\right\|<\delta,\ \delta>0\right\}\subset D$$

内可微，设 $\boldsymbol{x}^{(k)}\in U(\boldsymbol{x}^*,\delta)$ 是 $\boldsymbol{F}(\boldsymbol{x})=\boldsymbol{0}$ 的第 k 次近似解，由 Taylor 公式有

$$f_i(\boldsymbol{x})\approx f_i\left(\boldsymbol{x}^{(k)}\right)+\sum_{j=1}^{n}\frac{\partial f_i\left(\boldsymbol{x}^{(k)}\right)}{\partial x_j}\left(x_j-x_j^{(k)}\right)\quad(i=1,2,\cdots,n)$$

称

$$
F'(x^{(k)}) = \begin{pmatrix} \frac{\partial f_1}{\partial x_1} & \frac{\partial f_1}{\partial x_2} & \cdots & \frac{\partial f_1}{\partial x_n} \\ \frac{\partial f_2}{\partial x_1} & \frac{\partial f_2}{\partial x_2} & \cdots & \frac{\partial f_2}{\partial x_n} \\ \vdots & \vdots & & \vdots \\ \frac{\partial f_n}{\partial x_1} & \frac{\partial f_n}{\partial x_2} & \cdots & \frac{\partial f_n}{\partial x_n} \end{pmatrix}_{x=x^{(k)}}
$$

为向量函数 $\boldsymbol{F}(\boldsymbol{x})$ 的 Jacobi 矩阵.

用线性方程组

$$
f_i\left(\boldsymbol{x}^{(k)}\right) + \sum_{j=1}^{n} \frac{\partial f_i\left(\boldsymbol{x}^{(k)}\right)}{\partial x_j}\left(x_j - x_j^{(k)}\right) = 0 \quad (i = 1,2,\cdots,n)
$$

即

$$
\boldsymbol{F}'\left(\boldsymbol{x}^{(k)}\right)\left(\boldsymbol{x} - \boldsymbol{x}^{(k)}\right) = -\boldsymbol{F}\left(\boldsymbol{x}^{(k)}\right) \tag{4.33}
$$

近似代替非线性方程组 $\boldsymbol{F}(\boldsymbol{x}) = \boldsymbol{0}$，用线性方程组（4.33）的解作为非线性方程组 $\boldsymbol{F}(\boldsymbol{x}) = \boldsymbol{0}$ 的第 $k+1$ 次近似解，即得到求解非线性方程组的 Newton 迭代法

$$
\boldsymbol{x}^{(k+1)} = \boldsymbol{x}^{(k)} - \left[\boldsymbol{F}'\left(\boldsymbol{x}^{(k)}\right)\right]^{-1} \boldsymbol{F}\left(\boldsymbol{x}^{(k)}\right) \quad (k = 0,1,2,\cdots) \tag{4.34}
$$

定理 4.11　设 $\boldsymbol{x}^*$ 是 $\boldsymbol{F}(\boldsymbol{x}) = \boldsymbol{0}$ 的解，$\boldsymbol{x}^* \in \mathrm{int}(D)$，$\boldsymbol{F}(\boldsymbol{x})$ 在包含 $\boldsymbol{x}^*$ 的某个开邻域 $S \subset D$ 内连续可微，且 $\boldsymbol{F}'(\boldsymbol{x})$ 非奇异，则存在闭球 $M = \left\{\boldsymbol{x} \,\middle|\, \left\|\boldsymbol{x} - \boldsymbol{x}^*\right\| \leqslant \delta, \delta > 0\right\} \subset S$，使得对任意 $\boldsymbol{x}^{(0)} \in M$，由 Newton 迭代法（4.34）产生的序列 $\{\boldsymbol{x}^{(k)}\}$ 超线性收敛于 $\boldsymbol{x}^*$. 若还存在常数 $L > 0$，使得对任意 $\boldsymbol{x} \in M$ 有

$$
\left\|\boldsymbol{F}'(\boldsymbol{x}) - \boldsymbol{F}'(\boldsymbol{x}^*)\right\| \leqslant L\left\|\boldsymbol{x} - \boldsymbol{x}^*\right\|
$$

则迭代序列 $\{\boldsymbol{x}^{(k)}\}$ 至少是平方收敛.

证明见参考文献[1].

用 Newton 迭代法求非线性方程组 $\boldsymbol{F}(\boldsymbol{x}) = \boldsymbol{0}$ 的根 $\boldsymbol{x}^*$ 的一般步骤如下.

（1）在 $\boldsymbol{x}^*$ 附近选取 $\boldsymbol{x}^{(0)} \in D$，给定误差限 $\varepsilon > 0$ 和最大迭代次数 N.

（2）对 $k = 1,2,\cdots$ 和 N 执行以下步骤.

① 计算 $\boldsymbol{F}\left(\boldsymbol{x}^{(k)}\right)$ 和 $\boldsymbol{F}'\left(\boldsymbol{x}^{(k)}\right)$.

② 求解关于 $\Delta\boldsymbol{x}^{(k)} = \boldsymbol{x}^{(k+1)} - \boldsymbol{x}^{(k)}$ 的线性方程组

$$
\boldsymbol{F}'\left(\boldsymbol{x}^{(k)}\right)\Delta\boldsymbol{x}^{(k)} = -\boldsymbol{F}\left(\boldsymbol{x}^{(k)}\right)
$$

③ 计算 $\boldsymbol{x}^{(k+1)} = \boldsymbol{x}^{(k)} + \Delta\boldsymbol{x}^{(k)}$.

④ 若 $\left\|\Delta\boldsymbol{x}^{(k)}\right\| / \left\|\boldsymbol{x}^{(k)}\right\| \leqslant \varepsilon$，则 $\boldsymbol{x}^* \approx \boldsymbol{x}^{(k+1)}$，停止计算；否则将 $\boldsymbol{x}^{(k+1)}$ 作为新的 $\boldsymbol{x}^{(k)}$ 转下一步.

⑤ 若 $k < N$，则继续；否则输出 N 次迭代不成功的信息，并停止计算.

例 4.10　用 Newton 迭代法求解非线性方程组

$$\begin{cases}x_1+2x_2-3=0\\ 2x_1^2+x_2^2-5=0\end{cases}$$

解　$\boldsymbol{F}(\boldsymbol{x})=\begin{pmatrix}x_1+2x_2-3\\ 2x_1^2+x_2^2-5\end{pmatrix}$，Jocobi 矩阵为 $\boldsymbol{F}'(\boldsymbol{x})=\begin{pmatrix}1 & 2\\ 4x_1 & 2x_2\end{pmatrix}$，有

$$\boldsymbol{F}'(\boldsymbol{x})^{-1}=\frac{1}{2x_2-8x_1}\begin{pmatrix}2x_2 & -2\\ -4x_1 & 1\end{pmatrix}$$

由 Newton 迭代法（4.34）得

$$\boldsymbol{x}^{(k+1)}=\boldsymbol{x}^{(k)}-\frac{1}{2x_2^{(k)}-8x_1^{(k)}}\begin{pmatrix}2x_2^{(k)} & -2\\ -4x_1^{(k)} & 1\end{pmatrix}\begin{pmatrix}x_1^{(k)}+2x_2^{(k)}-3\\ 2\left(x_1^{(k)}\right)^2+\left(x_2^{(k)}\right)^2-5\end{pmatrix}$$

即

$$x_1^{(k+1)}=x_1^{(k)}-\frac{x_2^{(k)}x_1^{(k)}+\left(x_2^{(k)}\right)^2-3x_2^{(k)}-2\left(x_1^{(k)}\right)^2+5}{x_2^{(k)}-4x_1^{(k)}}$$

$$x_2^{(k+1)}=x_2^{(k)}-\frac{-8x_1^{(k)}x_2^{(k)}+\left(x_2^{(k)}\right)^2+12x_1^{(k)}-2\left(x_1^{(k)}\right)^2-5}{2x_2^{(k)}-8x_1^{(k)}}$$

由 $\boldsymbol{x}^{(0)}=(1.5,1.0)^{\mathrm{T}}$ 逐次迭代得到

$$\boldsymbol{x}^{(1)}=(1.5,0.75)^{\mathrm{T}},\quad \boldsymbol{x}^{(2)}=(1.488\,095,0.755\,952)^{\mathrm{T}},\quad \boldsymbol{x}^{(3)}=(1.488\,034,0.755\,983)^{\mathrm{T}}$$

4.6 应 用 举 例

例 4.11　在相距 200 m 的河两岸设立等高的塔杆并悬挂一根钢缆，仅允许钢缆最多下垂 1.5 m，试计算所需钢缆的长度.

解　取曲线最低点通过 y 轴，适当选取 x 轴，可得空中钢缆的曲线（悬链线）方程为

$$y=z\left(\cosh\frac{x}{z}-1\right)=\frac{z}{2}\left(\mathrm{e}^{x/z}+\mathrm{e}^{-x/z}\right)-z,\quad x\in[-100,100]$$

由题设，曲线最低点 $(0,y(0))$ 与点 $(100,y(100))$ 之间的高度差为 1.5 m，即

$$y(100)-y(0)=1.5$$

于是有

$$\frac{z}{2}\left(\mathrm{e}^{100/z}+\mathrm{e}^{-100/z}\right)-z-\left[\frac{z}{2}(\mathrm{e}^0+\mathrm{e}^0)-z\right]=1.5 \tag{4.35}$$

整理得

$$z\left(\mathrm{e}^{100/z}+\mathrm{e}^{-100/z}\right)=3+2z \tag{4.36}$$

钢缆长度为

$$L=\int_{-100}^{100}\sqrt{1+(y')^2}\,\mathrm{d}x=\int_0^{100}\left(\mathrm{e}^{x/z}+\mathrm{e}^{-x/z}\right)\mathrm{d}x=z\left(\mathrm{e}^{100/z}-\mathrm{e}^{-100/z}\right) \tag{4.37}$$

解式（4.36）可求得 z，再代入式（4.37）求得钢缆的长度.

利用 Newton 法求方程（4.36），其实现的 MATLAB 代码如下.

```
clear all
f=inline('x*(exp(100/x)+exp(-100/x))-2*x-3');
df=inline('(1-100/x) * exp(100/x)+(1+100/x) *exp(-100/x)-2');
n=1;
x0=input('x0=');
del=input('del=');
N=input('N=');
fprintf('\n k x(k)');
fprintf('\n % 2d %f ',0,x0);
F0=f(x0);
dF0=df(x0);
while n<N
x1=x0 F0/dF0;
F1=f(x1);
dF1=df(x1);
fprintf('\n %2d %f ',n,x1);
if((abs(x1 x0)<del))
  fprintf('\n \n 结果:%f \n',x1);
return;
end
n=n+1;
x0=x1;
F0=F1;
dF0=dF1;
end
```

运行程序，输出如下.

```
x0= 2000
del=0.0001
N=12
       k      x(k)
       0      2000.000000
       1      2799.916684
       2      3248.128034
       3      3331.392185
       4      3333.581863
       5      3333.583303
       6      3333.583303
```

```
结果:3333.58330
```

迭代 6 次可得近似解为 3 333.583 303. 悬链线图形如图 4.6 所示. 也可求出钢缆长度为 $L=200.03$ m.

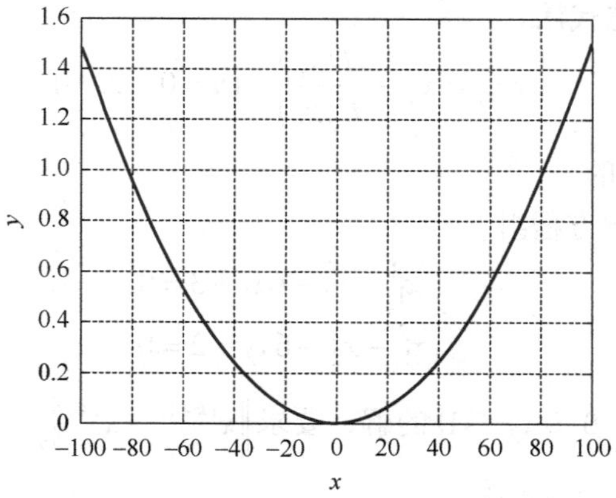

图 4.6　悬链线

习　题　4

1. 试用二分法求方程 $f(x)=x^3+4x^2-10=0$ 在区间 $[1,2]$ 上的根，使误差不超过 10^{-4}.

2. 试用二分法求方程 $f(x)=x\mathrm{e}^x-1=0$ 在区间 $[0,1]$ 上的根，使误差不超过 10^{-4}.

3. 已知方程 $x^3-x^2-1=0$ 在 $x_0=1.5$ 附近有一根，把方程写成三种不同的等价形式：

（1）$x=1+\dfrac{1}{x^2}$，相应迭代公式为 $x_{n+1}=1+\dfrac{1}{x_n^2}$；

（2）$x=\sqrt{\dfrac{1}{x-1}}$，相应迭代公式为 $x_{n+1}=\sqrt{\dfrac{1}{x_n-1}}$；

（3）$x=\sqrt[3]{1+x^2}$，相应迭代公式为 $x_{n+1}=\sqrt[3]{1+x_n^2}$.

判断以上三种迭代公式在 $x_0=1.5$ 附近的收敛性，用其中收敛最快的方法求这个根，要求 $|x_{n+1}-x_n|<10^{-4}$.

4. 用简单迭代法求下列方程的根，要求 $|x_{n+1}-x_n|<10^{-5}$.

（1）$x^3-2x-5=0$；　　（2）$4x\mathrm{e}^x-1=0$.

5. 用 Steffensen 方法求方程 $x^3-2x-5=0$ 在 $[2,3]$ 上的根，要求结果具有 5 位有效数字.

6. 用 Steffensen 方法求方程 $x\mathrm{e}^x-1=0$ 的根，要求 $|x_{n+1}-x_n|<10^{-5}$.

7. 用 Newton 迭代法求方程 $x^3-3x-1=0$ 在 $x_0=2$ 附近的根，要求 $|x_{n+1}-x_n|<10^{-5}$.

8. 用 Newton 迭代法求方程 $x\mathrm{e}^x-1=0$ 的根，要求 $|x_{n+1}-x_n|<10^{-5}$.

9. 用弦截法求方程 $f(x)=x^3-3x-1=0$ 在 $x_0=2$ 附近的根，要求 $|x_{n+1}-x_n|<10^{-5}$.

10. 试用 Newton 迭代法求方程 $f(x)=x^n-a=0$ 和 $f(x)=1-\dfrac{a}{x^n}=0$ 的根，分别导出求 $\sqrt[n]{a}$ 的迭代公式.

11. 利用 Newton 迭代法求 $\sqrt{115}$ 的近似值.

12. 若 x^* 是方程 $f(x)=0$ 的 r 重根，即 $f(x)=\left(x-x^*\right)^r \varphi(x)$，其中 $\varphi(x^*)\neq 0$，试证明：

（1）Newton 迭代法在 x^* 邻近线性收敛.

（2）改进的 Newton 迭代法

$$x_{n+1}=x_n-\frac{rf(x_n)}{f'(x_n)} \quad (n=0,1,2,\cdots)$$

在 x^* 邻近至少是二阶收敛的.

13. 用不动点迭代法解方程组

$$\begin{cases} x_1^2+x_2^2-6x_1+3=0 \\ x_1^2-x_2^2-6x_2+2=0 \end{cases}$$

在 $D=\{(x_1,x_2)^{\mathrm{T}}\,|\,0\leqslant x_1\leqslant 1, 0\leqslant x_2\leqslant 1\}$ 的解，要求 $\left\|\boldsymbol{x}^{(k+1)}-\boldsymbol{x}^{(k)}\right\|_2\leqslant\frac{1}{2}\times 10^{-3}$.

14. 用 Newton 迭代法求方程组

$$\begin{cases} x_1+2x_2-3=0 \\ 2x_1^2+x_2^2-5=0 \end{cases}$$

的解，取初值 $\boldsymbol{x}^{(0)}=(-1,2)^{\mathrm{T}}$，要求 $\left\|\boldsymbol{x}^{(k+1)}-\boldsymbol{x}^{(k)}\right\|_2\leqslant 10^{-3}$.

第 5 章　插　值　法

在科学研究及生产实践中，常常会遇到这样的问题：对给定的一些离散点 $x_0, x_1, \cdots, x_n$ 及其对应的函数值 $y_0, y_1, \cdots, y_n$，求它们之间所满足的近似函数关系. 插值法是构造近似函数的一种基本方法. 插值法是数据处理、函数近似表示和计算机几何造型等常用的工具，并为其他许多数值方法，如数值微积分、非线性方程求根和微分方程数值解等提供了重要的手段和基础. 插值法是数值计算中的基本内容之一，无论对工程实际应用还是对数值计算本身的理论和方法都是极其重要的. 本章主要研究构造插值函数的几种常用方法及其误差.

5.1　插值问题与插值多项式

5.1.1　插值问题

在工程实践及科学研究中，有时仅能获得函数 $f(x)$ 在若干点的函数值，即只给出函数 $f(x)$ 的一个函数表. 根据这个函数表，构造一个简单函数 $P(x)$，使之满足数据表中的数据，这样的函数 $P(x)$ 就是 $f(x)$ 的逼近函数，这种逼近问题就称为插值问题.

定义 5.1　设已知函数 $f(x)$ 在区间 $[a,b]$ 上 $n+1$ 个不相同点 $x_0, x_1, \cdots, x_n$ 处的函数值 $y_i = f(x_i)$ $(i = 0,1,\cdots,n)$，若存在一个函数 $P(x)$，使得

$$P(x_i) = y_i \quad (i = 0,1,\cdots,n) \tag{5.1}$$

成立，则称 $P(x)$ 为 $f(x)$ 的插值函数，点 $x_0, x_1, \cdots, x_n$ 称为插值节点，区间 $[a,b]$ 称为插值区间，式（5.1）称为插值条件，点 x 称为插值点，求插值函数 $P(x)$ 的方法称为插值法. 点 x 在插值区间内的叫内插；否则叫外插.

若 $P(x)$ 是次数不超过 n 的代数多项式，则称 $P(x)$ 为插值多项式，相应的插值法称为多项式插值；若 $P(x)$ 是分段多项式，则称为分段插值；若 $P(x)$ 是三角多项式，则称为三角插值.

5.1.2　插值多项式

用插值法求函数的近似表达式时，首先要选定近似函数的形式. 可供选择的函数很多，常用的是多项式函数，因为多项式函数计算简便，只需用加、减、乘等运算，而且其导数和积分仍为多项式. 用多项式作为研究插值的工具，称为代数插值，其基本提法是：已知函数 $f(x)$ 在区间 $[a,b]$ 上 $n+1$ 个不相同点 $x_0, x_1, \cdots, x_n$ 处的函数值 $y_i = f(x_i)$ $(i = 0,1,\cdots,n)$，求一个至多 n 次多项式

$$\phi_n(x) = a_0 + a_1 x + \cdots + a_n x^n \tag{5.2}$$

满足插值条件

$$\phi_n(x_i) = f(x_i) = y_i \quad (i = 0,1,\cdots,n) \tag{5.3}$$

由式（5.3）可得 $n+1$ 个方程的线性方程组

$$
\begin{cases}
a_0 + a_1x_0 + a_2x_0^2 + \cdots + a_nx_0^n = y_0 \\
a_0 + a_1x_1 + a_2x_1^2 + \cdots + a_nx_1^n = y_1 \\
\cdots\cdots \\
a_0 + a_1x_n + a_2x_n^2 + \cdots + a_nx_n^n = y_n
\end{cases} \tag{5.4}
$$

记此方程组的系数矩阵为 $\boldsymbol{A}$，则

$$
\det(\boldsymbol{A}) = \begin{vmatrix} 1 & x_0 & x_0^2 & \cdots & x_0^n \\ 1 & x_1 & x_1^2 & \cdots & x_1^n \\ \vdots & \vdots & \vdots & & \vdots \\ 1 & x_n & x_n^2 & \cdots & x_n^n \end{vmatrix} = \prod_{0 \leqslant i < j \leqslant n} (x_j - x_i)
$$

当节点 $x_0, x_1, \cdots, x_n$ 互不相同时，$\det(\boldsymbol{A}) \neq 0$，即方程组（5.4）有唯一解. 这样得到如下定理.

定理 5.1　在 $n+1$ 个互异插值节点上满足插值条件（5.3）的次数不超过 n 的插值多项式是存在且唯一的.

插值多项式与被插函数之间的差

$$
R_n(x) = f(x) - \phi_n(x)
$$

称为截断误差，也称插值余项. 它满足如下定理.

定理 5.2　设 $x_0, x_1, \cdots, x_n$ 是区间 $[a,b]$ 上的互异节点，$\phi_n(x)$ 是过这组节点的插值多项式. 若 $f^{(n)}(x)$ 在区间 $[a,b]$ 上连续，$f^{(n+1)}(x)$ 在区间 (a,b) 内存在，则对任意 $x \in [a,b]$，存在 $\xi \in [a,b]$，使得插值余项为

$$
R_n(x) = \frac{f^{(n+1)}(\xi)}{(n+1)!} \omega_{n+1}(x) \tag{5.5}
$$

其中：$\omega_{n+1}(x) = \prod\limits_{j=0}^{n} (x - x_j)$.

证明　对任意 $x \in [a,b]$ 且 $x \neq x_i$，构造辅助函数

$$
g(t) = f(t) - \phi_n(t) - \frac{R_n(x)}{\omega_{n+1}(x)} \omega_{n+1}(t) \tag{5.6}
$$

显然有

$$
g(x) = f(x) - \phi_n(x) - \frac{R_n(x)}{\omega_{n+1}(x)} \omega_{n+1}(x) = 0, \qquad g(x_i) = 0 \quad (i = 0, 1, \cdots, n)
$$

故函数 $g(t)$ 在区间 $[a,b]$ 上至少有 $n+2$ 个零点 $x, x_0, x_1, \cdots, x_n$. 由 Rolle（罗尔）中值定理，函数

$$
g'(t) = f'(t) - \phi_n'(t) - \frac{R_n(x)}{\omega_{n+1}(x)} \omega_{n+1}'(t)
$$

在 (a,b) 内至少有 $n+1$ 个零点. 反复使用 Rolle 中值定理，可以得出

$$
g^{(n+1)}(t) = f^{(n+1)}(t) - \phi_n^{(n+1)}(t) - \frac{R_n(x)}{\omega_{n+1}(x)} \omega_{n+1}^{(n+1)}(t)
$$

在 (a,b) 内至少有一个零点 ξ，即 $g^{(n+1)}(\xi) = 0$. 又 $\phi_n^{(n+1)}(t) = 0$，$\omega_{n+1}^{(n+1)}(t) = (n+1)!$，于是有

$$
g^{(n+1)}(\xi) = f^{(n+1)}(\xi) - \frac{R_n(x)}{\omega_{n+1}(x)} (n+1)! = 0
$$

由上式可得

$$R_n(x)=\frac{f^{(n+1)}(\xi)}{(n+1)!}\omega_{n+1}(x)$$

当 $x=x_i \quad (i=0,1,\cdots,n)$ 时，有 $R_n(x_i)=f(x_i)-\phi_n(x_i)=0$，而 $\omega_{n+1}(x_i)=0$，所以式（5.5）成立. 因此，式（5.5）对任意 $x\in[a,b]$ 都成立.

通过解方程组（5.4）来确定插值多项式的方法复杂度过大，特别是对 n 较大的情形，计算量较大. 下面介绍几种常用的确定插值多项式的方法.

5.2 Lagrange 插 值

5.2.1 线性插值

设有节点 $x_0 < x_1$，且 $y_0=f(x_0)$，$y_1=f(x_1)$ 已知，插值多项式为

$$L_1(x)=a_0+a_1x$$

且满足插值条件

$$L_1(x_0)=a_0+a_1x_0=y_0 \tag{5.7}$$

$$L_1(x_1)=a_0+a_1x_1=y_1 \tag{5.8}$$

由式（5.7）和式（5.8）解得

$$a_0=\frac{y_1x_0-y_0x_1}{x_0-x_1},\qquad a_1=\frac{y_0-y_1}{x_0-x_1}$$

所以，两个节点的一次插值多项式为

$$L_1(x)=\frac{y_1x_0-y_0x_1}{x_0-x_1}+\frac{y_0-y_1}{x_0-x_1}x \tag{5.9}$$

记

$$l_0(x)=\frac{x-x_1}{x_0-x_1},\qquad l_1(x)=\frac{x-x_0}{x_1-x_0}$$

则式（5.9）可写为

$$L_1(x)=y_0l_0(x)+y_1l_1(x) \tag{5.10}$$

我们发现

$$l_0(x_0)=1,\quad l_0(x_1)=0,\quad l_1(x_0)=0,\quad l_1(x_1)=1$$

称 $l_0(x),l_1(x)$ 为关于两点 x_0,x_1 的插值基函数.

若 $f(x)\in C^2[x_0,x_1]$，则对任意 $x\in[x_0,x_1]$，有余项公式

$$R_1(x)=\frac{1}{2}f''(\xi)(x-x_0)(x-x_1),\quad \xi\in(x_0,x_1)$$

相应余项估计为

$$|R_1(x)|\leqslant\frac{1}{8}(x_1-x_0)^2\max_{x\in[x_0,x_1]}|f''(x)|,\quad x\in[x_0,x_1]$$

例 5.1 已知 $y=\sqrt{x}$，$x_0=9$，$x_1=16$，用线性插值求 $\sqrt{10}$ 的近似值并估计其误差.

解 $y_0=3$，$y_1=4$，线性插值为

$$L_1(x)=3\times\frac{x-16}{9-16}+4\times\frac{x-9}{16-9}=-\frac{3}{7}(x-16)+\frac{4}{7}(x-9)$$

故 $\sqrt{10} \approx \dfrac{22}{7} = 3.142\,857$.

又 $f(x)=\sqrt{x}, f'(x)=\dfrac{1}{2}x^{-1/2}, f''(x)=-\dfrac{1}{4}x^{-3/2}$，所以有

$$|R_1(10)| \leqslant \frac{1}{8}(16-9)^2 \max_{x\in[9,16]}|f''(x)| = \frac{1}{32}\times\frac{1}{3^3}\times 49 \approx 0.056\,713$$

5.2.2　二次插值

设有节点 $x_0 < x_1 < x_2$，且 $y_0 = f(x_0)$，$y_1 = f(x_1)$，$y_2 = f(x_2)$ 已知. 试构造二次多项式

$$L_2(x) = a_0 + a_1 x + a_2 x^2 \tag{5.11}$$

使其满足

$$L_2(x_i) = y_i \quad (i=0,1,2) \tag{5.12}$$

由式（5.10），线性插值多项式可写为

$$L_1(x) = y_0 l_0(x) + y_1 l_1(x)$$

因此，可将二次插值多项式设为

$$L_2(x) = y_0 l_0(x) + y_1 l_1(x) + y_2 l_2(x) \tag{5.13}$$

其中：$l_i(x)\ (i=0,1,2)$ 均为二次多项式，且满足

$$l_i(x_j) = \begin{cases} 0, & i \neq j \\ 1, & i = j \end{cases} \tag{5.14}$$

由于 $l_0(x)$ 是二次多项式，且 $l_0(x_1)=0$，$l_0(x_2)=0$，可令 $l_0(x)=\rho(x-x_1)(x-x_2)$，再由

$$1 = l_0(x_0) = \rho(x_0-x_1)(x_0-x_2)$$

可得 $\rho = \dfrac{1}{(x_0-x_1)(x_0-x_2)}$，所以

$$l_0(x) = \frac{(x-x_1)(x-x_2)}{(x_0-x_1)(x_0-x_2)}$$

同理可得

$$l_1(x) = \frac{(x-x_0)(x-x_2)}{(x_1-x_0)(x_1-x_2)}, \qquad l_2(x) = \frac{(x-x_0)(x-x_1)}{(x_2-x_0)(x_2-x_1)}$$

于是得到二次插值多项式

$$L_2(x) = \frac{(x-x_1)(x-x_2)}{(x_0-x_1)(x_0-x_2)}y_0 + \frac{(x-x_0)(x-x_2)}{(x_1-x_0)(x_1-x_2)}y_1 + \frac{(x-x_0)(x-x_1)}{(x_2-x_0)(x_2-x_1)}y_2 \tag{5.15}$$

称 $l_0(x), l_1(x), l_2(x)$ 为关于三点 x_0, x_1, x_2 的插值基函数.

若 $f(x)\in C^3[a,b]$，则对任意 $x\in[a,b]$，有余项公式

$$R_2(x) = \frac{1}{6}f'''(\xi)(x-x_0)(x-x_1)(x-x_2), \quad \xi\in(x_0,x_2)$$

相应余项估计为

$$|R_2(x)| \leqslant \frac{h^3}{12}\max_{x\in[x_0,x_2]}|f'''(x)|, \quad x\in[x_0,x_2]$$

其中：$h=\max\{x_1-x_0, x_2-x_1\}$.

例 5.2 已知函数 $y = e^{-x}$ 的函数表如表 5.1 所示.

表 5.1 例 5.2 的数据表

x	1	2	3
$y = e^{-x}$	0.367 9	0.135 3	0.049 8

用二次插值求 $e^{-2.1}$ 的近似值，并估计截断误差.

解 取 $x_0 = 1$，$x_1 = 2$，$x_2 = 3$，由式（5.15）可得

$$e^{-2.1} \approx L_2(2.1) = \frac{(2.1-2)(2.1-3)}{(1-2)(1-3)} \times 0.367\,9 + \frac{(2.1-1)(2.1-3)}{(2-1)(2-3)} \times 0.135\,3 + \frac{(2.1-1)(2.1-2)}{(3-1)(3-2)} \times 0.049\,8$$

$$\approx 0.120\,1$$

又

$$f(x) = e^{-x}, \quad f'(x) = -e^{-x}, \quad f''(x) = e^{-x} \quad f'''(x) = -e^{-x}$$

$$M_1 = \max_{x_0 \leqslant x \leqslant x_2} |f'''(x)| = \max_{1 \leqslant x \leqslant 3} e^{-x} = e^{-1}$$

$$|R_2(x)| = \left| \frac{f'''(\xi)}{3!}(x-x_0)(x-x_1)(x-x_2) \right| \leqslant \frac{M_1}{3!}\left|(x-x_0)(x-x_1)(x-x_2)\right|$$

于是

$$|R_2(2.1)| \leqslant \frac{e^{-1}}{3!}\left|(2.1-1)(2.1-2)(2.1-3)\right| \approx 0.006\,1$$

5.2.3 *n* 次插值

将 $n = 1,2$ 时利用插值基函数构造插值多项式的方法推广到一般情形. 已知函数 $f(x)$ 在区间 $[a,b]$ 上 $n+1$ 个不相同点 $x_0, x_1, \cdots, x_n$ 处的函数值 $y_i = f(x_i)$ $(i = 0,1,\cdots,n)$，求一个至多 n 次多项式 $L_n(x)$ 使得

$$L_n(x_i) = y_i \quad (i = 0,1,\cdots,n) \tag{5.16}$$

先构造 n 次多项式 $l_i(x)$ $(i = 0,1,\cdots,n)$ 使得

$$l_i(x_j) = \begin{cases} 0, & i \neq j \\ 1, & i = j \end{cases} \tag{5.17}$$

由于 n 个节点 x_j $(j = 0,1,\cdots,i-1,i+1,\cdots,n)$ 是 $l_i(x)$ 的零点，可设

$$l_i(x) = A_i(x-x_0)(x-x_1)\cdots(x-x_{i-1})(x-x_{i+1})\cdots(x-x_n)$$

又 $l_i(x_i) = 1$，代入上式得

$$A_i = \frac{1}{(x_i-x_0)\cdots(x_i-x_{i-1})(x_i-x_{i+1})\cdots(x_i-x_n)}$$

故

$$l_i(x) = \frac{(x-x_0)(x-x_1)\cdots(x-x_{i-1})(x-x_{i+1})\cdots(x-x_n)}{(x_i-x_0)(x_i-x_1)\cdots(x_i-x_{i-1})(x_i-x_{i+1})\cdots(x_i-x_n)} = \prod_{\substack{j=0 \\ j\neq i}}^{n} \frac{x-x_j}{x_i-x_j} \tag{5.18}$$

$l_i(x)$ $(i = 0,1,\cdots,n)$ 称为关于点 $x_0, x_1, \cdots, x_n$ 的 n 次 Lagrange（拉格朗日）插值基函数. 利用插值基函数构造出所求的插值多项式为

$$L_n(x)=\sum_{k=0}^{n} y_k l_k(x)=\sum_{k=0}^{n} y_k\left(\prod_{\substack{j=0\\ j\neq k}}^{n}\frac{x-x_j}{x_k-x_j}\right) \tag{5.19}$$

显然 $L_n(x_i)=\sum_{k=0}^{n} y_k l_k(x_i)=y_i$，即 $L_n(x)$ 满足插值条件（5.16）. 式（5.19）称为 n 次 Lagrange 插值多项式.

由前面讨论的结果，$n+1$ 个节点的 n 次 Lagrange 插值多项式存在且唯一，式（5.5）为插值余项.

例 5.3　已知函数值 $f(0)=4$，$f(1)=6$，$f(2)=8$，$f(4)=24$，求 3 次 Lagrange 插值多项式.

解　插值基函数为

$$l_0(x)=\frac{(x-1)(x-2)(x-4)}{(0-1)(0-2)(0-4)}=-\frac{1}{8}x^3+\frac{7}{8}x^2-\frac{7}{4}x+1$$

$$l_1(x)=\frac{(x-0)(x-2)(x-4)}{(1-0)(1-2)(1-4)}=\frac{1}{3}x^3-2x^2+\frac{8}{3}x$$

$$l_2(x)=\frac{(x-0)(x-1)(x-4)}{(2-0)(2-1)(2-4)}=-\frac{1}{4}x^3+\frac{5}{4}x^2-x$$

$$l_3(x)=\frac{(x-0)(x-1)(x-2)}{(4-0)(4-1)(4-2)}=\frac{1}{24}x^3-\frac{1}{8}x^2+\frac{1}{12}x$$

代入插值公式（5.19）可得

$$L_3(x)=4l_0(x)+6l_1(x)+8l_2(x)+24l_3(x)=\frac{1}{2}x^3-\frac{3}{2}x^2+3x+4$$

定理 5.3　若 $f(x)$ 是次数不超过 n 的多项式，则它的 n 次 Lagrange 插值多项式就是它本身.

证明　设 $L_n(x)$ 是 $f(x)$ 的 n 次 Lagrange 插值多项式. 因为 $f(x)$ 是次数不超过 n 的多项式，所以 $f^{(n+1)}(x)=0$.

由定理 5.2，插值余项为

$$R_n(x)=f(x)-L_n(x)=\frac{f^{(n+1)}(\xi)}{(n+1)!}\omega_{n+1}(x)=0$$

于是 $L_n(x)=f(x)$.

定理 5.4　（Lagrange 插值基函数性质）

（1）$\sum_{i=0}^{n} l_i(x)=1$；

（2）$\sum_{i=0}^{n} l_i(x)x_i^k=x^k \quad (k=0,1,\cdots,n)$.

证明　（1）令 $f(x)=1$，则 $y_i=f(x_i)=1\ (i=0,1,\cdots,n)$. $f(x)$ 的 n 次 Lagrange 插值多项式为

$$L_n(x)=\sum_{i=0}^{n} y_i l_i(x)=f(x)=1$$

即

$$\sum_{i=0}^{n} l_i(x)=1$$

（2）对 $k=0,1,\cdots,n$，令 $f(x)=x^k$，则 $y_i=f(x_i)=x_i^k\quad(i=0,1,\cdots,n)$，由定理 5.3 知 $f(x)$ 的 n 次 Lagrange 插值多项式为

$$L_n(x)=\sum_{i=0}^{n}y_il_i(x)=\sum_{i=0}^{n}x_i^kl_i(x)=f(x)=x^k$$

即

$$\sum_{i=0}^{n}l_i(x)x_i^k=x^k\quad(k=0,1,\cdots,n)$$

算法 5.1 用于计算非节点处的函数近似值.

算法 5.1 （1）输入 $x,x_i,y_i\ (i=0,1,\cdots,n)$.

（2）对 $i=0,1,\cdots,n$，$l_i=\prod_{\substack{j=0\\j\neq i}}^{n}\dfrac{x-x_j}{x_i-x_j}$.

（3）$L=\sum_{i=0}^{n}y_il_i$.

（4）输出 $L\approx f(x)$，停机.

5.3 Newton 插 值

Lagrange 插值多项式的优点是结构紧凑，系数有明确的含义，便于理论研究. 但 Lagrange 插值多项式（5.19）缺少递推关系，每次新增加节点，都要重新计算，高次插值无法利用低次插值的结果. 以下通过引入差商的概念，给出一种可在增加节点时对 Lagrange 插值多项式进行递推计算的方法，该方法称为 Newton 插值法.

5.3.1 差商及其性质

为了介绍 Newton 插值法，首先引入差商的概念.

定义 5.1 给定函数 $f(x)$ 及一系列互不相同的点 $x_0,x_1,x_2,\cdots$，称 $\dfrac{f(x_i)-f(x_j)}{x_i-x_j}\ (i\neq j)$ 为 $f(x)$ 关于点 x_i,x_j 的一阶差商，也称均差，记为 $f[x_i,x_j]$，即

$$f[x_i,x_j]=\frac{f(x_i)-f(x_j)}{x_i-x_j}$$

类似于高阶导数的定义，称一阶差商的差商

$$\frac{f[x_i,x_j]-f[x_j,x_k]}{x_i-x_k}$$

为 $f(x)$ 关于点 x_i,x_j,x_k 的二阶差商，记为

$$f[x_i,x_j,x_k]=\frac{f[x_i,x_j]-f[x_j,x_k]}{x_i-x_k}$$

一般地，称

$$f[x_0,x_1,\cdots,x_k]=\frac{f[x_0,x_1,\cdots,x_{k-1}]-f[x_1,x_2,\cdots,x_k]}{x_0-x_k}$$

为 $f(x)$ 关于点 $x_0,x_1,\cdots,x_k$ 的 k 阶差商.

当 $k=0$ 时，称 $f(x_i)$ 为 $f(x)$ 关于点 x_i 的零阶差商，记为 $f[x_i]$.

例 5.4　已知 $f(0)=2$，$f(1)=6$，$f(2)=8$，求 $f[0,1,2], f[1,0,2]$.

解

$$f[0,1]=\frac{2-6}{0-1}=4,\quad f[1,2]=\frac{6-8}{1-2}=2,\quad f[0,1,2]=\frac{4-2}{0-2}=-1$$

$$f[1,0]=\frac{6-2}{1-0}=4,\quad f[0,2]=\frac{2-8}{0-2}=3,\quad f[1,0,2]=\frac{4-3}{1-2}=-1$$

差商具有下述性质.

性质 5.1　各阶差商均具有线性性，即若 $f(x)=a\phi(x)+b\psi(x)$，则对任意正整数 k 都有

$$f[x_0,x_1,\cdots,x_k]=a\phi[x_0,x_1,\cdots,x_k]+b\psi[x_0,x_1,\cdots,x_k]$$

性质 5.2　（1）k 阶商差 $f[x_0,x_1,\cdots,x_k]$ 可表示成 $f(x_0),f(x_1),\cdots,f(x_k)$ 的线性组合，即

$$f[x_0,x_1,\cdots,x_k]=\sum_{i=0}^{k}\frac{f(x_i)}{\omega'_{k+1}(x_i)} \tag{5.20}$$

其中：$\omega'_{k+1}(x_i)=\prod_{\substack{j=0\\j\neq i}}^{k}(x_i-x_j)$.

（2）差商与节点的排列次序无关.

证明　（1）当 $k=1$ 时，有

$$f[x_0,x_1]=\frac{f(x_0)-f(x_1)}{x_0-x_1}=\frac{f(x_0)}{x_0-x_1}+\frac{f(x_1)}{x_1-x_0}$$

故式（5.20）成立.

设对 $k-1$ 阶差商式（5.20）成立，则由 k 阶差商的定义，得

$$f[x_0,x_1,\cdots,x_k]=\frac{f[x_0,x_1,\cdots,x_{k-1}]-f[x_1,x_2,\cdots,x_k]}{x_0-x_k}=\frac{1}{x_0-x_k}\left[\sum_{i=0}^{k-1}\frac{f(x_i)}{\prod\limits_{\substack{j=0\\j\neq i}}^{k-1}(x_i-x_j)}-\sum_{i=1}^{k}\frac{f(x_i)}{\prod\limits_{\substack{j=1\\j\neq i}}^{k}(x_i-x_j)}\right]$$

$$=\frac{1}{x_0-x_k}\left[\frac{f(x_0)}{\prod\limits_{j=1}^{k-1}(x_0-x_j)}+\sum_{i=1}^{k-1}\frac{f(x_i)}{\prod\limits_{\substack{j=0\\j\neq i}}^{k-1}(x_i-x_j)}-\sum_{i=1}^{k-1}\frac{f(x_i)}{\prod\limits_{\substack{j=1\\j\neq i}}^{k}(x_i-x_j)}-\frac{f(x_k)}{\prod\limits_{j=1}^{k-1}(x_k-x_j)}\right]$$

$$=\frac{f(x_0)}{\prod\limits_{j=1}^{k}(x_0-x_j)}+\sum_{i=1}^{k-1}\frac{f(x_i)}{\prod\limits_{\substack{j=0\\j\neq i}}^{k}(x_i-x_j)}+\frac{f(x_k)}{\prod\limits_{j=0}^{k-1}(x_k-x_j)}=\sum_{i=0}^{k}\frac{f(x_i)}{\prod\limits_{\substack{j=0\\j\neq i}}^{k}(x_i-x_j)}$$

由数学归纳法知式（5.20）恒成立.

（2）由式（5.20）的对称性立即可得.

性质 5.3 若 $f(x)$ 是 n 次多项式，则一阶差商 $f[x,x_i]$ 是 $n-1$ 次多项式.

证明 若 $f(x)$ 是 n 次多项式，则 $P(x)=f(x)-f(x_i)$ 也是 n 次多项式，且 $P(x_i)=0$，于是 $P(x)=(x-x_i)\varphi_{n-1}(x)$，其中 $\varphi_{n-1}(x)$ 为 $n-1$ 次多项式. 所以

$$f[x,x_i]=\frac{f(x)-f(x_i)}{x-x_i}=\frac{(x-x_i)\varphi_{n-1}(x)}{x-x_i}=\varphi_{n-1}(x)$$

因此，$f[x,x_i]$ 是 $n-1$ 次多项式.

性质 5.4 若 $f(x)$ 在 $[a,b]$ 上 k 阶可导，且节点 $x_j\in[a,b]$ $(j=0,1,\cdots,k)$，则有

$$f[x_0,x_1,\cdots,x_k]=\frac{f^{(k)}(\xi)}{k!},\quad \xi\in[a,b]$$

计算各阶差商，可按表 5.2 进行.

表 5.2 差商表

x_i	$f(x_i)$	一阶差商	二阶差商	三阶差商	四阶差商	…
x_0	$f(x_0)$					
x_1	$f(x_1)$	$f[x_0,x_1]$				
x_2	$f(x_2)$	$f[x_1,x_2]$	$f[x_0,x_1,x_2]$			
x_3	$f(x_3)$	$f[x_2,x_3]$	$f[x_1,x_2,x_3]$	$f[x_0,x_1,x_2,x_3]$		
x_4	$f(x_4)$	$f[x_3,x_4]$	$f[x_2,x_3,x_4]$	$f[x_1,x_2,x_3,x_4]$	$f[x_0,x_1,x_2,x_3,x_4]$	
⋮	⋮	⋮	⋮	⋮	⋮	

5.3.2 Newton 插值公式

考虑 $f(x)$ 关于点 $x_0,x_1,\cdots,x_n$ 的各阶差商 $f[x,x_0],f[x,x_0,x_1],\cdots,f[x,x_0,\cdots,x_n]$, 由各阶差商定义有

$$\begin{aligned}f(x)&=f(x_0)+(x-x_0)f[x,x_0]\\ f[x,x_0]&=f[x_0,x_1]+(x-x_1)f[x,x_0,x_1]\\ f[x,x_0,x_1]&=f[x_0,x_1,x_2]+(x-x_2)f[x,x_0,x_1,x_2]\\ &\cdots\cdots\\ f[x,x_0,\cdots,x_{n-1}]&=f[x_0,x_1,\cdots,x_n]+(x-x_n)f[x,x_0,\cdots,x_n]\end{aligned}$$

将以上各式依次由下往上代入，得到

$$\begin{aligned}f(x)=f(x_0)&+f[x_0,x_1](x-x_0)+f[x_0,x_1,x_2](x-x_0)(x-x_1)+\cdots\\ &+f[x_0,x_1,\cdots,x_n](x-x_0)(x-x_1)\cdots(x-x_{n-1})\\ &+f[x,x_0,x_1,\cdots,x_n](x-x_0)(x-x_1)\cdots(x-x_n)\end{aligned}\tag{5.21}$$

记

$$\begin{aligned}N_n(x)=f(x_0)&+f[x_0,x_1](x-x_0)+f[x_0,x_1,x_2](x-x_0)(x-x_1)+\cdots\\ &+f[x_0,x_1,\cdots,x_n](x-x_0)(x-x_1)\cdots(x-x_{n-1})\end{aligned}\tag{5.22}$$

$$R_n(x)=f[x,x_0,x_1,\cdots,x_n](x-x_0)(x-x_1)\cdots(x-x_n)=\omega_{n+1}(x)f[x,x_0,x_1,\cdots,x_n] \quad (5.23)$$

则式（5.21）可写为

$$f(x)=N_n(x)+R_n(x)$$

显然 $N_n(x)$ 为次数不超过 n 的多项式，且有 $R_n(x_i)=0$，于是有

$$N_n(x_i)=f(x_i)=y_i \quad (i=0,1,\cdots,n)$$

这表明式(5.22)中的 $N_n(x)$ 即所求的插值多项式，称 $N_n(x)$ 为 Newton 插值多项式，且式(5.23)中的 $R_n(x)$ 就是 Newton 插值余项.

由插值多项式的唯一性可知，对于同一插值条件，n 次 Newton 插值多项式与 n 次 Lagrange 插值多项式是相等的，即

$$N_n(x)=L_n(x)$$

它们只是表示形式不同. 因此 Newton 余项与 Lagrange 余项也是相等的，即

$$\omega_{n+1}(x)f[x,x_0,x_1,\cdots,x_n]=R_n(x)=\frac{f^{(n+1)}(\xi)}{(n+1)!}\omega_{n+1}(x)$$

于是有

$$f[x,x_0,x_1,\cdots,x_n]=\frac{f^{(n+1)}(\xi)}{(n+1)!}$$

这就是差商性质 5.4.

Newton 插值的优点是：每增加一个节点，插值多项式只增加一项，即

$$N_{n+1}(x)=N_n(x)+(x-x_0)(x-x_1)\cdots(x-x_n)f[x_0,x_1,\cdots,x_{n+1}]$$

原有的计算结果能充分利用.

另外，从式（5.22）可见 Newton 插值 $N_n(x)$ 可看成多项式族

$$1,(x-x_0),(x-x_0)(x-x_1),\cdots,(x-x_0)(x-x_1)\cdots(x-x_{n-1})$$

的线性组合，其系数就是差商表中从左上到右下对角线上的各阶差商值.

下面给出用 Newton 插值计算非节点处函数近似值的过程.

算法 5.2 （1）输入 $x,x_i,y_i \ (i=0,1,\cdots,n)$.

（2）置 $f_k=y_k \ (k=0,1,\cdots,n)$.

（3）计算各阶差商. 对 $i=1,2,\cdots,n$，有

$$\frac{f_{k-1}-f_k}{x_{k-i}-x_k}\Rightarrow f_k \quad (k=n,n-1,\cdots,i)$$

（4）
$$p=f_0+\sum_{k=1}^{n}f_k\left[\prod_{j=0}^{k-1}(x-x_j)\right]$$
$$=\left(\left\{\left[f_n(x-x_{n-1})+f_{n-1}\right](x-x_{n-2})+f_{n-2}\right\}(x-x_{n-3})+\cdots\right)(x-x_0)+f_0$$

（5）输出 $p\approx f(x)$ 停机.

例 5.5 设 $f(x)=\sqrt{x}$，已知 $f(1.9)=1.378\,405$，$f(2)=1.414\,214$，$f(2.1)=1.449\,138$，试用二次 Newton 插值多项式 $N_2(x)$ 计算 $f(1.95)$ 的近似值，并估计误差.

解 构造差商表如表 5.3 所示.

表 5.3 差商表

x_i	$f(x_i)$	一阶差商	二阶差商
1.9	1.378 405		
2.0	1.414 214	0.358 09	
2.1	1.449 138	0.349 24	−0.044 25

由 Newton 插值公式（5.21）有

$$N_2(x)=1.378\,405+0.358\,09(x-1.9)-0.044\,25(x-1.9)(x-2)$$

取 $x=1.95$，得

$$f(1.95)\approx N_2(1.95)=1.396\,420$$

又 $f(x)=\sqrt{x}$，$f'''(x)=\dfrac{3}{8}x^{-5/2}$，$M_1=\max\limits_{1.9\leqslant x\leqslant 2.1}|f'''(x)|=0.075\,361$．由

$$|R_2(x)|=\left|\frac{f'''(\xi)}{3!}(x-x_0)(x-x_1)(x-x_2)\right|\leqslant\frac{M_1}{3!}|(x-x_0)(x-x_1)(x-x_2)|$$

得

$$|R_2(1.95)|\leqslant\frac{0.075\,361}{3!}|(1.95-1.9)(1.95-2.0)(1.95-2.1)|=0.471\times10^{-5}$$

例 5.6 已知 x 与 y 的函数表如表 5.4 所示，求四次 Newton 插值多项式.

表 5.4 例 5.6 的数据表

x	−1	0	1	2	3
y	2	3	6	11	24

解 构造差商表如表 5.5 所示.

表 5.5 差商表

x_i	$f(x_i)$	一阶差商	二阶差商	三阶差商	四阶差商
−1	2				
0	3	1			
1	6	3	1		
2	11	5	1	0	
3	24	13	4	1	0.25

四次 Newton 插值多项式为

$$\begin{aligned}N_4(x)&=2+1\times(x+1)+1\times(x+1)(x-0)+\frac{1}{4}(x+1)(x-0)(x-1)(x-2)\\&=\frac{1}{4}x^4-\frac{1}{2}x^3+\frac{3}{4}x^2+\frac{5}{2}x+3\end{aligned}$$

5.3.3　差分及其性质

在实际计算中经常见到的插值节点是等距分布的. 在节点等距分布的情形下，引入差分可以简化 Newton 插值公式.

定义 5.2　设有等距节点 $x_k = x_0 + kh\ (k = 0,1,\cdots,n)$，$h>0$ 为步长. 记 $f_k = f(x_k)$，称相邻两个节点 x_k, x_{k+1} 处的函数值的增量 $f_{k+1} - f_k\ (k = 0,1,\cdots,n-1)$ 为函数 $f(x)$ 在点 x_k 处以 h 为步长的一阶向前差分，简称一阶差分，记为 Δf_k，即

$$\Delta f_k = f_{k+1} - f_k \quad (k = 0,1,\cdots,n-1)$$

类似地，定义差分的差分为高阶差分. 例如，二阶（向前）差分为

$$\Delta^2 f_k = \Delta f_{k+1} - \Delta f_k \quad (k = 0,1,\cdots,n-2)$$

一般地，m 阶向前差分为

$$\Delta^m f_k = \Delta^{m-1} f_{k+1} - \Delta^{m-1} f_k$$

其中：$m = 2,3,\cdots,n$；$k = 0,1,\cdots,n-m$.

计算各阶向前差分，也可列表 5.6 进行.

表 5.6　向前差分表

x_k	$f_k = f(x_k)$	Δf_k	$\Delta^2 f_k$	$\Delta^3 f_k$	$\Delta^4 f_k$	$\cdots$
x_0	f_0					
x_1	f_1	Δf_0				
x_2	f_2	Δf_1	$\Delta^2 f_0$			
x_3	f_3	Δf_2	$\Delta^2 f_1$	$\Delta^3 f_0$		
x_4	f_4	Δf_3	$\Delta^2 f_2$	$\Delta^3 f_1$	$\Delta^4 f_0$	
$\vdots$	$\vdots$	$\vdots$	$\vdots$	$\vdots$	$\vdots$	

定义 5.3　设有等距节点 $x_k = x_0 + kh\ (k = 0,1,\cdots,n)$，$h>0$ 为步长. 记 $f_k = f(x_k)$，称相邻两个节点 x_{k-1}, x_k 处的函数值的增量 $f_k - f_{k-1}\ (k = 1,2,\cdots,n)$ 为函数 $f(x)$ 在点 x_k 处以 h 为步长的一阶向后差分，记为 ∇f_k，即

$$\nabla f_k = f_k - f_{k-1}$$

称

$$\nabla^2 f_k = \nabla f_k - \nabla f_{k-1}$$

为 $f(x)$ 在点 x_k 处以 h 为步长的二阶向后差分.

一般地，定义 $f(x)$ 在点 x_k 处以 h 为步长的 m 阶向后差分为

$$\nabla^m f_k = \nabla^{m-1} f_k - \nabla^{m-1} f_{k-1}$$

其中：$m = 2,3,\cdots,n$；$k = n,n-1,\cdots,m$.

计算各阶向后差分，也可列表 5.7 进行.

表 5.7 向后差分表

x_k	$f_k = f(x_k)$	∇f_k	$\nabla^2 f_k$	$\nabla^3 f_k$	$\nabla^4 f_k$	$\cdots$
x_0	f_0					
x_1	f_1	∇f_1				
x_2	f_2	∇f_2	$\nabla^2 f_2$			
x_3	f_3	∇f_3	$\nabla^2 f_3$	$\nabla^3 f_3$		
x_4	f_4	∇f_4	$\nabla^2 f_4$	$\nabla^3 f_4$	$\nabla^4 f_4$	
$\vdots$	$\vdots$	$\vdots$	$\vdots$	$\vdots$	$\vdots$	

差分具有如下性质.

（1）若 $f(x) = c_1\varphi(x) + c_2\psi(x)$，其中 c_i 为常数，则

$$\Delta^m f_k = c_1\Delta^m \varphi_k + c_2\Delta^m \psi_k$$

（2）差分可表示为函数值的线性组合，即

$$\Delta^m f_k = \sum_{j=0}^{m} (-1)^j \binom{m}{j} f_{k+m-j}$$

$$\nabla^m f_k = \sum_{j=0}^{m} (-1)^j \binom{m}{j} f_{k-j}$$

其中：$\binom{m}{j} = \dfrac{m!}{j!(m-j)!}$ 为二项式展开的系数.

（3）向后差分化成向前差分的公式为

$$\nabla^m f_k = \Delta^m f_{k-m}$$

下述定理揭示了差商与差分之间的关系.

定理 5.5 设 $x_0, x_1, \cdots, x_n$ 是等距分布的 $n+1$ 个互异的点，函数 $f(x)$ 在包含点 $x_0, x_1, \cdots, x_n$ 的区间 $[a,b]$ 上 n 次可微，则

$$f[x_0, x_1, \cdots, x_m] = \frac{1}{m!h^m}\Delta^m f_0 \quad (1 \leqslant m \leqslant n) \tag{5.24}$$

$$f[x_n, x_{n-1}, \cdots, x_{n-m}] = \frac{1}{m!h^m}\nabla^m f_n \quad (1 \leqslant m \leqslant n) \tag{5.25}$$

其中：$h = x_{k+1} - x_k \ (k = 0, 1, \cdots, n-1)$.

证明 因为

$$f[x_0, x_1] = \frac{f(x_1) - f(x_0)}{x_1 - x_0} = \frac{\Delta f_0}{h}$$

所以当 $m=1$ 时，式（5.24）成立.

假设对 $m-1$ 阶差商式（5.24）成立，特别有

$$f[x_0, x_1, \cdots, x_{m-1}] = \frac{1}{(m-1)!h^{m-1}}\Delta^{m-1} f_0, \qquad f[x_1, x_2, \cdots, x_m] = \frac{1}{(m-1)!h^{m-1}}\Delta^{m-1} f_1$$

则对 m 阶差商式，有

$$f[x_0,x_1,\cdots,x_m]=\frac{f[x_0,x_1,\cdots,x_{m-1}]-f[x_1,x_2,\cdots,x_m]}{x_0-x_m}$$
$$=\frac{1}{mh}\times\frac{1}{(m-1)!h^{m-1}}\left(\Delta^{m-1}f_1-\Delta^{m-1}f_0\right)=\frac{1}{m!h^m}\Delta^m f_0$$

综上所述，对任意正整数 $m\ (1\leqslant m\leqslant n)$ 式（5.24）成立. 类似可证式（5.25）成立.

5.3.4 等距节点插值公式

在等距节点条件下，根据差商与向前差分和向后差分的关系式，可以得到 Newton 插值多项式的几种形式.

设有等距节点 $x_k=x_0+kh(k=0,1,\cdots,n)$ ，则 Newton 插值多项式可以写为

$$N_n(x)=f(x_0)+f[x_0,x_1](x-x_0)+\cdots+f[x_0,x_1,\cdots,x_n](x-x_0)(x-x_1)\cdots(x-x_{n-1})$$
$$=f_0+\frac{1}{h}\Delta f_0(x-x_0)+\frac{\Delta^2 f_0}{2!h^2}(x-x_0)(x-x_1)+\cdots+\frac{\Delta^n f_0}{n!h^n}(x-x_0)(x-x_1)\cdots(x-x_{n-1})$$

令 $x=x_0+th$ ，则上式可变形为

$$N_n(x_0+th)=f_0+t\Delta f_0+\frac{t(t-1)}{2!}\Delta^2 f_0+\cdots+\frac{t(t-1)\cdots(t-n+1)}{n!}\Delta^n f_0 \tag{5.26}$$

式（5.26）称为 Newton 向前插值公式，其余项为

$$R_n(x)=\frac{f^{(n+1)}(\xi)}{(n+1)!}(x-x_0)(x-x_1)\cdots(x-x_n)=\frac{t(t-1)\cdots(t-n)}{(n+1)!}h^{n+1}f^{(n+1)}(\xi) \tag{5.27}$$

其中：$\xi\in(x_0,x_n)$.

同理，也可以用向后差分表示 Newton 插值公式. 令 $x=x_n+th$ ， $x\in[x_0,x_n]$，则有

$$N_n(x_n+th)=f_n+t\nabla f_n+\frac{t(t+1)}{2!}\nabla^2 f_n+\cdots+\frac{t(t+1)\cdots(t+n-1)}{n!}\nabla^n f_n \tag{5.28}$$

式（5.28）称为 Newton 向后插值公式，其余项为

$$R_n(x)=\frac{t(t+1)\cdots(t+n)}{(n+1)!}h^{n+1}f^{(n+1)}(\xi) \tag{5.29}$$

其中：$\xi\in(x_0,x_n)$.

例 5.7 已知等距节点及相应点上的函数值如表 5.8 所示.

表 5.8 例 5.7 的数据表

i	0	1	2	3
x_i	0.4	0.6	0.8	1.0
f_i	1.5	1.8	2.2	2.8

分别用 3 次 Newton 向前和向后插值公式计算 $f(0.5)$ 和 $f(0.9)$ 的近似值.

解 取 $x_0=0.4$， $x_1=0.6$， $x_2=0.8$， $x_3=1.0$， $h=0.2$.

先构造向前差分表如表 5.9 所示.

表 5.9 向前差分表

x_k	$f_k=f(x_k)$	Δf_k	$\Delta^2 f_k$	$\Delta^3 f_k$
0.4	1.5			
0.6	1.8	0.3		
0.8	2.2	0.4	0.1	
1.0	<u>2.8</u>	<u>0.6</u>	<u>0.2</u>	<u>0.1</u>

（1）Newton 向前插值公式为

$$\begin{aligned}N_3(x_0+th)&=f_0+t\Delta f_0+\frac{t(t-1)}{2!}\Delta^2 f_0+\frac{t(t-1)(t-2)}{3!}\Delta^3 f_0\\&=1.5+0.3t+0.1\frac{t(t-1)}{2!}+0.1\frac{t(t-1)(t-2)}{3!}\end{aligned}$$

由 $t=\dfrac{x-x_0}{h}=\dfrac{0.5-0.4}{0.2}=0.5$，得

$$f(0.5)\approx N_3(0.5)=1.5+0.3\times0.5+\frac{0.5(0.5-1)}{2!}\times0.1+\frac{0.5(0.5-1)(0.5-2)}{3!}\times0.1=1.643\ 75$$

（2）因 $\nabla^m f_k=\Delta^m f_{k-m}$，故可使用上面已建立的向前差分表中数据（即表中最后一行画线数据）.

Newton 向后插值公式为

$$\begin{aligned}N_3(x_3+th)&=f_3+t\nabla f_3+\frac{t(t+1)}{2!}\nabla^2 f_3+\frac{t(t+1)(t+2)}{3!}\nabla^3 f_3\\&=2.8+0.6t+\frac{0.2}{2}t(t+1)+\frac{0.1}{3!}t(t+1)(t+2)\end{aligned}$$

对 $x=0.9$，有 $t=\dfrac{x-x_3}{h}=\dfrac{0.9-1.0}{0.2}=-0.5$，代入上式得

$$\begin{aligned}f(0.9)\approx N_3(0.9)&=2.8+0.6\times(-0.5)+\frac{0.2}{2}(-0.5)(-0.5+1)+\frac{0.1}{3!}(-0.5)(-0.5+1)(-0.5+2)\\&=2.468\ 75\end{aligned}$$

5.4 Hermite 插 值

Lagrange 插值法和 Newton 插值法都要求插值函数在插值节点处与已知函数值相等. 但在实际应用中，许多问题不仅要求它在节点处与函数同值，而且要求它与函数有相同的一阶、二阶甚至更高阶的导数值，这就是 Hermite（埃尔米特）插值问题. 下面介绍解决这类问题的 Hermite 插值方法.

5.4.1 Hermite 插值公式

定义 5.4 设已知函数 $y=f(x)$ 在 n+1 个互异节点 $x_0,x_1,\cdots,x_n$ 处的函数值 $y_i=f(x_i)$ $(i=0,1,\cdots,n)$ 和导数值 $y_i'=f'(x_i)$ $(i=0,1,\cdots,n)$，若存在一个次数不超过 $2n+1$ 次的多项式函数 $H(x)$ 满足条件

$$H(x_i)=y_i,\qquad H'(x_i)=y_i'\quad(i=0,1,\cdots,n)\tag{5.30}$$

则称 $H(x)$ 为 $f(x)$ 的 Hermite 插值多项式.

注 5.1　式（5.30）给出了 $2n+2$ 的个插值条件，可唯一确定一个形如

$$H(x)=a_0+a_1x+a_2x^2+\cdots+a_{2n+1}x^{2n+1}$$

的多项式. 但如果直接利用式（5.30）来构造 $2n+2$ 个系数 $a_0,a_1,\cdots,a_{2n+1}$，计算非常复杂，所以用类似于 Lagrange 插值多项式的构造方法来构造 Hermite 插值多项式.

设 $h_i(x),\tilde{h}_i(x)\,(i=0,1,\cdots,n)$ 都是至多 $2n+1$ 次多项式，且满足

$$h_i(x_j)=\begin{cases}0, & j\neq i,\\ 1, & j=i,\end{cases}\qquad h_i'(x_j)=0\quad(i,j=0,1,\cdots,n)\tag{5.31}$$

$$\tilde{h}_i(x_j)=0,\qquad \tilde{h}_i'(x_j)=\begin{cases}0, & j\neq i\\ 1, & j=i\end{cases}\quad(i,j=0,1,\cdots,n)\tag{5.32}$$

记

$$H(x)=\sum_{i=0}^{n}\left[y_ih_i(x)+y_i'\tilde{h}_i(x)\right]\tag{5.33}$$

由式（5.31）和式（5.32）知 $H(x_k)=y_k$，$H'(x_k)=y_k'\ (k=0,1,\cdots,n)$，且 $H(x)$ 是次数不超过 $2n+1$ 次的多项式，因此 $H(x)$ 是 Hermite 插值多项式.

下面利用 Lagrange 插值基函数 $l_i(x)\ (i=0,1,\cdots,n)$ 来构造 $h_i(x),\tilde{h}_i(x)\ (i=0,1,\cdots,n)$.

$$l_i(x_j)=0,\qquad \left[l_i^2(x)\right]'_{x=x_j}=2l_i(x_j)\,l_i'(x_j)=0\quad(j\neq i,\ j=0,1,\cdots,n)$$

且 $l_i^2(x)$ 是 $2n$ 次多项式. 由条件（5.31）知，$h_i(x)$ 以 $x_j\ (j\neq i)$ 为二重零点，因此可设 $h_i(x)$ 为

$$h_i(x)=(a+bx)l_i^2(x)$$

其中：a,b 为待定常数；$l_i(x)=\prod\limits_{\substack{j=0\\ j\neq i}}^{n}\dfrac{x-x_j}{x_i-x_j}$.

由式（5.31）可得

$$h_i(x_i)=(a+bx_i)l_i^2(x_i)=1,\qquad h_i'(x_i)=bl_i^2(x_i)+2(a+bx_i)l_i(x_i)l_i'(x_i)=0.$$

因此有 $a+bx_i=1$，$b+2l_i'(x_i)=0$. 解得 $b=-2l_i'(x_i)$，$a=1+2x_il_i'(x_i)$. 而 $l_i'(x_i)=\sum\limits_{\substack{k=0\\ k\neq i}}^{n}\dfrac{1}{x_i-x_k}$，故

$$h_i(x)=\left[1-2(x-x_i)\sum_{\substack{k=0\\ k\neq i}}^{n}\frac{1}{x_i-x_k}\right]l_i^2(x)\tag{5.34}$$

由条件（5.32）知，$\tilde{h}_i(x)$ 以 $x_j\ (j\neq i)$ 为二重零点，以 x_i 为一重零点，因此可设 $\tilde{h}_i(x)$ 为

$$\tilde{h}_i(x)=c(x-x_i)l_i^2(x)$$

于是有 $\tilde{h}_i'(x)=cl_i^2(x)+c(x-x_i)2l_i(x)l_i'(x)$，再由 $\tilde{h}_i'(x_i)=1$ 可得 $c=1$，得

$$\tilde{h}_i(x)=(x-x_i)l_i^2(x)\tag{5.35}$$

由式（5.34）和式（5.35）可得 Hermite 插值多项式为

$$H(x)=\sum_{i=0}^{n}\left\{\left[1-2(x-x_i)\sum_{\substack{k=0\\k\neq i}}^{n}\frac{1}{x_i-x_k}\right]l_i^2(x)y_i+(x-x_i)l_i^2(x)y_i'\right\}$$

当$n=1$时，有

$$h_0(x)=\left(1+2\frac{x-x_0}{x_1-x_0}\right)\left(\frac{x-x_1}{x_0-x_1}\right)^2,\qquad h_1(x)=\left(1+2\frac{x-x_1}{x_0-x_1}\right)\left(\frac{x-x_0}{x_1-x_0}\right)^2$$

$$\tilde{h}_0(x)=(x-x_0)\left(\frac{x-x_1}{x_0-x_1}\right)^2,\qquad \tilde{h}_1(x)=(x-x_1)\left(\frac{x-x_0}{x_1-x_0}\right)^2$$

于是两点三次 Hermite 插值多项式为

$$\begin{aligned}H(x)=&\left(1+2\frac{x-x_0}{x_1-x_0}\right)\left(\frac{x-x_1}{x_0-x_1}\right)^2 y_0+\left(1+2\frac{x-x_1}{x_0-x_1}\right)\left(\frac{x-x_0}{x_1-x_0}\right)^2 y_1\\&+(x-x_0)\left(\frac{x-x_1}{x_0-x_1}\right)^2 y_0'+(x-x_1)\left(\frac{x-x_0}{x_1-x_0}\right)^2 y_1'\end{aligned}\tag{5.36}$$

5.4.2 Hermite 插值的唯一性及余项

定理 5.6 满足插值条件（5.30）的 Hermite 插值多项式是唯一的.

证明 设$H(x)$及$\bar{H}(x)$都是满足条件（5.30）的 Hermite 插值多项式. 令

$$g(x)=H(x)-\bar{H}(x)$$

则有

$$g(x_i)=g'(x_i)=0\quad(i=0,1,\cdots,n)$$

即每个插值节点$x_i\ (i=0,1,\cdots,n)$都是$g(x)$的二重零点，因此$g(x)$至少有$2n+2$个零点.

但$g(x)$是次数不超过$2n+1$的多项式，由代数基本定理得到$g(x)\equiv 0$，即

$$H(x)=\bar{H}(x)$$

这表明 Hermite 插值多项式是唯一的.

定理 5.7 设$x_0,x_1,\cdots,x_n$为区间$[a,b]$上的互异节点，$H(x)$为$f(x)$的过这组节点的$2n+1$次 Hermite 插值多项式. 若$f(x)$在$[a,b]$上$2n+2$次可导，则对任意的$x\in[a,b]$，插值余项为

$$R(x)=f(x)-H(x)=\frac{f^{(2n+2)}(\xi)}{(2n+2)!}\omega_{n+1}^2(x),\quad \xi\in(a,b)\tag{5.37}$$

证明 当$x=x_i\ (i=0,1,\cdots,n)$时，结论显然成立. 当$x\neq x_i\ (i=0,1,\cdots,n)$时，构造辅助函数

$$\varphi(t)=f(t)-H(t)-\frac{R(x)}{\omega_{n+1}^2(x)}\omega_{n+1}^2(t),\quad t\in[a,b]$$

则$\varphi(t)$在$[a,b]$上$2n+2$阶可导，且$\varphi(t)$在$[a,b]$上至少有$n+2$个互异零点$x,x_0,x_1,\cdots,x_n$. 由 Rolle 中值定理，函数$\varphi'(t)$在(a,b)内至少有$n+1$个异于节点$x_i\ (i=0,1,\cdots,n)$的零点，又$\varphi'(x_i)=0\ (i=0,1,\cdots,n)$，因此函数$\varphi'(t)$在$(a,b)$内至少有$2n+2$个互异零点. 反复使用 Rolle 中值定理，可以得出$\varphi^{(2n+2)}(t)$在(a,b)内至少有一个零点，即存在$\xi\in(a,b)$，使得

$$\varphi^{(2n+2)}(\xi)=f^{(2n+2)}(\xi)-0-\frac{R_n(x)}{\omega_{n+1}(x)}(2n+2)!=0$$

从而得

$$R(x)=\frac{f^{(2n+2)}(\xi)}{(2n+2)!}\omega_{n+1}^2(x),\quad \xi\in(a,b)$$

推论 5.1　（1）至多 $2n+1$ 次多项式在任意 $n+1$ 个互异节点上的 Hermite 多项式就是其自身；（2）$\sum_{i=0}^{n}h_i(x)=1$.

证明　（1）设 $f(x)$ 是至多 $2n+1$ 次多项式，$H(x)$ 是 $f(x)$ 在任意 $n+1$ 个互异节点上的 Hermite 多项式.

因为 $f(x)$ 是次数不超过 $2n+1$ 的多项式，所以 $f^{(2n+2)}(x)=0$.

由定理 5.7 知，插值余项为

$$R(x)=f(x)-H(x)=\frac{f^{(2n+2)}(\xi)}{(2n+2)!}\omega_{n+1}^2(x)=0,\quad \xi\in(a,b)$$

于是 $H(x)=f(x)$.

（2）令 $f(x)=1$，则有 $f(x_i)=1$，$f'(x_i)=0$ $(i=0,1,\cdots,n)$. 于是 $f(x)$ 的 Hermite 插值多项式为

$$H(x)=\sum_{i=0}^{n}h_i(x)=f(x)=1$$

例 5.8　已知函数 $y=f(x)$ 的数据如表 5.10 所示.

表 5.10　例 5.8 的数据表

x_i	0	1
y_i	0	2
y_i'	2	3

求 $f(x)$ 的三次 Hermite 插值多项式，并写出余项.

解　将表 5.10 中的数据代入式（5.36），即得 Hermite 插值多项式

$$\begin{aligned}H(x)&=\left(1+2\times\frac{x-0}{1-0}\right)\left(\frac{x-1}{0-1}\right)^2\times 0+\left(1+2\times\frac{x-1}{0-1}\right)\left(\frac{x-0}{1-0}\right)^2\times 2+(x-0)\left(\frac{x-1}{0-1}\right)^2\times 2\\&\quad+(x-1)\left(\frac{x-0}{1-0}\right)^2\times 3\\&=x^3-x^2+2x\end{aligned}$$

余项为

$$R(x)=\frac{f^{(4)}(\xi)}{(4)!}x^2(x-1)^2,\quad \xi\in(0,1)$$

5.4.3 Hermite 插值的一般形式

定义 5.5 设已知函数 $y=f(x)$ 在 $n+1$ 个互异节点 $x_0,x_1,\cdots,x_n$ 处的函数值 $y_i=f(x_i)$ $(i=0,1,\cdots,n)$ 和导数值 $y'_{i_k}=f'\left(x_{i_k}\right)$ $(k=0,1,\cdots,m$；$m\leqslant n$；$0\leqslant i_k\leqslant n)$，若存在一个次数不超过 $n+m+1$ 次的多项式函数 $H(x)$ 满足条件

$$\begin{aligned}&H(x_i)=y_i\quad(i=0,1,\cdots,n)\\&H'\left(x_{i_k}\right)=y'_{i_k}\quad(k=0,1,\cdots,m)\end{aligned}\tag{5.38}$$

则称 $H(x)$ 为 $f(x)$ 的 Hermite 插值多项式.

与前面的讨论类似，可以证明满足条件（5.38）的 Hermite 插值多项式是存在且唯一的.

定理 5.8 设 $x_0,x_1,\cdots,x_n$ 为区间 $[a,b]$ 上的互异节点，$H(x)$ 为 $f(x)$ 的满足条件（5.38）的 Hermite 插值多项式. 若 $f(x)$ 在 $[a,b]$ 上 $n+m+2$ 次可导，则对任意的 $x\in[a,b]$，插值余项为

$$R(x)=f(x)-H(x)=\frac{f^{(n+m+2)}(\xi)}{(n+m+2)!}\omega_{n+1}(x)\prod_{k=0}^{m}\left(x-x_{i_k}\right),\quad \xi\in(a,b)\tag{5.39}$$

证明 当 $x=x_i$ $(i=0,1,\cdots,n)$ 时，结论显然成立. 当 $x\neq x_i$ $(i=0,1,\cdots,n)$ 时，构造辅助函数

$$\varphi(t)=f(t)-H(t)-\left\{R(x)\Big/\left[\omega_{n+1}(x)\prod_{k=0}^{m}(x-x_{i_k})\right]\right\}\omega_{n+1}(t)\prod_{k=0}^{m}\left(t-x_{i_k}\right),\quad t\in[a,b]$$

则 $\varphi(t)$ 在 $[a,b]$ 上 $n+m+2$ 阶可导，且 $\varphi(t)$ 在 $[a,b]$ 上至少有 $n+2$ 个互异零点 $x,x_0,x_1,\cdots,x_n$. 由 Rolle 中值定理，函数 $\varphi'(t)$ 在 (a,b) 内至少有 $n+1$ 个异于节点 x_i $(i=0,1,\cdots,n)$ 与 x 的零点，又 $\varphi'(x_{i_l})=0$ $(l=0,1,\cdots,m)$，因此函数 $\varphi'(t)$ 在 (a,b) 内至少有 $n+m+2$ 个互异零点. 反复使用 Rolle 中值定理，可以得出 $\varphi^{(n+m+2)}(t)$ 在 (a,b) 内至少有一个零点，即存在 $\xi\in(a,b)$，使得

$$\varphi^{(n+m+2)}(\xi)=f^{(n+m+1)}(\xi)-\left\{R(x)\Big/\left[\omega_{n+1}(x)\prod_{k=0}^{m}\left(x-x_{i_k}\right)\right]\right\}(n+m+2)!=0$$

从而得

$$R(x)=\frac{f^{(n+m+2)}(\xi)}{(n+m+2)!}\omega_{n+1}(x)\prod_{k=0}^{m}\left(x-x_{i_k}\right),\quad \xi\in(a,b)$$

一般形式的 Hermite 插值多项式的求法可采用下述降阶法.

设

$$H(x)=\phi_n(x)+P_m(x)\omega_{n+1}(x)$$

其中：$\phi_n(x)$ 为 $f(x)$ 满足条件 $\phi_n(x_i)=y_i$ $(i=0,1,\cdots,n)$ 的 n 次插值多项式；$\omega_{n+1}(x)=\prod_{j=0}^{n}\left(x-x_j\right)$；$P_m(x)$ 为待定的 m 次多项式. 显然 $H(x_i)=\phi_n(x_i)=y_i$. 由导数插值条件，有

$$H'\left(x_{i_k}\right)=\phi'_n\left(x_{i_k}\right)+P_m\left(x_{i_k}\right)\omega'_{n+1}\left(x_{i_k}\right)=y'_{i_k}$$

由此确定 $P_m(x)$，即可求得 Hermite 插值多项式，这种方法称为降阶法.

例 5.9 已知函数 $y=f(x)$ 的数据如表 5.11 所示.

表 5.11　例 5.9 的数制表

x_i	0	1	2
y_i	1	2	1
y_i'	—	0	4

求 $f(x)$ 的 4 次 Hermite 插值多项式.

解　（方法 1）容易求出函数满足插值条件的插值多项式为

$$\phi_2(x) = 1 + x - x(x-1) = -x^2 + 2x + 1$$

设

$$H(x) = \phi_2(x) + (a+bx)x(x-1)(x-2)$$

求导得

$$H'(x) = -2x + 2 + bx(x-1)(x-2) + (a+bx)[(x-1)(x-2) + x(x-2) + x(x-1)]$$

代入导数插值条件 $H'(1) = -(a+b) = 0,\quad H'(2) = -2 + 2(a+2b) = 4$，解得 $a = -3$，$b = 3$. 故所求 Hermite 插值多项式为

$$H(x) = -x^2 + 2x + 1 + (-3+3x)x(x-1)(x-2) = 3x^4 - 12x^3 + 14x^2 - 4x + 1$$

（方法 2）因为插值条件有 5 个，所以所求插值多项式的次数不超过 4，设为

$$H(x) = a_0x^4 + a_1x^3 + a_2x^2 + a_3x + a_4$$

从而有

$$H'(x) = 4a_0x^3 + 3a_1x^2 + 2a_2x + a_3$$

于是有

$$H(0) = a_4 = 1,\quad H(1) = a_0 + a_1 + a_2 + a_3 + a_4 = 2,\quad H(2) = 16a_0 + 8a_1 + 4a_2 + 2a_3 + a_4 = 1$$

$$H'(1) = 4a_0 + 3a_1 + 2a_2 + a_3 = 0,\qquad H'(2) = 32a_0 + 12a_1 + 4a_2 + a_3 = 4$$

解得 $a_0 = 3,\ a_1 = -12,\ a_2 = 14,\ a_3 = -4,\ a_4 = 1$，故所求 Hermite 插值多项式为

$$H(x) = 3x^4 - 12x^3 + 14x^2 - 4x + 1$$

5.5　分段低次插值

5.5.1　高次多项式插值的 Runge 现象

对 $f(x)$ 进行多项式插值，为了很好地逼近 $f(x)$，就需要增加 $f(x)$ 的已知数据，即增加插值节点. 随着节点数的增加，插值多项式的次数 n 将逐步提高. 当插值节点增多、代数插值的次数较高时，不能保证非插值节点处的插值精度得到改善，有时反而误差更大，出现插值多项式振荡和数值不稳定现象. 这就是 Runge（龙格）现象.

对于函数 $f(x)=\dfrac{1}{1+x^2}$，$x\in[-5,5]$，采用 Lagrange 多项式插值，取节点 $x_k=-5+k \quad (k=0,1,\cdots,10)$，由 Lagrange 插值公式可得到 $f(x)$ 的 10 次插值多式 $L_{10}(x)$，如图 5.1 所示，$L_{10}(x)$ 仅在区间中部能较好地逼近函数 $f(x)$，在其他部位差异较大，而且越接近端点，逼近效果越差. Runge 对 $f(x)=\dfrac{1}{1+x^2}$ 在区间 $[-5,5]$ 上的 n 次等距 Lagrange 插值 $L_n(x)$ 进行了研究，结果表明，当 n 很大时，在 $|x|\leqslant c\approx 3.63$ 内 $L_n(x)$ 能很好地逼近 $f(x)$；而在这个区间外，误差反而很大，尤其在端点 $x=\pm 5$ 附近. 这种现象称为 Runge 现象.

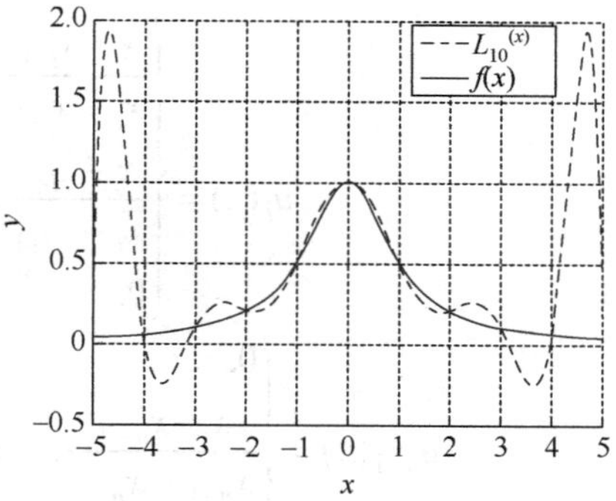

图 5.1 Runge 现象

为了克服插值过程中的 Runge 现象，在实践中一般采用分段低次插值.

5.5.2 分段线性插值

定义 5.6 对给定的 $n+1$ 个节点 $a=x_0<x_1<\cdots<x_{n-1}<x_n=b$ 及节点上的函数值 $y_i=f(x_i)$ $(i=0,1,\cdots,n)$，若函数 $\phi(x)$ 满足：

（1）$\phi(x_i)=y_i \quad (i=0,1,\cdots,n)$；

（2）在每个小区间 $[x_i,x_{i+1}]$ $(i=0,1,\cdots,n-1)$ 上 $\phi(x)$ 是线性函数.

则称 $\phi(x)$ 为 $[a,b]$ 上的分段线性插值函数.

在几何上，分段线性插值函数 $y=\phi(x)$ 的图形就是通过点 (x_i,y_i) $(i=0,1,\cdots,n)$ 的一条折线，分段线性插值就是用折线近似曲线.

由插值多项式的唯一性，$\phi(x)$ 在每个小区间 $[x_i,x_{i+1}]$ $(i=0,1,\cdots,n-1)$ 上可表示为

$$\phi(x)=\frac{x-x_{i+1}}{x_i-x_{i+1}}y_i+\frac{x-x_i}{x_{i+1}-x_i}y_{i+1},\quad x\in\left[x_i,x_{i+1}\right] \tag{5.40}$$

而在整个区间 $[a,b]$ 上，$\phi(x)$ 可以表示为

$$\phi(x)=\sum_{i=0}^{n}y_iu_i(x) \tag{5.41}$$

其中：$u_i(x)\,(i=0,1,\cdots,n)$ 为分段线性插值基函数，并且

$$u_0(x)=\begin{cases}\dfrac{x-x_1}{x_0-x_1}, & x\in[x_0,x_1],\\ 0, & x\in(x_1,x_n],\end{cases}\qquad u_1(x)=\begin{cases}\dfrac{x-x_0}{x_1-x_0}, & x\in[x_0,x_1]\\ \dfrac{x-x_2}{x_1-x_2}, & x\in(x_1,x_2]\\ 0, & x\in(x_2,x_n]\end{cases}$$

$$u_i(x)=\begin{cases}\dfrac{x-x_{i-1}}{x_i-x_{i-1}}, & x\in[x_{i-1},x_i],\\ \dfrac{x-x_{i+1}}{x_i-x_{i+1}}, & x\in(x_i,x_{i+1}],\\ 0, & x\in[x_0,x_{i-1})\cup(x_{i+1},x_n]\end{cases}\qquad (i=2,3,\cdots,n-2)$$

$$u_{n-1}(x)=\begin{cases}0, & x\in[x_0,x_{n-2}),\\ \dfrac{x-x_{n-2}}{x_{n-1}-x_{n-2}}, & x\in[x_{n-2},x_{n-1}],\\ \dfrac{x-x_n}{x_{n-1}-x_n}, & x\in(x_{n-1},x_n],\end{cases}\qquad u_n(x)=\begin{cases}0, & x\in(x_0,x_{n-1}]\\ \dfrac{x-x_{n-1}}{x_n-x_{n-1}}, & x\in[x_{n-1},x_n]\end{cases}$$

例 5.10　已知函数 $y=f(x)$ 的数据如表 5.12 所示.

表 5.12　例 5.10 的数据表

x	-1	0	1	2
y	1	2	5	9

求其分段线性插值函数.

解　根据式（5.40）可得分段线性插值函数为

$$\phi(x)=\begin{cases}x+2, & x\in[-1,0)\\ 3x+2, & x\in[0,1)\\ 4x+1, & x\in[1,2]\end{cases}$$

定理 5.9　若 $f(x)\in C^2[a,b]$；则 $f(x)$ 的分段线性插值函数 $\phi(x)$ 的余项估计式为

$$|R(x)|=|f(x)-\phi(x)|\leqslant\frac{h^2}{8}M$$

其中：$h=\max\limits_{0\leqslant i\leqslant n-1}|x_{i+1}-x_i|$；$M=\max\limits_{a\leqslant x\leqslant b}|f''(x)|$.

证明　因为在每个小区间 $[x_i,x_{i+1}]$ $(i=0,1,\cdots,n-1)$ 上 $\phi(x)$ 是 $f(x)$ 的线性插值多项式，所以由式（5.5），对任意 $x\in[x_i,x_{i+1}]$，有

$$R(x)=f(x)-\phi(x)=\frac{f''(\xi)}{2}(x-x_i)(x-x_{i+1}),\quad \xi\in(x_i,x_{i+1})$$

求出最大值

$$\max_{x_i\leqslant x\leqslant x_{i+1}}|(x-x_i)(x-x_{i+1})|=\frac{(x_i-x_{i+1})^2}{4}$$

于是有

$$|R(x)|\leqslant\frac{|f''(\xi)|}{2}\frac{(x_i-x_{i+1})^2}{4}\leqslant\frac{(x_i-x_{i+1})^2}{8}\max_{x_i\leqslant x\leqslant x_{i+1}}|f''(x)|,\quad x\in[x_i,x_{i+1}]$$

从而对任意的 $x\in[a,b]$，都有

$$|R(x)| \leqslant \frac{h^2}{8} \max_{a \leqslant x \leqslant b} |f''(x)| = \frac{h^2}{8} M$$

5.5.3 分段 Hermite 插值

分段线性插值简便易行，定理 5.9 还表明，当节点加密时，分段线性插值的误差变小，收敛性有保证. 但分段线性插值函数仅在$[a,b]$上连续，一般地，在节点处插值函数不可导，光滑性较差. 为使插值函数具有光滑性，可以采用分段三次 Hermite 插值法.

定义 5.7 设已知函数 $y=f(x)$ 在 $n+1$ 个互异节点 $x_0,x_1,\cdots,x_n$ 处的函数值 $y_i=f(x_i)$ $(i=0,1,\cdots,n)$ 和导数值 $y_i'=f'(x_i)$ $(i=0,1,\cdots,n)$，若函数 $H(x)$ 满足：

（1）$H(x)\in C^1[a,b]$；

（2）$H(x_i)=y_i$，$H'(x_i)=y_i'$ $(i=0,1,\cdots,n)$；

（3）在每个小区间$[x_i,x_{i+1}]$ $(i=0,1,\cdots,n-1)$上 $H(x)$ 是三次多项式.

则称 $H(x)$ 为 $f(x)$ 在$[a,b]$上的分段三次 Hermite 插值多项式.

由两点三次 Hermite 插值多项式（5.36）可知，分段三次 Hermite 插值函数 $H(x)$ 在区间$[x_i,x_{i+1}]$ $(i=0,1,\cdots,n-1)$上的表达式为

$$\begin{aligned}H(x)=&\left(1+2\frac{x-x_i}{x_{i+1}-x_i}\right)\left(\frac{x-x_{i+1}}{x_i-x_{i+1}}\right)^2 y_i+\left(1+2\frac{x-x_{i+1}}{x_i-x_{i+1}}\right)\left(\frac{x-x_i}{x_{i+1}-x_i}\right)^2 y_{i+1}\\&+(x-x_i)\left(\frac{x-x_{i+1}}{x_i-x_{i+1}}\right)^2 y_i'+(x-x_{i+1})\left(\frac{x-x_i}{x_{i+1}-x_i}\right)^2 y_{i+1}',\quad x\in[x_i,x_{i+1}]\ (i=0,1,\cdots,n-1)\end{aligned} \tag{5.42}$$

若 $f(x)\in C^4[a,b]$，则 $f(x)$ 的分段三次 Hermite 插值函数 $H(x)$ 的余项为

$$|R(x)|=|f(x)-H(x)|\leqslant \frac{h^4}{384}\max_{a\leqslant x\leqslant b}\left|f^{(4)}(x)\right| \tag{5.43}$$

其中：$h=\max\limits_{0\leqslant i\leqslant n-1}|x_{i+1}-x_i|$.

分段三次 Hermite 插值函数是插值区间上的光滑函数，它与函数 $f(x)$ 在节点处密合程度较好.

5.6 三次样条插值

分段低次插值虽然计算简单，也具有收敛性和稳定性，但不能保证整条曲线在插值处的光滑性. 这在许多实际问题中，往往不能满足某些工程技术的高精度要求. 例如，飞机的机翼外形、内燃机的进排气门的凸轮曲线，都要求曲线具有较高的光滑程度，不仅要连续，而且要有连续的曲率，即二阶导数连续. 这就导致了样条插值的产生.

5.6.1 样条插值函数的定义

样条(spline)是早期的工程师用来绘制光滑曲线的一种富有弹性的细木条(或细金属条),把木条固定在曲线的样点上,让其他地方自然弯曲,从而描绘出近似光滑的曲线,称这样的曲线为样条曲线. 数学上将具有一定光滑性的分段多项式称为样条函数.

定义 5.8 设已知函数 $y=f(x)$ 在 $n+1$ 个插值节点 $a=x_0<x_1<\cdots<x_n=b$ 处的函数值 $y_i=f(x_i)\ (i=0,1,\cdots,n)$,若函数 $S(x)$ 满足:

(1) $S(x)\in C^2[a,b]$;

(2) $S(x)$ 在每个小区间 $[x_i,x_{i+1}]\ (i=0,1,\cdots,n-1)$ 上是至多三次多项式,且至少在一个子区间为三次多项式;

(3) $S(x_i)=y_i\ \ (i=0,1,\cdots,n)$.

则称 $S(x)$ 为 $f(x)$ 在 $[a,b]$ 上的三次样条插值函数.

由上述定义知,三次样条函数 $S(x)$ 在每个小区间 $[x_i,x_{i+1}]\ (i=0,1,\cdots,n-1)$ 上表示为

$$S(x)=a_i+b_i(x-x_i)+c_i(x-x_i)^2+d_i(x-x_i)^3,\quad x\in[x_i,x_{i+1}]\ (i=0,1,\cdots,n-1)$$

要在 $[a,b]$ 上确定 $S(x)$,就需要得到 $4n$ 个待定系数 $a_i,b_i,c_i,d_i\ \left(i=0,1,\cdots,n-1\right)$. 由条件 $S(x)\in C^2[a,b]$ 知,在节点 x_i 应满足

$$\begin{cases}S(x_i-0)=S(x_i+0)\\ S'(x_i-0)=S'(x_i+0)\qquad (i=1,2,\cdots,n-1)\\ S''(x_i-0)=S''(x_i+0)\end{cases}\tag{5.44}$$

它给出 $3(n-1)$ 个条件,再加上 $S(x)$ 满足插值条件,共有 $4n-2$ 个条件. 为了确定 $S(x)$,还需要 2 个条件. 通常是在区间 $[a,b]$ 的端点 $x_0=a$,$x_n=b$ 上各加 1 个条件(称为边界条件). 常用的有以下三种边界条件.

(1) 给定端点处的一阶导数值,即

$$S'(x_0)=f'(x_0)=y'_0,\qquad S'(x_n)=f'(x_n)=y'_n\tag{5.45}$$

此条件也称固支边界条件.

(2) 给定端点处的二阶导数值,即

$$S''(x_0)=f''(x_0)=y''_0,\qquad S''(x_n)=f''(x_n)=y''_n\tag{5.46}$$

特别地,

$$S''(x_0)=S''(x_n)=0$$

称为自然边界条件

(3) 当 $f(x)$ 是以 x_n-x_0 为周期的周期函数时,要求 $S(x)$ 也是周期函数,即

$$S\left(x_0+0\right)=S\left(x_n-0\right),\quad S'\left(x_0+0\right)=S'\left(x_n-0\right),\quad S''\left(x_0+0\right)=S''\left(x_n-0\right)\tag{5.47}$$

这种边界条件也称周期边界条件.

5.6.2 三弯矩插值法

记 $S''(x_i)=M_i \ (i=0,1,\cdots,n)$，$h_j=x_j-x_{j-1} \ (j=1,2,\cdots,n)$．因为在小区间 $[x_{i-1},x_i] \ (i=1,2,\cdots,n)$ 上 $S(x)$ 是至多三次多项式，所以 $S''(x)$ 在该子区间上为线性函数，并且有

$$S''(x)=M_{i-1}\frac{x_i-x}{h_i}+M_i\frac{x-x_{i-1}}{h_i}, \quad x\in[x_{i-1},x_i]$$

对 $S''(x)$ 积分两次有

$$S(x)=M_{i-1}\frac{(x_i-x)^3}{6h_i}+M_i\frac{(x-x_{i-1})^3}{6h_i}+A(x-x_{i-1})+B, \quad x\in[x_{i-1},x_i]$$

其中：A,B 为积分常数．由 $S(x_{i-1})=y_{i-1}$，$S(x_{i+1})=y_{i+1}$ 可得

$$A=\frac{y_i-y_{i-1}}{h_i}+\frac{h_i}{6}(M_{i-1}-M_i), \qquad B=y_{i-1}-\frac{h_i^2}{6}M_{i-1}$$

从而得到

$$S(x)=M_{i-1}\frac{(x_i-x)^3}{6h_i}+M_i\frac{(x-x_{i-1})^3}{6h_i}+\left(y_{i-1}-\frac{M_{i-1}h_i^2}{6}\right)\frac{x_i-x}{h_i}+\left(y_i-\frac{M_ih_i^2}{6}\right)\frac{x-x_{i-1}}{h_i}, \quad (5.48)$$
$$x_{i-1}\leqslant x\leqslant x_i \ (i=1,2,\cdots,n)$$

由式（5.48）可以看出，只要能把 $M_i \ (i=0,1,2,\cdots,n)$ 求出来，所求的三次样条函数在各个子区间上的表达式就可以由式（5.48）确定下来．为了求 M_i，对上式求导得

$$S'(x)=-M_{i-1}\frac{(x_i-x)^2}{2h_i}+M_i\frac{(x-x_{i-1})^2}{2h_i}+\frac{y_i-y_{i-1}}{h_i}-\frac{h_i}{6}(M_i-M_{i-1}), \quad (5.49)$$
$$x_{i-1}\leqslant x\leqslant x_i (i=1,2,\cdots,n)$$

由式（5.49）知

$$S'(x_i-0)=\frac{h_i}{6}M_{i-1}+\frac{h_i}{3}M_i+\frac{y_i-y_{i-1}}{h_i} \quad (5.50)$$

$$S'(x_{i-1}+0)=-\frac{h_i}{6}M_i-\frac{h_i}{3}M_{i-1}+\frac{y_i-y_{i-1}}{h_i} \quad (5.51)$$

类似地，在区间 $[x_i,x_{i+1}]$ 上，有

$$S'(x_i+0)=-\frac{h_{i+1}}{6}M_{i+1}-\frac{h_{i+1}}{3}M_i+\frac{y_{i+1}-y_i}{h_{i+1}} \quad (5.52)$$

因 $S'(x)$ 在 x_i 处连续，故应有

$$S'(x_i-0)=S'(x_i+0)$$

由此得 $n-1$ 个方程

$$\alpha_iM_{i-1}+2M_i+\beta_iM_{i+1}=\gamma_i \quad (i=1,2,\cdots,n-1) \quad (5.53)$$

其中：

$$\begin{cases} \alpha_i = \dfrac{h_i}{h_i + h_{i+1}} \\ \beta_i = 1 - \alpha_i = \dfrac{h_{i+1}}{h_i + h_{i+1}} \\ \gamma_i = \dfrac{6}{h_i + h_{i+1}}\left(\dfrac{y_{i+1} - y_i}{h_{i+1}} - \dfrac{y_i - y_{i-1}}{h_i}\right) = 6f[x_{i-1}, x_i, x_{i+1}] \end{cases} \quad (i = 1, 2, \cdots, n-1) \tag{5.54}$$

式（5.53）是含有 $n+1$ 未知数、$n-1$ 个方程的线性方程组，要唯一确定这 $n+1$ 个未知数，需要补充边界条件.

（1）在第一种边界条件（5.45）下，由

$$S'(x_0) = f'(x_0) = y_0', \qquad S'(x_n) = f'(x_n) = y_n'$$

及式（5.50）和式（5.52）得到

$$2M_0 + M_1 = \gamma_0, \qquad M_{n-1} + 2M_n = \gamma_n \tag{5.55}$$

其中：

$$\gamma_0 = \frac{6}{h_1}\left(-y_0' + \frac{y_1 - y_0}{h_1}\right) = \frac{6}{h_1}(f[x_0, x_1] - y_0')$$

$$\gamma_n = \frac{6}{h_n}\left(y_n' - \frac{y_n - y_{n-1}}{h_n}\right) = \frac{6}{h_n}(y_n' - f[x_{n-1}, x_n])$$

将式（5.53）与式（5.55）合在一起，就构成了关于未知量 $M_0, M_1, \cdots, M_n$ 的 $n+1$ 阶线性方程组

$$\begin{bmatrix} 2 & 1 & & & \\ \alpha_1 & 2 & \beta_1 & & \\ & \ddots & \ddots & \ddots & \\ & & \alpha_{n-1} & 2 & \beta_{n-1} \\ & & & 1 & 2 \end{bmatrix} \begin{bmatrix} M_0 \\ M_1 \\ \vdots \\ M_{n-1} \\ M_n \end{bmatrix} = \begin{bmatrix} \gamma_0 \\ \gamma_1 \\ \vdots \\ \gamma_{n-1} \\ \gamma_n \end{bmatrix} \tag{5.56}$$

（2）在第二种边界条件（5.46）下，可得

$$\begin{cases} 2M_0 = 2y_0'' \\ 2M_n = 2y_n'' \end{cases} \tag{5.57}$$

将式（5.53）与式（5.57）合在一起就构成了关于未知量 $M_0, M_1, \cdots, M_n$ 的 $n+1$ 阶线性方程组

$$\begin{bmatrix} 2 & 0 & & & \\ \alpha_1 & 2 & \beta_1 & & \\ & \ddots & \ddots & \ddots & \\ & & \alpha_{n-1} & 2 & \beta_{n-1} \\ & & & 0 & 2 \end{bmatrix} \begin{bmatrix} M_0 \\ M_1 \\ \vdots \\ M_{n-1} \\ M_n \end{bmatrix} = \begin{bmatrix} 2y_0'' \\ \gamma_1 \\ \vdots \\ \gamma_{n-1} \\ 2y_n'' \end{bmatrix} \tag{5.58}$$

注 5.2　方程组（5.56）和（5.58）的系数矩阵都是三对角矩阵，且都是严格对角占优阵，故它们都有唯一解，且可用追赶法求解，将求出的解 $M_0, M_1, \cdots, M_n$ 代入式（5.48）可以得到样条插值函数在各个子区间上的表达式.

（3）在第三种边界条件（5.47）下，可得

$$-\frac{h_1}{3}M_0-\frac{h_1}{6}M_1+\frac{y_1-y_0}{h_1}=\frac{h_n}{6}M_{n-1}+\frac{h_n}{3}M_n+\frac{y_n-y_{n-1}}{h_n},\qquad M_0=M_n$$

从上式得

$$\beta_n M_1+\alpha_n M_{n-1}+2M_n=\gamma_n \tag{5.59}$$

其中：$\beta_n=\dfrac{h_1}{h_1+h_n}$，$\alpha_n=\dfrac{h_n}{h_1+h_n}=1-\beta_n$，$\gamma_n=\dfrac{6}{h_1+h_n}\left(\dfrac{y_1-y_0}{h_1}-\dfrac{y_n-y_{n-1}}{h_n}\right)$.

再将式（5.53）中 $i=1$ 对应的方程 $\alpha_1M_0+2M_1+\beta_1M_2=\gamma_1$ 改写为

$$2M_1+\beta_1M_2+\alpha_1M_n=\gamma_1 \tag{5.60}$$

则由式（5.53）、式（5.59）和式（5.60）可得

$$\begin{bmatrix}2 & \beta_1 & & & \alpha_1\\ \alpha_2 & 2 & \beta_2 & & \\ & \ddots & \ddots & \ddots & \\ & & \alpha_{n-1} & 2 & \beta_{n-1}\\ \beta_n & & & \alpha_n & 2\end{bmatrix}\begin{bmatrix}M_1\\ M_2\\ \vdots\\ M_{n-1}\\ M_n\end{bmatrix}=\begin{bmatrix}\gamma_1\\ \gamma_2\\ \vdots\\ \gamma_{n-1}\\ \gamma_n\end{bmatrix} \tag{5.61}$$

线性方程组（5.61）是关于未知数 $M_1,M_2\cdots,M_n$ 的 n 个方程，它的系数矩阵也是非奇异的，因此可唯一解出 $M_1,M_2\cdots,M_n$，又 $M_0=M_n$，将求出的解 $M_0,M_1,\cdots,M_n$ 代入式（5.48）可以得到样条插值函数在各个子区间上的表达式.

例 5.11 已知函数 $y=f(x)$ 在 $[1,5]$ 上满足条件

$$f(1)=3,\quad f(3)=7,\quad f(5)=13,\quad f'(1)=1,\quad f'(5)=-1$$

求 $f(x)$ 在 $[1,5]$ 上的三次样条函数.

解 这是在第一种边界条件下的三次样条插值问题.

$$h_1=h_2=2,\quad \alpha_1=\frac{2}{4},\quad \beta_1=\frac{2}{4},\quad \gamma_0=\frac{6}{h_1}\left(-y_0'+\frac{y_1-y_0}{h_1}\right)=3\left(-1+\frac{7-3}{2}\right)=3$$

$$\gamma_1=\frac{6}{4}\left(\frac{13-7}{2}-\frac{7-3}{2}\right)=\frac{6}{4},\qquad \gamma_2=\frac{6}{h_2}(y_2'-\frac{y_2-y_1}{h_2})=\frac{6}{2}(-1-3)=-12$$

由式（5.56）得

$$\begin{bmatrix}2 & 1 & 0\\ 0.5 & 2 & 0.5\\ 0 & 1 & 2\end{bmatrix}\begin{bmatrix}M_0\\ M_1\\ M_2\end{bmatrix}=\begin{bmatrix}3\\ 1.5\\ -12\end{bmatrix}$$

解得 $M_0=\dfrac{1}{4}$，$M_1=\dfrac{5}{2}$，$M_2=-\dfrac{29}{4}$，于是三次样条插值函数为

$$S(x)=\begin{cases}\dfrac{1}{48}(3-x)^3+\dfrac{5}{24}(x-1)^3+\dfrac{17}{12}(3-x)+\dfrac{8}{3}(x-1), & 1\leqslant x\leqslant 3\\ \dfrac{5}{24}(5-x)^3-\dfrac{29}{48}(x-3)^3+\dfrac{8}{3}(5-x)+\dfrac{107}{12}(x-3), & 3\leqslant x\leqslant 5\end{cases}$$

5.6.3　误差限与收敛性

由上面的讨论知，对于 5.6.1 小节给出的边界条件（1）、（2）或（3），三次样条插值总是存在且唯一的. 同时，三次样条函数具有较好的收敛性.

设 $g(x)$ 是区间 $[a,b]$ 上的连续函数，记

$$\|g(x)\|_\infty = \max_{a\leqslant x\leqslant b}|g(x)|$$

定理 5.10　若 $f(x)\in C^4[a,b]$，$S(x)$ 为满足边界条件（5.45）或（5.46）的三次样条函数，则

$$\left\|f^{(k)}(x)-S^{(k)}(x)\right\|_\infty \leqslant c_k h^{4-k}\left\|f^{(k)}(x)\right\|_\infty \quad (k=0,1,2,3)$$

其中：$h=\max\limits_{1\leqslant i\leqslant n}\{h_i\}$，$c_0=\dfrac{5}{384}$，$c_1=\dfrac{1}{24}$，$c_2=\dfrac{1}{8}$，$c_3=\dfrac{\lambda+\lambda^{-1}}{2}$，$\lambda=\dfrac{\max\limits_{1\leqslant i\leqslant n}\{h_i\}}{\min\limits_{1\leqslant i\leqslant n}\{h_i\}}$.

证明见参考文献[7].

定理 5.10 不但给出了三次样条函数 $S(x)$ 的误差估计，而且，当 $h\to 0$ 时，$S(x),S'(x),S''(x),S'''(x)$ 分别一致收敛到 $f(x),f'(x),f''(x),f'''(x)$.

5.7　应用举例

例 5.12　天安门广场升旗的时间是日出的时刻，而降旗的时间是日落时分，根据天安门广场管理委员会的公告，某年 10 月升降旗的时间如表 5.13 所示.

表 5.13　升降旗时间表

日期	1	15	22
升旗	6:10	6:24	6:31
降旗	17:57	17:35	17:25

请根据上述数据构造 Newton 插值多项式，计算当年 10 月 8 日北京市的日照时间.

解　取 $x_0=1$，$x_1=15$，$x_2=22$，$y_0=11.783\,333\,333\,333\,333$，$y_1=11.183\,333\,333\,333\,334$，$y_2=10.900\,000\,000\,000\,000$.

构造差商表如表 5.14 所示.

表 5.14　差商表

x_i	$f(x_i)$	一阶差商	二阶差商
1	11.783 333 333 333 333		
15	11.183 333 333 333 334	−0.042 857 142 857 143	
22	10.900 000 000 000 000	−0.040 476 190 476 190	$1.133\,786\,848\,072\,558\times10^{-4}$

由 Newton 插值公式（5.21）有

$$N_2(x)=11.783\,333\,333\,333\,333-0.042\,857\,142\,857\,143(x-1)$$
$$+1.133\,786\,848\,072\,558\times10^{-4}(x-1)(x-15)$$

取 $x=8$，得

$$f(8)\approx N_2(8)=11.783\,333\,333\,333\,333-0.042\,857\,142\,857\,143(8-1)$$
$$+1.133\,786\,848\,072\,558\times10^{-4}(8-1)(8-15)$$
$$=11.477\,777\,777\,777\,778$$

因此，当年 10 月 8 日北京日照时长为 11.477 777 777 777 778 h，即 11 h 28.67 min.

例 5.13 为求代数方程 $f(x)=x^4-3x+1=0$ 的根，列出函数表如表 5.15 所示.

表 5.15 例 5.13 的函数表

x	0.1	0.2	0.3	0.4	0.5
$y=f(x)$	0.700 1	0.401 6	0.108 1	−0.174 4	−0.437 5

试用插值法，求此方程的根.

解 因为 $f'(x)=4x^3-3<0$，$x\in[0.1,0.5]$，所以 $y=f(x)$ 是单调减函数，它的反函数存在，即有 $x=f^{-1}(y)$. 由 (y_i,x_i) $(i=0,1,2,3,4)$ 求 $x=f^{-1}(y)$ 的 Lagrange 插值多项式 $L_4(y)$, 于是方程 $f(x)=x^4-3x+1=0$ 的解 x^* 为

$$x^*\approx L_4(0)=l_0(0)x_0+l_1(0)x_1+l_2(0)x_2+l_3(0)x_3+l_4(0)x_4$$

其中：

$$l_0(0)=\frac{(0-0.401\,6)(0-0.108\,1)(0+0.174\,4)(0+0.437\,5)}{(0.700\,1-0.401\,6)(0.700\,1-0.108\,1)(0.700\,1+0.174\,4)(0.700\,1+0.437\,5)}=0.018\,842\,06$$

$$l_1(0)=\frac{(0-0.700\,1)(0-0.108\,1)(0+0.174\,4)(0+0.437\,5)}{(0.401\,6-0.700\,1)(0.401\,6-0.108\,1)(0.401\,6+0.174\,4)(0.401\,6+0.437\,5)}=-0.136\,370\,89$$

$$l_2(0)=\frac{(0-0.700\,1)(0-0.401\,6)(0+0.174\,4)(0+0.437\,5)}{(0.108\,1-0.700\,1)(0.108\,1-0.401\,6)(0.108\,1+0.174\,4)(0.108\,1+0.437\,5)}=0.801\,042\,75$$

$$l_3(0)=\frac{(0-0.700\,1)(0-0.401\,6)(0-0.108\,1)(0+0.437\,5)}{(-0.174\,4-0.700\,1)(-0.174\,4-0.401\,6)(-0.174\,4-0.108\,1)(-0.174\,4+0.437\,5)}$$
$$=0.355\,169\,72$$

$$l_4(0)=\frac{(0-0.700\,1)(0-0.401\,6)(0-0.108\,1)(0+0.174\,4)}{(-0.437\,5-0.700\,1)(-0.437\,5-0.401\,6)(-0.437\,5-0.108\,1)(-0.437\,5+0.174\,4)}$$
$$=-0.038\,683\,649$$

于是

$$x^*\approx L_4(0)=l_0(0)\times0.1+l_1(0)\times0.2+l_2(0)\times0.3+l_3(0)\times0.4+l_4(0)\times0.5=0.337\,648\,92$$

习 题 5

1. 当 $x=-1,1,2$ 时，$f(x)=-2,1,5$，求 $f(x)$ 的二次插值多项式.

2. 已知函数表如下：

x_i	-1	0	1
$y_i=2^{x_i}$	0.5	1	2

（1）利用线性插值计算 $2^{0.4}$ 的近似值并估计误差；

（2）利用二次插值计算 $2^{0.4}$ 的近似值并估计误差.

3. 已知函数表如下：

x_i	-1	0	$1/2$	1
$f(x_i)$	-3	$-1/2$	0	1

用二次 Lagrange 插值多项式计算 $f(0.25)$ 的近似值.

4. 已知函数表如下：

x_i	1	3	4	6
$f(x_i)$	-7	5	8	14

用三次 Lagrange 插值多项式计算 $f(2.5)$ 的近似值.

5. 已知函数表如下：

x_i	1.61	1.63	1.7	1.8
$f(x_i)$	2.414	2.463	2.652	3.031

（1）用二次 Newton 插值多项式计算 $f(1.62)$ 的近似值；

（2）求 $f(x)$ 的三次 Newton 插值多项式，并计算 $f(1.69)$ 的近似值.

6. 给出 $f(x)=\mathrm{e}^{x^2-1}$ 的数值表如下：

x_i	1.0	1.1	1.2	1.3	1.4
$f(x_i)$	1.000 00	1.233 68	1.552 71	1.993 72	2.611 70

（1）利用四次 Lagrange 插值多项式计算 $f(1.25)$ 的近似值，并估计误差；

（2）求 $f(x)$ 的四次 Newton 插值多项式，并计算 $f(1.25)$ 的近似值；

（3）增加节点 $x_5=1.5$，$f(x_5)=3.490\,34$，求 $f(x)$ 的五次 Newton 插值多项式，并计算 $f(1.25)$ 的近似值.

7. 设 $f(x)=2x^7+x^3+5x+9$，试求：

（1） $f[3^0,3^1,\cdots,3^7]$；　　（2） $f[2^0,2^1,\cdots,2^8]$.

8. 若 $y_n=2^n$，求 $\Delta^4 y_n,\nabla^4 y_n$.

9. 已知函数表如下：

x_i	1	2	3	4
$f(x_i)$	4	6	10	16

分别利用 Newton 向前和向后插值公式计算 $f(1.2)$ 和 $f(3.5)$ 的近似值.

10. 分别利用 Newton 向前和向后插值公式及下表数据计算 $f(0.05)$ 和 $f(0.65)$ 的近似值.

x_i	0.0	0.2	0.4	0.6	0.8
$f(x_i)$	1.000 00	1.221 40	1.491 82	1.822 12	2.225 54

11. 给出自然对数 $\ln x$ 和导数 $1/x$ 的数表如下：

x_i	0.50	0.70
$\ln x_i$	−0.693 147	−0.356 675
$1/x_i$	2.00	1.43

利用 Hermite 插值公式求 ln 0.60.

12. 求一个次数不高于 4 次的多项式 $P(x)$，使它满足 $P(0)=P'(0)=0,\ P(1)=P'(1)=1$，$P(2)=1$，并求插值余项.

13. 给定函数表如下：

x_i	0	1	2
$f(x_i)$	3	5	1
$f'(x_i)$	—	0	2

已知 $f(x)$ 在 $[0,2]$ 上 5 阶连续可导，求 $f(x)$ 的 4 次 Hermite 插值多项式 $H_4(x)$，并写出余项 $f(x)-H_4(x)$ 的表示式.

14. 求 $f(x)=x^2$ 在 $[a,b]$ 上的 n 等分的分段线性插值函数，并估计误差.

15. 设 $f(x)=x^4$，求 $f(x)$ 在区间 $[0,1]$ 上的分段三次 Hermite 插值函数 $f_h(x)$，并估计误差，取等距节点且 $h=1/10$.

16. 插值条件如下表所示：

x_i	1	2	3
$f(x_i)$	2	4	12
$f'(x_i)$	1	—	−1

求相应的三次插值样条函数.

17. 对给定的插值条件

x_i	0	1	2	3	4
$f(x_i)$	−8	−7	0	19	56

求三次插值样条函数 $S(x)$，使其满足：

（1） $S'(0)=0$， $S'(4)=48$；

（2） $S''(0)=0$， $S''(4)=24$.

第 6 章　函数逼近与曲线拟合

在第 5 章中介绍了函数逼近的一种方法——插值法，其显著特点是要求近似函数在节点处与函数同值，即严格通过点(x_i, y_i) $(i=0,1,2,\cdots,n)$. 而现实中，数据总会有误差，而且数据量也会比较大. 如果要求所求的近似曲线经过每一个数据点，那么就会使曲线保留了原有的观测误差，当某些数据的误差较大时，逼近效果将不理想.

本章将讨论另外一种函数逼近的方法，它不要求近似函数在节点处与函数同值，即不要求近似曲线过已知点，而是从整体考虑要求逼近函数与被逼近函数的某种距离达到最小. 本章将研究连续函数的最佳平方逼近及离散数据的曲线拟合问题.

6.1 预 备 知 识

6.1.1 权函数与内积

下面给出权函数和带权内积的概念.

定义 6.1 若$\rho(x)$为区间$[a,b]$上的函数，且满足：

(1) $\rho(x)\geqslant 0,\ \ a\leqslant x\leqslant b$；

(2) $\int_a^b \rho(x)\left|x^k\right| \mathrm{d}x$ 存在 $(k=0,1,\cdots,n)$；

(3) 对非负的$f(x)\in C[a,b]$，若$\int_a^b f(x)\rho(x)\mathrm{d}x=0$，则当$x\in[a,b]$时必有$f(x)\equiv 0$.

则称$\rho(x)$为区间$[a,b]$上的权函数.

常见的权函数有

(1) $\rho(x)=1$ $(-1\leqslant x\leqslant 1)$；　　(2) $\rho(x)=\dfrac{1}{\sqrt{1-x^2}}$ $(-1<x<1)$；

(3) $\rho(x)=\mathrm{e}^{-x}$ $(0\leqslant x<+\infty)$；　　(4) $\rho(x)=\mathrm{e}^{-x^2}$ $(-\infty<x<+\infty)$.

定义 6.2 (1)（连续情形内积）设$f(x),g(x)\in C[a,b]$，$\rho(x)$是$[a,b]$上的权函数，积分

$$(f,g)=(f(x),g(x))=\int_a^b \rho(x)f(x)g(x)\mathrm{d}x$$

称为$f(x)$与$g(x)$在$[a,b]$上带权函数的内积.

(2)（离散情形内积）已知$f(x)$和$g(x)$在点集$X=\{x_1,x_2,\cdots,x_n\}$上的函数值$f(x_i)$和$g(x_i)$，$\omega_1,\omega_2,\cdots,\omega_n$为权系数，则称

$$(f,g)=(f(x),g(x))=\sum_{i=1}^{n}\omega_i f(x_i)g(x_i)$$

为函数$f(x)$与$g(x)$带权系数的内积.

内积具有下述性质.

(1) $(f,g)=(g,f)$；

（2）对任意实数 c，有 $(cf,g)=c(f,g)=(f,cg)$；

（3）$(f_1+f_2,g)=(f_1,g)+(f_2,g)$；

（4）若 $f(x)\neq 0$，则 $(f,f)>0$.

注 6.1　在离散情形，$f(x)\neq 0$ 是指 $f(x_1),f(x_2),\cdots,f(x_n)$ 不全为零.

6.1.2　正交性

定义 6.3　（1）设 $f(x),g(x)\in C[a,b]$，$\rho(x)$ 为 $[a,b]$ 上的权函数，若内积

$$(f,g)=\int_a^b \rho(x)f(x)g(x)\mathrm{d}x=0$$

则称 $f(x)$ 与 $g(x)$ 在 $[a,b]$ 上带权函数正交.

（2）已知 $f(x)$ 和 $g(x)$ 在点集 $X=\{x_1,x_2,\cdots,x_n\}$ 上的函数值 $f(x_i)$ 和 $g(x_i)$，$\omega_1,\omega_2,\cdots,\omega_n$ 为权系数，若内积

$$(f,g)=(f(x),g(x))=\sum_{i=1}^{n}\omega_i f(x_i)g(x_i)=0$$

则称函数 $f(x)$ 与 $g(x)$ 带权系数正交.

定义 6.4　对定义在区间 $[a,b]$ 上的函数系 $\{\varphi_0(x),\varphi_1(x),\cdots,\varphi_n(x),\cdots\}$，函数 $\rho(x)$ 为区间 $[a,b]$ 上的权函数，若它们的内积满足

$$(\varphi_j,\varphi_k)=\int_a^b \rho(x)\varphi_j(x)\varphi_k(x)\mathrm{d}x=\begin{cases}0, & j\neq k\\ a_k>0, & j=k\end{cases}\quad (j,k=0,1,2,\cdots)$$

则称函数系 $\{\varphi_0(x),\varphi_1(x),\cdots,\varphi_n(x),\cdots\}$ 为区间 $[a,b]$ 上关于权函数 $\rho(x)$ 的正交函数系；若 $a_k=1\ (k=0,1,2,\cdots)$，则称函数系 $\{\varphi_0(x),\varphi_1(x),\cdots,\varphi_n(x),\cdots\}$ 为标准正交函数系；若 $\varphi_i(x)\ (i=0,1,2,\cdots)$ 为 x 的多项式，则称函数系 $\{\varphi_0(x),\varphi_1(x),\cdots,\varphi_n(x),\cdots\}$ 为正交多项式系.

定义 6.5　函数 $f(x)$ 的 Euclid（欧几里得）范数定义为

$$\|f\|_2=\sqrt{\int_a^b \rho(x)f^2(x)\mathrm{d}x}=\sqrt{(f,f)}$$

容易验证范数具有以下性质.

（1）$\|f\|_2\geqslant 0$，当且仅当 $f=0$ 时 $\|f\|_2=0$；

（2）$\|cf\|_2=|c|\|f\|_2$，$\forall f\in C[a,b]$ 成立，c 为任意实数；

（3）$\forall f(x),g(x)\in C[a,b]$，有 $\|f+g\|_2\leqslant\|f\|_2+\|g\|_2$.

定义 6.6　设 $\varphi_0(x),\varphi_1(x),\cdots,\varphi_{n-1}(x)\in C[a,b]$，若

$$a_0\varphi_0(x)+a_1\varphi_1(x)+\cdots+a_{n-1}\varphi_{n-1}(x)=0$$

当且仅当 $a_0=a_1=\cdots=a_{n-1}=0$ 时成立，则称 $\varphi_0(x),\varphi_1(x),\cdots,\varphi_{n-1}(x)$ 在 $[a,b]$ 上线性无关. 若函数族 $\{\varphi_k(x)\}\ (k=0,1,\cdots)$ 中的任何有限个 $\varphi_k(x)$ 线性无关，则称 $\{\varphi_k(x)\}$ 为线性无关函数族.

例如，$1,x,x^2,\cdots,x^n,\cdots$ 就是 $[a,b]$ 上的线性无关函数族.

若 $\varphi_0(x),\varphi_1(x),\cdots,\varphi_{n-1}(x)$ 是 $C[a,b]$ 的线性无关函数，且 $a_0,a_1,\cdots,a_{n-1}$ 是任意实数，则

$$S(x)=a_0\varphi_0(x)+a_1\varphi_1(x)+\cdots+a_{n-1}\varphi_{n-1}(x)$$

的全体是 $C[a,b]$ 中的一个子集，记为 $\Phi=\mathrm{span}\{\varphi_0,\varphi_1,\cdots,\varphi_{n-1}\}$.

定理 6.1　$\varphi_0(x),\varphi_1(x),\cdots,\varphi_n(x)$ 在 $[a,b]$ 上线性无关的充分必要条件是 Gram（格拉姆）矩阵

$$G_{n+1}=\begin{bmatrix}(\varphi_0,\varphi_0) & (\varphi_0,\varphi_1) & \cdots & (\varphi_0,\varphi_n)\\(\varphi_1,\varphi_0) & (\varphi_1,\varphi_1) & \cdots & (\varphi_1,\varphi_n)\\ \vdots & \vdots & & \vdots\\(\varphi_n,\varphi_0) & (\varphi_n,\varphi_1) & \cdots & (\varphi_n,\varphi_n)\end{bmatrix}$$

非奇异，即 $\det(\boldsymbol{G}_{n+1})\neq 0$，其中：

$$(\varphi_j,\varphi_k)=\int_a^b \rho(x)\varphi_j(x)\varphi_k(x)\mathrm{d}x \quad (j,k=0,1,\cdots,n)$$

证明　设存在实数 $a_0,a_1,\cdots,a_n$ 使得

$$a_0\varphi_0(x)+a_1\varphi_1(x)+\cdots+a_n\varphi_n(x)=0$$

上式两边与 φ_j 做内积，得

$$a_0(\varphi_j,\varphi_0)+a_1(\varphi_j,\varphi_1)+\cdots+a_n(\varphi_j,\varphi_n)=0$$

令 $j=0,1,\cdots,n$，得方程组

$$\boldsymbol{G}_{n+1}\boldsymbol{a}=\boldsymbol{0} \tag{6.1}$$

其中：$\boldsymbol{a}=(a_0,a_1,\cdots,a_n)^{\mathrm{T}}$.

方程组（6.1）只有零解的充分必要条件是 $\det(\boldsymbol{G}_{n+1})\neq 0$，即 $a_0=a_1=\cdots=a_n=0$ 的充分必要条件是 $\det(\boldsymbol{G}_{n+1})\neq 0$.

正交函数系具有以下性质.

定理 6.2　区间 $[a,b]$ 上关于权函数 $\rho(x)$ 的正交函数系 $\varphi_0(x),\varphi_1(x),\cdots,\varphi_n(x)$ 必定是线性无关的.

证明　用反证法. 假设 $\varphi_0(x),\varphi_1(x),\cdots,\varphi_n(x)$ 线性相关，即存在不全为零的实数 $c_0,c_1,\cdots,c_n$，使得

$$c_0\varphi_0(x)+c_1\varphi_1(x)+\cdots+c_n\varphi_n(x)\equiv 0,\quad x\in[a,b]$$

不妨设 $c_i\neq 0$. 以 $\rho(x)\varphi_i(x)$ 乘上式后，在区间 $[a,b]$ 上积分得

$$c_0(\varphi_0,\varphi_i)+c_1(\varphi_1,\varphi_i)+\cdots+c_i(\varphi_i,\varphi_i)+\cdots+c_n(\varphi_n,\varphi_i)=c_i(\varphi_i,\varphi_i)=0$$

因 $(\varphi_i,\varphi_i)>0$，故 $c_i=0$，导出矛盾.

因此 $\varphi_0(x),\varphi_1(x),\cdots,\varphi_n(x)$ 是线性无关的.

定理 6.3　设 $\varphi_k(x)\ (k=0,1,2,\cdots)$ 是最高次项系数不为零的 k 次多项式，则 $\{\varphi_k(x)\}$ 是 $[a,b]$ 上关于权函数 $\rho(x)$ 的正交多项式系的充要条件是对任意至多 $k-1$ 次的多项式 $Q_{k-1}(x)$ 均有

$$(\varphi_k,Q_{k-1})=\int_a^b \rho(x)\varphi_k(x)Q_{k-1}(x)\mathrm{d}x=0 \quad (k=1,2,\cdots)$$

证明　（充分性）若对任意至多 $k-1$ 次的多项式 $Q_{k-1}(x)$ 均有

$$\int_a^b \rho(x)\varphi_k(x)Q_{k-1}(x)\mathrm{d}x=0 \quad (k=1,2,\cdots)$$

特别地，对多项式 $\varphi_i(x)\ (i=1,2,\cdots,k-1)$ 有

$$\int_a^b \rho(x)\varphi_k(x)\varphi_i(x)\mathrm{d}x=0$$

即对任意 $k\neq i$ 都有 $(\varphi_k,\varphi_i)=0$. 另外，由 $\varphi_k^2(x)\neq 0\ (k=0,1,\cdots)$，根据定积分性质有

$$(\varphi_k,\varphi_k)=\int_a^b \rho(x)\varphi_k^2(x)\mathrm{d}x>0$$

所以 $\{\varphi_k(x)\}$ 是 $[a,b]$ 上关于权函数 $\rho(x)$ 的正交多项式系.

（必要性）设 $\{\varphi_k(x)\}$ 是 $[a,b]$ 上关于权函数 $\rho(x)$ 的正交多项式系. 由定理 6.2，$\varphi_0(x),\varphi_1(x),\cdots,$

$\varphi_{k-1}(x)$ 在 $[a,b]$ 上线性无关，因而任一至多 $k-1$ 次的多项式 $Q_{k-1}(x)$ 均能表示成它们的线性组合. 设 $Q_{k-1}(x)=\sum_{i=0}^{k-1}b_i\varphi_i(x)$，则有

$$(\varphi_k,Q_{k-1})=\int_a^b\rho(x)\varphi_k(x)Q_{k-1}(x)\mathrm{d}x=\int_a^b\rho(x)\varphi_k(x)\left[\sum_{j=0}^{k-1}b_j\varphi_j(x)\right]\mathrm{d}x$$
$$=\sum_{j=0}^{k-1}b_j\int_a^b\rho(x)\varphi_k(x)\varphi_j(x)\mathrm{d}x=0$$

构造正交函数族的基本方法是 Gram-Schmidt（格拉姆-施密特）方法，该方法由下述定理给出.

定理 6.4　按以下方式定义的多项式集合 $\{\varphi_0,\varphi_1,\cdots,\varphi_n\}$ 是区间 $[a,b]$ 上关于权函数 $\rho(x)\geqslant 0$ $(\rho(x)\neq 0)$ 的正交函数族：

$$\begin{gathered}\varphi_0(x)=1,\qquad \varphi_1(x)=x-\alpha_1\\ \varphi_{k+1}(x)=(x-\alpha_{k+1})\varphi_k(x)-\beta_k\varphi_{k-1}(x)\quad(k=1,2,\cdots,n-1)\end{gathered}\tag{6.2}$$

其中：

$$\begin{cases}\alpha_{k+1}=\dfrac{(x\varphi_k,\varphi_k)}{(\varphi_k,\varphi_k)}=\dfrac{\int_a^b\rho(x)x\varphi_k^2(x)\mathrm{d}x}{\int_a^b\rho(x)\varphi_k^2(x)\mathrm{d}x}\quad(k=0,1,\cdots,n-1)\\[2ex] \beta_k=\dfrac{(\varphi_k,\varphi_k)}{(\varphi_{k-1},\varphi_{k-1})}=\dfrac{\int_a^b\rho(x)\varphi_k^2(x)\mathrm{d}x}{\int_a^b\rho(x)\varphi_{k-1}^2(x)\mathrm{d}x}\quad(k=1,2,\cdots,n-1)\end{cases}\tag{6.3}$$

证明见参考文献[3]和文献[8].

6.2　常用的正交多项式

6.2.1　Legendre 多项式

定义式为

$$P_n(x)=\frac{1}{2^n n!}\frac{\mathrm{d}^n}{\mathrm{d}x^n}\left[(x^2-1)^n\right]\quad(n=0,1,2,\cdots)\tag{6.4}$$

的多项式称为 Legendre（勒让德）多项式.

具体表达式为

$$P_0(x)=1$$
$$P_1(x)=x$$
$$P_2(x)=\frac{1}{2}(3x^2-1)$$
$$P_3(x)=\frac{1}{2}(5x^3-3x)$$
$$P_4(x)=\frac{1}{8}(35x^4-30x^2+3)$$
$$\cdots\cdots$$

$$P_n(x)=\sum_{k=0}^{[n/2]}\frac{(-1)^k(2n-2k)!}{2^n k!(n-k)!(n-2k)!}x^{n-2k}\quad(n=0,1,2,\cdots)$$

显然，$P_n(x)$ 的首项系数为

$$A_n=\frac{(2n)!}{2^n(n!)^2}$$

Legendre 多项式有下述性质.

（1）正交性. Legendre 多项式系 $\{P_n(x)\}$ 是 $[-1,1]$ 上关于权函数 $\rho(x)=1$ 的正交函数系，且

$$(P_n,P_m)=\int_{-1}^{1}P_n(x)P_m(x)\mathrm{d}x=\begin{cases}0, & n\neq m\\ \dfrac{2}{2n+1}, & n=m\end{cases}\tag{6.5}$$

（2）递推性.

$$(n+1)P_{n+1}(x)=(2n+1)xP_n(x)-nP_{n-1}(x)\quad(n=1,2,\cdots)\tag{6.6}$$

（3）奇偶性.

$$P_n(-x)=(-1)^n P_n(x)$$

（4）$P_n(x)$ 在区间 $[-1,1]$ 上有 n 个不同的实零点.

令 $x=\dfrac{b+a}{2}+\dfrac{b-a}{2}t$，当 x 在区间 $[a,b]$ 上变化时，对应的 t 在区间 $[-1,1]$ 上变化，于是

$$\tilde{P}_n(x)=P_n(t)=P_n\left[\frac{2x-(b+a)}{b-a}\right]\quad(n=0,1,\cdots)\tag{6.7}$$

为 $[a,b]$ 上的正交多项式.

例如，区间 $[0,1]$ 上的正交多项式为

$$\tilde{P}_n(x)=P_n(2x-1)$$

具体有

$$\tilde{P}_0(x)=P_0(2x-1)=1$$

$$\tilde{P}_1(x)=P_1(2x-1)=2x-1$$

$$\tilde{P}_2(x)=\frac{1}{2}[3(2x-1)^2-1]=6x^2-6x+1$$

$$\tilde{P}_3(x)=\frac{1}{2}[5(2x-1)^3-3(2x-1)]=20x^3-30x^2+12x-1$$

……

6.2.2　第一类 Chebyshev 多项式

定义式为

$$T_n(x)=\cos(n\arccos x)\quad(-1\leqslant x\leqslant 1;\ n=0,1,2\cdots)\tag{6.8}$$

的多项式称为第一类 Chebyshev（切比雪夫）多项式.

令 $x=\cos\theta$，则式（6.8）可写为

$$T_n(x)=\cos n\theta$$

具体表达式为

$$T_0(x)=\cos 0=1$$
$$T_1(x)=\cos\theta=x$$
$$T_2(x)=\cos 2\theta=2\cos^2\theta-1=2x^2-1$$
$$T_3(x)=\cos 3\theta=4\cos^3\theta-3\cos\theta=4x^3-3x$$
$$T_4(x)=\cos 4\theta=8x^4-8x^2+1$$
……
$$T_n(x)=\frac{n}{2}\sum_{k=0}^{[n/2]}(-1)^k\frac{(n-k-1)!}{k!(n-2k)!}(2x)^{n-2k}$$

第一类 Chebyshev 多项式有以下性质.

（1）正交性. $\{T_n(x)\}$ 是 $[-1,1]$ 上关于权函数 $\rho(x)=\frac{1}{\sqrt{1-x^2}}$ 的正交多项式系，且

$$(T_n,T_m)=\int_{-1}^{1}\frac{T_n(x)T_m(x)}{\sqrt{1-x^2}}\mathrm{d}x=\begin{cases}0, & n\neq m\\ \frac{\pi}{2}, & n=m\neq 0\\ \pi, & n=m=0\end{cases}\tag{6.9}$$

（2）递推性.

$$T_{n+1}(x)=2xT_n(x)-T_{n-1}(x)\quad (n=1,2,\cdots)$$

（3）奇偶性. 当 n 为偶数时，$T_n(x)$ 为偶函数；当 n 为奇数时，$T_n(x)$ 为奇函数.

（4）$T_n(x)$ 在区间 $[-1,1]$ 上有 n 个互异零点

$$x_i=\cos\frac{2i-1}{2n}\pi\quad (i=1,2,\cdots,n)$$

（5）$T_n(x)$ 在区间 $[-1,1]$ 上有 $n+1$ 极值点

$$x_k=\cos\frac{k\pi}{n}\quad (k=0,1,\cdots,n)$$

且

$$|T_n(x_k)|=1\quad (k=0,1,\cdots,n).$$

6.2.3　第二类 Chebyshev 多项式

定义式为

$$U_n(x)=\frac{\sin[(n+1)\arccos x]}{\sqrt{1-x^2}}\quad (-1\leqslant x\leqslant 1;\ n=0,1,2\cdots)\tag{6.10}$$

的多项式称为第二类 Chebyshev 多项式.

具体表达式为

$$U_0(x)=1$$
$$U_1(x)=2x$$
$$U_2(x)=4x^2-1$$
$$U_3(x)=8x^3-4x$$
$$U_4(x)=16x^4-12x^2+1$$

$$U_5(x)=32x^5-32x^3+6x$$
$$\cdots\cdots$$

第二类 Chebyshev 多项式有以下性质.

（1）正交性. $\{U_n(x)\}$ 是 $[-1,1]$ 上关于权函数 $\rho(x)=\sqrt{1-x^2}$ 的正交多项式系，且

$$(U_n,U_m)=\int_{-1}^{1}\sqrt{1-x^2}U_n(x)U_m(x)\mathrm{d}x=\begin{cases}0, & n\neq m\\ \dfrac{\pi}{2}, & n=m\end{cases} \tag{6.11}$$

（2）递推性.

$$\begin{cases}U_0(x)=1\\ U_1(x)=2x\\ U_{n+1}(x)=2xU_n(x)-U_{n-1}(x) \quad (n=1,2,\cdots)\end{cases}$$

6.2.4 Laguerre 多项式

定义式为

$$L_n(x)=\mathrm{e}^x\frac{\mathrm{d}^n}{\mathrm{d}x^n}(x^n\mathrm{e}^{-x}) \quad (n=0,1,2\cdots) \tag{6.12}$$

的多项式称为 Laguerre（拉盖尔）多项式.

具体表达式为

$$L_0(x)=1$$
$$L_1(x)=1-x$$
$$L_2(x)=x^2-4x+2$$
$$L_3(x)=-x^3+9x^2-18x+6$$
$$L_4(x)=x^4-16x^3+72x^2-96x+24$$
$$\cdots\cdots$$
$$L_n(x)=\sum_{k=0}^{n}(-1)^k\binom{n}{k}\frac{n!}{k!}x^k \quad (n=1,2,\cdots)$$

Laguerre 多项式有以下性质.

（1）正交性. $\{L_n(x)\}$ 是区间 $[0,+\infty)$ 上关于权函数 $\rho(x)=\mathrm{e}^{-x}$ 的正交多项式系，且

$$(L_n,L_m)=\int_0^{+\infty}\mathrm{e}^{-x}L_n(x)L_m(x)\mathrm{d}x=\begin{cases}0, & n\neq m\\ (n!)^2, & n=m\end{cases} \tag{6.13}$$

（2）递推性.

$$\begin{cases}L_0(x)=1\\ L_1(x)=1-x\\ L_{n+1}(x)=(1+2n-x)L_n(x)-n^2L_{n-1}(x) \quad (n=1,2,\cdots)\end{cases}$$

6.3　函数的最佳平方逼近

6.3.1　最佳平方逼近函数及其求法

定义 6.7　设函数 $f(x)\in C[a,b]$，$\varphi_i(x)(i=0,1,\cdots,m)$ 为定义在 $[a,b]$ 上一组线性无关的连续函数，记 $\Phi=\operatorname{span}\{\varphi_0,\varphi_1,\cdots,\varphi_m\}$. 若存在函数 $S^*(x)\in\Phi$，使得

$$\left\|f(x)-S^*(x)\right\|_2^2=\min_{S(x)\in\Phi}\left\|f(x)-S(x)\right\|_2^2=\min_{S(x)\in\Phi}\int_a^b\rho(x)\left[f(x)-S(x)\right]^2\mathrm{d}x \tag{6.14}$$

其中 $\rho(x)$ 为权函数，则称 $S^*(x)$ 是 $f(x)$ 在 Φ 中的最佳平方逼近函数. 特别地，若 $\varphi_i(x)=x^i$ $(i=0,1,\cdots,m)$，则称 $S^*(x)$ 为 $f(x)$ 在 $[a,b]$ 上关于权函数 $\rho(x)$ 的 m 次最佳平方逼近多项式.

在具体问题中，权函数 $\rho(x)$ 是给定的，如果没有特别说明，就表示取自然权函数，即 $\rho(x)=1$.

由 $S^*(x)\in\Phi$，$S^*(x)$ 可表示为 $S^*(x)=\sum\limits_{k=0}^{m}a_k^*\varphi_k(x)$, 其中 a_k^* 为实数. 求 $S^*(x)$ 的问题等价于求 a_k^* $(k=0,1,\cdots,m)$. 由式（6.14）知，$\left(a_0^*,a_1^*,\cdots,a_m^*\right)$ 是多元函数

$$F(a_0,a_1,\cdots,a_n)=\int_a^b\rho(x)\left[f(x)-S(x)\right]^2\mathrm{d}x=\int_a^b\rho(x)\left[f(x)-\sum_{k=0}^{m}a_k\varphi_k(x)\right]^2\mathrm{d}x$$

的极值点. 由多元函数求极值的必要条件

$$\frac{\partial F}{\partial a_j}=0\quad(j=0,1,\cdots,m)$$

即

$$\frac{\partial F}{\partial a_j}=2\int_a^b\rho(x)\left[f(x)-\sum_{k=0}^{m}a_k\varphi_k(x)\right][-\varphi_j(x)]\mathrm{d}x=0\quad(j=0,1,\cdots,m)$$

于是得到方程组

$$\sum_{k=0}^{m}a_k\int_a^b\rho(x)\varphi_k(x)\varphi_j(x)\mathrm{d}x=\int_a^b\rho(x)f(x)\varphi_j(x)\mathrm{d}x\quad(j=0,1,\cdots,m) \tag{6.15}$$

应用内积记号

$$(\varphi_k,\varphi_j)=\int_a^b\rho(x)\varphi_k(x)\varphi_j(x)\mathrm{d}x,\qquad(f,\varphi_j)=\int_a^b\rho(x)f(x)\varphi_j(x)\mathrm{d}x$$

方程组（6.15）可写为

$$\sum_{k=0}^{m}(\varphi_j,\varphi_k)a_k=(f,\varphi_j)\quad(j=0,1,\cdots,m) \tag{6.16}$$

这是一个以 $a_0a_1,\cdots,a_m$ 为未知量的线性代数方程组，改写成矩阵形式为

$$\begin{bmatrix}(\varphi_0,\varphi_0)&(\varphi_0,\varphi_1)&\cdots&(\varphi_0,\varphi_m)\\(\varphi_1,\varphi_0)&(\varphi_1,\varphi_1)&\cdots&(\varphi_1,\varphi_m)\\\vdots&\vdots&&\vdots\\(\varphi_m,\varphi_0)&(\varphi_m,\varphi_1)&\cdots&(\varphi_m,\varphi_m)\end{bmatrix}\begin{bmatrix}a_0\\a_1\\\vdots\\a_m\end{bmatrix}=\begin{bmatrix}(f,\varphi_0)\\(f,\varphi_1)\\\vdots\\(f,\varphi_m)\end{bmatrix} \tag{6.17}$$

此方程组称为正则方程组或法方程组. 由于 $\varphi_0(x),\varphi_1(x),\cdots,\varphi_m(x)$ 线性无关，由定理 6.1 知，方程组的系数行列式 $\det(\boldsymbol{G}_{m+1})\neq 0$ ，于是线性方程组（6.17）有唯一解 $a_k=a_k^*\ (k=0,1,\cdots,m)$ ，从而得到

$$S^*(x)=a_0^*\varphi_0(x)+a_1^*\varphi_1(x)+\cdots+a_m^*\varphi_m(x)$$

下面证明 $S^*(x)$ 就是最佳平方逼近函数，即要证明对任意 $S(x)\in\varPhi$ ，有

$$\int_a^b\rho(x)\left[f(x)-S^*(x)\right]^2\mathrm{d}x\leqslant\int_a^b\rho(x)[f(x)-S(x)]^2\mathrm{d}x$$

为此考虑

$$\begin{aligned}J&=\int_a^b\rho(x)[f(x)-S(x)]^2\mathrm{d}x-\int_a^b\rho(x)\left[f(x)-S^*(x)\right]^2\mathrm{d}x\\&=\int_a^b\rho(x)\left[S^*(x)-S(x)\right]^2\mathrm{d}x+2\int_a^b\rho(x)\left[S^*(x)-S(x)\right]\left[f(x)-S^*(x)\right]\mathrm{d}x\end{aligned}$$

由于 a_k^* 是式（6.16）的解，有

$$\int_a^b\rho(x)\left[f(x)-S^*(x)\right]\varphi_k(x)\mathrm{d}x=0$$

因为

$$S^*(x)-S(x)=\sum_{k=0}^m(a_k^*-a_k)\varphi_k(x)$$

所以

$$\int_a^b\rho(x)\left[S^*(x)-S(x)\right]\left[f(x)-S^*(x)\right]\mathrm{d}x=0$$

因此

$$\begin{aligned}J&=\int_a^b\rho(x)[f(x)-S(x)]^2\mathrm{d}x-\int_a^b\rho(x)\left[f(x)-S^*(x)\right]^2\mathrm{d}x\\&=\int_a^b\rho(x)\left[S^*(x)-S(x)\right]^2\mathrm{d}x\geqslant 0\end{aligned}$$

即

$$\int_a^b\rho(x)[f(x)-S^*(x)]^2\mathrm{d}x\leqslant\int_a^b\rho(x)[f(x)-S(x)]^2\mathrm{d}x$$

综上所述，可得如下定理.

定理 6.5 设函数 $f(x)\in C[a,b]$， $\varphi_i(x)\ (i=0,1,\cdots,m)$ 为定义在 $[a,b]$ 上一组线性无关的连续函数，记 $\varPhi=\mathrm{span}\{\varphi_0,\varphi_1,\cdots,\varphi_m\}$ ，则线性方程组（6.17）存在唯一解 $a_0^*,a_1^*,\cdots,a_m^*$ ，且

$$S^*(x)=a_0^*\varphi_0(x)+a_1^*\varphi_1(x)+\cdots+a_m^*\varphi_m(x)$$

是 $f(x)$ 在 $\varPhi$ 中的最佳平方逼近函数.

令 $\delta=f(x)-S^*(x)$，则平方误差为

$$\|\delta\|_2^2=(f-S^*,f-S^*)=(f,f)-(S^*,f)=\|f\|_2^2-\sum_{j=0}^m a_j^*(\varphi_j,f)$$

算法 6.1 求实连续函数的最佳平方逼近的方法.

（1）输入被逼近函数 $f(x)$ 和基函数 $\varphi_0(x),\varphi_1(x),\cdots,\varphi_m(x)$.

（2）根据式（6.17）形成法方程 $\boldsymbol{Gx}=\boldsymbol{b}$.

（3）对 $\boldsymbol{G}$ 进行 Cholesky 分解 $\boldsymbol{G}=\boldsymbol{LL}^{\mathrm{T}}$.

（4）依次执行前代过程和回代过程求解方程 $\boldsymbol{LL}^{\mathrm{T}}\boldsymbol{x}=\boldsymbol{b}$ ，得到 $\boldsymbol{x}$.

（5）输出 $S=\sum_{j=0}^{m}x_j\varphi_j$.

例 6.1 求 $f(x)=\mathrm{e}^x$ 在$[0,1]$上的二次最佳平方逼近多项式.

解 取 $\varphi_0(x)=1$，$\varphi_1(x)=x$，$\varphi_2(x)=x^2$，$\Phi=\mathrm{span}\{1,x,x^2\}$.

$$(\varphi_0,\varphi_0)=\int_0^1 1\mathrm{d}x=1,\quad (\varphi_0,\varphi_1)=\int_0^1 x\mathrm{d}x=\frac{1}{2},\quad (\varphi_0,\varphi_2)=\int_0^1 x^2\mathrm{d}x=\frac{1}{3}$$

$$(\varphi_1,\varphi_1)=\int_0^1 x^2\mathrm{d}x=\frac{1}{3},\quad (\varphi_1,\varphi_2)=\int_0^1 x^3\mathrm{d}x=\frac{1}{4},\quad (\varphi_2,\varphi_2)=\int_0^1 x^4\mathrm{d}x=\frac{1}{5}$$

$$(f,\varphi_0)=\int_0^1 \mathrm{e}^x\mathrm{d}x=\mathrm{e}-1,\ (f,\varphi_1)=\int_0^1 x\mathrm{e}^x\mathrm{d}x=1,\quad (f,\varphi_2)=\int_0^1 x^2\mathrm{e}^x\mathrm{d}x=\mathrm{e}-2$$

正则方程组为

$$\begin{bmatrix}1 & \frac{1}{2} & \frac{1}{3}\\ \frac{1}{2} & \frac{1}{3} & \frac{1}{4}\\ \frac{1}{3} & \frac{1}{4} & \frac{1}{5}\end{bmatrix}\begin{bmatrix}a_0\\ a_1\\ a_2\end{bmatrix}=\begin{bmatrix}\mathrm{e}-1\\ 1\\ \mathrm{e}-2\end{bmatrix}$$

解得 $a_0=39\mathrm{e}-105,\quad a_1=588-216\mathrm{e},\quad a_2=210\mathrm{e}-570$，故

$$\begin{aligned}S^*(x)&=39\mathrm{e}-105+(588-216\mathrm{e})x+(210\mathrm{e}-570)x^2\\ &=1.013\,0+0.851\,1x+0.839\,18x^2\end{aligned}$$

例 6.2 求区间$[-1,1]$上的函数 $f(x)=|x|$ 在 $\Phi=\mathrm{span}\{1,x^2,x^4\}$ 中的最佳平方逼近函数.

解 取 $\varphi_0(x)=1,\quad \varphi_1(x)=x^2,\quad \varphi_2(x)=x^4,\ \Phi=\mathrm{span}\{1,x^2,x^4\}$.

$$(\varphi_0,\varphi_0)=\int_{-1}^1 1\mathrm{d}x=2,\qquad (\varphi_0,\varphi_1)=(\varphi_1,\varphi_0)=\int_{-1}^1 x^2\mathrm{d}x=\frac{2}{3}$$

$$(\varphi_0,\varphi_2)=(\varphi_2,\varphi_0)=(\varphi_1,\varphi_1)=\int_{-1}^1 x^4\mathrm{d}x=\frac{2}{5}$$

$$(\varphi_1,\varphi_2)=(\varphi_2,\varphi_1)=\int_{-1}^1 x^6\mathrm{d}x=\frac{2}{7},\qquad (\varphi_2,\varphi_2)=\int_{-1}^1 x^8\mathrm{d}x=\frac{2}{9}$$

$$(f,\varphi_0)=\int_{-1}^1 |x|\mathrm{d}x=1,\quad (f,\varphi_1)=\int_{-1}^1 |x|x^2\mathrm{d}x=\frac{1}{2},\quad (f,\varphi_2)=\int_{-1}^1 |x|x^4\mathrm{d}x=\frac{1}{3}$$

正则方程组为

$$\begin{bmatrix}2 & \frac{2}{3} & \frac{2}{5}\\ \frac{2}{3} & \frac{2}{5} & \frac{2}{7}\\ \frac{2}{5} & \frac{2}{7} & \frac{2}{9}\end{bmatrix}\begin{bmatrix}a_0\\ a_1\\ a_2\end{bmatrix}=\begin{bmatrix}1\\ \frac{1}{2}\\ \frac{1}{3}\end{bmatrix}$$

解得 $a_0=0.117\,19,\quad a_1=1.640\,63,\quad a_2=-0.820\,31$，故

$$S^*(x)=0.117\,19+1.640\,63x^2-0.820\,31x^4$$

6.3.2　基于正交函数的最佳平方逼近

设函数 $f(x)\in C[a,b]$，$\Phi=\operatorname{span}\{\varphi_0,\varphi_1,\cdots,\varphi_m\}$. 若 $\varphi_0,\varphi_1,\cdots,\varphi_m$ 为一组正交函数基，则正则方程组（6.17）化为

$$\begin{bmatrix}(\varphi_0,\varphi_0) & & & \\ & (\varphi_1,\varphi_1) & & \\ & & \ddots & \\ & & & (\varphi_m,\varphi_m)\end{bmatrix}\begin{bmatrix}a_0\\a_1\\ \vdots\\ a_m\end{bmatrix}=\begin{bmatrix}(f,\varphi_0)\\(f,\varphi_1)\\ \vdots\\(f,\varphi_m)\end{bmatrix} \tag{6.18}$$

因 $(\varphi_k,\varphi_k)>0\ (k=0,1,\cdots,m)$，故其解为

$$a_k=\frac{(f,\varphi_k)}{(\varphi_k,\varphi_k)}\quad(k=0,1,\cdots,m) \tag{6.19}$$

所以 $f(x)\in C[a,b]$ 在 Φ 中的最佳平方逼近函数为

$$S^*(x)=\sum_{k=0}^{m}\frac{(f,\varphi_k)}{(\varphi_k,\varphi_k)}\varphi_k(x) \tag{6.20}$$

下面考虑函数 $f(x)\in C[-1,1]$，用 Legendre 多项式作基，求最佳平方逼近多项式

$$S^*(x)=a_0^*P_0(x)+a_1^*P_1(x)+\cdots+a_m^*P_m(x)$$

其中：

$$a_k^*=\frac{(f,P_k)}{(P_k,P_k)}=\frac{2k+1}{2}\int_{-1}^{1}f(x)P_k(x)\mathrm{d}x\quad(k=0,1,\cdots,m) \tag{6.21}$$

且平方误差为

$$\|\delta\|_2^2=\int_{-1}^{1}f^2(x)\mathrm{d}x-\sum_{k=0}^{n}\frac{2}{2k+1}\left(a_k^*\right)^2$$

例 6.3　求 $f(x)=\mathrm{e}^x$ 在 $[-1,1]$ 上的三次最佳平方逼近多项式.

解　取基函数为 Legendre 多项式. 因为

$$(f,P_0)=\int_{-1}^{1}\mathrm{e}^x\mathrm{d}x=\mathrm{e}-\mathrm{e}^{-1}\approx 2.350\,4$$

$$(f,P_1)=\int_{-1}^{1}x\mathrm{e}^x\mathrm{d}x=2\mathrm{e}^{-1}\approx 0.735\,8$$

$$(f,P_2)=\int_{-1}^{1}\frac{1}{2}(3x^2-1)\mathrm{e}^x\mathrm{d}x=\mathrm{e}-7\mathrm{e}^{-1}\approx 0.143\,1$$

$$(f,P_3)=\int_{-1}^{1}\frac{1}{2}(5x^3-3x)\mathrm{e}^x\mathrm{d}x=-5\mathrm{e}+37\mathrm{e}^{-1}\approx 0.020\,13$$

由式（6.21）得

$$a_0^*=\frac{(f,P_0)}{2}=\frac{\mathrm{e}-\mathrm{e}^{-1}}{2}\approx 1.175\,2,\qquad a_1^*=\frac{3(f,P_1)}{2}=\frac{6\mathrm{e}^{-1}}{2}\approx 1.103\,7$$

$$a_2^*=\frac{5(f,P_2)}{2}=\frac{5}{2}(\mathrm{e}-7\mathrm{e}^{-1})\approx 0.357\,8,\qquad a_3^*=\frac{7(f,P_3)}{2}=\frac{7}{2}(-5\mathrm{e}+37\mathrm{e}^{-1})\approx 0.070\,46$$

于是三次最佳平方逼近多项式为

$$S^*(x) = a_0^* P_0(x) + a_1^* P_1(x) + a_2^* P_2(x) + a_3^* P_3(x)$$
$$= 0.176\,2x^3 + 0.536\,7x^2 + 0.998\,0x + 0.996\,3$$

例 6.4　求 $f(x)=\sqrt{x}$ 在 $[0,1]$ 上的一次最佳平方逼近多项式.

解　（方法 1）取 $\varphi_0(x)=1$，$\varphi_1(x)=x$，$\Phi=\text{span}\{1,x\}$.

$$(\varphi_0,\varphi_0)=\int_0^1 \mathrm{d}x=1,\quad (\varphi_0,\varphi_1)=(\varphi_1,\varphi_0)=\int_0^1 x\mathrm{d}x=\frac{1}{2},\quad (\varphi_1,\varphi_1)=\int_0^1 x^2\mathrm{d}x=\frac{1}{3}$$

$$(f,\varphi_0)=\int_0^1\sqrt{x}\mathrm{d}x=\frac{2}{3},\qquad (f,\varphi_1)=\int_{-1}^1 x\sqrt{x}\mathrm{d}x=\frac{2}{5}$$

正则方程组为

$$\begin{bmatrix} 1 & \frac{1}{2} \\ \frac{1}{2} & \frac{1}{3} \end{bmatrix}\begin{bmatrix} a_0 \\ a_1 \end{bmatrix}=\begin{bmatrix} \frac{2}{3} \\ \frac{2}{5} \end{bmatrix}$$

其解为 $a_0=\frac{4}{15}$，$a_1=\frac{4}{5}$，因此一次最佳平方逼近多项式为

$$S^*(x)=a_0\varphi_0(x)+a_1\varphi_1(x)=\frac{4}{15}+\frac{4}{5}x$$

（方法 2）令 $x=\frac{1}{2}(1+t)$，则

$$f(x)=\frac{1}{\sqrt{2}}\sqrt{1+t}=\psi(t)\quad(-1\leqslant t\leqslant 1)$$

先求 $\psi(t)$ 在区间 $[-1,1]$ 上的一次最佳平方逼近多项式 $q(t)$，即

$$(\psi,P_0)=\int_{-1}^1\frac{1}{\sqrt{2}}\sqrt{1+t}\mathrm{d}t=\frac{4}{3}$$

$$(\psi,P_1)=\int_{-1}^1 t\frac{1}{\sqrt{2}}\sqrt{1+t}\mathrm{d}t=\frac{12}{45}$$

于是

$$a_0^*=\frac{(\psi,P_0)}{2}=\frac{2}{3},\qquad a_1^*=\frac{3(\psi,P_1)}{2}=\frac{6}{15}$$

因此

$$q(t)=a_0^*P_0(t)+a_1^*P_1(t)=\frac{2}{3}+\frac{6}{15}t$$

把 $t=2x-1$ 代入上式得 $\sqrt{x}$ 在区间 $[-1,1]$ 上的一次最佳平方逼近多项式为

$$S^*(x)=\frac{2}{3}+\frac{6}{15}(2x-1)=\frac{4}{15}+\frac{4}{5}x\quad(0\leqslant x\leqslant 1)$$

6.4　曲线拟合的最小二乘法

6.4.1　问题描述与求解

在科学实验的统计分析研究中，常常需要从一组观测数据 (x_i,y_i) $(i=1,2,\cdots,n)$ 中，求得变量 x 与 y 之间的某种近似关系 $y=\varphi(x)$．从几何图形上看，就是根据 n 个给定的点

(x_i, y_i) $(i=1,2,\cdots,n)$ 求一条近似曲线. 一般实验所得的数据很多，而且观测数据本身带有误差，因此所求的近似曲线并不要求通过所有给定的点 (x_i, y_i)，而只要求函数 $y=\varphi(x)$ 能反映数据的基本变化趋势，在某种意义下与函数最“逼近”. 换句话说，就是求一条曲线，使数据点均在此曲线的上方或下方不远处，所求的曲线称为拟合曲线，这样的问题称为曲线拟合问题. 由于不同类型的函数能表达不同的特性，常常需要在某种确定的函数类 Φ 中寻求一个“最好”的函数 $S^*(x)$ 拟合已给的数据 (x_i, y_i) $(i=1,2,\cdots,n)$. “最好”的标准通常是要求 $\sum\limits_{i=1}^{n}\left[y_i-S^*(x_i)\right]^2$ 最小. 实际问题中，由于各点的观测数据精度不同，常常引入加权系数，使得 $\sum\limits_{i=1}^{n}\omega(x_i)\left[y_i-S^*(x_i)\right]^2$ 最小.

定义 6.8　设函数 $\varphi_i(x)$ $(i=0,1,\cdots,m)$ 为定义在 $[a,b]$ 上一组线性无关的连续函数，记 $\Phi=\operatorname{span}\{\varphi_0,\varphi_1,\cdots,\varphi_m\}$. 对给定的数据组 (x_i, y_i) $(i=1,2,\cdots,n)$，若存在函数 $S^*(x)\in\Phi$，使得

$$\sum_{i=1}^{n}\omega(x_i)\left[y_i-S^*(x_i)\right]^2=\min_{S(x)\in\Phi}\sum_{i=1}^{n}\omega(x_i)\left[y_i-S(x_i)\right]^2 \tag{6.22}$$

则称 $S^*(x)$ 为 Φ 中最小二乘拟合函数，求最小二乘拟合函数 $S^*(x)$ 的方法称为最小二乘法. 这里 $\omega(x)\geqslant 0$ 是 $[a,b]$ 上的权函数.

点 (x_i, y_i) $(i=1,2,\cdots,n)$ 处的权 $\omega(x_i)$ 表示该点数据的重要程度. 设

$$S(x)=a_0\varphi_0(x)+a_1\varphi_1(x)+\cdots+a_m\varphi_m(x)=\sum_{k=0}^{m}a_k\varphi_k(x) \tag{6.23}$$

由 $S^*(x)\in\Phi$，$S^*(x)$ 可表示为 $S^*(x)=\sum\limits_{k=0}^{m}a_k^*\varphi_k(x)$，其中 a_k^* 为实数. 求 $S^*(x)$ 的问题等价于求 a_k^* $(k=0,1,\cdots,m)$. 由式（6.22）知，$\left(a_0^*,a_1^*,\cdots,a_m^*\right)$ 是多元函数

$$J(a_0,a_1,\cdots,a_n)=\sum_{i=1}^{n}\omega(x_i)\left[y_i-\sum_{k=0}^{m}a_k\varphi_k(x_i)\right]^2$$

的极值点. 由多元函数求极值的必要条件

$$\frac{\partial J}{\partial a_j}=-2\sum_{i=1}^{n}\omega(x_i)\left[y_i-\sum_{k=0}^{m}a_k\varphi_k(x_i)\right]\varphi_j(x_i)=0 \quad (j=0,1,\cdots,m)$$

从而有

$$\sum_{k=0}^{m}a_k\left[\sum_{i=1}^{n}\omega(x_i)\varphi_k(x_i)\varphi_j(x_i)\right]=\sum_{i=1}^{n}\omega_i y_i\varphi_j(x_i) \tag{6.24}$$

应用离散情形内积记号

$$(\varphi_k,\varphi_j)=\sum_{i=1}^{n}\omega(x_i)\varphi_k(x_i)\varphi_j(x_i),(y,\varphi_j)=\sum_{i=1}^{n}\omega(x_i)y_i\varphi_j(x_i)$$

上式写为

$$\sum_{k=0}^{m}a_k(\varphi_j,\varphi_k)=(y,\varphi_j) \quad (j=0,1,\cdots,m)$$

或写为矩阵

$$\begin{bmatrix}(\varphi_0,\varphi_0) & (\varphi_0,\varphi_1) & \cdots & (\varphi_0,\varphi_m)\\(\varphi_1,\varphi_0) & (\varphi_1,\varphi_1) & \cdots & (\varphi_1,\varphi_m)\\ \vdots & \vdots & & \vdots\\(\varphi_m,\varphi_0) & (\varphi_m,\varphi_1) & \cdots & (\varphi_m,\varphi_m)\end{bmatrix}\begin{bmatrix}a_0\\a_1\\ \vdots\\a_m\end{bmatrix}=\begin{bmatrix}(y,\varphi_0)\\(y,\varphi_1)\\ \vdots\\(y,\varphi_m)\end{bmatrix} \tag{6.25}$$

式（6.25）称为法方程或正则方程组. 若法方程的系数矩阵非奇异，则方程（6.25）存在唯一解.

记

$$\boldsymbol{G}=\begin{bmatrix}(\varphi_0,\varphi_0) & (\varphi_0,\varphi_1) & \cdots & (\varphi_0,\varphi_m)\\(\varphi_1,\varphi_0) & (\varphi_1,\varphi_1) & \cdots & (\varphi_1,\varphi_m)\\ \vdots & \vdots & & \vdots\\(\varphi_m,\varphi_0) & (\varphi_m,\varphi_1) & \cdots & (\varphi_m,\varphi_m)\end{bmatrix}$$

$$\boldsymbol{Q}_k=(\varphi_k(x_1),\varphi_k(x_2),\cdots,\varphi_k(x_n))\quad (k=0,1,\cdots,m)$$

必须指出，$\varphi_0(x),\varphi_1(x),\cdots,\varphi_m(x)$ 在 $[a,b]$ 上线性无关不能推出矩阵 $\boldsymbol{G}$ 非奇异. 例如，取 $\varphi_0(x)=1$，$\varphi_1(x)=\sin x$，$x\in[0,2\pi]$，则 $\varphi_0(x),\varphi_1(x)$ 在 $[0,2\pi]$ 上线性无关. 若取 $x_k=(k-1)\pi$ $(k=1,2,3)$，则 $\varphi_0(x_k)=1$，$\varphi_1(x_k)=0$ $(k=1,2,3)$，$(\varphi_0,\varphi_1)=(\varphi_1,\varphi_0)=(\varphi_1,\varphi_1)=0$，于是有奇异矩阵

$$\boldsymbol{G}=\begin{bmatrix}(\varphi_0,\varphi_0) & (\varphi_0,\varphi_1)\\(\varphi_1,\varphi_0) & (\varphi_1,\varphi_1)\end{bmatrix}$$

以下定理给出了矩阵 $\boldsymbol{G}$ 可逆的充分必要条件.

定理 6.6 矩阵 $\boldsymbol{G}$ 可逆的充分必要条件是 $\boldsymbol{Q}_0,\boldsymbol{Q}_1,\cdots,\boldsymbol{Q}_m$ 线性无关.

定理 6.7 对任意选定的 n 个互异点 $x_k\in[a,b]$ $(k=1,2,\cdots,n$；$m\leqslant n-1)$，$\boldsymbol{Q}_0,\boldsymbol{Q}_1,\cdots,\boldsymbol{Q}_m$ 线性无关的充要条件是 $\varphi_0,\varphi_1,\cdots,\varphi_m$ 线性无关，且 $\forall\varphi\in\Phi=\operatorname{span}\{\varphi_0,\varphi_1,\cdots,\varphi_m\}$，若 φ 不恒为零，则在 $[a,b]$ 上至多有 m 个互异零点.

证明见参考文献[3].

定理 6.8 设 $a_0^*,a_1^*,\cdots,a_m^*$ 为方程组（6.24）的解，则

$$S^*(x)=a_0^*\varphi_0(x)+a_1^*\varphi_1(x)+\cdots+a_m^*\varphi_m(x)=\sum_{k=0}^{m}a_k^*\varphi_k(x) \tag{6.26}$$

是数据组 (x_i,y_i) $(i=1,2,\cdots,n)$ 的最小二乘拟合函数.

证明 对任意 $S(x)=a_0\varphi_0(x)+a_1\varphi_1(x)+\cdots+a_m\varphi_m(x)=\sum\limits_{k=0}^{m}a_k\varphi_k(x)\in\Phi$ 有

$$\begin{aligned}&\sum_{i=1}^{n}\omega(x_i)\left[y_i-S(x_i)\right]^2\\&=\sum_{i=1}^{n}\omega(x_i)\left[y_i-S^*(x_i)+S^*(x_i)-S(x_i)\right]^2\\&=\sum_{i=1}^{n}\omega(x_i)\left[y_i-S^*(x_i)\right]^2+2\sum_{i=1}^{n}\omega(x_i)\left[y_i-S^*(x_i)\right]\left[S^*(x_i)-S(x_i)\right]+\sum_{i=1}^{n}\omega(x_i)\left[S(x_i)-S^*(x_i)\right]^2\end{aligned}$$

由式（6.24）有

$$\begin{aligned}&\sum_{i=1}^{n}\omega(x_i)\left[y_i-S^*(x_i)\right]\left[S^*(x_i)-S(x_i)\right]\\&=\sum_{i=1}^{n}\omega(x_i)\left[y_i-S^*(x_i)\right]\left[\sum_{k=0}^{m}\left(a_k^*-a_k\right)\varphi_k(x_i)\right]\\&=\sum_{k=0}^{m}\left(a_k^*-a_k\right)\left\{\sum_{i=1}^{n}\omega(x_i)\left[y_i-S^*(x_i)\right]\varphi_k(x_i)\right\}=0\end{aligned}$$

从而有

$$\sum_{i=1}^{n}\omega(x_i)[y_i-S(x_i)]^2=\sum_{i=1}^{n}\omega(x_i)\left[y_i-S^*(x_i)\right]^2+\sum_{i=1}^{n}\omega(x_i)\left[S(x_i)-S^*(x_i)\right]^2\geqslant\sum_{i=1}^{n}\omega(x_i)\left[y_i-S^*(x_i)\right]^2$$

即 $S^*(x)$ 为最小二乘拟合函数.

$S^*(x)$ 的平方误差为

$$\|\delta\|_2^2=\sum_{i=1}^{n}\omega(x_i)[S(x_i)-y_i]^2$$

均方误差为

$$\|\delta\|_2=\sqrt{\sum_{i=1}^{n}\omega(x_i)[S(x_i)-y_i]^2}$$

例 6.5　已知数据表如表 6.1 所示.

表 6.1　例 6.5 的数据表

x_i	1	2	3	4
y_i	0.8	1.5	1.8	2.0

求形如 $y=ax+bx^2$ 的最小二乘拟合函数.

解　因为拟合曲线的形式为 $y=ax+bx^2$，所以基函数为 $\varphi_0(x)=x,\quad \varphi_1(x)=x^2$，$\omega(x_i)=1\quad(i=1,2,3,4)$，故

$$(\varphi_0,\varphi_0)=\sum_{i=1}^{4}\varphi_0(x_i)\varphi_0(x_i)=\sum_{i=1}^{4}x_i^2=30$$

$$(\varphi_0,\varphi_1)=(\varphi_1,\varphi_0)=\sum_{i=1}^{4}\varphi_0(x_i)\varphi_1(x_i)=\sum_{i=1}^{4}x_i^3=100$$

$$(\varphi_1,\varphi_1)=\sum_{i=1}^{4}\varphi_1(x_i)\varphi_1(x_i)=\sum_{i=1}^{4}x_i^4=354$$

$$(y,\varphi_0)=\sum_{i=1}^{4}y_i\varphi_0(x_i)=\sum_{i=1}^{4}y_ix_i=17.2$$

$$(y,\varphi_1)=\sum_{i=1}^{4}y_i\varphi_1(x_i)=\sum_{i=1}^{4}y_ix_i^2=55$$

正则方程组为

$$\begin{bmatrix} 30 & 100 \\ 100 & 354 \end{bmatrix}\begin{bmatrix} a \\ b \end{bmatrix}=\begin{bmatrix} 17.2 \\ 55 \end{bmatrix}$$

其解为$a=0.9497$，$b=-0.1129$. 因此，最小二乘拟合函数为

$$y=a\varphi_0(x)+b\varphi_1(x)=0.9497x-0.1129x^2$$

6.4.2　多项式拟合

若取$\varphi_0(x)=1$，$\varphi_1(x)=x,\cdots,\varphi_m(x)=x^m$，则$\Phi=\operatorname{span}\left\{1,x,\cdots,x^m\right\}$是不超过$m$次的多项式集合. 记$\omega_i=\omega(x_i)$ $(i=0,1,\cdots,n)$. 此时

$$\begin{cases} (\varphi_k,\varphi_j)=\sum\limits_{i=1}^{n}\omega_i x_i^{k+j} & (k,j=0,1,\cdots,m) \\ (f,\varphi_k)=\sum\limits_{i=1}^{n}\omega_i f_i x_i^{k} & (k=0,1,\cdots,m) \end{cases} \tag{6.27}$$

正则方程组为

$$\begin{cases} a_0\sum\limits_{i=1}^{n}\omega_i+a_1\sum\limits_{i=1}^{n}\omega_i x_i+a_2\sum\limits_{i=1}^{n}\omega_i x_i^2+\cdots+a_m\sum\limits_{i=1}^{n}\omega_i x_i^m=\sum\limits_{i=1}^{n}\omega_i y_i \\ a_0\sum\limits_{i=1}^{n}\omega_i x_i+a_1\sum\limits_{i=1}^{n}\omega_i x_i^2+a_2\sum\limits_{i=1}^{n}\omega_i x_i^3+\cdots+a_m\sum\limits_{i=1}^{n}\omega_i x_i^{m+1}=\sum\limits_{i=1}^{n}\omega_i y_i x_i \\ \cdots\cdots \\ a_0\sum\limits_{i=1}^{n}\omega_i x_i^m+a_1\sum\limits_{i=1}^{n}\omega_i x_i^{m+1}+a_2\sum\limits_{i=1}^{n}\omega_i x_i^{m+2}+\cdots+a_m\sum\limits_{i=1}^{n}\omega_i x_i^{2m}=\sum\limits_{i=1}^{n}\omega_i y_i x_i^m \end{cases} \tag{6.28}$$

此时也称式（6.26）为最小二乘m次拟合多项式.

显然$1,x,\cdots,x^m$ $(m\leqslant n)$满足定理 6.7 的条件，由定理 6.7 和定理 6.6 知方程组（6.28）存在唯一解.

特别地，当$m=1$，$\omega(x)\equiv 1$时，由法方程（6.28）可得

$$\begin{cases} na_0+a_1\sum\limits_{i=1}^{n}x_i=\sum\limits_{i=1}^{n}y_i \\ a_0\sum\limits_{i=1}^{n}x_i+a_1\sum\limits_{i=1}^{n}x_i^2=\sum\limits_{i=1}^{n}y_i x_i \end{cases} \tag{6.29}$$

由此解得a_0,a_1，可得最小二乘一次拟合多项式

$$S_1^*(x)=a_0+a_1x$$

当 $m=2$，$\omega(x)\equiv 1$ 时，正则方程组为

$$\begin{cases} na_0 + a_1\sum_{i=1}^{n} x_i + a_2\sum_{i=1}^{n} x_i^2 = \sum_{i=1}^{n} y_i \\ a_0\sum_{i=1}^{n} x_i + a_1\sum_{i=1}^{n} x_i^2 + a_2\sum_{i=1}^{n} x_i^3 = \sum_{i=1}^{n} y_i x_i \\ a_0\sum_{i=1}^{n} x_i^2 + a_1\sum_{i=1}^{n} x_i^3 + a_2\sum_{i=1}^{n} x_i^4 = \sum_{i=1}^{n} y_i x_i^2 \end{cases} \tag{6.30}$$

由此解得 a_0, a_1, a_2，可得最小二乘二次拟合多项式为

$$S_2^*(x) = a_0 + a_1 x + a_2 x^2$$

例 6.6　已知数据表如表 6.2 所示.

表 6.2　例 6.6 的数据表

x_i	0	0.25	0.5	0.75	1
y_i	1	1.26	1.71	2.01	2.30

求最小二乘一次拟合多项式.

解　设拟合一次多项式为 $S_1^*(x) = a_0 + a_1 x$，则

$$\sum_{i=1}^{5} x_i = 2.5,\quad \sum_{i=1}^{5} x_i^2 = 1.875,\quad \sum_{i=1}^{5} y_i = 8.28,\quad \sum_{i=1}^{5} y_i x_i = 4.9775$$

代入正则方程组（6.29）得

$$\begin{cases} 5a_0 + 2.5a_1 = 8.28 \\ 2.5a_0 + 1.875a_1 = 4.9775 \end{cases}$$

其解为 $a_0 = 0.9860$，$a_1 = 1.3400$，所以

$$S_1^*(x) = 0.9860 + 1.3400x$$

就是所给数据组的最小二乘一次拟合多项式.

例 6.7　已知数据表如表 6.3 所示.

表 6.3　例 6.7 的数据表

x_i	−2	−1	0	1	2
y_i	−0.12	0.11	0.38	1.00	1.5

求最小二乘二次拟合多项式.

解　设二次拟合多项式为 $S_2^*(x) = a_0 + a_1 x + a_2 x^2$，则

$$n=5,\quad \sum_{i=1}^{5} x_i = 0,\quad \sum_{i=1}^{9} x_i^2 = 10,\quad \sum_{i=1}^{5} y_i = 2.87,\quad \sum_{i=1}^{5} x_i^3 = 0$$

$$\sum_{i=1}^{5} x_i^4 = 34,\quad \sum_{i=1}^{5} y_i x_i = 4.13,\quad \sum_{i=1}^{5} y_i x_i^2 = 6.63$$

代入正则方程组（6.30）得

$$\begin{cases} 5a_0 \quad +10a_2 = 2.87 \\ \quad 10a_1 \quad = 4.13 \\ 10a_0 \quad +34a_2 = 6.63 \end{cases}$$

其解为$a_0 = 0.4469$, $a_1 = 0.4130$, $a_2 = 0.0636$，所以最小二乘二次拟合多项式为

$$S_2^*(x) = 0.4469 + 0.4130x + 0.0636x^2$$

6.4.3　几种具体的拟合曲线类型

有些非线性拟合曲线可以通过适当的变量替换转化为线性模型，从而用线性拟合进行处理.

1. 指数函数拟合

若数据点(x_i, y_i) $(i=1,2,\cdots,n)$的分布近似指数曲线，则可选取拟合函数为指数函数

$$y = be^{ax} \tag{6.31}$$

这是关于a,b的非线性模型，现通过适当变换将其化为线性模型. 对式（6.31）两端取对数，有

$$\ln y = ax + \ln b$$

令$\tilde{y} = \ln y$，则有

$$\tilde{y} = ax + \ln b$$

上式右端是线性函数.

因此，若数据点(x_i, y_i) $(i=1,2,\cdots,n)$的分布近似于指数曲线，则数据组$(x_i, \ln y_i)$ $(i=1,2,\cdots,n)$的分布就近似于直线. 故可以先求出数据组$(x_i, \ln y_i)$的最小二乘拟合直线$\tilde{y} = a_0 + a_1x$，再由$\ln y = a_0 + a_1x$，得$y = e^{a_0+a_1x} = e^{a_0}e^{a_1x}$.

例 6.8　已知数据表如表 6.4 所示.

表 6.4　例 6.8 的数据表

x_i	1	2	3	4	5
y_i	7	11	17	26	35

试用最小二乘法求一个形如$y = be^{ax}$的经验公式.

解　先求数据表 6.5.

表 6.5　对数据表

x_i	1	2	3	4	5
y_i	7	11	17	26	35
$\ln y_i$	1.946	2.398	2.833	3.258	3.555

以$(x_i, \ln y_i)$ $(i=1,2,3,4,5)$为数据，作最小二乘拟合直线. 正则方程组为

$$\begin{cases} 5a_0 + 15a_1 = 13.990 \\ 15a_0 + 55a_1 = 46.048 \end{cases}$$

其解为 $a_0 = 1.5746$， $a_1 = 0.4078$，故

$$\tilde{y} = 0.4078x + 1.5746$$

即

$$\ln y = 0.4078x + 1.5746$$

所以

$$y = \mathrm{e}^{0.4078x+1.5746} = 4.8288\mathrm{e}^{0.4078x}$$

2. 幂函数拟合

先选取拟合函数

$$y = ax^b$$

这是关于 a,b 的非线性模型，两边取对数，有

$$\ln y = \ln a + b\ln x$$

令 $\tilde{y} = \ln y$， $\tilde{x} = \ln x$，则

$$\tilde{y} = \ln a + b\tilde{x}$$

为线性拟合问题. 然后按数据组 $(\ln x_i, \ln y_i)$ $(i = 1,2,\cdots,n)$ 求出最小二乘拟合直线 $\tilde{y} = a_0 + a_1\tilde{x}$，再由 $\ln y = a_0 + a_1 \ln x$，得 $y = \mathrm{e}^{a_0 + a_1 \ln x} = \mathrm{e}^{a_0} x^{a_1}$.

3. 分式线性拟合

（1）选取拟合函数为 $y = \dfrac{1}{ax+b}$，这是关于 a,b 的非线性模型. 作变换

$$\tilde{y} = \frac{1}{y} = ax + b$$

将问题线性化，按数据组 $\left(x_i, \dfrac{1}{y_i}\right)$ $(i = 1,2,\cdots,n)$ 求出最小二乘拟合直线 $\tilde{y} = a_0 + a_1 x$，得

$$y = \frac{1}{\tilde{y}} = \frac{1}{ax+b}$$

（2）先选取拟合函数为 $y = \dfrac{x}{ax+b}$，这是关于 a,b 的非线性模型. 作变形

$$\frac{1}{y} = \frac{ax+b}{x} = a + \frac{b}{x}$$

令 $\tilde{y} = \dfrac{1}{y}$， $\tilde{x} = \dfrac{1}{x}$，则 $\tilde{y} = a + b\tilde{x}$ 为线性拟合问题. 然后按数据组 $(\tilde{x}_i, \tilde{y}_i) = \left(\dfrac{1}{x_i}, \dfrac{1}{y_i}\right)$ $(i = 1, 2,\cdots,n)$ 求其最小二乘拟合直线 $\tilde{y} = a + b\tilde{x}$，得

$$y = \frac{1}{\tilde{y}} = \frac{1}{a+b\tilde{x}} = \frac{1}{a+\dfrac{b}{x}} = \frac{x}{ax+b}$$

综上所述，求数据组的最小二乘拟合函数的步骤如下.

（1）将已知数据 (x_i, y_i) $(i = 1,2,\cdots,n)$ 描在坐标纸上.

（2）仔细观察各点之间的关系，寻找一定的规律，设立数学模型，给出 $\varphi_0, \varphi_1, \cdots, \varphi_m$.

（3）用最小二乘法求出 $S^*(x)$.

6.4.4 用正交多项式作曲线拟合

用最小二乘法得到的方程组(6.25)，其系数矩阵可能是病态的. 但若 $\varphi_0(x),\varphi_1(x),\cdots,\varphi_m(x)$ 是关于点集 $\{x_1,x_2,\cdots,x_n\}$ 带权 $\omega(x_i)$ $(i=1,2,\cdots,n)$ 的正交函数族，即

$$(\varphi_k,\varphi_j)=\sum_{i=1}^{n}\omega(x_i)\varphi_k(x_i)\varphi_j(x_i)=\begin{cases}0, & k\neq j\\ A_k>0, & k=j\end{cases}\quad (j,k=0,1,\cdots,m) \tag{6.32}$$

则方程组（6.25）的系数矩阵呈对角形，正则方程（6.25）的解为

$$a_k^*=\frac{(y,\varphi_k)}{(\varphi_k,\varphi_k)}=\frac{\sum_{i=1}^{n}\omega(x_i)y_i\varphi_k(x_i)}{\sum_{i=1}^{n}\omega_i(x_i)\varphi_k^2(x_i)}\quad (k=0,1,\cdots,m) \tag{6.33}$$

最小二乘拟合函数为

$$S^*(x)=\sum_{k=0}^{m}\frac{(y,\varphi_k)}{(\varphi_k,\varphi_k)}\varphi_k(x) \tag{6.34}$$

且平方误差为

$$\|\delta\|_2^2=(y,y)-\sum_{k=0}^{m}A_k\left(a_k^*\right)^2$$

现在根据给定点 $x_1,x_2,\cdots,x_n$ 及权函数 $\omega(x)>0$，可以构造出带权 $\omega(x)$ 的正交多项式 $\{\varphi_k(x)\}$，用递推公式表示 $\varphi_k(x)$ 有

$$\begin{cases}\varphi_0(x)=1\\ \varphi_1(x)=x-\alpha_1\\ \varphi_{k+1}(x)=(x-\alpha_{k+1})\varphi_k(x)-\beta_k\varphi_{k-1}(x)\quad (k=1,2,\cdots,m-1)\end{cases} \tag{6.35}$$

其中：

$$\begin{cases}\alpha_{k+1}=\dfrac{(x\varphi_k,\varphi_k)}{(\varphi_k,\varphi_k)}=\dfrac{\sum_{i=1}^{n}\omega(x_i)x_i\varphi_k^2(x_i)}{\sum_{i=1}^{n}\omega(x_i)\varphi_k^2(x_i)}\quad (k=0,1,\cdots,m-1)\\ \beta_k=\dfrac{(\varphi_k,\varphi_k)}{(\varphi_{k-1},\varphi_{k-1})}=\dfrac{\sum_{i=1}^{n}\omega(x_i)\varphi_k^2(x_i)}{\sum_{i=1}^{n}\omega(x_i)\varphi_{k-1}^2(x_i)}\quad (k=1,2,\cdots,m-1)\end{cases} \tag{6.36}$$

于是，求数据组 (x_i,y_i) $(i=1,2,\cdots,n)$ 带权 $\omega(x)$ 的最小二乘拟合多项式可按以下过程进行.

（1）按式（6.35）和式（6.36）构造正交函数族 $\varphi_0(x),\varphi_1(x),\cdots,\varphi_m(x)$.

（2）按式（6.33）计算正则方程组的解.

（3）按式（6.34）写出最小二乘 m 次拟合多项式.

例 6.9　已知数据表如表 6.6 所示.

表 6.6　例 6.9 的数据表

x_i	−2	−1	0	1	2
y_i	−1.5	−1	0	1	1.5

求最小二乘三次拟合多项式.

解

$$\omega(x)=1,\qquad \varphi_0(x)=1$$

$$\alpha_1=\frac{(x\varphi_0,\varphi_0)}{(\varphi_0,\varphi_0)}=\left(\sum_{i=1}^{5}x_i\right)\Big/\left(\sum_{i=1}^{5}1\right)=0,\qquad \varphi_1(x)=x-\alpha_1=x$$

$$\alpha_2=\frac{(x\varphi_1,\varphi_1)}{(\varphi_1,\varphi_1)}=\left(\sum_{i=1}^{5}x_i^3\right)\Big/\left(\sum_{i=1}^{5}x_i^2\right)=0,\quad \beta_1=\frac{(\varphi_1,\varphi_1)}{(\varphi_0,\varphi_0)}=\left(\sum_{i=1}^{5}x_i^2\right)\Big/\left(\sum_{i=1}^{5}1\right)=2,\quad \varphi_2(x)=x^2-2$$

$$\alpha_3=\frac{(x\varphi_2,\varphi_2)}{(\varphi_2,\varphi_2)}=0,\quad \beta_2=\frac{(\varphi_2,\varphi_2)}{(\varphi_1,\varphi_1)}=\frac{7}{5},\quad \varphi_3(x)=x^3-\frac{17}{5}x$$

由式（6.33）得

$$a_0^*=\frac{(y,\varphi_0)}{(\varphi_0,\varphi_0)}=0,\qquad a_1^*=\frac{(y,\varphi_1)}{(\varphi_1,\varphi_1)}=\left(\sum_{i=1}^{5}y_ix_i\right)\Big/\left(\sum_{i=1}^{5}x_i^2\right)=\frac{4}{5}$$

$$a_2^*=\frac{(y,\varphi_2)}{(\varphi_2,\varphi_2)}=0,\qquad a_3^*=\frac{(y,\varphi_3)}{(\varphi_3,\varphi_3)}=-\frac{1}{12}$$

故最小二乘三次拟合多项式为

$$S^*(x)=\frac{4}{5}x-\frac{1}{12}\left(x^3-\frac{17}{5}x\right)=-\frac{1}{12}x^3+\frac{13}{12}x.$$

6.5　应 用 举 例

例 6.10　测得铜导线在温度 T 时的电阻 R 如表 6.7 所示，求电阻与温度的关系.

表 6.7　例 6.10 的数据表

变量	1	2	3	4	5	6	7
T/℃	18.6	24.6	29.7	35.8	39.4	45.2	49.7
R/Ω	75.1	76.9	78.5	80.6	81.9	84.1	85.3

解　先画出散点图如图 6.1 所示. 由图可见数据接近一条直线，故可设 $R=a+bT$.

$$\sum_{i=1}^{7}T_i=243,\quad \sum_{i=1}^{7}T_i^2=9\,180.34,\quad \sum_{i=1}^{7}R_i=562.4,\quad \sum_{i=1}^{7}T_iR_i=19\,773.12$$

代入正则方程组（6.29）得

$$\begin{cases}7a_0+243a_1=562.4\\243a_0+9\,180.34a_1=19\,773.12\end{cases}$$

其解为 $a_0 = 68.699\,2$, $a_1 = 0.335\,4$，所以电阻与温度的关系为

$$R = 68.699\,2 + 0.335\,4T$$

拟合效果如图 6.2 所示.

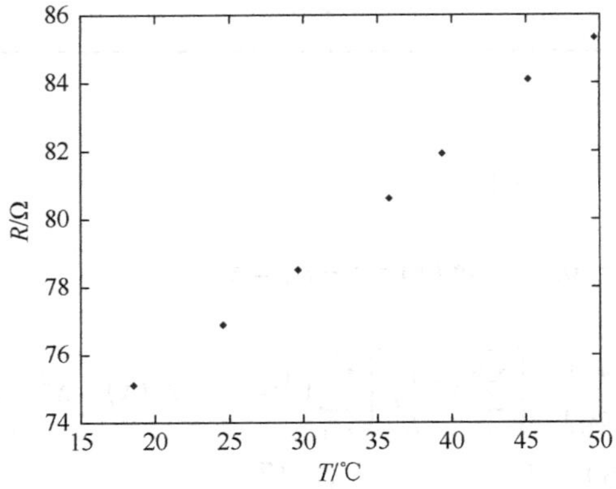

图 6.1　铜导线温度和电阻的离散数据

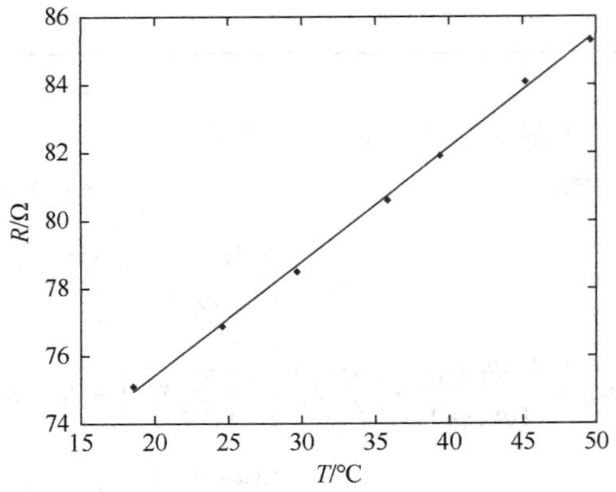

图 6.2　铜导线温度和电阻的拟合效果图

例 6.11　在化学反应过程中，测得不同时间某化合物的浓度如表 6.8 所示. 试建立该化合物的浓度随时间变化的函数 $f(t)$.

表 6.8　化合物的浓度表

t_i	1	2	3	4	5	6	7	8	9	10	11	12	13	14
y_i	4.5	6.2	7.8	8.2	9.15	9.6	9.7	9.81	10.1	10.3	10.4	10.5	10.55	10.7

考虑下列类型函数，计算误差平方和.

（1）二次函数；　　（2）三次函数；　　（3）四次函数.

解　编写程序如下.

```
clear;
x=1:14;
y=[4.5 6.2 7.8 8.2 9.15 9.6 9.7 9.81 10.1 10.3 10.4 10.5 10.55 10.7];
p1=polyfit(x,y,2)
p2=polyfit(x,y,3)
p3=polyfit(x,y,4)
d1=(y-polyval(p1,x))*(y-polyval(p1,x))'
d2=(y-polyval(p2,x))*(y-polyval(p2,x))'
d3=(y-polyval(p3,x))*(y-polyval(p3,x))'
xi=1:0.1:14;
yi1=polyval(p1,xi);
yi2=polyval(p2,xi);
yi3=polyval(p3,xi);
```

```
plot(x,y,'.',xi,yi1,'-.',xi,yi2,'--',xi,yi3,'-','LineWidth',2);
legend('原始数据','二次拟合','三次拟合','四次拟合')
xlabel('t');
ylabel('y');
```

运行结果如下.

```
p1=  -0.0529    1.1788    4.1000
p2=   0.0068   -0.2053    2.1252    2.7180
p3=  -0.0006    0.0258   -0.3928    2.8029   2.0543
d1=   1.9479
d2=   0.3413
d3=   0.1812
```

因此，二次拟合多项式为

$$S_2(t) = -0.052\,9t^2 + 1.178\,8t + 4.100$$

三次拟合多项式为

$$S_3(t) = 0.006\,8t^3 - 0.205\,3t^2 + 2.125\,2t + 2.718\,0$$

四次拟合多项式为

$$S_4(x) = -0.000\,6t^4 + 0.025\,8t^3 - 0.392\,8t^2 + 2.802\,9t + 2.054\,3$$

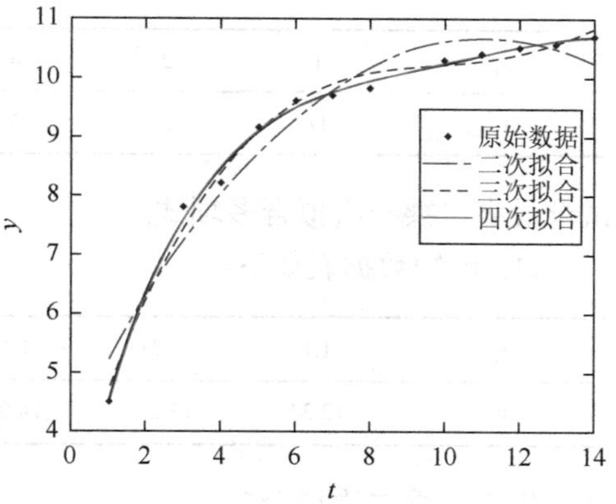

图 6.3　二次拟合、三次拟合、四次拟合的结果

由误差计算的平方和及图 6.3 可知，四次拟合的函数精确度比较高.

习　题　6

1. 证明 $\|f-g\| \geqslant \|f\| - \|g\|$.

2. 对权函数 $\rho(x)=1+x^2$，区间 $[-1,1]$，试求首项系数为 1 的正交多项式 $\varphi_n(x)$ $(n=0,1,2,3)$.

3. 求区间 $[0,1]$ 上的函数 $f(x)=x^2+3x+2$ 在 $\Phi=\mathrm{span}\{1,x\}$ 中的最佳平方逼近函数，若取 $\Phi=\mathrm{span}\{1,x,x^2\}$，则最佳平方逼近函数是多少？

4. 求下列函数在指定区间上关于 $f(x)$ 的一次最佳平方逼近多项式.

（1） $f(x)=\mathrm{e}^x,\quad x\in[0,1]$；

（2） $f(x)=\cos\pi x,\quad x\in[0,1]$；

（3） $f(x)=\dfrac{1}{x},\quad x\in[1,3]$.

5. 求 $f(x)=\sin\pi x$ 在 $[0,1]$ 上的二次最佳平方逼近多项式.

6. 求 $f(x)=\sqrt{x}$ 在 $[0,1]$ 上的二次最佳平方逼近多项式.

7. 求 $f(x)=\sin\dfrac{\pi}{2}x$ 在 $[-1,1]$ 上的三次最佳平方逼近多项式.

8. 用最小二乘法求一个形如 $y=a+bx^2$ 的经验公式拟合下列数据：

x_i	18	24	30	37	43
y_i	18.1	31.5	48.0	72.2	96.7

9. 用最小二乘法求一个形如 $y = ax + bx^3$ 的经验公式拟合下列数据：

x_i	–3	–2	–1	0	1	2	3
y_i	–26.5	–6.8	–3.5	2.1	3.5	11.2	3.042

10. 已知数据表如下：

x_i	1	2	4	5	7	8	9	10
y_i	11	6	5	3	2	1	2	3

试求最小二乘一次拟合多项式.

11. 已知数据表如下：

x_i	1.1	1.21	1.62	1.71	1.84	1.93	2.13	2.26
y_i	12.34	13.20	14.05	14.03	14.78	15.54	16.22	18.01

试求最小二乘二次拟合多项式.

12. 已知数据表如下：

x_i	–2	–1	0	1	2
y_i	–1	–1	0	1	2

求拟合这些数据的 1,2,3 次多项式.

13. 用最小二乘法求一个形如 $y = be^{ax}$ 的经验公式拟合下列数据：

x_i	1	2	3	4	5
y_i	7	11	17	26	35

14. 在某科学实验中，需要观察水分的渗透速度，测得时间 t（单位：s）与水的质量 w（单位：g）的对应数据表如下：

t_i	1	2	4	8	16	32	64
w_i	4.22	4.02	3.85	3.50	3.44	3.02	2.50

已知 t 与 w 有关系式 $w = ct^{\lambda}$，试用最小二乘拟合确定常数 c 和 λ.

15. 在化学反应过程中，测得生成物的浓度 y 与 t 的关系如下表：

t_i	1	2	3	4	6	8	10	12	14	16
y_i	4.02	6.32	7.96	8.67	9.64	9.86	13.23	10.52	10.64	10.71

试用最小二乘法求一个形如 $y=\dfrac{t}{at+b}$ 的经验公式拟合以上数据.

16. 已知数据表如下：

x_i	-2	-1	0	1	2
y_i	-3	-2	0	2	3

求最小二乘三次拟合多项式.

17. 利用正交函数族，求下列函数的最小二乘三次拟合多项式.

（1） $f(x)=\sin x$，$x_k=0.2k$，$\omega(x_k)=1$ $(k=0,1,2,3,4,5)$；

（2） $f(x)=\ln(1+x)$，$x_k=0.2k$，$\omega(x_k)=1$ $(k=0,1,2,3,4,5)$；

（3） $f(x)=\mathrm{e}^{-x}$，$x_k=0.2k$，$\omega(x_k)=\mathrm{e}^{0.2k}$ $(k=0,1,2,3,4,5)$.

第 7 章　数值积分与数值微分

在实际问题中常常需要计算定积分 $I=\int_a^b f(x)\mathrm{d}x$. 由积分学基本定理，只要求得被积函数 $f(x)$ 的原函数 $F(x)$，则由 Newton-Leibniz（牛顿-莱布尼茨）公式，有

$$I=\int_a^b f(x)\mathrm{d}x=F(b)-F(a)$$

但有些被积函数的原函数很难求出，或者不能用初等函数表达. 另外，当 $f(x)$ 没有解析表达式，仅由一组离散数据 $y_i=f(x_i)$ $(i=1,2,\cdots,n)$ 给出时，Newton-Leibniz 公式也不能直接运用. Newton-Leibniz 公式只是在理论上给出了定积分的计算方法，解决实际问题中的定积分计算问题，主要还是依靠数值计算方法.

另外，在微分学中，函数 $f(x)$ 的导数是通过极限定义的. 当函数是以表格形式给出或者函数的表达式过于复杂时，对函数进行求导或微分会相当困难，也需要建立利用函数在离散点上的信息求函数导数的数值计算方法.

本章主要介绍定积分的常用数值算法及数值微分原理.

7.1　求 积 公 式

7.1.1　数值积分的基本思想

定积分定义为

$$I(f)=\int_a^b f(x)\mathrm{d}x=\lim_{\lambda\to 0}\sum_{i=1}^{n} f(\xi_i)\Delta x_i$$

其中：$a=x_0<x_1<\cdots<x_n=b$，$\Delta x_i=x_{i+1}-x_i$，$\xi_i\in[x_{i-1},x_i]$ $(i=1,2,\cdots,n)$；积分和式 $\sum\limits_{i=1}^{n} f(\xi_i)\Delta x_i$ 是一些函数值的线性组合. 数值积分的基本思想是：用被积函数在积分区间 $[a,b]$ 上的某些节点 x_k $(k=0,1,\cdots,n)$ 处的函数值的线性组合作为定积分的近似值，即

$$I(f)=\int_a^b f(x)\mathrm{d}x\approx\sum_{k=0}^{n} A_k f(x_k) \tag{7.1}$$

其中：x_k $(k=0,1,\cdots,n)$ 称为求积节点；$A_k\,(k=0,1,\cdots,n)$ 称为求积系数，它只与节点 $\{x_k\}$ 有关，与被积函数 $f(x)$ 的具体形式无关.

记

$$R_n(f)=\int_a^b f(x)\mathrm{d}x-\sum_{k=0}^{n} A_k f(x_k)$$

称 $R_n(f)$ 为求积公式（7.1）的截断误差.

需要研究的问题是：如何选取 x_k 和 A_k 使得用式（7.1）计算定积分的值足够准确？这里要

研究以下三个问题.

（1）求积公式的具体构造;

（2）求积公式的精确程度的衡量标准;

（3）求积公式的误差估计.

例 7.1　当 $n=0$ 时，分别取 $x_0=a$，$x_0=b$，$x_0=\dfrac{a+b}{2}$，得到如下公式.

（1）左矩形公式：$\int_a^b f(x)\mathrm{d}x \approx (b-a)f(a)$;

（2）右矩形公式：$\int_a^b f(x)\mathrm{d}x \approx (b-a)f(b)$;

（3）中矩形公式：$\int_a^b f(x)\mathrm{d}x \approx (b-a)f\left(\dfrac{a+b}{2}\right)$.

例 7.2　当 $n=1$ 时，取 $x_0=a$，$x_1=b$，$A_0=A_1=\dfrac{b-a}{2}$，有梯形公式

$$\int_a^b f(x)\mathrm{d}x \approx \frac{b-a}{2}[f(a)+f(b)]$$

当函数 $f(x)$ 未知，仅仅知道它在部分点处的函数值时，先用某个简单函数 $\varphi(x)$ 近似逼近 $f(x)$，用 $\varphi(x)$ 代替被积函数 $f(x)$，即有

$$\int_a^b f(x)\mathrm{d}x \approx \int_a^b \varphi(x)\mathrm{d}x$$

由于多项式能很好地逼近连续函数，且又容易积分，常常将 $f(x)$ 在 $[a,b]$ 上的插值多项式 $\varphi_n(x)$ 代替 $f(x)$，以 $\varphi_n(x)$ 在 $[a,b]$ 上的积分值作为 $f(x)$ 在 $[a,b]$ 上积分值的近似值，即

$$I(f)=\int_a^b f(x)\mathrm{d}x \approx \int_a^b \varphi_n(x)\mathrm{d}x$$

这样得到的求积公式称为插值型求积公式.

7.1.2　插值型求积公式

设 $[a,b]$ 上有 $n+1$ 个互异节点 $x_0,x_1,\cdots,x_n$，且已知函数 $f(x)$ 在这些节点的函数值，作 Lagrange 插值多项式

$$L_n(x)=\sum_{k=0}^{n} l_k(x)f(x_k)$$

其中：$l_k(x)=\prod_{\substack{j=0\\ j\neq k}}^{n}\dfrac{x-x_j}{x_k-x_j}$ 为 Lagrange 插值基函数. 取 $\int_a^b L_n(x)\mathrm{d}x$ 作为积分的近似值，得到插值型求积公式为

$$I(f)=\int_a^b f(x)\mathrm{d}x \approx \int_a^b L_n(x)\mathrm{d}x=\sum_{k=0}^{n}\left[\int_a^b l_k(x)\mathrm{d}x\right]f(x_k) \tag{7.2}$$

记 $A_k=\int_a^b l_k(x)\mathrm{d}x$，则有公式

$$I(f)=\int_a^b f(x)\mathrm{d}x \approx \sum_{k=0}^{n} A_k f(x_k)$$

显然，求积系数 A_k 只与节点 $\{x_k\}$ 有关，与被积函数 $f(x)$ 的具体形式无关.

由 Lagrange 插值余项可知，此求积公式的截断误差为

$$R_n(f)=\int_a^b f(x)\mathrm{d}x-\int_a^b L_n(x)\mathrm{d}x=\int_a^b \frac{f^{(n+1)}(\xi)}{(n+1)!}\prod_{i=0}^{n}(x-x_i)\mathrm{d}x,\quad \xi\in(a,b)$$

7.1.3 代数精度

为度量求积公式的精确程度，先引入代数精度的概念.

定义 7.1 若求积公式（7.1）对任意次数不高于 m 的多项式都精确成立，而对某个 $m+1$ 次多项式，公式不精确成立，则称该求积公式具有 m 次代数精度.

定理 7.1 $n+1$ 个节点的求积公式

$$I(f)=\int_a^b f(x)\mathrm{d}x\approx\sum_{k=0}^{n}A_k f(x_k)$$

至少具有 n 次代数精度的充分必要条件是该公式为插值型求积公式.

证明 （充分性）若求积公式是插值型求积公式，则求积系数为

$$A_k=\int_a^b l_k(x)\mathrm{d}x$$

因为

$$f(x)=L_n(x)+R_n(x)\text{，}\qquad L_n(x)=\sum_{k=0}^{n}l_k(x)f(x_k),\qquad R_n(x)=\frac{f^{(n+1)}(\xi)}{(n+1)!}\prod_{i=0}^{n}(x-x_i)$$

当 $f(x)$ 是次数不超过 n 的多项式时，有 $R_n(x)=0$，所以 $f(x)=L_n(x)$，故

$$I(f)=\int_a^b f(x)\mathrm{d}x=\sum_{k=0}^{n}A_k f(x_k)$$

即插值型求积公式至少具有 n 次代数精度.

（必要性）若求积公式具有 n 次代数精度，对于插值基函数 $l_k(x)$，当 $k=0,1,\cdots,n$ 时，它是 n 次多项式，且

$$l_k(x_j)=\begin{cases}0, & j\neq k\\ 1, & j=k\end{cases}$$

取 $f(x)=l_k(x)\ (k=0,1,\cdots,n)$，则

$$\int_a^b f(x)\mathrm{d}x=\int_a^b l_k(x)\mathrm{d}x=\sum_{i=0}^{n}A_i l_k(x_i)=A_k$$

故有

$$A_k=\int_a^b l_k(x)\mathrm{d}x\quad(k=0,1,\cdots,n)$$

即至少具有 n 次代数精度的求积公式是插值型求积公式.

定理 7.2 求积公式(7.1)具有 m 次代数精确度的充分必要条件是该公式对 $f(x)=1,x,\cdots,x^m$ 都精确成立，但对 $f(x)=x^{m+1}$ 不精确成立.

证明见参考文献[9].

例 7.3 设有求积公式

$$\int_{-1}^{1} f(x)\mathrm{d}x = f\left(-\frac{1}{\sqrt{3}}\right) + f\left(\frac{1}{\sqrt{3}}\right)$$

求其代数精度.

解　记$I(f) = \int_{-1}^{1} f(x)\mathrm{d}x$，$\overline{I}(f) = f\left(-\frac{1}{\sqrt{3}}\right) + f\left(\frac{1}{\sqrt{3}}\right)$. 当$f(x)$分别取$1, x, x^2, x^3, x^4$时有

$$I(1) = \int_{-1}^{1} \mathrm{d}x = 2, \qquad \overline{I}(1) = 1 + 1 = 2$$

$$I(x) = \int_{-1}^{1} x\mathrm{d}x = 0, \qquad \overline{I}(x) = -\frac{1}{\sqrt{3}} + \frac{1}{\sqrt{3}} = 0$$

$$I(x^2) = \int_{-1}^{1} x^2\mathrm{d}x = \frac{2}{3}, \qquad \overline{I}(x^2) = \left(-\frac{1}{\sqrt{3}}\right)^2 + \left(\frac{1}{\sqrt{3}}\right)^2 = \frac{2}{3}$$

$$I(x^3) = \int_{-1}^{1} x^3\mathrm{d}x = 0, \qquad \overline{I}(x^3) = \left(-\frac{1}{\sqrt{3}}\right)^3 + \left(\frac{1}{\sqrt{3}}\right)^3 = 0$$

$$I(x^4) = \int_{-1}^{1} x^4\mathrm{d}x = \frac{2}{5}, \qquad \overline{I}(x^4) = \left(-\frac{1}{\sqrt{3}}\right)^4 + \left(\frac{1}{\sqrt{3}}\right)^4 = \frac{2}{9}$$

故此求积公式的代数精度为 3.

显然，一个求积公式的代数精度越高，使公式精确成立的多项式的次数越高，从而使用这个公式越可靠.

7.2　Newton-Cotes 求积公式

7.2.1　Newton-Cotes 公式介绍

将积分区间$[a,b]$划分为 n 等份，步长$h = \frac{b-a}{n}$，节点$x_k = a + kh\ (k = 0,1,\cdots,n)$，插值型求积公式（7.2）可以写为

$$I(f) = \int_a^b f(x)\mathrm{d}x \approx (b-a)\sum_{k=0}^{n} C_k^{(n)} f(x_k) \tag{7.3}$$

其中

$$C_k^{(n)} = \frac{1}{b-a}\int_a^b l_k(x)\mathrm{d}x$$

式（7.3）称为 n 阶 Newton-Cotes（牛顿–科茨）公式，简记为 N-C 公式，$C_k^{(n)}$称为 Cotes 系数.

令$x = a + th$，则有

$$C_k^{(n)} = \frac{1}{b-a}\int_a^b \left(\prod_{\substack{j=0\\ j\neq k}}^{n} \frac{x - x_j}{x_k - x_j}\right)\mathrm{d}x = \frac{1}{b-a}\int_a^b \left[\prod_{\substack{j=0\\ j\neq k}}^{n} \frac{x - a - jh}{(k-j)h}\right]\mathrm{d}x$$

$$= \frac{h}{b-a}\int_0^n \left[\prod_{\substack{j=0\\ j\neq k}}^{n} \frac{(t-j)}{(k-j)}\right]\mathrm{d}t = \frac{(-1)^{n-k}}{k!(n-k)!n}\int_0^n \prod_{\substack{j=0\\ j\neq k}}^{n} (t-j)\mathrm{d}t$$

显然 $C_k^{(n)}$ 是不依赖于积分区间 $[a,b]$ 及被积函数 $f(x)$ 的常数. 只要给出 n 就可算出 $C_k^{(n)}$.

表 7.1 给出了 n 为 1～8 的 Cotes 系数.

表 7.1　Cotes 系数表

n	k								
	0	1	2	3	4	5	6	7	8
1	$\frac{1}{2}$	$\frac{1}{2}$							
2	$\frac{1}{6}$	$\frac{4}{6}$	$\frac{1}{6}$						
3	$\frac{1}{8}$	$\frac{3}{8}$	$\frac{3}{8}$	$\frac{1}{8}$					
4	$\frac{7}{90}$	$\frac{32}{90}$	$\frac{12}{90}$	$\frac{32}{90}$	$\frac{7}{90}$				
5	$\frac{19}{288}$	$\frac{75}{288}$	$\frac{50}{288}$	$\frac{50}{288}$	$\frac{75}{288}$	$\frac{19}{288}$			
6	$\frac{41}{840}$	$\frac{216}{840}$	$\frac{27}{840}$	$\frac{272}{840}$	$\frac{27}{840}$	$\frac{216}{840}$	$\frac{41}{840}$		
7	$\frac{751}{17280}$	$\frac{3577}{17280}$	$\frac{1323}{17280}$	$\frac{2989}{17280}$	$\frac{2989}{17280}$	$\frac{1323}{17280}$	$\frac{3577}{17280}$	$\frac{751}{17280}$	
8	$\frac{989}{28350}$	$\frac{5888}{28350}$	$-\frac{928}{28350}$	$\frac{10496}{28350}$	$-\frac{4540}{28350}$	$\frac{10496}{28350}$	$-\frac{928}{28350}$	$\frac{5888}{28350}$	$\frac{989}{28350}$

Cotes 系数具有如下性质.

（1）（对称性） $C_i^{(n)} = C_{n-i}^{(n)} \quad (i = 0,1,\cdots,n)$；

（2）（权性） $\sum_{i=0}^{n} C_i^{(n)} = 1$.

事实上，由于 $A_k = (b-a)C_k^{(n)}$，而 $\sum_{k=0}^{n} A_k = b-a$，有 $\sum_{k=0}^{n} C_k^{(n)} = 1$.

7.2.2　常见的 Newton-Cotes 公式

当 $n=1,2,4$ 时，分别可得如下常用的低阶 Newton-Cotes 公式.

（1）梯形公式（$n=1$）：

$$\int_a^b f(x)\mathrm{d}x \approx \frac{b-a}{2}[f(a)+f(b)] \tag{7.4}$$

（2）抛物线公式[Simpson（辛普森）公式]（$n=2$）：

$$\int_a^b f(x)\mathrm{d}x \approx \frac{b-a}{6}\left[f(a)+4f\left(\frac{a+b}{2}\right)+f(b)\right] \tag{7.5}$$

（3）Cotes 公式（$n=4$）：

$$\int_a^b f(x)\mathrm{d}x \approx \frac{b-a}{90}\left[7f(a)+32f\left(a+\frac{b-a}{4}\right)+12f\left(\frac{a+b}{2}\right)+32f\left(a+\frac{3(b-a)}{4}\right)+7f(b)\right] \quad (7.6)$$

不难验证，梯形求积公式的代数精度为 1，抛物线求积公式的代数精度为 3，Cotes 求积公式的代数精度为 5.

7.2.3　Newton-Cotes 公式的截断误差

下面首先讨论几个常用的截断误差.

定理 7.3　若函数 $f(x)\in C^2[a,b]$，则梯形公式的截断误差为

$$R_1(f)=\int_a^b f(x)\mathrm{d}x-\frac{b-a}{2}[f(a)+f(b)]=-\frac{(b-a)^3}{12}f''(\xi),\quad \xi\in(a,b) \quad (7.7)$$

证明　梯形求积公式的截断误差为

$$R_1(f)=\int_a^b \frac{f''(\xi_x)}{2}(x-a)(x-b)\mathrm{d}x,\quad \xi_x\in(a,b)$$

由于 $(x-a)(x-b)$ 在区间 $[a,b]$ 上不变号，而 $f''(x)$ 在 $[a,b]$ 上连续，由积分第二中值定理知，存在 $\xi\in(a,b)$ 使得

$$R_1(f)=\frac{f''(\xi)}{2}\int_a^b (x-a)(x-b)\mathrm{d}x=\frac{f''(\xi)}{2}\left[\frac{x^3}{3}-(a+b)\frac{x^2}{2}+abx\right]_a^b=-\frac{f''(\xi)}{12}(b-a)^3$$

定理 7.4　若函数 $f(x)\in C^4[a,b]$，则 Simpson 求积公式的截断误差为

$$R_2(f)=\int_a^b f(x)\mathrm{d}x-\frac{b-a}{6}\left[f(a)+4f\left(\frac{a+b}{2}\right)+f(b)\right]=-\frac{(b-a)^5}{2\,880}f^{(4)}(\xi),\quad \xi\in(a,b) \quad (7.8)$$

证明　对 $[a,b]$ 上的函数 $f(x)$ 作至多三次插值多项式 $H_3(x)$，使得

$$H_3(a)=f(a),\quad H_3(b)=f(b),\quad H_3\left(\frac{a+b}{2}\right)=f\left(\frac{a+b}{2}\right),\quad H_3'\left(\frac{a+b}{2}\right)=f'\left(\frac{a+b}{2}\right)$$

于是有

$$R(x)=f(x)-H_3(x)=\frac{f^{(4)}(\xi_x)}{4!}(x-a)\left(x-\frac{a+b}{2}\right)^2(x-b),\quad \xi_x\in(a,b)$$

因此

$$\int_a^b f(x)\mathrm{d}x=\int_a^b H_3(x)\mathrm{d}x+\int_a^b \frac{f^{(4)}(\xi_x)}{4!}(x-a)\left(x-\frac{a+b}{2}\right)^2(x-b)\mathrm{d}x$$

又 Simpson 求积公式的代数精度为 3，故

$$\begin{aligned}\int_a^b f(x)\mathrm{d}x&=\int_a^b H_3(x)\mathrm{d}x+\int_a^b \frac{f^{(4)}(\xi_x)}{4!}(x-a)\left(x-\frac{a+b}{2}\right)^2(x-b)\mathrm{d}x\\&=\frac{b-a}{6}\left[H_3(a)+4H_3\left(\frac{a+b}{2}\right)+H_3(b)\right]+\int_a^b \frac{f^{(4)}(\xi_x)}{4!}(x-a)\left(x-\frac{a+b}{2}\right)^2(x-b)\mathrm{d}x\\&=\frac{b-a}{6}\left[f(a)+4f\left(\frac{a+b}{2}\right)+f(b)\right]+\int_a^b \frac{f^{(4)}(\xi_x)}{4!}(x-a)\left(x-\frac{a+b}{2}\right)^2(x-b)\mathrm{d}x\end{aligned}$$

即有

$$R_2(f)=\int_a^b f(x)\mathrm{d}x-\frac{b-a}{6}\left[f(a)+4f\left(\frac{a+b}{2}\right)+f(b)\right]$$
$$=\int_a^b \frac{f^{(4)}(\xi_x)}{4!}(x-a)\left(x-\frac{a+b}{2}\right)^2(x-b)\mathrm{d}x$$

又 $(x-a)\left(x-\frac{a+b}{2}\right)^2(x-b)$ 在区间 $[a,b]$ 上不变号，而 $f^{(4)}(x)$ 在 $[a,b]$ 上连续，由积分第二中值定理知，存在 $\xi\in(a,b)$ 使得

$$R_2(f)=\int_a^b f(x)\mathrm{d}x-\frac{b-a}{6}\left[f(a)+4f\left(\frac{a+b}{2}\right)+f(b)\right]$$
$$=\frac{f^{(4)}(\xi)}{4!}\int_a^b (x-a)\left(x-\frac{a+b}{2}\right)^2(x-b)\mathrm{d}x=-\frac{(b-a)^5}{2\,880}f^{(4)}(\xi)$$

利用更复杂的运算可以导出 Cotes 公式的截断误差为

$$R_4(f)=-\frac{8}{945}\left(\frac{b-a}{4}\right)^7 f^{(6)}(\xi),\quad \xi\in(a,b) \tag{7.9}$$

一般地，n 阶 Newton-Cotes 公式的截断误差为

$$R_n(f)=\int_a^b \frac{f^{(n+1)}(\xi)}{(n+1)!}\prod_{j=0}^{n}(x-x_j)\mathrm{d}x=\frac{h^{n+2}}{(n+1)!}\int_0^n f^{(n+1)}(\xi)t(t-1)\cdots(t-n)\mathrm{d}t \tag{7.10}$$

其中：$h=\frac{b-a}{n}$，$\xi\in(a,b)$，且 ξ 依赖于 x.

定理 7.5　当阶 n 为偶数时，Newton-Cotes 公式（7.3）至少具有 $n+1$ 次代数精度.

证明　根据定理 7.1 知，Newton-Cotes 公式至少具有 n 次代数精度. 下面只需证明，当 n 为偶数时，式（7.3）对 $f(x)=x^{n+1}$ 精确成立，即截断误差 $R_n(f)=0$ 即可.

由 $f^{(n+1)}(x)=(n+1)!$ 及式（7.10）可得

$$R_n(f)=h^{n+2}\int_0^n t(t-1)\cdots(t-n)\mathrm{d}t$$

令 $t=w+\frac{n}{2}$，因 n 为偶数，故 $\frac{n}{2}$ 为整数，于是有

$$R_n(f)=h^{n+2}\int_{-n/2}^{n/2}\left(w+\frac{n}{2}\right)\left(w+\frac{n}{2}-1\right)\cdots(w+1)w(w-1)\cdots\left(w-\frac{n}{2}\right)\mathrm{d}w$$
$$=h^{n+2}\int_{-n/2}^{n/2}w(w^2-1)(w^2-2^2)\cdots\left[w^2-\left(\frac{n}{2}\right)^2\right]\mathrm{d}w=0$$

例 7.4　分别用梯形公式、Simpson 公式和 Cotes 公式计算

$$I=\int_{0.5}^1\sqrt{x}\mathrm{d}x$$

的近似值，并估计 Simpson 公式的截断误差（计算时取 5 位有效数字）.

解　(1) 用梯形公式计算有

$$\int_{0.5}^{1}\sqrt{x}\mathrm{d}x \approx \frac{1-0.5}{2}\left(\sqrt{0.5}+\sqrt{1}\right)=0.426\,78$$

(2) 用 Simpson 公式计算有

$$\int_{0.5}^{1}\sqrt{x}\mathrm{d}x \approx \frac{1-0.5}{6}\left(\sqrt{0.5}+4\sqrt{0.75}+\sqrt{1}\right)=0.430\,93$$

(3) 用 Cotes 公式计算有

$$\int_{0.5}^{1}\sqrt{x}\mathrm{d}x \approx \frac{1-0.5}{90}\left(7\sqrt{0.5}+32\sqrt{0.625}+12\sqrt{0.75}+32\sqrt{0.875}+7\sqrt{1}\right)=0.430\,96$$

(4) 由于

$$f(x)=\sqrt{x},\quad f'(x)=\frac{1}{2}x^{-1/2},\quad f''(x)=-\frac{1}{4}x^{-3/2},\quad f'''(x)=\frac{3}{8}x^{-5/2},\quad f^{(4)}(x)=-\frac{15}{16}x^{-7/2}$$

而

$$\left|f^{(4)}(x)\right|\leqslant 10.606\,60,\quad x\in[0.5,1]$$

有

$$\left|R_2(f)\right|=\left|-\frac{(b-a)^5}{2\,880}f^{(4)}(\xi)\right|\leqslant\frac{(1-0.5)^5}{2\,880}\times 10.606\,60=0.000\,115\,09$$

7.3　复化求积公式

上节给出了计算积分的梯形公式、Simpson 公式和 Cotes 公式，由截断误差式(7.7)～(7.9)可知，其截断误差依赖于求积区间的长度. 若积分区间的长度是小量的话，则这些求积公式的截断误差是该长度的高阶无穷小量；但若积分区间的长度比较大，直接使用这些公式，则精度难以保证. 为了提高计算的精度，可以先把积分区间分为若干个小区间，整个区间的积分等于这些小区间上积分之和，然后在每个小区间上应用上述求积公式，再把每个小区间的结果累加，所得到的求积公式称为复化求积公式.

7.3.1　复化梯形公式

将区间 $[a,b]$ 划分为 n 等份，记 $h=\dfrac{b-a}{n},\ x_k=a+kh\quad(k=0,1,\cdots,n)$，在每个子区间 $[x_k,x_{k+1}]$ $(k=0,1,\cdots,n-1)$ 上使用梯形公式（7.5），得

$$I(f)=\int_a^b f(x)\mathrm{d}x=\sum_{k=0}^{n-1}\int_{x_k}^{x_{k+1}}f(x)\mathrm{d}x\approx\sum_{k=0}^{n-1}\frac{h}{2}\left[f(x_k)+f(x_{k+1})\right]$$

整理得

$$I(f)=\int_a^b f(x)\mathrm{d}x \approx \frac{h}{2}\left[f(a)+f(b)+2\sum_{k=1}^{n-1} f(x_k)\right] \overset{\text{def}}{=} T_n \tag{7.11}$$

式（7.11）称为复化梯形公式. 又由梯形公式的截断误差可得

$$R_{T_n}=\int_a^b f(x)\mathrm{d}x - T_n=\sum_{k=0}^{n-1}\left(-\frac{h^3}{12}\right)f''(\xi_k)=-\frac{h^3}{12}\sum_{k=0}^{n-1}f''(\xi_k)$$

当 $f''(x)$ 在 $[a,b]$ 上连续时，记 $m=\min\limits_{a\leqslant x\leqslant b} f''(x)$，$M=\max\limits_{a\leqslant x\leqslant b} f''(x)$，则有

$$m\leqslant \frac{1}{n}\sum_{k=0}^{n-1}f''(\xi_k)\leqslant M$$

由连续函数的介值定理知，存在 $\xi\in(a,b)$ 使得

$$f''(\xi)=\frac{1}{n}\sum_{k=0}^{n-1}f''(\xi_k)$$

从而得到复化梯形公式的截断误差为

$$R_{T_n}=-\frac{h^3}{12}nf''(\xi)=-\frac{b-a}{12}h^2 f''(\xi),\quad \xi\in(a,b) \tag{7.12}$$

由式（7.12）可知，当步长 $h\to 0$，即 $n\to\infty$ 时，$R_{T_n}\to 0$，这说明复化梯形公式收敛于 $\int_a^b f(x)\mathrm{d}x$.

若计算函数值 $f(x_k)$ 有误差 ε_k $(k=0,1,\cdots,n)$，则使用复化梯形公式（7.11）计算的 $T_n(f)$ 的误差界为

$$|\varepsilon|=\frac{h}{2}\left|\varepsilon_0+\varepsilon_n+2\sum_{i=1}^{n-1}\varepsilon_i\right|\leqslant nh\max_{0\leqslant i\leqslant n}|\varepsilon_i|=(b-a)\max_{0\leqslant i\leqslant n}|\varepsilon_i|$$

因此，无论 n 为多大，复化梯形公式是数值稳定的.

7.3.2 复化 Simpson 公式

将区间 $[a,b]$ 划分为 n 等份，$n=2m$ 为偶数，记 $h=\dfrac{b-a}{n}$，$x_k=a+kh$ $(k=0,1,\cdots,2m)$，在每个子区间 $[x_{2k-2},x_{2k}]$ $(k=1,2,\cdots,m)$ 上用 Simpson 公式，则有

$$\begin{aligned}\int_{x_{2k-2}}^{x_{2k}} f(x)\mathrm{d}x &\approx \frac{x_{2k}-x_{2k-2}}{6}[f(x_{2k-2})+4f(x_{2k-1})+f(x_{2k})]\\ &=\frac{h}{3}[f(x_{2k-2})+4f(x_{2k-1})+f(x_{2k})]\end{aligned}$$

求和得

$$\int_a^b f(x)\mathrm{d}x=\sum_{k=1}^{m}\int_{x_{2k-2}}^{x_{2k}} f(x)\mathrm{d}x\approx\sum_{k=1}^{m}\frac{h}{3}\left[f\left(x_{2k-2}\right)+4f\left(x_{2k-1}\right)+f\left(x_{2k}\right)\right]$$

整理得

$$\int_a^b f(x)\mathrm{d}x\approx\frac{h}{3}\left[f(a)+f(b)+2\sum_{k=1}^{m-1}f(x_{2k})+4\sum_{k=1}^{m}f(x_{2k-1})\right]\overset{\text{def}}{=} S_n \tag{7.13}$$

式（7.13）称为复化 Simpson 公式. 又由 Simpson 公式的截断误差可得

$$R_{S_n}(f)=\int_a^b f(x)\mathrm{d}x-S_n=\sum_{k=1}^{m}\left[-\frac{(2h)^5}{2\,880}\right]f^{(4)}(\xi_k),\quad \xi_k\in(x_{2k-2},x_{2k})$$

若 $f^{(4)}(x)$ 在 $[a,b]$ 上连续，则由连续函数的介值定理知，存在 $\xi\in(a,b)$ 使得

$$f^{(4)}(\xi)=\frac{1}{m}\sum_{k=1}^{m}f^{(4)}(\xi_k)$$

因此

$$R_{S_n}(f)=-\frac{(2h)^5}{2880}mf^{(4)}(\xi)=-\frac{b-a}{180}h^4f^{(4)}(\xi) \tag{7.14}$$

式（7.14）是复化 Simpson 公式的截断误差. 与复化梯形公式的讨论相类似，可以证明，复化 Simpson 公式是收敛和稳定的.

例 7.5　将积分区间 8 等分，分别用复化梯形公式和复化 Simpson 公式计算积分

$$I=\int_0^1\frac{1}{1+x}\mathrm{d}x$$

的近似值，并估计误差.

解　记 $x_0=0$，$x_k=x_0+kh=\dfrac{k}{8}\ (k=1,2,\cdots,8)$，$h=\dfrac{1}{8}$.

（1）用复化梯形公式计算积分时，由式（7.11）有

$$I\approx T_8=\frac{1}{2}\times\frac{1}{8}\left[f(0)+f(1)+2\sum_{k=1}^{7}f\left(\frac{k}{8}\right)\right]=0.694\,121\,85$$

由于 $f'(x)=-(1+x)^{-2}$，$f''(x)=2(1+x)^{-3}$，$\max\limits_{0\leqslant x\leqslant 1}|f''(x)|=2$，复化梯形公式的截断误差为

$$\left|R_{T_8}\right|=\left|-\frac{b-a}{12}h^2f''(\xi)\right|\leqslant\frac{1}{12}\times\left(\frac{1}{8}\right)^2\times 2=0.002\,604$$

（2）用复化 Simpson 公式计算积分时，由式（7.13）有

$$I\approx\frac{1}{3}\times\frac{1}{8}\left\{f(0)+4\left[f\left(\frac{1}{8}\right)+f\left(\frac{3}{8}\right)+f\left(\frac{5}{8}\right)+f\left(\frac{7}{8}\right)\right]+2\left[f\left(\frac{2}{8}\right)+f\left(\frac{4}{8}\right)+f\left(\frac{6}{8}\right)\right]+f(1)\right\}=0.693\,154\,53$$

又 $f'''(x)=-6(1+x)^{-4}$，$f^{(4)}(x)=24(1+x)^{-5}$，$\max\limits_{0\leqslant x\leqslant 1}\left|f^{(4)}(x)\right|=24$，复化 Simpson 公式的截断误差为

$$\left|R_{S_8}\right|=\left|-\frac{b-a}{180}h^4f^{(4)}(\xi)\right|\leqslant\frac{1}{180}\times\left(\frac{1}{8}\right)^2\times 24=0.002\,083$$

例 7.6　分别用复化梯形公式和复化 Simpson 公式计算积分 $I=\int_0^1\mathrm{e}^x\mathrm{d}x$ 的近似值，要求误差不超过 $\dfrac{1}{2}\times 10^{-4}$，问各取多少个节点？

解

$$f(x)=\mathrm{e}^x,\quad f'(x)=\mathrm{e}^x,\quad f''(x)=\mathrm{e}^x,\quad f'''(x)=\mathrm{e}^x,\quad f^{(4)}(x)=\mathrm{e}^x$$

$$\max_{0\leqslant x\leqslant 1}|f''(x)|=\mathrm{e},\qquad \max_{0\leqslant x\leqslant 1}\left|f^{(4)}(x)\right|=\mathrm{e}$$

（1）用复化梯形公式求积分时，由式（7.12）有

$$\left|R_{T_n}\right|=\left|-\frac{b-a}{12}h^2f''(\xi)\right|\leqslant\frac{1-0}{12}\frac{1}{n^2}\mathrm{e}\leqslant\frac{1}{2}\times10^{-4}$$

由此解得 $n^2\geqslant\frac{1}{6}\mathrm{e}\times10^4$，$n\geqslant67.3$，故需要 69 个点.

（2）用复化 Simpson 公式求积分时，由式（7.14）有

$$\left|R_S(f)\right|=\left|-\frac{b-a}{180}h^4f^{(4)}(\xi)\right|\leqslant\frac{1}{180}\left(\frac{1}{n}\right)^4\mathrm{e}\leqslant\frac{1}{2}\times10^{-4}$$

由此解得 $n^4\geqslant\frac{1}{90}\mathrm{e}\times10^4$，$n\geqslant4.1688$，故需要 7 个点.

7.3.4 逐次分半算法

在数值积分计算过程中，步长的选择是一个困难的问题，由余项公式确定步长时，由于需要计算高阶导数，实际中难以使用. 在实际计算中通常采用变步长的方法，即把步长逐次分半，反复利用复化求积公式，直到所求积分值满足精度要求为止.

1. 梯形公式的逐次分半算法

将区间 $[a,b]$ 分成 $n=2^{m-1}$ $(m=1,2,\cdots)$ 等份，步长记为 $h_{m-1}=\frac{b-a}{2^{m-1}}$，则分点为 $x_k=a+kh_{m-1}$ $(k=0,1,\cdots,2^{m-1})$，由复化梯形公式（7.11）有

$$T_{2^{m-1}}=\frac{h_{m-1}}{2}\left[f(a)+f(b)+2\sum_{k=1}^{2^{m-1}-1}f(a+kh_{m-1})\right] \tag{7.15}$$

现将区间 $[a,b]$ 分成 $n=2^m$ 等份，也就是将 2^{m-1} 等分时的每个小区间逐个分半，则 2^{m-1} 等分时的分点是 2^m 等分时的偶数分点. 记步长为 $h_m=\frac{b-a}{2^m}$，则分点为 $x_k=a+kh_m$ $(k=0,1,\cdots,2^m)$，由复化梯形公式（7.11）有

$$\begin{aligned}T_{2^m}&=\frac{h_m}{2}\left[f(a)+f(b)+2\sum_{k=1}^{2^m-1}f(a+kh_m)\right]\\&=\frac{h_m}{2}\left[f(a)+f(b)+2\sum_{k=1}^{2^{m-1}-1}f(a+2kh_m)+2\sum_{k=1}^{2^{m-1}}f(a+(2k-1)h_m)\right]\\&=\frac{h_m}{2}\left[f(a)+f(b)+2\sum_{k=1}^{2^{m-1}-1}f(a+kh_{m-1})+2\sum_{k=1}^{2^{m-1}}f(a+(2k-1)h_m)\right]\end{aligned}$$

于是得到递推公式

$$T_{2^m}=\frac{1}{2}T_{2^{m-1}}+h_m\sum_{k=1}^{2^{m-1}}f(a+(2k-1)h_m)\quad(m=1,2,\cdots) \tag{7.16}$$

式（7.16）称为梯形公式的逐次分半计算公式. 称 $\{T_{2^m}\}$ 为梯形值序列. 由式（7.16）可知，由 $T_{2^{m-1}}$ 计算 T_{2^m}，只需计算 2^{m-1} 个新增分点处的函数值，与直接用复化梯形公式计算 T_{2^m} 相比，函数值的计算几乎少了一半.

由截断误差公式（7.12）有

$$R_{T_{2^m}}(f)=\int_a^b f(x)\mathrm{d}x-T_{2^m}=-\frac{b-a}{12}h_m^2 f''(\xi_m),\quad \xi_m\in(a,b)$$

$$R_{T_{2^{m-1}}}(f)=\int_a^b f(x)\mathrm{d}x-T_{2^{m-1}}=-\frac{b-a}{12}h_{m-1}^2 f''(\xi_{m-1}),\quad \xi_{m-1}\in(a,b)$$

将以上两式相减得

$$T_{2^m}-T_{2^{m-1}}=\frac{b-a}{12}\left[h_m^2 f''(\xi_m)-h_{m-1}^2 f''(\xi_{m-1})\right]=-\frac{b-a}{12}h_m^2\left[4f''(\xi_{m-1})-f''(\xi_m)\right]$$

由前面讨论知，$f''(\xi_{m-1})$ 和 $f''(\xi_m)$ 分别是 $f''(x)$ 在 $[a,b]$ 上 2^{m-1} 个点和 2^m 个点处的算术平均值. 若 $f(x)\in C^2[a,b]$，则当 m 较大时有 $f''(\xi_{m-1})\approx f''(\xi_m)$，于是有

$$T_{2^m}-T_{2^{m-1}}\approx -3\frac{b-a}{12}h_m^2 f''(\xi_m)=3R_{T_{2^m}}(f)$$

即

$$\left|R_{T_{2^m}}(f)\right|\approx\frac{1}{3}\left|T_{2^m}-T_{2^{m-1}}\right| \tag{7.17}$$

若事先给定误差 ε，则当 $\left|T_{2^m}-T_{2^{m-1}}\right|<3\varepsilon$ 时，利用梯形公式的逐次分半计算公式（7.16）计算就可停止，并认为 T_{2^m} 是满足精度要求的近似值.

算法 7.1　（1）输入 $a,b,f(x),\varepsilon$.

（2）置 $m=1$，$h=\dfrac{b-a}{2}$，$T_0=h[f(a)+f(b)]$.

（3）置 $F=0$.

（4）对 $k=1,2,\cdots,2^{m-1}$，计算 $F=:F+f(a+(2k-1)h)$.

（5）$T=\dfrac{T_0}{2}+hF$.

（6）若 $|T-T_0|>3\varepsilon$，$m\Leftarrow m+1$，$h\Leftarrow\dfrac{h}{2}$，$T_0\Leftarrow T$，转（3）.

（7）输出 T，停机.

2. Simpson 公式的逐次分半算法

将区间 $[a,b]$ 分成 $n=2^m$ 等份，记 $h_m=\dfrac{b-a}{2^m}$，且

$$S_{2^m}=\frac{h_m}{3}\left[f(a)+f(b)+2\sum_{k=1}^{2^{m-1}-1}f(a+2kh_m)+4\sum_{k=1}^{2^{m-1}}f(a+(2k-1)h_m)\right] \tag{7.18}$$

称序列 $\{S_{2^m}\}$ 为 Simpson 序列. 由复化 Simpson 公式的误差式（7.14）可得

$$R_{S_{2^m}}(f)=\int_a^b f(x)\mathrm{d}x-S_{2^m}\approx\frac{1}{15}\left(S_{2^m}-S_{2^{m-1}}\right) \tag{7.19}$$

若事先给定误差 ε，则当 $\left|S_{2^m}-S_{2^{m-1}}\right|<15\varepsilon$ 时，利用 Simpson 公式的逐次分半计算公式（7.18）计算就可停止，并认为 S_{2^m} 是满足精度要求的近似值.

算法 7.2　（1）输入 $a,b,f(x),\varepsilon$.

（2）置$F_1=f(a)+f(b)$，$F_2=f\left(\dfrac{a+b}{2}\right)$，$S_0=\dfrac{b-a}{6}(F_1+4F_2)$，$m=1$，$h=\dfrac{b-a}{4}$.

（3）置$F_3=0$.

（4）对$k=1,2,\cdots,2^m$，计算$F_3=:F_3+f(a+(2k-1)h)$.

（5）$S=\dfrac{h}{3}(F_1+2F_2+4F_3)$.

（6）若$|S-S_0|>15\varepsilon$，$m\Leftarrow m+1$，$h\Leftarrow\dfrac{h}{2}$，$F_2\Leftarrow F_2+F_3$，$S_0\Leftarrow S$，转（3）.

（7）输出S，停止.

例 7.7　用梯形公式的逐次分半算法计算$I=\int_0^1\dfrac{\sin x}{x}\mathrm{d}x$的近似值，要求$\left|T_{2^m}-T_{2^{m-1}}\right|<10^{-6}$.

解　设$f(x)=\dfrac{\sin x}{x}$，$f(0)=1$，$f(1)=0.841\,471\,0$，在区间$[0,1]$上用梯形公式有

$$T_1=\frac{1}{2}[f(0)+f(1)]=0.920\,735\,5$$

将$[0,1]$二等分，由于$f\left(\dfrac{1}{2}\right)=0.958\,851\,0$，有

$$T_2=\frac{1}{2}T_1+\frac{1}{2}f\left(\frac{1}{2}\right)=0.939\,793\,3$$

再二等分，由于$f\left(\dfrac{1}{4}\right)=0.989\,615\,8$, $f\left(\dfrac{3}{4}\right)=0.908\,851\,6$，有

$$T_4=\frac{1}{2}T_2+\frac{1}{4}\left[f\left(\frac{1}{4}\right)+f\left(\frac{3}{4}\right)\right]=0.944\,513\,5$$

这样不断二等分下去，计算结果如表 7.2 所示.

表 7.2　例 7.7 的计算结果

m	2^m	T_{2^m}	m	2^m	T_{2^m}
0	1	0.920 735 5	5	32	0.946 059 6
1	2	0.939 793 3	6	64	0.946 076 9
2	4	0.944 515 3	7	128	0.946 081 5
3	8	0.945 690 9	8	256	0.946 082 7
4	16	0.945 985 0	9	512	0.946 083 0

因此

$$I=\int_0^1\frac{\sin x}{x}\mathrm{d}x\approx 0.946\,083\,0$$

积分的精确值为 0.946 083 1.

7.4 Romberg 积分法

7.4.1 Richardson 外推法

复化梯形公式的计算结果与 h 有关，记为 $T(h)$，即

$$T(h)=\frac{h}{2}\left[f(a)+f(b)+2\sum_{k=1}^{n-1}f(a+kh)\right]$$

定理 7.6 设积分 $I=\int_a^b f(x)\mathrm{d}x$ 的被积函数 $f(x)$ 在 $[a,b]$ 上无穷次可微，则有

$$I-T_n(f)=I-T(h)=a_1h^2+a_2h^4+\cdots+a_kh^{2k}+\cdots \tag{7.20}$$

其中：$a_1,a_2,\cdots,a_k,\cdots$ 与步长 h 无关.

证明见参考文献[10]和文献[11].

设用某种数值方法求量 I 的近似值，一般地，近似值是步长 h 的函数，记为 $I_1(h)$，并设

$$I-I_1(h)=c_1h^{p_1}+c_2h^{p_2}+\cdots+c_kh^{p_k}+\cdots \tag{7.21}$$

其中：$c_1,c_2,\cdots,c_k,\cdots$ 为与 h 无关的常数；$0<p_1<p_2<\cdots<p_k<\cdots$.

若用 αh 代替式（7.21）中的 h，则有

$$I-I_1(\alpha h)=c_1(\alpha h)^{p_1}+c_2(\alpha h)^{p_2}+\cdots+c_k(\alpha h)^{p_k}+\cdots \tag{7.22}$$

式（7.22）减去式（7.21）的 α^{p_1} 倍，可得

$$I-I_1(\alpha h)-\alpha^{p_1}[I-I_1(h)]=c_2(\alpha^{p_2}-\alpha^{p_1})h^{p_2}+c_3(\alpha^{p_3}-\alpha^{p_1})h^{p_3}+\cdots+c_k(\alpha^{p_k}-\alpha^{p_1})h^{p_k}+\cdots$$

取 α 满足 $|\alpha|\neq 1$，将上式两边除以 $1-\alpha^{p_1}$，可得

$$I-\frac{I_1(\alpha h)-\alpha^{p_1}I_1(h)}{1-\alpha^{p_1}}=b_2h^{p_2}+b_3h^{p_3}+\cdots+b_kh^{p_k}+\cdots \tag{7.23}$$

其中：$b_k=c_k\dfrac{\alpha^{p_k}-\alpha^{p_1}}{1-\alpha^{p_1}}\ (k=2,3,\cdots)$ 仍与 h 无关. 记

$$I_2(h)=\frac{I_1(\alpha h)-\alpha^{p_1}I_1(h)}{1-\alpha^{p_1}} \tag{7.24}$$

则有

$$I-I_2(h)=b_2h^{p_2}+b_3h^{p_3}+\cdots+b_kh^{p_k}+\cdots \tag{7.25}$$

由式（7.25）可知，以 $I_2(h)$ 作为 I 的近似值，其误差至少为 $O(h^{p_2})$. 因此，$I_2(h)$ 收敛于 I 的速度比 $I_1(h)$ 快. 一般地，用归纳法可证下列结果.

定理 7.7 若 $I(h)$ 是要计算量 I 的近似值，其误差可表示为

$$I-I(h)=c_1h^{p_1}+c_2h^{p_2}+\cdots+c_kh^{p_k}+\cdots$$

其中：自然数 $p_1,p_2,\cdots,p_k,\cdots$ 与 h 无关，且满足 $0<p_1<p_2<\cdots<p_k<\cdots$. 定义算法序列 $\{I_m(h)\}$：

$$I_1(h)=I(h),\qquad I_m(h)=\frac{I_{m-1}(\alpha h)-\alpha^{p_{m-1}}I_{m-1}(h)}{1-\alpha^{p_{m-1}}}\quad(m=2,3,\cdots)$$

其中：α 满足 $|\alpha|\neq 1$，则以 $I_m(h)$ 作为计算量 I 的近似值，其误差至少为 $O(h^{p_m})$.

定理 7.7 表明，以 $I_m(h)$ 近似 I，随着 m 的增大，收敛到计算量 I 的速度越来越快，这种

方法就称为 Richardson（理查森）外推法. 将此方法用于梯形秩序列 $\{T_{2^m}\}$ 可以构造出一种收敛很快、计算简便的数值积分方法——Romberg（龙贝格）积分法.

7.4.2 Romberg 求积公式

设 $I=\int_a^b f(x)\mathrm{d}x$，将 $[a,b]$ 分成 $2^k\ (k=0,1,2,\cdots)$ 等份，用复化梯形公式所求得的近似值记为

$$T_0^{(k)}=T_{2^k}=I_1\left(\frac{b-a}{2^k}\right)\quad (k=0,1,2,\cdots)$$

由式（7.20）可得

$$I-I_1\left(\frac{b-a}{2^k}\right)=a_1\left(\frac{b-a}{2^k}\right)^2+a_2\left(\frac{b-a}{2^k}\right)^4+\cdots+a_j\left(\frac{b-a}{2^k}\right)^{2j}+\cdots \tag{7.26}$$

取 $\alpha=\frac{1}{2}$，由 Richardson 外推公式可得

$$I_2\left(\frac{b-a}{2^k}\right)=\frac{I_1\left(\frac{b-a}{2^{k+1}}\right)-\left(\frac{1}{2}\right)^2 I_1\left(\frac{b-a}{2^k}\right)}{1-\left(\frac{1}{2}\right)^2}=\frac{4T_0^{(k+1)}-T_0^{(k)}}{3}$$

记 $T_1^{(k)}=I_2\left(\frac{b-a}{2^k}\right)$，则

$$T_1^{(k)}=\frac{4T_0^{(k+1)}-T_0^{(k)}}{3}\quad (k=0,1,2,\cdots) \tag{7.27}$$

且有 $I-T_1^{(k)}=O\left(\frac{b-a}{2^k}\right)^4$.

重复使用 Richardson 外推公式，可得

$$I_{m+1}\left(\frac{b-a}{2^k}\right)=\frac{I_m\left(\frac{b-a}{2^{k+1}}\right)-\left(\frac{1}{2}\right)^{2m} I_m\left(\frac{b-a}{2^k}\right)}{1-\left(\frac{1}{2}\right)^{2m}}=\frac{4^m I_m\left(\frac{b-a}{2^{k+1}}\right)-I_m\left(\frac{b-a}{2^k}\right)}{4^m-1}$$

记 $T_m^{(k)}=I_{m+1}\left(\frac{b-a}{2^k}\right)$，则上式可写为

$$T_m^{(k)}=\frac{4^m T_{m-1}^{(k+1)}-T_{m-1}^{(k)}}{4^m-1}\quad (m=1,2,\cdots;\ k=0,1,2,\cdots) \tag{7.28}$$

其中：$h_k=\frac{b-a}{2^k}$；$I-T_m^{(k)}=O\left(\frac{b-a}{2^k}\right)^{2m+2}$. 式（7.28）称为 Romberg 求积公式，其中 $T_0^{(k)}$ 由复化梯形公式得到. 又

$$4T_0^{(k)}-T_0^{(k-1)}=2h_k\left[f(a)+f(b)+2\sum_{i=1}^{2^k-1}f(a+ih_k)\right]-\frac{h_{k-1}}{2}\left[f(a)+f(b)+2\sum_{i=1}^{2^{k-1}-1}f(a+ih_{k-1})\right]$$
$$=h_k\left[f(a)+f(b)+4\sum_{j=1}^{2^{k-1}}f(a+(2j-1)h_k)+2\sum_{j=1}^{2^{k-1}-1}f(a+2jh_k)\right]=3S_{2^k}$$

其中：$h_k=\dfrac{b-a}{2^k}$，于是有

$$S_{2^k}=\frac{4T_0^{(k)}-T_0^{(k-1)}}{3}=T_1^{(k-1)}$$

这表明序列值$\left\{T_1^{(k)}\right\}$就是 Simpson 值序列$\left\{S_{2^k}\right\}$. Romberg 算法计算顺序如表 7.3 所示，表中序号表示计算顺序.

表 7.3　Romberg 求积法

k	$T_0^{(k)}$	$T_1^{(k)}$	$T_2^{(k)}$	$T_3^{(k)}$
0	① $T_0^{(0)}$			
1	② $T_0^{(1)}$	③ $T_1^{(0)}$		
2	④ $T_0^{(2)}$	⑤ $T_1^{(1)}$	⑥ $T_2^{(0)}$	
3	⑦ $T_0^{(3)}$	⑧ $T_1^{(2)}$	⑨ $T_2^{(1)}$	⑩ $T_3^{(0)}$
⋮	⋮	⋮	⋮	⋮

按式（7.16）和式（7.28）计算得到$\left\{T_m^{(k)}\right\}$，称为 Romberg 方法，其停步准则为$\left|T_m^{(0)}-T_{m-1}^{(0)}\right|<\varepsilon$，则$T_m^{(0)}$为满足精度的近似解.

算法 7.3　（1）输入$a,b,f(x),\varepsilon$.

（2）置$h=b-a$，$T_0^{(0)}=\dfrac{h}{2}[f(a)+f(b)]$，$k=1$.

（3）计算$T_0^{(k)}=\dfrac{1}{2}\left[T_0^{(k-1)}+h\sum\limits_{i=1}^{2^{k-1}}f\left(a+\left(i-\dfrac{1}{2}\right)h\right)\right]$.

（4）对$j=1,2,\cdots,k$，计算$T_j^{(k-1)}=\dfrac{4^jT_{j-1}^{(k-j+1)}-T_{j-1}^{(k-j)}}{4^j-1}$.

（5）若$\left|T_k^{(0)}-T_{k-1}^{(0)}\right|>\varepsilon$，$k\Leftarrow k+1$，$h\Leftarrow\dfrac{h}{2}$，转（3）.

（6）输出$T_k^{(0)}$，停止.

例 7.8　用 Romberg 算法计算$I=\int_0^1\dfrac{4}{1+x^2}\mathrm{d}x\ (\varepsilon=10^{-4})$.

解　$f(x)=\dfrac{4}{1+x^2}$，由 Romberg 求积公式（7.28）得

$$T_0^{(0)}=\frac{1}{2}[f(0)+f(1)]=3,\qquad T_0^{(1)}=\frac{1}{2}T_0^{(0)}+\frac{1}{2}f\left(\frac{1}{2}\right)=3.1$$

$$T_1^{(0)}=\frac{4T_0^{(1)}-T_0^{(0)}}{3}=3.133\,33$$

$$T_0^{(2)}=\frac{1}{2}T_0^{(1)}+\frac{1}{4}[f(0.25)+f(0.75)]=3.131\ 18$$

$$T_1^{(1)}=\frac{4T_0^{(2)}-T_0^{(1)}}{3}=3.141\,57,\qquad T_2^{(0)}=\frac{16T_1^{(1)}-T_1^{(0)}}{15}=3.142\,12$$

计算结果如表 7.4 所示.

表 7.4 Romberg 求积法

k	$T_0^{(k)}$	$T_1^{(k)}$	$T_2^{(k)}$	$T_3^{(k)}$	$T_4^{(k)}$
0	3.000 00				
1	3.100 00	3.133 33			
2	3.131 18	3.141 57	3.142 12		
3	3.138 99	3.141 59	3.141 59	3.141 58	
4	3.140 94	3.141 59	3.141 59	3.141 59	3.141 59

由于$\left|T_4^{(0)}-T_3^{(0)}\right|<10^{-4}$，有

$$I=\int_0^1\frac{4}{1+x^2}\mathrm{d}x\approx 3.141\ 59$$

7.5 Gauss 型求积公式

7.5.1 一般理论

7.2 节中给出了等距节点的插值型求积公式. 这种方法计算虽然具有简化计算的优点，但是由于节点先固定下来，只有求积系数可供选择，这样就限制了所得求积公式的代数精度. 如果让节点及系数都待定，那么可构造出精度更高的求积公式. Gauss 型求积公式的基本思想是：在节点数$n+1$固定时，适当地选取节点$\{x_k\}$及求积系数$\{A_k\}$使求积公式具有最高的代数精确度.

考察具有$n+1$个互异节点$x_0,x_1,\cdots,x_n$的求积公式

$$\int_a^b\rho(x)f(x)\mathrm{d}x\approx\sum_{k=0}^{n}A_kf(x_k) \tag{7.29}$$

其中：$\rho(x)$为区间$[a,b]$上的权函数.

若$f(x)=\omega_{n+1}^2=(x-x_0)^2(x-x_1)^2\cdots(x-x_n)^2$，则有

$$\int_a^b\rho(x)\omega_{n+1}^2\mathrm{d}x>0=\sum_{k=1}^{n}A_k\omega_{n+1}^2(x_k)$$

故式（7.29）的最高代数精度为$2n+1$.

定义 7.2 若一组互异节点$x_0,x_1,\cdots,x_n\in[a,b]$及系数$A_0,A_1,\cdots,A_n$能使求积公式（7.29）具

有 $2n+1$ 次代数精度，则称求积公式（7.29）为 Gauss 型求积公式，并称此组节点 $x_0,x_1,\cdots,x_n$ 为 Gauss 点，系数 $A_0,A_1,\cdots,A_n$ 称为对应该组 Gauss 点的 Gauss 求积系数.

例 7.9　试确定求积公式

$$\int_{-2}^{2} f(x)\mathrm{d}x \approx A_{-1}f(-1)+A_0 f(0)+A_1 f(1)$$

中的待定参数 A_{-1},A_0,A_1，使其代数精度尽量高，并指出公式具有几次代数精度.

解　令求积公式对 $f(x)=1,x,x^2$ 均精确成立，则

$$\begin{cases} A_{-1}+A_0+A_1=\int_{-2}^{2}\mathrm{d}x=4 \\ A_{-1}\cdot(-1)+A_0\cdot 0+A_1\cdot(1)=\int_{-2}^{2}x\mathrm{d}x=0 \\ A_{-1}\cdot(-1)^2+A_0\cdot 0^2+A_1\cdot(1)^2=\int_{-2}^{2}x^2\mathrm{d}x=\dfrac{16}{3} \end{cases}$$

解得

$$A_0=-\frac{4}{3},\qquad A_1=A_{-1}=\frac{8}{3}$$

于是求积公式为

$$\int_{-2}^{2} f(x)\mathrm{d}x \approx \frac{4}{3}[2f(-1)-f(0)+2f(1)]$$

因此，当 $A_0=-\dfrac{4}{3}$，$A_1=A_{-1}=\dfrac{8}{3}$ 时，求积公式的代数精度最高. 又将 $f(x)=x^3,x^4$ 分别代入求积公式有

$$\int_{-2}^{2} x^3\mathrm{d}x=0=\frac{4}{3}[2\cdot(-1)^3-0+2\cdot(1)^3]$$

$$\int_{-2}^{2} x^4\mathrm{d}x=\frac{64}{5},\qquad \frac{4}{3}[2\cdot(-1)^4-0+2\cdot(1)^4]=\frac{16}{3}$$

因此，求积公式的代数精度为 3，它不是 Gauss 型求积公式.

定理 7.8　对插值型求积公式（7.29），节点 $x_0,x_1,\cdots,x_n$ 是 Gauss 点的充分必要条件是 $\omega_{n+1}(x)=\prod_{k=0}^{n}(x-x_k)$ 与任意次数不超过 n 的多项式 $p(x)$ 带权正交，即

$$\int_a^b \rho(x)p(x)\omega_{n+1}(x)\mathrm{d}x=0 \tag{7.30}$$

证明　（充分性）设 $f(x)$ 是任意次数不超过 $2n+1$ 的多项式，存在次数不超过 n 的多项式 $q(x)$ 和 $r(x)$，使得

$$f(x)=q(x)\omega_{n+1}(x)+r(x) \tag{7.31}$$

成立，于是有

$$\int_a^b \rho(x)f(x)\mathrm{d}x=\int_a^b \rho(x)q(x)\omega_{n+1}(x)\mathrm{d}x+\int_a^b \rho(x)r(x)\mathrm{d}x=\int_a^b \rho(x)r(x)\mathrm{d}x \tag{7.32}$$

若式（7.29）是插值型求积公式，它至少具有 n 次代数精度，则

$$\int_a^b \rho(x)r(x)\mathrm{d}x=\sum_{k=0}^{n}A_k r(x_k)=\sum_{k=0}^{n}A_k f(x_k) \tag{7.33}$$

由式（7.32）和式（7.33）可得

$$\int_a^b \rho(x) f(x) \mathrm{d}x = \sum_{k=0}^{n} A_k f(x_k)$$

因此求积公式具有 $2n+1$ 次代数精度，节点 $x_0, x_1, \cdots, x_n$ 是 Gauss 点.

（必要性）设多项式 $p(x)$ 是任意不超过 n 次的多项式，则 $p(x)\omega_{n+1}(x)$ 是不超过 $2n+1$ 次的多项式，对于具有 $2n+1$ 次代数精度的 Gauss 型求积公式，有

$$\int_a^b \rho(x) p(x) \omega_{n+1}(x) \mathrm{d}x = \sum_{k=0}^{n} A_k p(x_k) \omega_{n+1}(x_k) = 0$$

定理 7.8 表明，在 $[a,b]$ 上关于权函数 $\rho(x)$ 的正交多项式系中的 $n+1$ 次多项式的零点就是求积公式（7.29）的 Gauss 点. 因此，求 Gauss 点等价于求 $[a,b]$ 上关于权函数 $\rho(x)$ 的 $n+1$ 次正交多项式的 $n+1$ 个零点.

有了 Gauss 点 $x_0, x_1, \cdots, x_n$ 后，以这些节点构造 Lagrange 插值基函数 $l_i(x)$ $(i=0,1,\cdots)$，由 Gauss 型求积公式的定义有

$$\int_a^b \rho(x) l_i(x) dx = \sum_{k=0}^{n} A_k l_i(x_k) = A_i \tag{7.34}$$

其中 $l_i(x) = \prod_{\substack{j=0 \\ j\neq i}}^{n} \frac{x - x_j}{x_i - x_j}$. 式（7.34）即计算 Gauss 型求积公式的求积系数的公式.

又 Gauss 型求积公式对 $2n$ 次多项式 $f(x) = l_i^2(x)$ 精确成立，故

$$\int_a^b \rho(x) l_i^2(x) \mathrm{d}x = \sum_{k=0}^{n} A_k l_i^2(x_k) = A_i \quad (i = 0,1,\cdots,n)$$

因为 $\int_a^b \rho(x) l_i^2(x) \mathrm{d}x > 0$，所以 $A_i > 0\ (i = 0,1,\cdots,n)$，即 Gauss 求积系数是正的.

例 7.10　确定 x_0, x_1, A_1, A_2，使求积公式

$$\int_{-1}^{1} f(x) \mathrm{d}x \approx A_1 f(x_0) + A_2 f(x_1)$$

具有 3 次代数精度.

解　设 x_0, x_1 是 Gauss 点，取 $\omega_2(x) = (x - x_0)(x - x_1)$，$\rho(x) = 1$，则

$$\begin{cases} \int_{-1}^{1} (x - x_0)(x - x_1)\,\mathrm{d}x = 0 \\ \int_{-1}^{1} x(x - x_0)(x - x_1) \mathrm{d}x = 0 \end{cases}$$

即

$$\begin{cases} \dfrac{2}{3} + 2x_0 x_1 = 0 \\ -\dfrac{2}{3}(x_0 + x_1) = 0 \end{cases}$$

解得 $x_0 = -x_1 = \frac{1}{\sqrt{3}}$. 再分别令 $f(x) \equiv 1, x$，则有

$$\begin{cases} \int_{-1}^{1} \mathrm{d}x = 2 = A_1 + A_2 \\ \int_{-1}^{1} x\mathrm{d}x = 0 = A_1 \dfrac{1}{\sqrt{3}} - A_2 \dfrac{1}{\sqrt{3}} \end{cases}$$

解得 $A_1 = A_2 = 1$，所以求积公式为

$$\int_{-1}^{1} f(x)\mathrm{d}x \approx f\left(\frac{1}{\sqrt{3}}\right) + f\left(-\frac{1}{\sqrt{3}}\right)$$

它具有 3 次代数精度.

Gauss 型求积公式的截断误差有以下估计.

定理 7.9　设 $f^{(2n+2)}(x)$ 在区间 $[a,b]$ 上连续，则 Gauss 型求积公式（7.29）的截断误差为

$$R(f) = \frac{f^{(2n+2)}(\xi)}{(2n+2)!}\int_a^b \rho(x)\omega_{n+1}^2(x)\mathrm{d}x, \quad \xi \in (a,b) \tag{7.35}$$

证明　设 $H_{2n+1}(x)$ 是满足如下条件的至多 $2n+1$ 次多项式：

$$H_{2n+1}(x_i) = f(x_i), \qquad H'_{2n+1}(x_i) = f'(x_i) \quad (i = 0,1,\cdots,n)$$

其插值余项为

$$f(x) - H_{2n+1}(x) = \frac{f^{(2n+2)}(\xi_x)}{(2n+2)!}\omega_{n+1}^2(x), \quad \xi_x \in (a,b)$$

求积公式的截断误差为

$$\begin{aligned} R(f) &= \int_a^b \rho(x)f(x)\mathrm{d}x - \sum_{k=0}^{n} A_k f(x_k) = \int_a^b \rho(x)f(x)\mathrm{d}x - \sum_{k=0}^{n} A_k H_{2n+1}(x_k) \\ &= \int_a^b \rho(x)f(x)\mathrm{d}x - \int_a^b \rho(x)H_{2n+1}(x)\mathrm{d}x = \int_a^b \frac{f^{(2n+2)}(\xi_x)}{(2n+2)!}\rho(x)\omega_{n+1}^2(x)\mathrm{d}x \end{aligned}$$

由于 $\rho(x)\omega_{n+1}^2(x) \geqslant 0$，$f^{(2n+2)}(x)$ 在区间 $[a,b]$ 上连续，由第二积分中值定理，存在 $\xi \in (a,b)$ 使得

$$R(f) = \frac{f^{(2n+2)}(\xi)}{(2n+2)!}\int_a^b \rho(x)\omega_{n+1}^2(x)\mathrm{d}x, \quad \xi \in (a,b)$$

7.5.2　常用的 Gauss 型求积公式

1. Gauss-Legendre 求积公式

称形如

$$\int_{-1}^{1} f(x)\mathrm{d}x \approx \sum_{k=0}^{n} A_k f(x_k) \tag{7.36}$$

的 Gauss 型求积公式为 Gauss-Legendre 求积公式，其中 Gauss 点 $x_0, x_1, \cdots, x_n$ 是 $n+1$ 次 Legendre 多项式

$$P_{n+1}(x) = \frac{1}{2^{n+1}(n+1)!}\frac{\mathrm{d}^{n+1}}{\mathrm{d}x^{n+1}}\left[(x^2-1)^{n+1}\right] \quad (n = 0,1,2,\cdots)$$

的零点，求积系数为

$$A_k = \frac{2}{\left(1-x_k^2\right)[P_{n+1}'(x_k)]^2} \quad (k=0,1,2,\cdots,n)$$

当 $n=0$ 时，$P_1(x)=x$，其零点为 $x_0=0$，$A_0=2$，于是有

$$\int_{-1}^{1} f(x)\mathrm{d}x \approx 2f(0)$$

当 $n=1$ 时，$P_2(x)=\frac{1}{2}(3x^2-1)$，其零点为 $x_0=-\frac{1}{\sqrt{3}}$，$x_1=\frac{1}{\sqrt{3}}$，所以两个节点的Gauss-Legendre公式为

$$\int_{-1}^{1} f(x)\mathrm{d}x \approx f\left(-\frac{1}{\sqrt{3}}\right)+f\left(\frac{1}{\sqrt{3}}\right)$$

表 7.5 给出了部分 Gauss-Legendre 求积公式的节点与求积系数值.

表 7.5　Gauss-Legendre 求积公式的求积节点与求积系数

n	x_k	A_k
0	0	2
1	±0.577 350 27	1
2	±0.774 596 67 0	0.555 555 56 0.888 888 89
3	±0.861 136 31 ±0.339 981 04	0.347 854 85 0.652 145 15
4	±0.906 179 85 ±0.538 469 31 0	0.236 926 89 0.478 628 67 0.568 888 89

Gauss-Legendre 求积公式的截断误差为

$$R(f)=\frac{2^{2n+3}\left[(n+1)!\right]^4}{(2n+3)[(2n+2)!]^3}f^{(2n+2)}(\xi), \quad \xi\in(-1,1) \tag{7.37}$$

对于一般区间 $[a,b]$ 上的积分 $\int_a^b f(x)\mathrm{d}x$，通过变量代换

$$x=\frac{a+b}{2}+\frac{b-a}{2}t$$

化为

$$\int_a^b f(x)\mathrm{d}x=\frac{b-a}{2}\int_{-1}^{1} f\left(\frac{a+b}{2}+\frac{b-a}{2}t\right)\mathrm{d}t$$

然后用 Gauss-Legendre 求积公式计算.

例 7.11　用两点 Gauss-Legendre 求积公式计算积分 $I=\int_0^1 \frac{\sin x}{x}\mathrm{d}x$.

解　作变换 $x=\frac{a+b}{2}+\frac{b-a}{2}t=\frac{1}{2}(t+1)$，则

$$I=\int_0^1\frac{\sin x}{x}\mathrm{d}x=\int_{-1}^1\frac{\sin\frac{1}{2}(t+1)}{t+1}\mathrm{d}t$$

$$\approx\frac{\sin\frac{1}{2}(-0.577\,350\,27+1)}{-0.577\,350\,27+1}+\frac{\sin\frac{1}{2}(0.577\,350\,27+1)}{0.577\,350\,27+1}$$

$$=0.946\,0411$$

2. Gauss-Chebyshev 求积公式

Chebyshev 多项式是 $[-1,1]$ 上关于权函数 $\rho(x)=\frac{1}{\sqrt{1-x^2}}$ 的正交多项式系．取 $T_{n+1}(x)$ 的 $n+1$ 零点 $x_k=\cos\left(\frac{2k+1}{2n+2}\pi\right)$ $(k=0,1,2,\cdots,n)$ 为求积节点，求积系数

$$A_k=\frac{\pi}{n+1}\quad(k=0,1,\cdots,n)$$

的求积公式为

$$\int_{-1}^1\frac{1}{\sqrt{1-x^2}}f(x)\mathrm{d}x\approx\sum_{k=0}^n A_k f(x_k)\tag{7.38}$$

称式（7.38）为 Gauss-Chebyshev 求积公式.

Gauss-Chebyshev 求积公式可写为

$$\int_{-1}^1\frac{f(x)}{\sqrt{1-x^2}}\mathrm{d}x\approx\frac{\pi}{n+1}\sum_{k=0}^n f(x_k)\tag{7.39}$$

其截断误差为

$$R(f)=\frac{\pi}{2^{2n+1}(2n+2)!}f^{(2n+2)}(\xi),\quad \xi\in(-1,1)\tag{7.40}$$

例 7.12　计算积分 $\int_{-1}^1\frac{2\mathrm{e}^x}{\sqrt{1-x^2}}\mathrm{d}x$，精度要求 $\varepsilon=10^{-6}$.

解　由式（7.40）有

$$|R(f)|\leqslant\frac{2\pi\mathrm{e}}{2^{2n+1}(2n+2)!}$$

当 $n=4$ 时，有

$$\frac{2\pi\mathrm{e}}{2^9(10)!}=9.2\times10^{-9}$$

故有

$$\int_{-1}^1\frac{2\mathrm{e}^x}{\sqrt{1-x^2}}\mathrm{d}x\approx\frac{\pi}{5}\sum_{k=0}^4 2\mathrm{e}^{\cos\left(\frac{2k+1}{10}\pi\right)}=7.954\,926$$

3. Gauss-Laguerre 求积公式

Laguerre（拉盖尔）多项式 $L_n(x)=\mathrm{e}^x\dfrac{\mathrm{d}^n}{\mathrm{d}x^n}(\mathrm{e}^{-x}x^n)$ 是区间 $[0,+\infty)$ 上关于权函数 $\rho(x)=\mathrm{e}^{-x}$ 的正交多项式系.

称形如

$$\int_0^{+\infty}\mathrm{e}^{-x}f(x)\mathrm{d}x\approx\sum_{k=0}^{n}A_kf(x_k) \tag{7.41}$$

的 Gauss 型求积公式为 Gauss-Laguerre 求积公式，其中 $x_0,x_1,\cdots,x_n$ 为 $n+1$ 次 Laguerre 多项式 $L_{n+1}(x)$ 的零点，求积系数为

$$A_k=\frac{[(n+1)!]^2}{x_k[L'_{n+1}(x_k)]^2}\quad(k=0,1,\cdots,n) \tag{7.42}$$

求积公式（7.42）的截断误差为

$$R(f)=\frac{[(n+1)!]^2}{(2n+2)!}f^{(2n+2)}(\xi),\quad \xi\in(0,+\infty) \tag{7.43}$$

表 7.6 给出了部分 Gauss-Laguerre 求积公式的节点与求积系数值.

表 7.6　Gauss-Laguerre 求积公式的求积节点及求积系数

n	x_k	A_k
0	0	1
1	0.585 786 437 6 3.414 213 562 4	0.853 553 390 6 0.146 446 609 4
2	0.415 774 556 8 2.294 280 360 3 6.289 945 082 9	0.711 093 009 9 0.278 517 733 6 0.010 389 256 5
3	0.322 547 689 6 1.745 761 101 2 4.536 620 296 9 9.395 070 912 3	0.603 154 104 3 0.357 418 692 4 0.038 887 908 5 0.000 539 294 7
4	0.263 560 319 7 1.413 403 059 1 3.596 425 771 0 7.085 810 005 9 12.640 800 844 3	0.521 755 610 6 0.398 666 811 1 0.075 942 449 7 0.003 611 758 7 0.000 023 370 0

4. Gauss-Hermite 求积公式

$n+1$ 次 Hermite 多项式

$$H_{n+1}(x)=(-1)^{n+1}\mathrm{e}^{x^2}\frac{\mathrm{d}^{n+1}}{\mathrm{d}x^{n+1}}\left(\mathrm{e}^{-x^2}\right)\quad(n=0,1,2,\cdots) \tag{7.44}$$

是 $(-\infty,+\infty)$ 内关于 $\rho(x)=\mathrm{e}^{-x^2}$ 的正交多项式系.

求积公式

$$\int_{-\infty}^{+\infty}\mathrm{e}^{-x^2}f(x)\mathrm{d}x\approx\sum_{k=0}^{n}A_kf(x_k) \tag{7.45}$$

称为 Gauss-Hermite 求积公式，其中 $x_0,x_1,\cdots,x_n$ 为 $H_{n+1}(x)$ 的零点，求积系数为

$$A_k=\frac{2^{n+2}(n+1)!\sqrt{\pi}}{[H'_{n+1}(x_k)]^2}\quad(k=0,1,\cdots,n) \tag{7.46}$$

求积公式（7.45）的截断误差为

$$R(f)=\frac{(n+1)!\sqrt{\pi}}{2^{n+1}(2n+2)!}f^{(2n+2)}(\xi),\quad \xi\in(-\infty,+\infty) \tag{7.47}$$

表 7.7 给出了部分 Gauss-Hermite 求积公式的节点及求积系数.

表 7.7　Gauss-Hermite 求积公式的求积节点及求积系数

n	x_k	A_k
0	0	1.772 453 850 9
1	±0.707 106 781 2	0.886 226 925 5
2	±1.224 744 871 4 0	0.295 408 975 2 1.181 635 900 6
3	±1.650 680 123 9 ±0.524 647 623 3	0.081 312 835 45 0.804 914 090 0
4	±2.020 182 870 5 ±0.958 572 464 6 0	0.019 953 242 06 0.393 619 323 2 0.945 308 720 5

7.6　数 值 微 分

7.6.1　差商型求导公式

微积分学已经给出求函数 $f(x)$ 导数 $f'(x)$ 的许多方法，但当函数 $f(x)$ 用表格形式给出时，只能用数值的方法求出节点处导数的近似值. 这类问题称为数值微分. 数值微分方法在微分方程数值解法中有很大的应用.

以下是导数定义的三种形式：

$$f'(x)=\lim_{h\to0}\frac{f(x+h)-f(x)}{h} \tag{7.48}$$

$$f'(x)=\lim_{h\to0}\frac{f(x)-f(x-h)}{h} \tag{7.49}$$

$$f'(x)=\lim_{h\to 0}\frac{f(x+h)-f(x-h)}{2h} \tag{7.50}$$

相应地，有如下差商型求导公式.

1. 向前差商公式

$$f'(x_0)\approx\frac{f(x_0+h)-f(x_0)}{h} \tag{7.51}$$

由 Taylor 展开式

$$f(x_0+h)=f(x_0)+hf'(x_0)+\frac{h^2}{2!}f''(x_0+\theta h)\quad (0<\theta<1)$$

可得余项为

$$R(x_0)=f'(x_0)-\frac{f(x_0+h)-f(x_0)}{h}=-\frac{h}{2!}f''(x_0+\theta h)=O(h) \tag{7.52}$$

2. 向后差商公式

$$f'(x_0)\approx\frac{f(x_0)-f(x_0-h)}{h} \tag{7.53}$$

由 Taylor 展开式

$$f(x_0-h)=f(x_0)-hf'(x_0)+\frac{h^2}{2!}f''(x_0-\eta h)\quad (0<\eta<1)$$

可得余项为

$$R(x_0)=f'(x_0)-\frac{f(x_0)-f(x_0-h)}{h}=\frac{h}{2}f''(x_0-\eta h)=O(h) \tag{7.54}$$

3. 中心差商公式

$$f'(x_0)\approx\frac{f(x_0+h)-f(x_0-h)}{2h} \tag{7.55}$$

由 Taylor 展开式

$$f(x_0+h)=f(x_0)+hf'(x_0)+\frac{h^2}{2!}f''(x_0)+\frac{h^3}{3!}f'''(x_0+\theta h)\quad (0<\theta<1)$$

$$f(x_0-h)=f(x_0)-hf'(x_0)+\frac{h^2}{2!}f''(x_0)-\frac{h^3}{3!}f'''(x_0-\eta h)\quad (0<\eta<1)$$

可得余项为

$$R(x_0)=f'(x_0)-\frac{f(x_0+h)-f(x_0-h)}{2h}=-\frac{h^2}{12}[f'''(x_0+\theta h)+f'''(x_0-\eta h)]=O(h^2) \tag{7.56}$$

例 7.13　设 $f(x)=\sqrt{x+1}$，分别取步长 $h=10^{-2},10^{-3},10^{-6},10^{-10}$，用向前差商公式和中心差商公式计算 $f'(2.2)$.

解　(1) 由向前差商公式，有

$$f'(2.2)\approx\frac{f(2.2+h)-f(2.2)}{h}=\frac{\sqrt{3.2+h}-\sqrt{3.2}}{h}$$

当 $h=10^{-2}$ 时，有

$$f'(2.2)\approx\frac{\sqrt{3.2+0.01}-\sqrt{3.2}}{0.01}=0.279\,290\,471\,706\,0$$

当 $h=10^{-3}$ 时，有

$$f'(2.2)\approx\frac{\sqrt{3.2+0.001}-\sqrt{3.2}}{0.001}=0.279\,486\,663\,997\,464$$

当 $h=10^{-6}$ 时，有

$$f'(2.2)\approx\frac{\sqrt{3.2+0.000\,001}-\sqrt{3.2}}{0.000\,001}=0.279\,508\,475\,475\,864\,8$$

当 $h=10^{-10}$ 时，有

$$f'(2.2)\approx\frac{\sqrt{3.2+0.000\,000\,000\,1}-\sqrt{3.2}}{0.000\,000\,000\,1}=0.279\,509\,748\,679\,629$$

（2）由中心差商公式，有

$$f'(2.2)\approx\frac{f(2.2+h)-f(2.2-h)}{2h}=\frac{\sqrt{3.2+h}-\sqrt{3.2-h}}{2h}$$

当 $h=10^{-2}$，有

$$f'(2.2)\approx\frac{\sqrt{3.2+0.01}-\sqrt{3.2-0.01}}{2\times0.01}=0.279\,508\,838\,385\,822$$

当 $h=10^{-3}$，有

$$f'(2.2)\approx\frac{\sqrt{3.2+0.001}-\sqrt{3.2-0.001}}{2\times0.001}=0.279\,508\,500\,599\,435$$

当 $h=10^{-6}$，有

$$f'(2.2)\approx\frac{\sqrt{3.2+10^{-6}}-\sqrt{3.2-10^{-6}}}{2\times10^{-6}}=0.279\,508\,497\,236\,236$$

当 $h=10^{-10}$，有

$$f'(2.2)\approx\frac{\sqrt{3.2+10^{-6}}-\sqrt{3.2-10^{-6}}}{2\times10^{-6}}=0.279\,508\,638\,456\,605$$

精确值 $f'(2.2)=0.279\,508\,497\,187\,474$．中心差商的计算结果表明，当步长由 10^{-2} 缩小到 10^{-6} 时，误差在减少；若进一步缩小到 10^{-10}，误差反而增大，原因在于步长的缩小导致舍入误差的增大.

7.6.2　插值型求导公式

对于给定的函数表 $(x_i,f(x_i))$ 或 (x_i,y_i) $(i=0,1,\cdots,n)$，应用插值原理，可以建立插值多项式 $\varphi_n(x)$ 作为 $f(x)$ 的近似. 由于多项式的导数很容易求出，可以用 $\varphi_n(x)$ 的导数近似函数的导数，即

$$f^{(k)}(x)\approx\varphi_n^{(k)}(x)\quad(k=1,2,\cdots)\tag{7.57}$$

这样建立的数值微分公式称为插值型求导公式.

由带余项的插值公式

$$f(x)=\varphi_n(x)+R_n(x)=\varphi_n(x)+\frac{f^{(n+1)}(\xi)}{(n+1)!}\omega_{n+1}(x)$$

得

$$f^{(k)}(x)=\varphi_n^{(k)}(x)+R_n^{(k)}(x)=\varphi_n^{(k)}(x)+\left[\frac{f^{(n+1)}(\xi)}{(n+1)!}\omega_{n+1}(x)\right]^{(k)}\quad (k=1,2,\cdots)$$

当 $k=1$ 时，有

$$R_n'(x)=f'(x)-\varphi_n'(x)=\frac{\omega_{n+1}(x)}{(n+1)!}\frac{\mathrm{d}}{\mathrm{d}x}f^{(n+1)}(\xi)+\frac{f^{(n+1)}(\xi)}{(n+1)!}\omega_{n+1}'(x) \tag{7.58}$$

因为 ξ 是 x 的未知函数，所以无法对 $\dfrac{\mathrm{d}}{\mathrm{d}x}f^{(n+1)}(\xi)$ 作进一步的估计. 但若限定在某个节点 x_i 上求导数，并注意到 $\omega_{n+1}(x_i)=0$，则有

$$R_n'(x_i)=f'(x_i)-\varphi_n'(x_i)=\frac{f^{(n+1)}(\xi)}{(n+1)!}\omega_{n+1}'(x_i)=\frac{f^{(n+1)}(\xi)}{(n+1)!}\prod_{\substack{j=0\\ j\neq i}}^{n}(x_i-x_j)\quad (i=0,1,\cdots,n) \tag{7.59}$$

由于上述原因，插值型求导公式通常用于求节点处导数的近似值.

下面给出等距节点情况下，求一阶导数的几个常用公式.

1. 两点公式

设已给出两个节点 x_0,x_1 处的函数值 $f(x_0),f(x_1)$，作线性插值

$$L_1(x)=\frac{x-x_1}{x_0-x_1}f(x_0)+\frac{x-x_0}{x_1-x_0}f(x_1)$$

对上式两端求导，并记 $h=x_1-x_0$，则

$$L_1'(x)=\frac{f(x_1)-f(x_0)}{h}$$

于是有求导公式

$$\begin{cases} f'(x_0)\approx L_1'(x_0)=\dfrac{f(x_1)-f(x_0)}{h}\\ f'(x_1)\approx L_1'(x_1)=\dfrac{f(x_1)-f(x_0)}{h}\end{cases} \tag{7.60}$$

截断误差为

$$\begin{cases} R_1'(x_0)=f'(x_0)-\dfrac{f(x_1)-f(x_0)}{h}=-\dfrac{h}{2}f''(\xi_0),\quad \xi_0\in(x_0,x_1)\\ R_1'(x_1)=f'(x_1)-\dfrac{f(x_1)-f(x_0)}{h}=\dfrac{h}{2}f''(\xi_1),\quad \xi_1\in(x_0,x_1)\end{cases} \tag{7.61}$$

2. 三点公式

设已给出三个节点 x_0，$x_1 = x_0 + h$，$x_2 = x_0 + 2h$ 处的函数值 $f(x_0), f(x_1), f(x_2)$，作二次插值

$$L_2(x) = \frac{(x-x_1)(x-x_2)}{2h^2} f(x_0) + \frac{(x-x_0)(x-x_2)}{-h^2} f(x_1) + \frac{(x-x_0)(x-x_1)}{2h^2} f(x_2)$$

对上式两端求导得

$$L_2'(x) = \frac{2x-x_1-x_2}{2h^2} f(x_0) - \frac{2x-x_0-x_2}{h^2} f(x_1) + \frac{2x-x_0-x_1}{2h^2} f(x_2) \tag{7.62}$$

分别代入 x_0, x_1, x_2 得三点公式

$$\begin{cases} f'(x_0) \approx \dfrac{1}{2h}[-3f(x_0) + 4f(x_1) - f(x_2)] \\ f'(x_1) \approx \dfrac{1}{2h}[-f(x_0) + f(x_2)] \\ f'(x_2) \approx \dfrac{1}{2h}[f(x_0) - 4f(x_1) + 3f(x_2)] \end{cases} \tag{7.63}$$

截断误差为

$$\begin{cases} R_2'(x_0) = f'(x_0) - \dfrac{1}{2h}[-3f(x_0) + 4f(x_1) - f(x_2)] = \dfrac{h^2}{3} f^{(3)}(\xi_0), & \xi_0 \in (x_0, x_2) \\ R_2'(x_1) = f'(x_1) - \dfrac{1}{2h}[-f(x_0) + f(x_2)] = -\dfrac{h^2}{6} f^{(3)}(\xi_1), & \xi_1 \in (x_0, x_2) \\ R_2'(x_2) = f'(x_2) - \dfrac{1}{2h}[f(x_0) - 4f(x_1) + 3f(x_2)] = \dfrac{h^2}{3} f^{(3)}(\xi_2), & \xi_2 \in (x_0, x_2) \end{cases} \tag{7.64}$$

再对 $L_2'(x)$ 求导可得

$$L_2''(x) = \frac{1}{h^2}[f(x_0) - 2f(x_1) + f(x_2)]$$

于是求二阶导数的三点公式为

$$f''(x_i) \approx \frac{1}{h^2}[f(x_0) - 2f(x_1) + f(x_2)] \quad (i = 0,1,2) \tag{7.65}$$

例 7.14　已知 $f(x)$ 的数值如表 7.8 所示.

表 7.8　例 7.14 的函数表

x	2.6	2.7	2.8	2.9	3.0
$f(x)$	12.182	13.463	14.879	16.444	18.174

用二点、三点数值微分公式计算 $x = 2.8$ 处的一阶、二阶导数值.

解　（1）取 $h = 0.2$.

① 两点公式. 取 $x_0 = 2.6,\quad x_1 = 2.8$，有

$$f'(2.8) \approx \frac{f(2.8)-f(2.6)}{h} = \frac{14.879-12.182}{0.2} = 13.485$$

② 三点公式. 取 $x_0 = 2.6$，$x_1 = 2.8$，$x_2 = 3.0$，有

$$f'(2.8) \approx \frac{1}{2h}[-f(2.6)+f(3.0)] = \frac{1}{2\times 0.2}(-12.182+18.174) = 14.980$$

$$f''(2.8) \approx \frac{1}{h^2}[f(x_0)-2f(x_1)+f(x_2)] = \frac{1}{0.2^2}(12.182-2\times 14.879+18.174) = 14.950$$

（2）取 $h = 0.1$.

① 两点公式. 取 $x_0 = 2.7$, $x_1 = 2.8$，有

$$f'(2.8) \approx \frac{f(2.8)-f(2.7)}{h} = \frac{14.879-13.463}{0.1} = 14.160$$

② 三点公式. 取 $x_0 = 2.7$，$x_1 = 2.8$，$x_2 = 2.9$，有

$$f'(2.8) \approx \frac{1}{2h}\left[-f(2.7)+f(2.9)\right] = \frac{1}{2\times 0.1}(-13.463+16.444) = 14.905$$

$$f''(2.8) \approx \frac{1}{0.1^2}(13.463-2\times 14.879+16.444) = 14.900$$

7.6.3　Taylor 展开法

应用 Taylor 公式也能直接建立数值微分公式. 设有等距节点 x_0，$x_1 = x_0 + h$，$x_2 = x_0 + 2h$. 由

$$f(x_1) = f(x_0) + hf'(x_0) + \frac{h^2}{2!}f''(\xi), \quad \xi \in (x_0, x_1)$$

可得

$$f'(x_0) = \frac{f(x_1)-f(x_0)}{h} - \frac{h}{2}f''(\xi)$$

又

$$f(x_0) = f(x_1) - hf'(x_1) + \frac{h^2}{2!}f''(x_1) - \frac{h^3}{3!}f'''(x_1) + \frac{h^4}{4!}f^{(4)}(\zeta_1)$$

$$f(x_2) = f(x_1) + hf'(x_1) + \frac{h^2}{2!}f''(x_1) + \frac{h^3}{3!}f'''(x_1) + \frac{h^4}{4!}f^{(4)}(\zeta_2)$$

两式相加，得

$$f(x_0) + f(x_2) = 2f(x_1) + h^2 f''(x_1) + \frac{h^4}{4!}\left[f^{(4)}(\zeta_1) + f^{(4)}(\zeta_2)\right]$$

若 $f^{(4)}(x)$ 连续，则存在一点 η，使得

$$f^{(4)}(\eta) = \frac{1}{2}\left[f^{(4)}(\zeta_1) + f^{(4)}(\zeta_2)\right]$$

从而可得

$$f''(x_1) = \frac{1}{h^2}[f(x_0) - 2f(x_1) + f(x_2)] - \frac{h^2}{12}f^{(4)}(\eta)$$

7.6.4 数值微分的外推算法

设函数 $f(x)$ 充分光滑，对于步长 h，应用 Taylor 公式有

$$f(x+h)=f(x)+hf'(x)+\frac{h^2}{2!}f''(x_0)+\frac{h^3}{3!}f'''(x)+\cdots$$

$$f(x-h)=f(x)-hf'(x)+\frac{h^2}{2!}f''(x_0)-\frac{h^3}{3!}f'''(x)+\cdots$$

令

$$G(h)=\frac{1}{2h}[f(x+h)-f(x-h)]$$

则有

$$G(h)=f'(x)+\frac{h^2}{3!}f'''(x)+\frac{h^4}{5!}f^{(5)}(x)+\cdots$$

又

$$G\left(\frac{h}{2}\right)=f'(x)+\frac{1}{3!}\left(\frac{h}{2}\right)^2 f'''(x)+\frac{1}{5!}\left(\frac{h}{2}\right)^4 f^{(5)}(x)+\cdots$$

于是

$$G_1(h)=\frac{4G\left(\frac{h}{2}\right)-G(h)}{4-1}=f'(x)+O(h^4)$$

这实际是 Richardson 外推法的第一步. 若记 $G_0(h)=G(h)$，则有 Richardson 外推公式

$$G_m(h)=\frac{4^m G_{m-1}\left(\frac{h}{2}\right)-G_{m-1}(h)}{4^m-1}\quad(m=1,2,\cdots)$$

其误差为

$$f'(x)-G_m(h)=O(h^{2(m+1)})$$

例 7.15 利用外推公式计算 $f(x)=\mathrm{e}^x$ 在 $x=1$ 处的一阶导数，并与精确值比较（取步长 $h=0.1$）.

解

$$G_0(0.1)=G(0.1)=\frac{\mathrm{e}^{1.1}-\mathrm{e}^{0.9}}{0.2}=2.722\,814\,563\,947\,418$$

$$G_0(0.05)=\frac{\mathrm{e}^{1.05}-\mathrm{e}^{0.95}}{0.1}=2.719\,414\,587\,473\,179$$

$$G_0(0.025)=\frac{\mathrm{e}^{1.025}-\mathrm{e}^{0.975}}{0.05}=2.718\,564\,991\,664\,882$$

$$G_1(0.1)=\frac{4G(0.05)-G(0.1)}{4-1}=2.718\,281\,261\,981\,766$$

$$G_1(0.05)=\frac{4G(0.025)-G(0.05)}{4-1}=2.718\,281\,793\,062\,117$$

$$G_2(0.1)=\frac{4^2G_1(0.05)-G_1(0.1)}{4^2-1}=2.718\,281\,828\,467\,474$$

$f'(1)$ 的准确值为 2.718 281 828 459 046. $G_0(0.1)$ 和 $G_0(0.05)$ 的精度不高，但它们外推出的 $G_1(0.1)$ 就有 7 位有效数字了.

7.7 应 用 举 例

例 7.16 已知某河宽为 24 m，测得水深 $f(x)$ 如表 7.9 所示（单位：m），分别用复化梯形公式和复化 Simpson 公式计算河水的截面积.

表 7.9 例 7.16 的数据表

x_i	0	2	4	6	8	10	12	14	16	18	20	22	24
$f(x_i)$	0.9	1.3	1.6	2.8	2.6	2.3	3.0	2.8	2.4	2	1.5	1.3	1.0

解 截面积为 $I=\int_0^{24}f(x)\mathrm{d}x$. 使用复化梯形公式，取 $n=12$ 等份，步长 $h=2$，记 $y_i=f(x_i)$，则

$$I=\int_0^{24}f(x)\mathrm{d}x\approx T_{12}=\frac{h}{2}\left(y_0+2\sum_{i=1}^{11}y_i+y_{12}\right)$$

$$=\frac{2}{2}[0.9+2(1.3+1.6+2.8+2.6+2.3+3.0+2.8+2.4+2+1.5+1.3)+1.0]=49.1(\mathrm{m}^2)$$

使用复化 Simpson 公式，有

$$I=\int_0^{24}f(x)\mathrm{d}x\approx\frac{h}{3}[y_0+4(y_1+y_3+y_5+y_7+y_9+y_{11})+2(y_2+y_4+y_6+y_8+y_{10})+y_{12}]$$

$$=\frac{2}{3}[0.9+4(1.3+2.8+2.3+2.8+2+1.3)+2(1.6+2.6+3.0+2.4+1.5)+1.0]=49.4(\mathrm{m}^2)$$

例 7.17 从地面发射一枚火箭，在最初 80 s 内记录其加速度如表 7.10 所示，试求火箭在第 80 s 时的速度.

表 7.10 例 7.17 的数据表

t/s	0	10	20	30	40	50	60	70	80
$a/\mathrm{m\cdot s^{-2}}$	30.0	31.6	33.4	35.5	37.8	40.3	53.3	46.7	50.7

解 设速度为 $v(t)$，加速度为 $a(t)$，则有

$$v'(t)=a(t)$$

于是有

$$v(t)=v(0)+\int_0^t a(t)\mathrm{d}t$$

由于火箭从地面向上发射，$v(0)=0$，有

$$v(80)=v(0)+\int_0^{80}a(t)\mathrm{d}t=\int_0^{80}a(t)\mathrm{d}t$$

取 $a=0$，$b=80$，$n=8$，$h=\dfrac{80-0}{8}=10$，应用复化 Simpson 公式有

$$v(80)\approx\frac{1}{3}\times10\{a(0)+4[a(10)+a(30)+a(50)+a(70)]+2[a(20)+a(40)+a(60)]+a(80)\}$$

$$=\frac{1}{3}\times10[30.0+4(31.6+35.5+40.3+46.7)+2(33.4+37.8+43.3)+50.7]=3\,087$$

习　题　7

1. 证明 Cotes 系数具有“对称性”：$C_i^{(n)}=C_{n-i}^{(n)}\ (i=0,1,\cdots,n)$.

2. 试证明 $n+1$ 个节点的 Cotes 系数满足 $\sum\limits_{k=0}^{n}C_k^{(n)}=1$.

3. 分别用梯形公式和 Simpson 公式计算下列积分的近似值并估计误差.

（1）$\int_0^1 \mathrm{e}^{-2x}\mathrm{d}x$；　（2）$\int_1^2 \mathrm{e}^{1/x}\mathrm{d}x$.

4. 求下列近似公式的代数精度.

（1）$\int_0^1 f(x)\mathrm{d}x\approx\frac{1}{3}\left[2f\left(\frac{1}{4}\right)-f\left(\frac{1}{2}\right)+2f\left(\frac{3}{4}\right)\right]$；

（2）$\int_{-1}^1 f(x)\mathrm{d}x\approx\frac{1}{2}[f(-1)+2f(0)+f(1)]$；

（3）$\int_{-1}^1 f(x)\mathrm{d}x\approx f\left(-\frac{1}{\sqrt{3}}\right)+f\left(\frac{1}{\sqrt{3}}\right)$.

5. 试确定下列求积公式中的待定参数，使其代数精度尽可能高，并指明其代数精度.

（1）$\int_{-2a}^{2a} f(x)\mathrm{d}x\approx A_{-1}f(-a)+A_0f(0)+A_1f(a)$　（A_i 为参数）；

（2）$\int_0^h f(x)\mathrm{d}x\approx\frac{h}{2}[f(0)+f(h)]+ah^2[f'(0)-f'(h)]$　（a 为参数）.

6. 确定下列公式中的节点及求积系数，使其具有尽可能高的代数精度.

（1）$\int_0^2 f(x)\mathrm{d}x\approx f(x_1)+f(x_2)$；

（2）$\int_{-1}^1 f(x)\mathrm{d}x\approx A_1f(x_1)+A_2f(0)+f(1)$；

（3）$\int_{-1}^1 \sqrt{x}f(x)\mathrm{d}x\approx A_1f(x_1)+A_2f(x_2)$.

7. 分别用复化梯形公式和复化 Simpson 公式计算下列积分的近似值，并估计误差.

（1）$I=\int_0^1 \mathrm{e}^{-x^2}\mathrm{d}x\ (n=8)$；　（2）$I=\int_0^1\frac{1}{1+x}\mathrm{d}x\ (n=4)$.

8. 分别用复化梯形公式和复化 Simpson 公式计算积分

$$I=\int_1^3 \mathrm{e}^{-2x}\mathrm{d}x$$

的近似值，要求误差不超过$\frac{1}{2}\times10^{-5}$，问各取多少个节点？

9. 分别用复化梯形公式和复化 Simpson 公式计算积分

$$I=\int_0^1 e^{-x^2}dx$$

的近似值，要求误差不超过$\frac{1}{2}\times10^{-4}$，问各取多少个节点？

10. 试用梯形公式的逐次分半算法计算积分 $I=\int_0^1\frac{1}{1+x^2}dx$，要求误差不超过 $\varepsilon=3\times10^{-4}$.

11. 用 Romberg 积分法计算 $I=\int_{-1}^4\frac{4}{1+x^2}dx$ $(\varepsilon=10^{-4})$.

12. 试判断下列求积公式是否为 Gauss 型求积公式，并指明其代数精度.

（1）$\int_{-1}^1 f(x)dx\approx\frac{2}{3}[f(-1)+f(0)+f(1)]$；

（2）$\int_{-1}^1 f(x)dx\approx\frac{1}{3}[f(-1)+4f(0)+f(1)]$；

（3）$\int_0^2 f(x)dx\approx\frac{1}{9}[5f(1-\sqrt{0.6})+8f(0)+5f(1+\sqrt{0.6})]$；

（4）$\int_0^1 xf(x)dx\approx\frac{1}{3}\left[2f\left(\frac{1}{4}\right)-f\left(\frac{1}{2}\right)+2f\left(\frac{3}{4}\right)\right]$.

13. 分别用两点和三点 Gauss-Legendre 求积公式计算积分 $I=\int_{-1}^1\sqrt{2x+5}dx$.

14. 建立 Gauss 型求积公式 $\int_0^1\frac{f(x)}{\sqrt{x}}dx\approx A_1f(x_1)+A_2f(x_2)$.

15. 分别用三点和五点 Gauss-Legendre 求积公式计算积分 $\int_1^2\frac{1}{y}dy$.

16. 用 $n=1,2,3$ 的 Gauss-Laguerre 求积公式计算下列积分值.

（1）$\int_0^{+\infty}e^{-x^2}dx$；　　（2）$\int_0^{+\infty}\frac{dx}{1+x^2}$；　　（3）$\int_0^{+\infty}\frac{\sin x}{x}dx$.

17. 用三点公式求 $f(x)=\frac{1}{(1+x)^2}$ 在 $x=1.0$ 和 $x=1.1$ 处的导数值，并估计误差，$f(x)$ 的值由下表给出：

x_i	1.0	1.1	2.2
$f(x_i)$	0.2500	0.2268	0.2066

18. 已知 $f(x)$ 的数值如下：

x_i	2.1	2.2	2.3	2.4	2.5
$f(x_i)$	11.1321	12.3463	13.2579	15.4144	17.2074

分别用二点和三点数值微分公式计算 $x=2.3$ 处的一阶和二阶导数值.

第 8 章　常微分方程的数值解法

在自然科学、社会科学和工程技术等众多领域，许多实际问题都可通过常微分方程来描述，如机械振动、电磁振荡、生物种群的演化及商品供求关系等. 能用解析方法求出精确解的微分方程不多，许多非线性方程更是如此，而且即使能求出解析解，但如果表达式复杂也不方便计算. 因此，数值方法成为求解微分方程的常用方法. 本章将主要讨论求解常微分方程初值问题的单步法和线性多步法及其相关的理论问题.

一阶常微分方程的初值问题形如

$$\begin{cases}\dfrac{\mathrm{d}y}{\mathrm{d}x}=f(x,y), \quad x\in[a,b] \\ y(x_0)=y_0\end{cases} \tag{8.1}$$

其中：$f(x,y)$ 为定义在 $[a,b]\times\mathbf{R}$ 上的函数；$y(x_0)=y_0$ 是初值条件.

首先介绍几个经典的常微分方程的例子.

例 8.1　Malthus（马尔萨斯）人口增长模型[12].

在没有外在限制的情况下，人口增长率与人口数量成正比，即

$$y'=ky \quad (k>0) \tag{8.2}$$

其中：$y(t)$ 为 t 时刻的人口.

方程（8.2）的解析解为 $y(t)=C\mathrm{e}^{kt}$，其中 C 为常数. 由方程的解析解可知，在没有外在限制的情况下，人口将呈指数型增长.

例 8.2　捕食者-猎物问题[13].

意大利数学家 Volterra（沃尔泰拉）1926 年建立了描述捕食者与猎物种群之间竞争关系的模型

$$\begin{cases}\dfrac{\mathrm{dP}}{\mathrm{d}t}=K_1P-CPQ \\ \dfrac{\mathrm{dQ}}{\mathrm{d}t}=-K_2Q+DPQ\end{cases} \tag{8.3}$$

其初始条件为

$$t=0, \quad Q=Q_0, \quad P=P_0 \tag{8.4}$$

其中：P 和 Q 分别为 t 时刻猎物和捕食者种群的数量，这两个种群相互影响和竞争；K_1,K_2,C,D 为正常数，K_1 为猎物种群 P 的增长速度，K_2 为捕食者种群 Q 的衰减速度. 捕食者和猎物遭遇的数量正比于 P 与 Q 的乘积. 方程（8.3）第一式表明，猎物的增长率与猎物的数量成正比，但同时 $-CPQ$ 项的存在也表明捕食者和猎物遭遇数量 CPQ 的增加会引起猎物数量的减少（即猎物种群的消亡）；同理，方程（8.3）第二式表明，捕食者的衰减率与捕食者的数量成正比，但同时 DPQ 项的存在表明捕食者和猎物遭遇数量的增长会促进捕食者种群数量的增长（即捕食者种群的复苏）.

美国数学家 Lotka（洛特卡）1925 年独立于 Volterra 导出类似方程，因此方程（8.3）也称

为 Lotka-Volterra 方程.

方程（8.3）不能解析求解，在给定初值 P_0,Q_0 后可以由数值方法得到关于猎物 P 和捕食者 Q 的数值解.

下面给出初值问题（8.1）的解的存在性定理.

定理 8.1[12] 设 $f(x,y)$ 在区域 $D=\{(x,y)\,|\,a\leqslant x\leqslant b, y\in\mathbf{R}\}$ 上连续，且存在实数 $L>0$，使得

$$|f(x,y_1)-f(x,y_2)|\leqslant L|y_1-y_2|,\quad \forall y_1,y_2\in\mathbf{R} \tag{8.5}$$

则 $\forall x_0\in[a,b]$，$y_0\in\mathbf{R}$，当 $x\in[a,b]$ 时常微分方程初值问题（8.1）存在唯一的连续可微解 $y(x)$.

条件（8.5）称为 $f(x,y)$ 关于 y 的 Lipschitz（利普希茨）条件，常数 L 称为 Lipschitz 常数. 定理 8.1 阐述了微分方程初值问题解的存在性与唯一性，是常微分方程理论的基本内容，也是微分方程初值问题数值解法研究的理论前提.

定理 8.2[12] 设 f 在区域 D 连续，且关于 y 满足利 Lipschitz 条件，初值问题为

$$\frac{\mathrm{d}y}{\mathrm{d}x}=f(x,y),\qquad y(x_0)=\tilde{y}_0 \tag{8.6}$$

其中 $\tilde{y}_0=y_0+\delta$ 为 y_0 的扰动值，则初值问题（8.6）的解 $y(x,\tilde{y}_0)$ 与初值问题（8.1）的解 $y(x,y_0)$ 满足

$$|y(x,\tilde{y}_0)-y(x,y_0)|\leqslant \mathrm{e}^{L|x-x_0|}|\tilde{y}_0-y_0|$$

常微分方程数值解就是函数 $y(x)$ 在离散点 $x_1<x_2<\cdots<x_N$ 上的近似值 $y_1,y_2,\cdots,y_N$，计算 $y(x)$ 在离散点上近似值的方法称为常微分方程的数值解法. 相邻两个节点的距离 $h_i=x_{i+1}-x_i$ 称为 x_i 到 x_{i+1} 的步长. 若 $h_i\equiv h$，则节点为等距节点可表示为 $x_i=x_0+ih\ \ (i=1,2,\cdots,N)$.

数值求解微分方程的重要一步是把连续方程转化为关于节点，函数值的离散方程，离散微分方程主要用到以下几种方法.

1. 差分方法

在方程（8.1）中，若在节点 x_n 处用向前差商 $\dfrac{y(x_{n+1})-y(x_n)}{h}$ 代替导数 $y'(x_n)$，则有

$$\frac{y(x_{n+1})-y(x_n)}{h}\approx f(x_n,y(x_n)\quad (n=0,1,\cdots) \tag{8.7}$$

整理得

$$y(x_{n+1})\approx y(x_n)+hf(x_n,y(x_n)) \tag{8.8}$$

上式右端 $y(x_n)$ 用其近似值 y_n 代替，并将相应右端结果作为 $y(x_{n+1})$ 的近似值 y_{n+1}，则有

$$y_{n+1}=y_n+hf(x_n,y_n)\quad (n=0,1,\cdots)$$

因此，初值问题（8.1）离散化后的方程为

$$\begin{cases}y_{n+1}=y_n+hf(x_n,y_n) & (n=0,1,\cdots)\\ y(x_0)=y_0\end{cases} \tag{8.9}$$

根据（8.9）可依次求出 $y(x)$ 在离散点 x_n 处的近似值 y_n，式（8.9）称为差分方程初值问题.

2. 数值积分方法

方程（8.1）两端在由离散节点构成的区间 $[x_n,x_{n+1}]$ 上分别关于 x 积分，即

$$\int_{x_n}^{x_{n+1}} y'(x)\,\mathrm{d}x = \int_{x_n}^{x_{n+1}} f(x,y)\,\mathrm{d}x \tag{8.10}$$

上式左端由 Newton-Leibniz 公式计算，右端用左矩形公式近似，则有离散化方程

$$y(x_{n+1}) - y(x_n) \approx hf(x_n, y(x_n))$$

在上式中 $y(x_n)$ 用 y_n 近似，于是 $y(x_{n+1})$ 的近似值 y_{n+1} 可表示为

$$y_{n+1} = y_n + hf(x_n, y_n)$$

因此初值问题（8.1）的离散化方程为

$$\begin{cases} y_{n+1} = y_n + hf(x_n, y_n) \quad (n=0,1,\cdots) \\ y_0 = y(x_0) \end{cases} \tag{8.11}$$

离散化方程（8.11）与（8.9）是完全一致的. 事实上，对式（8.10）右端积分采用其他数值积分方法可以得到不同的离散化方程.

3. Taylor 展开法

用函数 $y(x)$ 在 x_n 处的一次 Taylor 展开式作为 $y(x)$ 的近似，即

$$y(x) \approx y(x_n) + y'(x_n)(x - x_n)$$

由于 $y(x)$ 满足 $y'(x) = f(x, y(x))$， $y'(x_n) = f(x_n, y(x_n))$ ，代入上式即得

$$y(x) \approx y(x_n) + f(x_n, y(x_n))(x - x_n)$$

上式 $y(x_n)$ 用其近似值 y_n 代替并取 $x = x_{n+1}$ ，于是可得 $y(x_{n+1})$ 的近似值

$$y_{n+1} = y_n + hf(x_n, y_n)$$

上面给出了三种离散微分方程常用的方法，而且每一种方法又可导出不同的计算公式. 其中，Taylor 展开法不仅可以得到求解数值解的公式，而且容易估计截断误差.

8.1　Euler 方法与向后 Euler 方法

8.1.1　Euler 方法

用差分方程初值问题

$$\begin{cases} y_{n+1} = y_n + hf(x_n, y_n) \quad (n = 0,1,\cdots) \\ y_0 = y(a) \end{cases} \tag{8.12}$$

的解来近似微分方程初值问题（8.1）的解，这就是著名的 Euler 方法.

算法 8.1　（Euler 方法）

（1）输入 $a, b, f(x,y)$ ，整数 N ，初值 y_0 .

（2）取 $h = \frac{1}{N}(b-a)$， $n = 0$， $x = a$， $y = y_0$ ，输出 (x, y) .

（3）置 $y + hf(x,y) \Rightarrow y$ ， $x + h \Rightarrow x$ ，输出 (x, y) .

（4）若 $n<N-1$，置 $n+1\Rightarrow n$，转（3）；否则停机.

例 8.3　用 Euler 方法求解初值问题

$$\begin{cases}\dfrac{\mathrm{d}y}{\mathrm{d}x}=y-\dfrac{x}{y} & (0\leqslant x\leqslant 1)\\ y(0)=1\end{cases} \tag{8.13}$$

解　求解该问题的 Euler 公式的具体形式为

$$y_{n+1}=y_n+h\left(y_n-\frac{x_n}{y_n}\right)\quad (n=0,1,\cdots) \tag{8.14}$$

若取步长 $h=0.1$，将初值 $y(0)=1$ 代入式（8.14），计算结果如表 8.1 所示.

表 8.1　例 8.3 的计算结果

x_n	y_n	$y(x_n)$	x_n	y_n	$y(x_n)$
0.1	1.000 0	1.100 3	0.6	1.469 6	1.661 3
0.2	1.090 0	1.202 5	0.7	1.575 8	1.796 6
0.3	1.180 7	1.308 1	0.8	1.688 9	1.943 3
0.4	1.273 3	1.418 7	0.9	1.810 4	2.103 5
0.5	1.369 2	1.535 9	1.0	1.941 8	2.279 2

初值问题（8.13）的精确解为 $y(x)=\left(x+\dfrac{1}{2}\mathrm{e}^{2x}+\dfrac{1}{2}\right)^{1/2}$，其在节点 x_n 处的函数值记为 $y(x_n)$. 由表 8.1 可见，Euler 方法计算的数值解 y_n 与精确解 $y(x_n)$ 有较大的差距，精度不高.

定理 8.3[12]　设 $y(x)$ 是 $y'=f(x,y)$ 对给定初值 $y(x_0)$ 的解，其中 $f(x,y)$ 满足定理 8.2 的假设，令 $X\in[a,b]$ 固定，$X>x_0$，再令 $h=\dfrac{X-x_0}{N}$. 定义

$$y_{k+1}=y_k+hf(x_k,y_k)\quad (k=0,1,\cdots,N-1)$$

假设当 $h\to 0$ 时，$y_0\to y(x_0)$，则当 $h\to 0$ 时，$\forall k, x_k\in[x_0,X]$，$y_k\to y(x_k)$，并且收敛是一致的，即 $\max\limits_{k}|y(x_k)-y_k|\to 0$.

8.1.2　Euler 方法的误差估计

数值求解常微分方程初值问题，若公式形如

$$y_{n+1}=y_n+h\varphi(x_n,y_n,x_{n+1},y_{n+1};h) \tag{8.15}$$

计算节点 x_{n+1} 处的函数近似值 y_{n+1}，只用到前一个节点 x_n 的函数近似值 y_n，这类方法称为单步法. 此外公式若是显式的，则称这类方法是显式单步法；否则称为隐式单步法. φ 是与方程右端项 $f(x,y)$ 有关的函数，称为增量函数. 显然，Euler 方法是显式单步法.

定义 8.1　设 $y(x)$ 是初值问题（8.1）的精确解，则称

$$R_{n+1}=y(x_{n+1})-y(x_n)-h\varphi(x_n,y(x_n),x_{n+1},y(x_{n+1});h) \tag{8.16}$$

为单步法（8.15）的局部截断误差，简称截断误差.

根据定义 8.1，Euler 方法的局部截断误差可由 Taylor 展开法得到，即

$$R_{n+1}=y(x_{n+1})-y(x_n)-hf(x_n,y(x_n))=y(x_n+h)-y(x_n)-hf(x_n,y(x_n))=\frac{1}{2}f''(\xi)h^2$$

其中：$\xi\in(x_n,x_{n+1})$. 因此，Euler 方法的局部截断误差为

$$R_{n+1}=O(h^2).$$

定义 8.2　若某种方法的局部截断误差满足

$$R_{n+1}=O(h^{p+1})$$

则称该方法是 p 阶方法，或者称它具有 p 阶精度.

8.1.3　向后 Euler 方法

若用向后差商代替导数的方法离散方程（8.1），即 $y'(x_{n+1})\approx\dfrac{y(x_{n+1})-y(x_n)}{h}$，可以得到离散化方程

$$y(x_{n+1})\approx y(x_n)+hf(x_{n+1},y(x_{n+1}))$$

上式右端 $y(x_n)$ 用其近似值 y_n 代替，并把右端的表达式记为 y_{n+1}，即可得相应的差分方程初值问题

$$\begin{cases}y_{n+1}=y_n+hf(x_{n+1},y_{n+1})\\ y_0=y(x_0)\end{cases}\tag{8.17}$$

根据公式（8.17）求初值问题（8.1）的数值解的方法称为向后 Euler 方法.

在 Euler 公式（8.12）中，等式右边不含 y_{n+1}，这类公式称为显式公式. 向后 Euler 公式是关于 y_{n+1} 的函数方程，且一般不能显式表达 y_{n+1}，此类公式称为隐式公式.

隐式公式计算上较显式公式复杂，但隐式公式计算稳定性和计算精度一般要优于显式公式，因此人们有时也会选用隐式方法. 形如方程（8.17）的隐式方程通常采用迭代法求解，迭代公式为

$$\begin{cases}y_{n+1}^{(0)}=y_n+hf(x_n,y_n)\\ y_{n+1}^{(k+1)}=y_n+hf\left(x_{n+1},y_{n+1}^{(k)}\right)\quad(k=0,1,2,\cdots)\end{cases}\tag{8.18}$$

关于迭代格式（8.18）的收敛性，根据 Cauchy（柯西）定理，$\forall\, l>m\in\mathbf{Z}^+$，若 $f(x,y)$ 关于 y 满足 Lipschitz 条件，则有

$$\begin{aligned}\left|y_{n+1}^{(l)}-y_{n+1}^{(m)}\right|&=\left|y_{n+1}^{(l)}-y_{n+1}^{(l-1)}+y_{n+1}^{(l-1)}-y_{n+1}^{(l-2)}+\cdots+y_{n+1}^{(m+1)}-y_{n+1}^{(m)}\right|\\&\leqslant\left|y_{n+1}^{(l)}-y_{n+1}^{(l-1)}\right|+\left|y_{n+1}^{(l-1)}-y_{n+1}^{(l-2)}\right|+\cdots+\left|y_{n+1}^{(m+1)}-y_{n+1}^{(m)}\right|\\&\cdots\cdots\\&\leqslant\left[(hL)^{l-m-1}+(hL)^{l-m-2}+\cdots+1\right]\left|y_{n+1}^{(m+1)}-y_{n+1}^{(m)}\right|\\&=\frac{1-(hL)^{l-m}}{1-hL}\left|y_{n+1}^{(m+1)}-y_{n+1}^{(m)}\right|\end{aligned}$$

因此，当 $hL<1$ 时，迭代格式（8.18）收敛，并把 $\left\{y_{n+1}^{(k)}\right\}_{k=0}^{n}$ 的极限记为 y_{n+1}. 但作为一种数值方法，很少求极限，而是把满足一定条件的 $y_{n+1}^{(k)}$ 作为 y_{n+1}. 根据式（8.18）得到的序列在 $hL<1$ 的假设下是收敛的，因此可用

$$\left|y_{n+1}^{(k+1)}-y_{n+1}^{(k)}\right|<\delta \tag{8.19}$$

作为迭代终止的条件，并把满足条件的 $k+1$ 记为 k_δ，即令 $y_{n+1}=y_{n+1}^{(k_\delta)}$；另外，在收敛的条件下，还可以用迭代步数 N 作为迭代终止条件，即令 $y_{n+1}=y_{n+1}^{(N)}$.

8.2　梯形方法与改进的 Euler 方法

8.2.1　梯形方法

在式（8.10）中，若右端积分根据梯形公式计算，即

$$\int_{x_n}^{x_{n+1}} f(x)\mathrm{d}x \approx \frac{h}{2}[f(x_n, y(x_n))+f(x_{n+1}, y(x_{n+1}))]$$

则有

$$y(x_{n+1}) \approx y(x_n)+\frac{h}{2}[f(x_n, y(x_n))+f(x_{n+1}, y(x_{n+1}))] \tag{8.20}$$

在式（8.20）中用 y_n 代替 $y(x_n)$，相应右端项记为 y_{n+1}，则可得求解初值问题的梯形公式

$$y_{n+1}=y_n+\frac{h}{2}[f(x_n, y_n)+f(x_{n+1}, y_{n+1})] \tag{8.21}$$

根据公式（8.21）求初值问题（8.1）的数值解的方法称为梯形方法.

梯形公式是隐式公式，可采用迭代格式计算，即

$$\begin{cases} y_{n+1}^{(0)}=y_n+hf(x_n, y_n) \\ y_{n+1}^{(k+1)}=y_n+\dfrac{h}{2}\left[f(x_n, y_n)+f\left(x_{n+1}, y_{n+1}^{(k)}\right)\right] \quad (k=0,1,\cdots) \end{cases} \tag{8.22}$$

迭代求解过程（8.22）实质上是通过梯形公式不断校正 $y(x_{n+1})$ 的数值解 y_{n+1} 的过程. 仿照向后 Euler 方法迭代格式的收敛性分析方法，容易得到式（8.22）的收敛性条件为 $\dfrac{hL}{2}<1$.

例 8.4　分别用 Euler 方法、向后 Euler 方法和梯形方法求解微分方程初值问题

$$\begin{cases} y'(x)=-y+x+1 \quad (0 \leqslant x \leqslant 0.5) \\ y(0)=1 \end{cases} \tag{8.23}$$

取步长 $h=0.1$.

解　（1）Euler 方法为

$$\begin{cases} y_{n+1}=y_n+h(-y_n+x_n+1) \\ y_0=1 \end{cases}$$

代入 $h=0.1$，有

$$\begin{cases} y_{n+1}=0.9y_n+0.1x_n+0.1 \\ y_0=1 \end{cases}$$

（2）向后 Euler 方法为

$$\begin{cases} y_{n+1} = y_n + h(-y_{n+1} + x_{n+1} + 1) \\ y_0 = y(x_0) \end{cases}$$

代入 $h = 0.1$，得

$$\begin{cases} y_{n+1} = \dfrac{10}{11} y_n + \dfrac{1}{11}(x_{n+1} + 1) \\ y_0 = 1 \end{cases}$$

（3）梯形方法为

$$\begin{cases} y_{n+1} = y_n + \dfrac{h}{2}(-y_n + x_n + 1 - y_{n+1} + x_{n+1} + 1) \\ y_0 = 1 \end{cases}$$

代入 $h = 0.1$, 得

$$\begin{cases} y_{n+1} = \dfrac{1}{1.05}(0.95 y_n + 0.1 x_n + 0.105) \\ y_0 = 1 \end{cases}$$

初值问题（8.23）的精确解为 $y = x - e^{-x}$. 在这个例子中，因为函数 $f(x, y) = -y + x + 1$ 是关于 y 的线性函数，所以在隐式方法中可以显式表示 y_{n+1}. Euler 方法、向后 Euler 方法和梯形方法的数值计算结果如表 8.2 所示.

表 8.2　例 8.4 的计算结果

x_n	Euler 方法	向后 Euler 方法	梯形方法	精确值
0.1	1.000 000	1.009 091	1.004 762	1.004 837
0.2	1.010 000	1.026 446	1.018 594	1.018 731
0.3	1.029 000	1.051 315	1.040 633	1.040 818
0.4	1.056 100	1.083 013	1.070 096	1.070 320
0.5	1.090 490	1.120 921	1.106 278	1.106 531

由表 8.2 可以看出，作为隐式方法的向后 Euler 方法和梯形方法的数值结果比 Euler 方法要好得多；同为隐式方法，梯形方法要比向后 Euler 方法好，这与方程离散方法的直观理解是一致的. 在这个例子中，因为函数 $f(x, y)$ 是关于 y 的线性函数，所以向后 Euler 方法和梯形方法实际上可以显式计算，简化了计算复杂性且保持了隐式法的优点. 但当函数 $f(x, y)$ 为关于 y 的非线性函数时，仍需要迭代求解，此时可以用 8.1 节中的条件（8.19）作为迭代终止条件，但为了减少计算量，通常也会迭代两步或三步即进入下一个点的计算.

8.2.2　改进的 Euler 方法

在梯形法的迭代求解过程中，如果约定迭代过程只进行一次，并把此时的 $y_{n+1}^{(1)}$ 作为 y_{n+1}，即可得到改进的 Euler 方法.

$$
\begin{cases} \overline{y}_{n+1} = y_n + hf(x_n, y_n) & \text{预测} \\ y_{n+1} = y_n + \dfrac{h}{2}[f(x_n, y_n) + f(x_{n+1}, \overline{y}_{n+1})] & \text{校正} \end{cases} \tag{8.24}
$$

公式（8.24）是由 Euler 公式和梯形公式得到的预测-校正系统，也称改进的 Euler 方法.

为了使用的便利，公式（8.24）常改写为

$$
\begin{cases} y_p = y_n + hf(x_n, y_n) \\ y_c = y_n + hf(x_n + h, y_p) \\ y_{n+1} = \dfrac{1}{2}(y_p + y_c) \end{cases}
$$

算法 8.2　（改进的 Euler 方法）

（1）输入 $a, b, f(x,y)$，整数 N，初值 y_0.

（2）取 $h = \dfrac{1}{N}(b-a)$，$n = 0$，$x = a$，$y = y_0$，输出 (x,y).

（3）计算

$$
\begin{cases} y_p = y + hf(x, y) \\ y_c = y + hf(x + h, y_p) \end{cases}
$$

置 $\dfrac{1}{2}(y_p + y_c) \Rightarrow y$，$x + h \Rightarrow x$，输出 (x,y).

（4）若 $n < N-1$，置 $n+1 \Rightarrow n$，转（3）；否则停机.

例 8.5　用改进的 Euler 方法求初值问题（8.13）.

解　改进的 Euler 公式为

$$
\begin{cases} y_p = y_n + hf(x_n, y_n) = y_n + h\left(y_n - \dfrac{x_n}{y_n}\right) \\ y_c = y_n + hf(x_n + h, y_p) = y_n + h\left(y_p - \dfrac{x_n + h}{y_p}\right) \\ y_{n+1} = \dfrac{1}{2}(y_p + y_c) \end{cases}
$$

取 $h = 0.1$，计算结果如表 8.3 所示.

表 8.3　例 8.5 的计算结果

x_n	y_n	$y(x_n)$	x_n	y_n	$y(x_n)$
0.1	1.100 5	1.100 3	0.6	1.661 4	1.661 3
0.2	1.202 7	1.202 5	0.7	1.796 5	1.796 6
0.3	1.308 3	1.308 1	0.8	1.943 0	1.943 3
0.4	1.419 0	1.418 7	0.9	2.103 0	2.103 5
0.5	1.536 2	1.535 9	1.0	2.278 2	2.279 2

与例 8.3 计算结果比较，改进的 Euler 方法计算精度明显好于 Euler 方法. 但与表 8.2 中的数值结果相比，改进的 Euler 方法似乎好于梯形方法，实际上这只是偶然现象，不具有一般性.

8.3　Runge-Kutta　方　法

Euler 方法、向后 Euler 方法、梯形方法和改进的 Euler 方法已能够满足一般的计算要求. 通过数值例子，也能够看出这些方法的数值结果已比较“接近”精确解，但这种“接近”并不能满足高精度的计算要求. 本节将要介绍的 Runge-Kutta（龙格-库塔）方法可以构造高阶精度的数值方法，因此受到人们的重视，并被广泛应用于实际问题的求解.

8.3.1　Runge-Kutta 方法的构造思想

1. 用 Taylor 展开构造高阶数值方法

设 $y(x)$ 为微分方程初值问题（8.1）充分光滑的解，利用 Taylor 展开有

$$y(x+h)=y(x)+h'(x)+\frac{h^2}{2}y''(x)+\frac{1}{3!}h^3y'''(x)+\ldots+\frac{1}{p!}h^py^{(p)}(x)+\ldots$$

其中：$y'(x)=f(x,y), y''(x)=f_x(x,y)+f_y(x,y)f(x,y),\cdots$. 于是有

$$y(x_{n+1})=y(x_n+h)=y(x_n)+hy'(x_n)+\frac{h^2}{2}y''(x_n)+\frac{1}{3!}h^3y'''(x_n)+\cdots+\frac{1}{p!}h^py^{(p)}(x_n)+\cdots \quad (8.25)$$

若令

$$y_{n+1}\triangleq y(x_n)+hy'(x_n)+\frac{h^2}{2}y''(x_n)+\frac{1}{3!}h^3y'''(x_n)+\cdots+\frac{1}{p!}h^py^{(p)}(x_n) \quad (8.26)$$

作为 $y(x_{n+1})$ 的近似，则局部截断误差为 $O(h^{p+1})$，即根据公式（8.26）求解常微分方程初值问题可以达到 p 阶精度，但计算函数 $y(x)$ 的高阶导数比较复杂且计算量大，因此不适用.

在构造高精度的数值方法之前，先来分析两种典型的方法：Euler 方法和改进的 Euler 方法. 相应的计算公式分别为

$$\begin{cases}y_{n+1}=y_n+hK_1\\K_1=f(x_n,y_n)\end{cases}(n=0,1,\cdots)\quad 和\quad \begin{cases}y_{n+1}=y_n+h\left(\frac{1}{2}K_1+\frac{1}{2}K_2\right)\\K_1=f(x_n,y_n)\\K_2=f(x_n+h,y_n+hK_1)\end{cases}(n=0,1,\cdots)$$

通过分析不难发现，y_{n+1} 都是 $f(x,y)$ 在某些节点上函数值的线性组合，而且 Euler 公式和改进的 Euler 公式局部截断误差分别为 $O(h^2)$ 和 $O(h^3)$.

一个直观的想法：对任意正整数 p，能否通过 $f(x,y)$ 在某些节点上函数值的线性组合来构造 y_{n+1}，使得 $y(x)$ 在 x_{n+1} 处的局部截断误差达到 $O(h^{p+1})$，这样既可以避免计算高阶导数，又可以提高计算精度.

为了实现上述目标，可以先将 $y(x_{n+1})$ 表示为 $f(x,y)$ 在某些节点上的线性组合，然后将组合中的 f 值在 (x_n,y_n) 处 Taylor 展开，合并整理这些 f 值并将其与 Taylor 展开式进行比较，令其前 $p+1$ 项相同，由此确定组合系数，即可得到 p 阶精度的方法.

2. 用数值积分构造高阶数值方法

根据公式（8.10）得到

$$y(x_{n+1})-y(x_n)=\int_{x_n}^{x_{n+1}} f(x,y)\mathrm{d}x \tag{8.27}$$

由数值积分方法，上式右端可以通过机械求积公式计算，即可表示为 $f(x,y)$ 在 $[x_n,x_{n+1}]$ 上某些节点函数值的线性组合. 为了提高数值方法的局部截断误差，需要提高数值积分的求积精度，可通过增加求积节点的个数实现. 设求积公式为

$$\int_{x_n}^{x_{n+1}} f(x,y)\mathrm{d}x \approx h\sum_{i=1}^{r} c_i f(x_n+\lambda_i h, y(x_n+\lambda_i h)) \tag{8.28}$$

联立式（8.27）和式（8.28），可得

$$y(x_{n+1})\approx y(x_n)+h\sum_{i=1}^{r} c_i f(x_n+\lambda_i h, y(x_n+\lambda_i h)) \tag{8.29}$$

上式右端和式部分可表示为增量函数 $\varphi(x,y;h)$ 在 x_n,y_n,h 处的函数值. 于是式（8.29）也可表示为

$$y_{n+1}=y_n+h\varphi(x_n,y_n;h) \tag{8.30}$$

由式（8.29）确定的 Runge-Kutta 方法称为 r 级 Runge-Kutta 方法，简称为 R-K 方法. 由 Taylor 展开方法和数值积分方法都可以构造出 R-K 方法.

8.3.2　显式 Runge-Kutta 方法

R-K 方法的一般形式为

$$\begin{cases} y_{n+1}=y_n+h\varphi(x_n,y_n;h) \\ \varphi(x_n,y_n;h)=\sum\limits_{i=1}^{r} c_i K_i \\ K_i=f\left(x_n+\lambda_i h, y_n+h\sum\limits_{j=1}^{s}\mu_{ij}K_j\right) \quad (i=1,2,\cdots,r) \end{cases} \tag{8.31}$$

其中：c_i,λ_i,μ_{ij} 均为常数. 在式（8.31）中用到了 r 个 K_i，因此式（8.31）称为 r 级 R-K 方法；若 $s=i-1$，则相应的方法为显式 R-K 方法；若 $s=i$，则为隐式 R-K 方法. 另外，R-K 方法中的系数都与 R-K 表相对应，感兴趣的读者可参考文献[8]，这里不再赘述.

在这一部分内容中，主要讨论 $s=i-1$ 的情形，通常假定

$$\lambda_i=\sum_{j=1}^{i-1}\mu_{ij} \quad (i=1,2,\cdots,r) \tag{8.32}$$

此条件称为行和条件.

1. 一级方法

取 $r=1$，$c_1=1$ 得到一级 R-K 方法

$$\begin{cases} y_{n+1} = y_n + hf(x_n, y_n) \\ y_0 = y(a) \end{cases}$$

即 Euler 方法式（8.12）.

2. 二级方法

取 $r = 2$，此时有

$$\varphi(x_n, y_n; h) = c_1 K_1 + c_2 K_2$$

其中：$K_1 = f(x_n, y_n)$，$K_2 = f(x_n + \lambda_2 h, y_n + h\mu_{21} K_1)$.

根据 Taylor 展开式（8.25），为得到二阶方法，须满足

$$c_1 + c_2 = 1, \quad c_2\lambda_2 = \frac{1}{2}, \quad c_2\mu_{21} = \frac{1}{2} \tag{8.33}$$

此外，利用行和条件（8.32）的假设，也可得到 $\mu_{21} = \lambda_2$. 关于 c_1, c_2, λ_2（或 μ_{21}）的约束方程只有两个，因此有无穷多解，也就是说二级二阶 R-K 方法有无穷多个.

特别地，取 $\lambda_2 = \frac{1}{2}$，由式（8.33）解得 $c_1 = 0$，$c_2 = 1$，即得

$$\begin{cases} y_{n+1} = y_n + hf\left(x_n + \frac{1}{2}h, y_n + \frac{1}{2}hK_1\right) \\ K_1 = f(x_n, y_n) \end{cases} \tag{8.34}$$

式（8.34）也称中点公式.

若取 $\lambda_2 = 1$，根据条件（8.33），则有 $c_1 = c_2 = \frac{1}{2}$，即得改进的 Euler 公式

$$\begin{cases} y_{n+1} = y_n + \frac{h}{2}(K_1 + K_2) \\ K_1 = f(x_n, y_n) \\ K_2 = f(x_n + h, y_n + hK_1) \end{cases}$$

因此，改进的 Euler 方法是二阶方法，即属于二级 R-K 法的范畴.

3. 三级方法

同理，根据式（8.25），三级三阶方法需满足条件

$$c_1 + c_2 + c_3 = 1, \quad c_2\lambda_2 + c_3\lambda_3 = \frac{1}{2}, \quad c_2\lambda_2^2 + c_3\lambda_3^2 = \frac{1}{3}, \quad c_3\lambda_2\mu_{32} = \frac{1}{6}$$

Heun（休恩）三级三阶方法和 Kutta 三级三阶方法[8]分别为

$$\begin{cases} y_{n+1} = y_n + \dfrac{h}{4}(K_1 + K_3) \\ K_1 = f(x_n, y_n) \\ K_2 = f\left(x_n + \dfrac{1}{3}h, y_n + \dfrac{1}{3}hK_1\right) \\ K_3 = f\left(x_n + \dfrac{2}{3}h, y_n + \dfrac{2h}{3}K_2\right) \end{cases} \quad \text{和} \quad \begin{cases} y_{n+1} = y_n + \dfrac{h}{6}(K_1 + 4K_2 + K_3) \\ K_1 = f(x_n, y_n) \\ K_2 = f\left(x_n + \dfrac{1}{2}h, y_n + \dfrac{1}{2}hK_1\right) \\ K_3 = f(x_n + h, y_n - hK_1 + 2hK_2) \end{cases}$$

4. 四级方法

四级四阶方法推导更加复杂，最常用的是经典的四阶 R-K 方法[14]. 计算公式为

$$\begin{cases} y_{n+1} = y_n + \dfrac{h}{6}(K_1 + 2K_2 + 2K_3 + K_4) \\ K_1 = f(x_n, y_n) \\ K_2 = f\left(x_n + \dfrac{h}{2}, y_n + \dfrac{h}{2}K_1\right) \\ K_3 = f\left(x_n + \dfrac{h}{2}, y_n + \dfrac{h}{2}K_2\right) \\ K_4 = f(x_n + h, y_n + hK_3) \end{cases}$$

R-K 方法阶数 p 与级数 r 之间具有如表 8.4 所示关系.

表 8.4　R-K 方法阶数 p 与级数 r 的关系表

r	1	2	3	4	5	6	7	$r \geqslant 8$
p	1	2	3	4	4	5	6	$r-2$

算法 8.3　（经典四阶 R-K 方法）

（1）输入 $a, b, f(x,y), N, y_0$.

（2）令 $h = \dfrac{b-a}{N}$，$n=1$，$x_0 = a$.

（3）计算

$$x = x_0 + h$$
$$K_1 = f(x_0, y_0)$$
$$K_2 = f\left(x_0 + \frac{h}{2}, y_0 + \frac{h}{2}K_1\right)$$
$$K_3 = f\left(x_0 + \frac{h}{2}, y_0 + \frac{h}{2}K_2\right)$$
$$K_4 = f(x_0 + h, y_0 + hK_3)$$
$$y = y_0 + \frac{h}{6}[K_1 + 2(K_2 + K_3) + K_4]$$

输出 (x, y).

（4）若 $n<N$，则置 $n+1\Rightarrow n$，$x\Rightarrow x_0$，$y\Rightarrow y_0$，转（3）；否则停机.

例 8.6　用四阶 R-K 方法求解初值问题（8.13）.

解　取 $h=0.1$，四阶 R-K 公式具体形式为

$$y_{n+1}=y_n+\frac{0.1}{6}(K_1+2K_2+2K_3+K_4)$$

$$K_1=f(x_n,y_n)=y_n-\frac{x_n}{y_n}$$

$$K_2=f\left(x_n+\frac{h}{2},y_n+\frac{h}{2}K_1\right)=y_n+\frac{h}{2}K_1-\frac{x_n+h/2}{y_n+hK_1/2}$$

$$K_3=f\left(x_n+\frac{h}{2},y_n+\frac{h}{2}K_2\right)=y_n+\frac{h}{2}K_2-\frac{x_n+h/2}{y_n+hK_2/2}$$

$$K_4=f(x_n+h,y_n+hK_3)=y_n+hK_3-\frac{x_n+h}{y_n+hK_3}$$

由表 8.5 可见，四阶 R-K 方法的数值结果明显好于表 8.3 所给出的结果.

表 8.5　例 8.6 的计算结果

x_n	y_n	$y(x_n)$	x_n	y_n	$y(x_n)$
0.1	1.100 3	1.100 3	0.6	1.661 3	1.661 3
0.2	1.202 5	1.202 5	0.7	1.796 6	1.796 6
0.3	1.308 1	1.308 1	0.8	1.943 3	1.943 3
0.4	1.418 7	1.418 7	0.9	2.103 5	2.103 5
0.5	1.535 9	1.535 9	1.0	2.279 2	2.279 2

8.3.3　隐式 Runge-Kutta 方法

这一小节将考虑隐式 R-K 方法，即式（8.32）$s=i$ 的情形. 这里只给出几个常用的方法.

1. 一级二阶方法

$$y_{n+1}=y_n+hf\left(x_n+\frac{1}{2}h,\ \frac{1}{2}(y_n+y_{n+1})\right) \tag{8.35}$$

式（8.35）称为隐式中点公式.

2. 二级二阶方法

$$\begin{cases} y_{n+1}=y_n+h\left(\dfrac{1}{2}k_1+\dfrac{1}{2}k_2\right) \\ k_1=f(x_n,y_n) \\ k_2=f\left(x_n+h,y_n+\dfrac{1}{2}hk_1+\dfrac{1}{2}hk_2\right) \end{cases} \tag{8.36}$$

式（8.36）称为梯形公式.

3. 三级四阶方法

$$
\begin{cases}
y_{n+1}=y_n+h\left(\dfrac{1}{2}k_1+\dfrac{1}{2}k_2\right)\\
k_1=f\left(x_n+\left(\dfrac{1}{2}-\dfrac{\sqrt{3}}{6}\right)h,y_n+\dfrac{1}{4}hk_1+\left(\dfrac{1}{4}-\dfrac{\sqrt{3}}{6}\right)hk_2\right)\\
k_2=f\left(x_n+\left(\dfrac{1}{2}+\dfrac{\sqrt{3}}{6}\right)h,y_n+\left(\dfrac{1}{4}-\dfrac{\sqrt{3}}{6}\right)hk_1+\dfrac{1}{4}hk_2\right)
\end{cases}
\tag{8.37}
$$

式（8.37）称为 Gauss 方法.

8.4 单步法的相容性、收敛性与稳定性

本节主要讨论与微分方程离散化差分方程求解相关的理论问题，即相容性、收敛性和稳定性. 相容性主要考虑离散化方程与连续性方程的近似程度；收敛性讨论离散化方程的数值解与微分方程精确解之间的关系；稳定性主要涉及方法对误差的传播情况.

8.4.1 相容性

求解初值问题（8.1）的显式单步法的一般格式为

$$
\begin{cases}
y_{n+1}=y_n+h\varphi(x_n,y_n;h)\\
y(x_0)=y_0
\end{cases}
\tag{8.38}
$$

单步法式（8.38）实际上也是式（8.1）的离散化方程，其中 h 为步长，如果上述方程离散合理，须满足

$$
\frac{y(x+h)-y(x)}{h}-\varphi(x,y(x);h)\to 0,\quad h\to 0 \tag{8.39}
$$

式（8.39）即单步法式（8.38）的相容性条件.

定义 8.3 若某种单步法的局部截断误差满足

$$
\lim_{h\to 0}\frac{R(x,y;h)}{h}=0 \tag{8.40}
$$

其中：$R(x,y;h)=y(x+h)-y(x)-h\varphi(x,y;h)$. 则称单步法与初值问题是相容的，或者称单步法是相容的. 若该方法的局部截断误差满足

$$
\lim_{h\to 0}\frac{R(x,y;h)}{h^p}=0 \tag{8.41}
$$

则称单步法是 p 阶相容的.

相容性条件是用单步法求解初值问题（8.1）的必要条件. 根据单步法相容的定义，显然有单步法与初值问题相容的充分必要条件是 $p\geqslant 1$.

例 8.7 讨论 Euler 方法和改进的 Euler 方法的相容性及相容的阶.

解 Euler 方法的增量函数为 $\varphi(x,y;h)=f(x,y)$，因此 Euler 方法是相容的.

根据 Taylor 展开公式

$$R(x,y;h)=y(x+h)-y(x)-hf(x,y(x))=\frac{1}{2}f''(\xi)h^2 \tag{8.42}$$

若 $f(x)\in C^2[a,b]$，则存在常数 $k>0$，使得 $|f''(\xi)|\leqslant k$，即 $\frac{|R(x,y;h)|}{h}\leqslant\frac{1}{2}kh$，于是 $\lim\limits_{h\to0}\frac{R(x,y;h)}{h}=0$，所以 Euler 方法是一阶相容的.

改进的 Euler 方法的增量函数为

$$\varphi(x,y;h)=\frac{1}{2}\big[f(x,y)+f(x+h,y+hf(x,y))\big] \tag{8.43}$$

根据 $f(x,y)$ 的连续性，有

$$\lim_{h\to0}\varphi(x,y;h)=\lim_{h\to0}\frac{1}{2}\big[f(x,y)+f(x+h,y+hf(x,y))\big]=f(x,y) \tag{8.44}$$

因此改进的 Euler 方法是相容的. 再由 Taylor 展开式得到局部截断误差为

$$\begin{aligned}
R(x,y;h)&=y(x+h)-y(x)-h\varphi(x,y;h)\\
&=y(x+h)-y(x)-\frac{h}{2}\big[f(x,y)+f(x+h,y+hf(x,y))\big]\\
&=y(x)+y'(x)h+y''(x)\frac{h^2}{2!}+O(h^3)-y(x)-\frac{h}{2}\big[f(x,y)+f(x+h,y+hf(x,y))\big]\\
&=y(x)+hf+\frac{h^2}{2!}(f_x+f_yf)+\frac{h^3}{3!}(f_{xx}+f_{xy}f+f_{yx}f+f_{yy}f^2+f_yf_x+f_yf_yf)+O(h^4)\\
&\quad-y(x)-hf-\frac{h^2}{2}(f_x+f_yf)-\frac{h^3}{2\cdot2!}(f_{xx}+f_{xy}f+f_{yx}f+f_{yy}f^2)+O(h^4)\\
&=\frac{h^3}{3!}(f_{xx}+f_{xy}f+f_{yx}f+f_{yy}f^2+f_yf_x+f_yf_yf)-\frac{h^3}{2\cdot2!}(f_{xx}+f_{xy}f+f_{yx}f+f_{yy}f^2)+O(h^4)\\
&=\left(\frac{1}{3!}-\frac{1}{2\cdot2!}\right)h^3(f_{xx}+f_{xy}f+f_{yx}f+f_{yy}f^2)+\frac{h^3}{3!}(f_yf_x+f_yf_yf)+O(h^4)
\end{aligned}$$

若 $f(x)\in C^2[a,b]$，则存在常数 $k>0$，使得 $\frac{|R(x,y;h)|}{h^2}\leqslant kh$，取极限得 $\lim\limits_{h\to0}\frac{|R(x,y;h)|}{h^2}=0$，所以改进的 Euler 方法是二阶相容的.

8.4.2 收敛性

定义 8.4 设 $\{y_n\}$ 是由单步法式（8.38）得到的初值问题（8.1）在节点 $x_1,x_2,\dots,x_N$ 处的数值解，$e_n=e_n(h)=y(x_n)-y_n$，若

$$\lim_{h\to0}|e_n|\to0 \tag{8.45}$$

则称单步法式（8.38）是收敛的.

注 8.1 定义 8.4 与局部截断误差不同. 在式（8.38）中，数值解 y_n 的计算包含了计算 $y_1,y_2,\dots,y_{n-1}$ 时产生的误差，因此 e_n 称为整体截断误差，并称

$$E(h)=\max_{n=0,1,\cdots,N}|e_n(h)|$$

为最大整体误差. 若

$$\lim_{h\to 0} E(h)=0$$

则称单步法是收敛的. 若对任意 h 存在常数 C，使得

$$E(h)\leqslant Ch^p$$

则称单步法是 p 阶收敛的.

关于单步法的相容性和收敛性有下面定理.

定理 8.4 设初值问题（8.1）的单步法式（8.38）的增量函数 $\varphi(x,y;h)$ 关于 x,y ,h 是连续的，并对 y 满足 Lipschitz 条件，即

$$|\varphi(x,y;h)-\varphi(x,\overline{y};h)|\leqslant L|y-\overline{y}| \tag{8.46}$$

则单步法收敛的充分必要条件是单步法是相容的.

证明略，感兴趣的读者可以参考文献[8].

定理 8.5 假设单步法式（8.38）具有 p 阶精度，且增量函数 $\varphi(x,y;h)$ 关于 y 满足 Lipschitz 条件，即

$$|\varphi(x,y;h)-\varphi(x,\overline{y};h)\leqslant L_\varphi\,|x-y|$$

又若初值 y_0 是准确的，即 $y_0=y(x_0)$，则单步法的整体截断误差为

$$e_n=y(x_n)-y_n=O(h^p)$$

8.4.3 稳定性

定义 8.5 若存在常数 h_0,C，使得对初值 y_0 和 $\tilde{y}_0$，当 $h\in(0,h_0]$ 时，由单步法

$$y_{n+1}=y_n+h\varphi(x_n,y_n;h)$$

解得的数值解 $y_n,\tilde{y}_n$ $(nh\leqslant b)$ 满足

$$|y_n-\tilde{y}_n|\leqslant C|y_0-\tilde{y}_0|$$

则称单步法是（关于初值）稳定的.

定理 8.6 设单步法式（8.38）的增量函数 $\varphi(x_n,y_n;h)$ 关于 y 满足 Lipschitz 条件，即

$$|\varphi(x,y_1;h)-\varphi(x,y_2;h)\leqslant L\,|y_1-y_2|$$

则单步法式（8.38）是稳定的.

证明 对初值 y_0 和 $\tilde{y}_0$，设由单步法得到的初值问题数值解分别为 y_n 和 $\overline{y}_n$，则有

$$|\overline{y}_{n+1}-y_{n+1}|=|\overline{y}_n-y_n+h\varphi(x,\overline{y}_n;h)-h\varphi(x,y_n;h)|\le|\overline{y}_n-y_n|+h|\varphi(x,\overline{y}_n;h)-h\varphi(x,y_n;h)|$$

根据条件，增量函数 $\varphi(x_n,y_n;h)$ 关于 y 满足 Lipschitz 条件，因此有

$$|\overline{y}_{n+1}-y_{n+1}|\leqslant|\overline{y}_n-y_n|+hL|\overline{y}_n-y_n|=(1+hL)|\overline{y}_n-y_n|$$

递推可得

$$|\overline{y}_{n+1}-y_{n+1}|\leqslant(1+hL)|\overline{y}_n-y_n|\leqslant\cdots\leqslant(1+hL)^{n+1}|\overline{y}_0-y_0|$$

当 $xn=x_0+nh\leqslant b$ 时，由重要极限定理可得

$$\left(1+\frac{1}{n}\right)^n\to \mathrm{e}\quad(n\to\infty)$$

再由不等式 $\left(1+\frac{1}{n}\right)^n\leqslant\left(1+\frac{1}{n+1}\right)^{n+1}$ 可知，序列 $\left\{\left(1+\frac{1}{n}\right)^n\right\}$ 单调递增，即有 $\left(1+\frac{1}{n}\right)^n\leqslant \mathrm{e}$，因此

可得

$$\left|\overline{y}_{n+1}-y_{n+1}\right| \leqslant (1+hL)^{n+1}\left|\overline{y}_0-y_0\right| \leqslant \mathrm{e}^{L(b-a)}\left|\overline{y}_0-y_0\right|$$

即证得结论成立.

接下来，讨论求解初值问题的数值方法在计算中的稳定性. 设 y_n 是由单步法式（8.38）计算的准确值，$\overline{y}_n$ 是利用单步法式（8.38）计算且包含了舍入误差的值，$\delta_n=\overline{y}_n-y_n$，则有

$$y_{n+1}=y_n+h\varphi(x_n,y_n;h), \qquad \overline{y}_{n+1}=y_n+h\varphi(x_n,\overline{y}_n;h)$$

因此

$$\begin{aligned}\overline{y}_{n+1}-y_{n+1}&=\overline{y}_n-y_n+h[\varphi(x_n,\overline{y}_n;h)-\varphi(x_n,y_n;h)]=\overline{y}_n-y_n+h\frac{\partial\varphi}{\partial y}(x_n,\xi;h)(\overline{y}_n-y_n)\\&=\left[1+h\frac{\partial\varphi}{\partial y}(x_n,\xi;h)\right](\overline{y}_n-y_n), \quad \xi\in\left(y_n,\overline{y}_n\right)\end{aligned}$$

为使$\left|\overline{y}_{n+1}-y_{n+1}\right|\leqslant\left|\overline{y}_n-y_n\right|$，须有$\left|1+h\dfrac{\partial\varphi}{\partial y}(x_n,\xi;h)\right|\leqslant 1$.

增量函数 $\varphi(x,y;h)$ 不但与求解方法有关，而且与初值问题的右端 f 有关，讨论起来比较复杂. 为简单起见，本节主要针对下述模型方程讨论数值方法在计算过程中的稳定性.

模型方程

$$y'=\lambda y \tag{8.47}$$

其中 $\mathrm{Re}(\lambda)<0$，若 λ 为实数，则有 $\lambda<0$.

若用 Euler 方法求解模型方程（8.47），则有

$$y_{n+1}=y_n+h\varphi(x_n,y_n;h)=y_n+h\lambda y_n=(1+h\lambda)y_n \tag{8.48}$$

含有舍入误差的 Euler 方法为

$$\overline{y}_{n+1}=\overline{y}_n+h\varphi(x_n,\overline{y}_n;h)=\overline{y}_n+h\lambda\overline{y}_n=(1+h\lambda)\overline{y}_n$$

于是有

$$\overline{y}_{n+1}-y_{n+1}=(1+h\lambda)(\overline{y}_n-y_n) \quad 或 \quad \delta_{n+1}=(1+h\lambda)\delta_n \tag{8.49}$$

在误差表示（8.49）中，误差因子 $(1+h\lambda)$ 也恰为单步法式（8.48）中的表示因子，因此考察单步法的稳定性时常常基于式（8.48），其中式（8.48）还可根据误差因子表述为

$$y_{n+1}=E(h\lambda)y_n \tag{8.50}$$

对于单步法求解模型方程，上述表示具有一般性，因此单步法求解模型方程的计算公式可表示为式（8.50）的形式.

定义 8.6　单步法式（8.38）求解模型方程初值问题（8.47）时，若式（8.50）中的误差因子$\left|E(h\lambda)\right|<1$，则称单步法式（8.38）是绝对稳定的. 在复平面上，复变量 $h\lambda$ 满足$\left|h\lambda\right|<1$的区域称为单步法式（8.38）的绝对稳定区域. 绝对稳定区域与实轴的交集称为单步法式（8.38）的绝对稳定区间.

对于模型方程（8.47），若单步法的解 $y_{n+1}=E(h\lambda)y_n$ 满足$|E(h\lambda)|<1$，则单步法是绝对稳定的.

例 8.8　求 Euler 方法

$$\begin{cases}y_{n+1}=y_n+hf(x_n,y_n)\\ y_0=\eta\end{cases}$$

的绝对稳定区间.

解　考虑模型方程 $f(x,y)=\lambda y$ 的情况，由 Euler 公式得

$$y_{n+1}=y_n+\lambda h y_n=(1+\lambda h)y_n$$

所以 $E(\lambda h)=1+\lambda h$，由定义可知绝对稳定区间为 $\{\lambda\in R\,|\,|E(\lambda h)|<1\}$，即当 $\lambda h\in(-2,0)$ 时，Euler 方法是绝对稳定的. 另外，因为 $h>0$ 是步长，所以只有当 $\lambda<0$ 且 $h<-\dfrac{2}{\mu}$ 时，Euler 方法绝对稳定.

例 8.9　求梯形方法

$$y_{n+1}=y_n+\frac{h}{2}[f(x_n,y_n)+f(x_{n+1},y_{n+1})]$$

的绝对稳定区间.

解　考虑 $f(x,y)=\lambda y$ 的情况，有 $y_{n+1}=y_n+\dfrac{h}{2}(\lambda y_n+\lambda y_{n+1})$，于是有

$$y_{n+1}=\frac{1+\dfrac{\lambda}{2}h}{1-\dfrac{\lambda}{2}h}y_n$$

若要梯形法绝对稳定，须有

$$\left|\frac{1+\dfrac{\lambda}{2}h}{1-\dfrac{\lambda}{2}h}\right|<1$$

即 $\lambda h<0$，因此梯形法的绝对稳定区间为 $(-\infty,0)$.

8.5　线性多步法

显式单步法 $y_{n+1}=y_n+h\varphi(x_n,y_n;h)$，可由节点 x_n 的近似值 y_n 计算 x_{n+1} 处的近似值 y_{n+1}. 隐式单步法 $y_{n+1}=y_n+h\varphi(x_n,y_n,y_{n+1};h)$，可由 x_n 处的近似值 y_n 经迭代方法计算 x_{n+1} 点的近似值 y_{n+1}. 为提高精度，可采用高阶的 R-K 方法，高阶的单步方法计算比较复杂. 提高精度的另外一种方法是利用前面已计算出的节点 $x_{n-r},x_{n-r+1},\cdots,x_n$ 的近似值 $y_{n-r},y_{n-r+1},\cdots,y_n$ 来计算 x_{n+1} 处的近似值 y_{n+1}，这种方法称为多步法. 多步法中最常用的是线性多步法，在计算公式中只出现 $y_{n-r},y_{n-r+1},\cdots,y_n$ 和 $f(x_{n-r},y_{n-r}),\cdots,f(x_n,y_n),f(x_{n+1},y_{n+1})$ 的一次项，一般形式为

$$y_{n+1}=\sum_{i=0}^{r}\alpha_i y_{n-i}+h\sum_{i=-1}^{r}\beta_i f_{n-i} \tag{8.51}$$

其中：α_i,β_i 均为实数；$f_k=f(x_k,y_k)$ $(k=n-r,n-r+1,\cdots,n+1)$. 若 $\beta_{-1}=0$，公式（8.51）称为线性多步显式公式；否则称为线性多步隐式公式.

8.5.1　线性多步法的导出

线性多步法可由 Taylor 展开法导出，其基本思想是：先将线性多步法式(8.51)在 x_n 处 Taylor 展开，然后与 $y(x_{n+1})$ 在 x_n 处的 Taylor 展开式进行比较，并令其前面一些项相等，从而得到关于 $\alpha_0,\alpha_1,\cdots,\alpha_r,\beta_{-1},\beta_0,\beta_1,\cdots,\beta_r$ 的方程组，最后解出这些参数并代入式（8.51），即可得到相应

的线性多步法.

例如，根据式（8.51），y_{n+1} 的 Taylor 展开式为

$$y_{n+1}=c_0(\alpha,\beta)y_n+c_1(\alpha,\beta)hy'(x_n)+c_2(\alpha,\beta)h^2y''(x_n)+\cdots+c_p(\alpha,\beta)h^py^{(p)}(x_n)+O(h^{p+1}) \tag{8.52}$$

其中：$\alpha=(\alpha_0,\alpha_1,\cdots,\alpha_r)$，$\beta=(\beta_{-1},\beta_0,\beta_1,\cdots,\beta_r)$.

$y(x_{n+1})$ 的 Taylor 展开式为

$$y(x_{n+1})=y_n+d_1hy'(x_n)+d_2h^2y''(x_n)+\cdots+d_ph^py^{(p)}(x_n)+O(h^{p+1}) \tag{8.53}$$

比较式（8.52）与式（8.53）两端，并令其前 $p+1$ 项相等，即

$$c_0(\alpha,\beta)=1,c_1(\alpha,\beta)=d_1,c_2(\alpha,\beta)=d_2,\cdots,c_p(\alpha,\beta)=d_p \tag{8.54}$$

此时有 $y(x_{n+1})-y_{n+1}=O(h^{p+1})$，即由式（8.51）和式（8.54）确定的线性多步法局部截断误差为 $O(h^{p+1})$，由式（8.51）和式（8.54）可以得到一个 p 阶线性多步法. 此外，在式（8.51）中，共有 $2r+3$ 个参数 $\alpha_0,\alpha_1,\cdots,\alpha_r,\beta_{-1},\beta_0,\beta_1,\cdots,\beta_r$ 需要确定，最高可以得到 $2r+2$ 阶的线性多步法. 要确定这 $2r+3$ 个参数至少需要形如式（8.54）、包含 $2r+3$ 个方程的方程组，而且这种确定不一定唯一. 特别地，确定和求解高阶的线性方程组是比较困难的，基于这个原因，人们在实际中并不试图寻找精度太高的方法.

一般情况下，为了给出一个 p 阶方法，根据 y_{n+1} 在 x_n 处的 Taylor 展开式与 $y(x_{n+1})$ 在 x_n 处的 Taylor 展开式的前 $p+1$ 项相等，得到方程组

$$\begin{cases}\sum\limits_{i=0}^{r}\alpha_i=1\\ \sum\limits_{i=1}^{r}(-i)^k\alpha_i+\sum\limits_{i=-1}^{r}(-i)^{k-1}\beta_i=1\quad(k=1,2,\cdots,p)\end{cases} \tag{8.55}$$

其解对应的线性多步法具有 p 阶精度，截断误差为

$$R_{n+1}=\frac{h^{p+1}}{(p+1)!}\left[1-\sum_{i=1}^{r}(-i)^{p+1}\alpha_i-(p+1)\sum_{i=-1}^{r}(-i)^p\beta_i\right]y_n^{p+1}+O(h^{p+2}) \tag{8.56}$$

形如式（8.55）的 $p+1$ 阶方程组，当 $p<2r+2$ 时，解一般不唯一，在应用中根据需要指定其中的 $2r+2-p$ 个参数的值，由方程组确定其余 p 个参数，从而确定相应的 p 阶线性多步法.

另外需要注意的是，根据线性多步法式（8.51）计算 y_{n+1} 时需要预先知道前面 $r+1$ 个点 $x_n,x_{n-1},\cdots,x_{n-r}$ 处的函数值 $y_n,y_{n-1},\cdots,y_{n-r}$，为了保持线性多步法的计算精度，可以采用与线性多步法同阶的单步法计算.

8.5.2 常用的线性多步法

1. Adams 公式

取 $r=3$，并令 $\alpha_1=\alpha_2=\alpha_3=\beta_{-1}=0$，由方程组

$$\begin{cases}\sum\limits_{i=0}^{3}\alpha_i=1\\ \sum\limits_{i=1}^{3}(-i)^k\alpha_i+\sum\limits_{i=-1}^{3}(-i)^{k-1}\beta_i=1\quad(k=1,2,3,4)\end{cases} \tag{8.57}$$

解得$\alpha_0=1$，$\beta_0=\frac{55}{24}$，$\beta_1=-\frac{59}{24}$，$\beta_2=\frac{37}{24}$，$\beta_4=-\frac{9}{24}$，相应的线性多步法公式为

$$y_{n+1}=y_n+\frac{h}{24}(55f_n-59f_{n-1}+37f_{n-2}-9f_{n-3}) \tag{8.58}$$

其局部截断误差为

$$R_{n+1}=\frac{251}{720}h^5y_n^{(5)}+O(h^6)$$

公式（8.58）右端不含有y_{n+1}项（即式（8.58）对应的$\beta_{-1}=0$），因此式（8.58）称为四阶 Adams（亚当斯）显式公式.

另外，令$\alpha_1=\alpha_2=\alpha_3=\beta_3=0$，由方程组（8.57）解得

$$\alpha_0=1,\quad \beta_{-1}=\frac{9}{24},\quad \beta_0=\frac{19}{24},\quad \beta_1=-\frac{5}{24},\quad \beta_2=\frac{1}{24}$$

相应的多步法为

$$y_{n+1}=y_n+\frac{h}{24}(9f_{n+1}+19f_n-5f_{n-1}+f_{n-2}) \tag{8.59}$$

称式（8.59）为四阶 Adams 隐式公式，其局部截断误差为

$$R_{n+1}=-\frac{19}{720}h^5y_n^{(5)}+O(h^6)$$

Adams 隐式公式也称 Adams 内插公式.

Adams 隐式公式可根据下面迭代公式计算：

$$\begin{cases} y_{n+1}^{(0)}=y_n+\dfrac{h}{24}(55f_n-59f_{n-1}+37f_{n-2}-9f_{n-3}) \\ y_{n+1}^{(k+1)}=y_n+\dfrac{h}{24}\left[9f\left(x_{n+1},y_{n+1}^{(k)}\right)+19f(x_n,y_n)-5f(x_{n-1},y_{n-1})+f(x_{n-2},y_{n-2})\right] \end{cases}$$

即根据四阶显式 Adams 公式预测x_{n+1}处的近似值$y_{n+1}^{(0)}$，然后根据四阶隐式 Adams 公式逐步校正，当迭代满足$\left|y_{n+1}^{(k)}-y_{n+1}^{(k-1)}\right|<$tol 时终止计算，其中 tol 为给定的容许误差.

2. Milne 公式

取$r=3$，并令$\alpha_0=\alpha_1=\alpha_2=\beta_{-1}=0$，由方程组（8.57）解得

$$\alpha_3=1,\quad \beta_0=\frac{8}{3},\quad \beta_1=-\frac{4}{3},\quad \beta_2=\frac{8}{3},\quad \beta_3=0$$

相应的线性多步法为

$$y_{n+1}=y_{n-3}+\frac{4}{3}h(2f_n-f_{n-1}+2f_{n-2})$$

称为 Milne（米尔恩）公式，其局部截断误差为

$$R_{n+1}=\frac{14}{45}h^5y_n^{(5)}+O(h^6)$$

Milne 公式是四阶四步显式公式.

3. Hamming 公式

取$r=2$，并令$\alpha_1=\beta_2=0$，根据方程组

$$\begin{cases}\sum\limits_{i=0}^{2}\alpha_i = 1\\ \sum\limits_{i=1}^{2}(-i)^k\alpha_i + \sum\limits_{i=-1}^{2}(-i)^{k-1}\beta_i = 1 \quad (k=1,2,\cdots,4)\end{cases}$$

解得 $\alpha_0=\frac{9}{8}$，$\alpha_2=-\frac{1}{8}$，$\beta_{-1}=\frac{3}{8}$，$\beta_0=\frac{6}{3}$，$\beta_1=-\frac{3}{8}$，相应的多步法为

$$y_{n+1}=\frac{1}{8}(9y_n-y_{n-2})+\frac{3}{8}h(f_{n+1}+2f_n-f_{n-1}) \tag{8.60}$$

其局部截断误差为

$$R_{n+1}=-\frac{1}{40}h^5y_n^{(5)}+O(h^6)$$

Hamming（汉明）公式是四阶三步隐式公式.

例 8.10　分别用四阶 Adams 显式方法和隐式方法求初值问题

$$\begin{cases}y'(x)=-y+x+1 \quad (0\leqslant x\leqslant 1.0)\\ y(0)=1\end{cases}$$

的数值解，取步长 $h=0.1$.

解　四阶 Adams 显式公式为

$$\begin{aligned}y_{n+1}&=y_n+\frac{h}{24}(55f_n-59f_{n-1}+37f_{n-2}-9f_{n-3})\\&=\frac{1}{24}(18.5y_n+5.9y_{n-1}-3.7y_{n-2}+0.9y_{n-3}-0.24n+2.28)\end{aligned}$$

四阶 Adams 隐式公式为

$$y_{n+1}=y_n+\frac{h}{24}(9f_{n+1}+19f_n-5f_{n-1}+f_{n-2})=\frac{1}{249}(221y_n+5y_{n-1}-y_{n-2}+2.4n+22.8)$$

计算结果如表 8.6 所示.

表 8.6　例 8.10 的计算结果

x_n	y_n（显式）	y_n（隐式）	$y(x_n)$	x_n	y_n（显式）	y_n（隐式）	$y(x_n)$
0.1	1.004 837 5	1.004 837 5	1.004 837 4	0.6	1.148 818 6	1.148 811 1	1.148 811 6
0.2	1.018 730 9	1.018 730 9	1.018 730 8	0.7	1.196 593 5	1.196 584 7	1.196 585 3
0.3	1.040 818 4	1.040 818 1	1.040 818 2	0.8	1.249 338 3	1.249 328 3	1.249 329 0
0.4	1.070 323 1	1.070 319 8	1.070 320 0	0.9	1.306 579 7	1.306 568 9	1.306 569 7
0.5	1.106 535 6	1.106 530 2	1.106 530 7	1.0	1.367 890 1	1.367 878 7	1.367 879 4

8.5.3　预测-校正方法

与显式方法相比，隐式方法有许多优点，如稳定性好、精度高；但缺点是需要迭代求解

非线性方程. 例如，前面学习过的梯形方法式（8.21），需要通过式（8.22）迭代求解. 迭代求解涉及初值选取和迭代步数的确定两个方面的问题. 一方面，迭代初值选取不当会导致计算量较大；另一方面，为得到要求的精度可能需要较多迭代步，很多时候不是必需的. 正如由梯形方法得到改进的 Euler 方法，在减少隐式方程迭代次数的同时并没有引起精度的损失，它们都是二阶方法。改进的 Euler 方法也是最简单的预测-校正方法. 将线性多步显式方法与隐式方法相结合便得到了高阶预测-校正方法，最常用的是由四阶多步显式方法与隐式方法相结合得到预测–校正方法.

1. Adams 预测–校正公式

Adams 预测-校正公式为

$$\begin{cases} \overline{y}_{n+1} = y_n + \dfrac{h}{24}(55f_n - 59f_{n-1} + 37f_{n-2} - 9f_{n-3}) & \text{预测} \quad (8.61) \\ y_{n+1} = y_n + \dfrac{h}{24}[9f(x_{n+1}, \overline{y}_{n+1}) + 19f_n - 5f_{n-1} + f_{n-2}] & \text{校正} \quad (8.62) \end{cases}$$

其中：式（8.61）是四阶 Adams 显式公式；式（8.62）是四阶 Adams 隐式公式（8.59）右端 y_{n+1} 用式（8.61）预测值 $\overline{y}_{n+1}$ 代入得到的.

2. 修正公式

四阶 Adams 预测-校正方法是在四阶显式方法的基础上用四阶隐式方法做了一次校正，因此四阶 Adams 预测-校正方法计算的 y_{n+1} 比直接用四阶显式 Adams 方法计算的 $\overline{y}_{n+1}$ 精度要高，但相比于式（8.62）四阶 Adams 隐式方法而言，式（8.62）右端的 $\overline{y}_{n+1}$ 与隐式公式（8.59）右端 y_{n+1} 有差异，因此预测–校正的结果达不到四阶 Adams 隐式方法的精度. 为了克服预测值精度不足的情况，从截断误差出发对预测–校正方法逐步校正，这样即得到多环节预测-校正方法，也称修正预测-校正方法.

四阶 Adams 显式公式的局部截断误差为

$$y(x_{n+1}) - \overline{y}_{n+1} = \frac{251}{720}h^5 y_n^{(5)} + O(h^6) \tag{8.63}$$

四阶 Adams 隐式公式的局部截断误差为

$$y(x_{n+1}) - y_{n+1} = -\frac{19}{720}h^5 y_n^{(5)} + O(h^6) \tag{8.64}$$

由式（8.63）和式（8.64），可得

$$y_{n+1} - \overline{y}_{n+1} = \frac{270}{720}h^5 y_n^{(5)} + O(h^6)$$

于是有

$$h^5 y_n^{(5)} \approx \frac{720}{270}(y_{n+1} - \overline{y}_{n+1}) \tag{8.65}$$

代入式（8.63），得

$$y(x_{n+1}) - \left(\overline{y}_{n+1} + \frac{251}{720}h^5 y_n^{(5)}\right) \approx O(h^6)$$

把 $\overline{y}_{n+1} + \dfrac{251}{720}h^5 y_n^{(5)}$ 作为 $\overline{y}_{n+1}$ 的修正值，截断误差接近 $O(h^6)$，也就是说近似解接近达到

五阶精度. 同理，对于式（8.64）亦如此，从而得到多环节 Adams 预测-校正公式：

$$
\begin{cases}
p_{n+1} = y_n + \dfrac{h}{24}(55f_n - 59f_{n-1} + 37f_{n-2} - 9f_{n-3}) & (8.66) \\
m_{n+1} = p_{n+1} + \dfrac{251}{270}(c_n - p_n) & (8.67) \\
c_{n+1} = y_n + \dfrac{h}{24}[9f(x_{n+1}, m_{n+1}) + 19f_n - 5f_{n-1} + f_{n-2}] & (8.68) \\
y_{n+1} = c_{n+1} - \dfrac{9}{270}(c_{n+1} - p_{n+1}) & (8.69)
\end{cases}
$$

3. Milne-Hamming 预测-校正公式

同 Adams 方法一样，把四阶 Milne 显式方法与四阶 Hamming 隐式方法相结合即可得到 Milne-Hamming 预测-校正公式：

$$
\begin{cases}
\overline{y}_{n+1} = y_{n-3} + \dfrac{4}{3}(2f_n - f_{n-1} + 2f_{n-2}) & \text{预测} \quad (8.70) \\
y_{n+1} = \dfrac{1}{8}(9y_n - y_{n-2}) + \dfrac{3}{8}h[f(x_{n+1}, \overline{y}_{n+1}) + 2f_n - f_{n-1}] & \text{校正} \quad (8.71)
\end{cases}
$$

其中：式（8.70）是四阶 Milne 显式公式；式（8.71）是四阶 Hamming 隐式公式（8.60）右端 y_{n+1} 用 $\overline{y}_{n+1}$ 代入得到.

8.6　一阶常微分方程组与高阶微分方程

8.6.1　一阶微分方程组的数值解法

考察一阶微分方程组的初值问题

$$
\begin{cases}
y_i' = f_i(x, y_1, y_2, \cdots, y_m) \quad (i = 1, 2, \cdots, m) \\
y_i(x_0) = y_{i0}
\end{cases} \tag{8.72}
$$

记

$$
\boldsymbol{y} = (y_1, y_2, \cdots, y_m)^{\mathrm{T}}, \quad \boldsymbol{y}_0 = (y_{1,0}, y_{2,0}, \cdots, y_{m,0})^{\mathrm{T}}, \quad \boldsymbol{f} = (f_1, f_2, \cdots, f_m)^{\mathrm{T}} \tag{8.73}
$$

则初值问题（8.72）可表示为向量形式

$$
\begin{cases}
\boldsymbol{y}' = \boldsymbol{f}(x, \boldsymbol{y}) \\
\boldsymbol{y}(x_0) = \boldsymbol{y}_0
\end{cases} \tag{8.74}
$$

若向量函数 $\boldsymbol{f}(x,\boldsymbol{y})$ 在区域 $D: a \leqslant x \leqslant b, \boldsymbol{y} \in \mathbf{R}^m$ 连续，而且关于 $\boldsymbol{y}$ 满足 Lipschitz 条件，即存在 $L>0$，使得 $\forall x \in [a,b]$，$\boldsymbol{y}_1, \boldsymbol{y}_2 \in \mathbf{R}^m$，都有

$$
\|\boldsymbol{f}(x, \boldsymbol{y}_1) - \boldsymbol{f}(x, \boldsymbol{y}_2)\| \leqslant L\|\boldsymbol{y}_1 - \boldsymbol{y}_2\|
$$

则初值问题（8.72）在 $[a,b]$ 上存在唯一解 $\boldsymbol{y} = \boldsymbol{y}(x)$.

式（8.74）与式（8.1）在形式上完全相同，故对一阶微分方程初值问题（8.1）建立的数值解法对一阶微分方程组的初值问题也适用.

求解方程组（8.72）的四阶 R-K 公式为

$$\boldsymbol{y}_{n+1}=\boldsymbol{y}_n+\frac{h}{6}(\boldsymbol{K}_1+2\boldsymbol{K}_2+2\boldsymbol{K}_3+\boldsymbol{K}_4) \tag{8.75}$$

其中：

$$\begin{aligned}
&\boldsymbol{y}_n=(y_{1,n},y_{2,n},\cdots,y_{m,n})^{\mathrm{T}}\\
&\boldsymbol{K}_1=\boldsymbol{f}(x_n,\boldsymbol{y}_n)\\
&\boldsymbol{K}_2=\boldsymbol{f}\left(x_n+\frac{h}{2},\boldsymbol{y}_n+\frac{h}{2}\boldsymbol{K}_1\right)\\
&\boldsymbol{K}_3=\boldsymbol{f}\left(x_n+\frac{h}{2},\boldsymbol{y}_n+\frac{h}{2}\boldsymbol{K}_2\right)\\
&\boldsymbol{K}_4=\boldsymbol{f}(x_n+h,\boldsymbol{y}_n+h\boldsymbol{K}_3)
\end{aligned}$$

8.6.2 高阶微分方程的数值解法

高阶微分方程的初值问题可以转化为一阶微分方程组的初值问题. 设有 m 阶常微分方程初值问题

$$\begin{cases}y^{(m)}=f\left(x,y,y',\cdots,y^{(m-1)}\right)\\ y(x_0)=y_0,y'(x_0)=y_0^{(1)},\cdots,y^{m-1}(x_0)=y_0^{(m-1)}\end{cases} \tag{8.76}$$

通过引入变量 $y_1=y,y_2=y',\cdots,y_m=y^{(m-1)}$，可以将问题（8.76）转化为一阶微分方程组的初值问题

$$\begin{cases}y_1'=y_2,\quad y_1(x_0)=y_0\\ y_2'=y_3,\quad y_2(x_0)=y_0^{(1)}\\ \cdots\cdots\\ y_{m-1}'=y_m,\quad y_{m-1}(x_0)=y_0^{(m-2)}\\ y_m'=f(x,y_1,y_2,\cdots,y_m),\quad y_m(x_0)=y_0^{(m-1)}\end{cases} \tag{8.77}$$

用微分方程组初值问题的数值解法求解式（8.77）即可得到高阶微分方程初值问题（8.76）的数值解.

特别地，在式（8.77）中，当 $m=2$ 时有

$$\begin{cases}y_1'=y_2,\quad y_1(x_0)=y_0\\ y_2'=f(x,y_1,y_2),\quad y_2(x_0)=y_0^{(1)}\end{cases} \tag{8.78}$$

记 $f_1(x,y_1,y_2)=y_2$，$f_2(x,y_1,y_2)=f(x,y_1,y_2)$，$\overline{\boldsymbol{f}}(x,\boldsymbol{y}):=\overline{\boldsymbol{f}}(x,y_1,y_2)=(f_1,f_2)^{\mathrm{T}}$. 求解式（8.78）的四阶 R-K 方法可表示为

$$\boldsymbol{y}_{n+1}=\boldsymbol{y}_n+\frac{h}{6}(\boldsymbol{K}_1+2\boldsymbol{K}_2+2\boldsymbol{K}_3+\boldsymbol{K}_4) \tag{8.79}$$

其中：

$$\boldsymbol{y}_n=\begin{bmatrix}y_{1,n}\\ y_{2,n}\end{bmatrix},\quad \boldsymbol{y}_{n+1}=\begin{bmatrix}y_{1,n+1}\\ y_{2,n+1}\end{bmatrix},\quad \boldsymbol{K}_1=\overline{\boldsymbol{f}}(x_n,\boldsymbol{y}_n)=\begin{bmatrix}y_{2,n}\\ f_2(x_n,y_{1,n},y_{2,n})\end{bmatrix}:=\begin{bmatrix}K_{11}\\ K_{21}\end{bmatrix}$$

$$\boldsymbol{K}_2=\overline{\boldsymbol{f}}\left(x_n+\frac{h}{2},\mathrm{y}_n+\frac{h}{2}\boldsymbol{K}_1\right)=\begin{bmatrix} y_{2,n}+\dfrac{h}{2}K_{21} \\ f_2\left(x_n+\dfrac{h}{2},y_{1,n}+\dfrac{h}{2}K_{11},y_{2,n}+\dfrac{h}{2}K_{21}\right)\end{bmatrix}:=\begin{bmatrix}K_{12}\\K_{22}\end{bmatrix}$$

$$\boldsymbol{K}_3=\overline{\boldsymbol{f}}\left(x_n+\frac{h}{2},\boldsymbol{y}_n+\frac{h}{2}\boldsymbol{K}_2\right)=\begin{bmatrix} y_{2,n}+\dfrac{h}{2}K_{22} \\ f_2\left(x_n+\dfrac{h}{2},y_{1,n}+\dfrac{h}{2}K_{12},y_{2,n}+\dfrac{h}{2}K_{22}\right)\end{bmatrix}:=\begin{bmatrix}K_{13}\\K_{23}\end{bmatrix}$$

$$\boldsymbol{K}_4=\overline{\boldsymbol{f}}\left(x_n+\frac{h}{2},\boldsymbol{y}_n+h\boldsymbol{K}_3\right)=\begin{bmatrix} y_{2,n}+hK_{23} \\ f_2\left(x_n+\dfrac{h}{2},y_{1,n}+hK_{13},y_{2,n}+hK_{23}\right)\end{bmatrix}:=\begin{bmatrix}K_{14}\\K_{24}\end{bmatrix}$$

将 $\boldsymbol{y}_{n+1},\boldsymbol{y}_n,\boldsymbol{K}_1,\boldsymbol{K}_2,\boldsymbol{K}_3,\boldsymbol{K}_4$ 代入式（8.79）可得

$$\begin{bmatrix}y_{1,n+1}\\y_{2,n+1}\end{bmatrix}=\begin{bmatrix}y_{1,n}\\y_{2,n}\end{bmatrix}+\begin{bmatrix}\dfrac{h}{6}(y_{2,n}+2K_{12}+2K_{13}+K_{14})\\ \dfrac{h}{6}(K_{21}+2K_{22}+2K_{23}+K_{24})\end{bmatrix}$$

例 8.11　将三阶微分方程

$$y'''=a(y'')^2-y'+yy''+\sin t \tag{8.80}$$

转化为方程组.

解　令 $y_1=y$，并定义新变量 $y_2=y'$，$y_3=y''$，则式（8.80）等价于一阶方程组

$$\begin{cases}y_1'=y_2\\y_2'=y_3\\y_3'=ay_3^2-y_2+y_1y_3+\sin t\end{cases} \tag{8.81}$$

三阶方程（8.80）的解 $\boldsymbol{y}(t)$ 可以通过求解 $y_1(t),y_2(t),y_3(t)$ 的方程组（8.81）得到.

8.7 应用举例

例 8.12　van der Pol（范德波尔）方程组[13]

$$\begin{cases}\dfrac{\mathrm{d}x}{\mathrm{d}t}=u-\mu\left(\dfrac{x^3}{3}-x\right)\\ \dfrac{\mathrm{d}u}{\mathrm{d}t}=-x\end{cases} \tag{8.82}$$

稍做修改可用于模仿心脏跳动. 考虑心脏受外界刺激影响时的变化规律，当心脏受到刺激时会收缩或扩张，引起心脏纤维长度的波动，从而泵送血液；当刺激移除时，心脏慢慢扩张到松弛状态，并再进入下一个循环. 为了遵循这一规律，可用 x 表示心脏纤维的长度，用 $s=-\dfrac{u}{\mu}$ 表示施加在心脏上刺激的量，于是得到方程组

$$
\begin{cases}
\dfrac{\mathrm{d}x}{\mathrm{d}t}=\mu\left(-s-\dfrac{x^3}{3}+x\right)\\
\dfrac{\mathrm{d}s}{\mathrm{d}t}=\dfrac{x}{\mu}\\
x(0)=0,\ s(0)=-1
\end{cases}
\tag{8.83}
$$

取 $\mu=0.5$, $0\leqslant t\leqslant 10$，求解方程组（8.83）的 MATLAB 程序如下.

```
clear all;
simtime=input('enter runtime');
acc=input('enter accuracy value');
xprime=@(t,x)[0.5*(-x(2)-x(1)^3/3+x(1));2*x1]];
options=odeset('Reltol',acc);
initx=[0,-1]';
[t,x]=ode23(xprime,[0,simtime],nitx,options);
%绘制结果关于时间的曲线
Plot(t,x(:,1),'--',t,x(:,2),'-')
xlabel('Time');ylabel('x and s');legend('x','s')
```

表 8.7 列出了纤维长度 x 和刺激 s 在给定时刻的数值，图 8.1 给出了 x 和 s 相对于时间 t 的图像，图像显示在较小的刺激下纤维长度以稳定的周期振荡.

表 8.7　例 8.12 的计算结果

t	x	s	t	x	s	t	x	s
0	0	−1	2.051 5	0.717 0	0.994 7	6.310 1	−0.067 2	−3.157 0
0.000 1	0	−1	2.475 0	0.562 7	1.546 6	6.631 7	0.465 6	−3.031 3
0.000 3	0.000 2	−1	2.969 6	0.215 1	1.945 1	6.953 2	1.014 0	−2.552 0
0.001 7	0.000 8	−1	3.301 8	−0.104 9	1.984 5	7.266 1	1.446 5	−1.772 6
0.008 5	0.004 3	−1	3.634 0	−0.468 0	1.794 7	7.654 3	1.712 6	−0.526 7
0.042 7	0.021 6	−0.999 1	3.971 9	−0.830 8	1.352 5	8.031 7	1.692 1	0.7706
0.213 7	0.111 9	−0.976 4	4.343 7	−1.138 7	0.609 9	8.358 7	1.512 5	1.823 9
0.518 1	0.282 3	−0.856 4	4.641 9	−1.268 1	−0.114 0	8.849 2	1.032 1	3.086 6
0.894 5	0.487 6	−0.564 4	4.940 2	−1.279 9	−0.879 6	9.481 6	0.044 2	3.806 6
1.319 9	0.667 0	−0.065 8	5.288 0	−1.156 3	−1.734 6	9.784 8	−0.563 0	3.651 4
1.711 1	0.741 5	0.493 0	5.749 5	−0.792 8	−2.649 4	10	−1.005 3	3.312 9

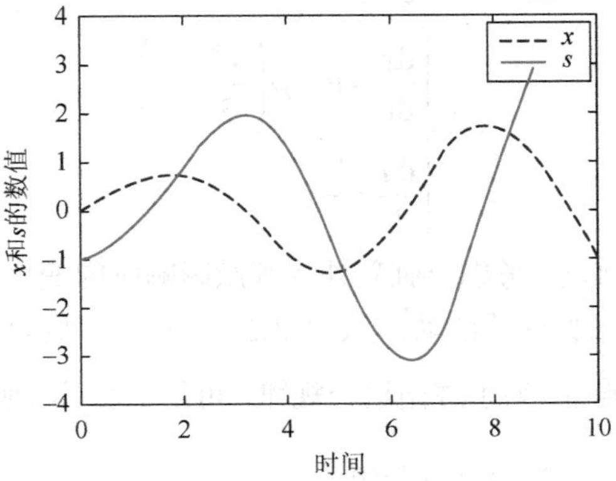

图 8.1　van der Pol 模型的解（精确到 0.005）

习　题　8

1. 用 Euler 方法求解初值问题

$$\begin{cases} y' = x^2 + 100y^2 \\ y(0) = 1 \end{cases}$$

取步长 $h = 0.1$，计算到 $x = 0.3$（保留到小数点后 4 位）.

2. 用改进的 Euler 方法求初值问题

$$\begin{cases} y' = x^2 + x - y \\ y(0) = 0 \end{cases}$$

的数值解，取步长 $h = 0.1$，计算到 $x = 0.5$，并与准确解 $y = -e^{-x} + x^2 - x + 1$ 相比较（结果保留 5 位小数）.

3. 取 $h = 0.2$，分别用改进的 Euler 方法和四阶 R-K 方法求解下列初值问题，计算结果保留 5 位小数.

（1）$\begin{cases} y' = x + y \quad (0 < x < 1), \\ y(0) = 1; \end{cases}$　　（2）$\begin{cases} y' = \dfrac{3y}{1+x} \quad (0 < x < 1), \\ y(0) = 1. \end{cases}$

4. 利用 Euler 方法计算积分 $\int_0^x e^{t^2} dt$ 在点 $x = 0.5, 1, 1.5, 2$ 处的近似值.

5. 证明求解初值问题的中点公式

$$y_{n+1} = y_n + hf\left(x_n + \frac{h}{2}, y_n + \frac{1}{2}hf(x_n, y_n)\right)$$

是二阶的.

6. 用四阶 R-K 方法求解初值问题

$$\begin{cases} y' = y + x \quad (0 < x \leqslant 1) \\ y(0) = 1 \end{cases}$$

取步长 $h = 0.1$，计算结果保留 5 位小数，其中精确解为 $y(x) = -x - 1 + 2e^x$.

7. 分别用四阶 Adams 显式和隐式公式求初值问题

$$\begin{cases} y' = x^2 - y^2, \quad x \in [-1, 0] \\ y(-1) = 0 \end{cases}$$

的数值解，取 $h = 0.2$，保留 4 位小数.

8. 分析求解初值问题

$$\begin{cases} y' = f(x, y) \\ y(x_0) = y_0 \end{cases}$$

的二步公式

$$y_{n+1} = y_n + \frac{h}{12}(5f_{n+1} + 8f_n - f_{n-1})$$

的局部截断误差.

9. 试用 Taylor 展开构造形如

$$y_{n+1} = y_{n-3} + h(\alpha f_n + \beta f_{n-1})$$

的四步公式，使它具有尽可能高的阶，并写出局部截断误差.

10. 对初值问题

$$\begin{cases} y' = y \\ y(0) = 1 \end{cases}$$

用改进的 Euler 方法求近似解的表达式，并证明当步长 h 趋于 0 时，近似解收敛于精确解 $y = \mathrm{e}^x$.

11. 试求向后 Euler 方法的绝对稳定区域.

12. 求隐式中点公式

$$y_{n+1} = y_n + hf\left(x_n + \frac{h}{2}, \frac{1}{2}(y_n + y_{n+1})\right)$$

的绝对稳定区间.

13. 用改进的 Euler 方法求问题

$$\begin{cases} y'' - 2y' + 2y = \mathrm{e}^x \sin x \quad (0 \leqslant x \leqslant 1) \\ y(0) = 0, \ y'(0) = -\dfrac{1}{2} \end{cases}$$

的数值解，取 $h = 0.2$，保留 5 位有效数字.

第 9 章 矩阵特征值与特征向量的计算

9.1 预 备 知 识

设 $\boldsymbol{A}$ 是 $n\times n$ 矩阵，若数 λ 和 n 维非零向量 $\boldsymbol{x}$ 满足

$$\boldsymbol{Ax}=\lambda\boldsymbol{x}$$

则称 λ 为矩阵 $\boldsymbol{A}$ 的一个特征值，$\boldsymbol{x}$ 称为与 λ 对应的特征向量.

在工程技术中，计算矩阵的特征值和特征向量主要使用数值解法. 本章将阐述其中几种，并仅对实矩阵进行讨论.

下面给出一些关于矩阵的特征值和特征向量的基本定理.

定理 9.1 若 $\lambda_i\ (i=1,2,\cdots,n)$ 是 n 阶矩阵 $\boldsymbol{A}$ 的特征值，则有

（1）$\sum\limits_{i=1}^{n}\lambda_i=\sum\limits_{i=1}^{n}a_{ii}=\mathrm{tr}(\boldsymbol{A})$；

（2）$\det(\boldsymbol{A})=\lambda_1\lambda_2\cdots\lambda_n$.

定理 9.2 设 $\boldsymbol{A}$ 与 $\boldsymbol{B}$ 为相似矩阵（即存在非奇异矩阵 $\boldsymbol{T}$，使得 $\boldsymbol{B}=\boldsymbol{T}^{-1}\boldsymbol{AT}$），则

（1）$\boldsymbol{A}$ 与 $\boldsymbol{B}$ 有相同的特征值；

（2）若 $\boldsymbol{x}$ 是 $\boldsymbol{B}$ 的一个特征向量，则 $\boldsymbol{Tx}$ 是 $\boldsymbol{A}$ 的特征向量.

证明 （1）因为

$$|\lambda\boldsymbol{I}-\boldsymbol{B}|=|\lambda\boldsymbol{I}-\boldsymbol{T}^{-1}\boldsymbol{AT}|=|\boldsymbol{T}^{-1}(\lambda\boldsymbol{I}-\boldsymbol{A})\boldsymbol{T}|=|\boldsymbol{T}^{-1}||\lambda\boldsymbol{I}-\boldsymbol{A}||\boldsymbol{T}|=|\lambda\boldsymbol{I}-\boldsymbol{A}|$$

所以 $\boldsymbol{A}$ 与 $\boldsymbol{B}$ 有相同的特征多项式，于是 $\boldsymbol{A}$ 与 $\boldsymbol{B}$ 有相同的特征值.

（2）设 $\boldsymbol{x}$ 是 $\boldsymbol{B}$ 的一个特征向量，λ 是其对应的特征值，则有 $\boldsymbol{Bx}=\lambda\boldsymbol{x}$，于是有

$$(\boldsymbol{T}^{-1}\boldsymbol{AT})\boldsymbol{x}=\lambda\boldsymbol{x}$$

即 $\boldsymbol{A}(\boldsymbol{Tx})=\lambda(\boldsymbol{Tx})$. 因此，$\boldsymbol{Tx}$ 是 $\boldsymbol{A}$ 的特征向量.

定理 9.3 若 n 阶矩阵 $\boldsymbol{A}$ 为实对称矩阵，则 $\boldsymbol{A}$ 的所有特征值均为实数，且存在 n 个线性无关的实特征向量，并且不同特征值所对应的特征向量是相互正交的.

定理 9.4 ［Gerschgorin（盖尔）圆盘定理］设 $\boldsymbol{A}=(a_{ij})_{n\times n}$，则 $\boldsymbol{A}$ 的每一特征值在下述某个圆盘之中：

$$|\lambda-a_{ii}|\leqslant\sum_{j=1,\,j\neq i}^{n}|a_{ij}|\quad(i=1,2,\cdots,n)$$

证明 设 λ 是 $\boldsymbol{A}$ 的任意特征值，$\boldsymbol{x}$ 是其对应的特征向量，即

$$(\lambda\boldsymbol{I}-\boldsymbol{A})\boldsymbol{x}=\boldsymbol{0}\tag{9.1}$$

记 $\boldsymbol{x}=(x_1,x_2,\cdots,x_n)^{\mathrm{T}}\neq\boldsymbol{0}$，$|x_k|=\max\limits_{1\leqslant j\leqslant n}|x_j|>0$，式（9.1）的第 k 个方程可写为

$$(\lambda-a_{kk})x_k=\sum_{\substack{j=1\\ j\neq k}}^{n}a_{kj}x_j$$

由于$\left|\frac{x_j}{x_k}\right| \leqslant 1$，有

$$|\lambda - a_{kk}| \leqslant \sum_{\substack{j=1 \\ j\neq i}}^{n} |a_{kj}| \left|\frac{x_j}{x_k}\right| \leqslant \sum_{\substack{j=1 \\ j\neq i}}^{n} |a_{kj}|$$

即 λ 属于复平面上以 a_{kk} 为圆心、$\sum\limits_{\substack{j=1 \\ j\neq k}}^{n} |a_{kj}|$ 为半径的一个圆盘.

定义 9.1　设矩阵 $\boldsymbol{A}$ 为 n 阶实对称矩阵，对于任意非零向量 $\boldsymbol{x}$，称

$$R(\boldsymbol{x}) = \frac{(\boldsymbol{Ax}, \boldsymbol{x})}{(\boldsymbol{x}, \boldsymbol{x})} = \frac{\boldsymbol{x}^{\mathrm{T}} \boldsymbol{Ax}}{\boldsymbol{x}^{\mathrm{T}} \boldsymbol{x}}$$

为对应于向量 $\boldsymbol{x}$ 的 Rayleigh（瑞利）商.

定理 9.5　设 $\boldsymbol{A}$ 为 n 阶实对称矩阵，对于任意非零向量 $\boldsymbol{x}$ 有

$$\lambda_n \leqslant \frac{\boldsymbol{x}^{\mathrm{T}} \boldsymbol{Ax}}{\boldsymbol{x}^{\mathrm{T}} \boldsymbol{x}} \leqslant \lambda_1, \quad \lambda_n = \min_{x\neq 0} \frac{\boldsymbol{x}^{\mathrm{T}} \boldsymbol{Ax}}{\boldsymbol{x}^{\mathrm{T}} \boldsymbol{x}}, \quad \lambda_1 = \max_{x\neq 0} \frac{\boldsymbol{x}^{\mathrm{T}} \boldsymbol{Ax}}{\boldsymbol{x}^{\mathrm{T}} \boldsymbol{x}}$$

其中：$\lambda_1 \geqslant \lambda_2 \geqslant \cdots \geqslant \lambda_n$ 为 $\boldsymbol{A}$ 的特征值.

证明　因为 $\boldsymbol{A}$ 为 n 阶实对称矩阵，所以有正交矩阵 $\boldsymbol{P}$ 使得

$$\boldsymbol{P}^{-1} \boldsymbol{AP} = \boldsymbol{P}^{\mathrm{T}} \boldsymbol{AP} = \mathrm{diag}(\lambda_1, \lambda_2, \cdots, \lambda_n)$$

令 $\boldsymbol{x} = \boldsymbol{Py}$，则

$$\boldsymbol{g}(\boldsymbol{x}) = \boldsymbol{x}^{\mathrm{T}} \boldsymbol{Ax} = (\boldsymbol{Py})^{\mathrm{T}} \boldsymbol{A}(\boldsymbol{Py}) = \boldsymbol{y}^{\mathrm{T}} (\boldsymbol{P}^{\mathrm{T}} \boldsymbol{AP}) \boldsymbol{y} = \lambda_1 y_1^2 + \lambda_2 y_2^2 + \cdots + \lambda_n y_n^2$$

又

$$\boldsymbol{x}^{\mathrm{T}} \boldsymbol{x} = (\boldsymbol{Py})^{\mathrm{T}} (\boldsymbol{Py}) = \boldsymbol{y}^{\mathrm{T}} \boldsymbol{y} = y_1^2 + y_2^2 + \cdots + y_n^2$$

$$\lambda_n y_1^2 + \lambda_n y_2^2 + \cdots + \lambda_n y_n^2 \leqslant \lambda_1 y_1^2 + \lambda_2 y_2^2 + \cdots + \lambda_n y_n^2 \leqslant \lambda_1 y_1^2 + \lambda_1 y_2^2 + \cdots + \lambda_1 y_n^2$$

即

$$\lambda_n \leqslant \frac{\boldsymbol{x}^{\mathrm{T}} \boldsymbol{Ax}}{\boldsymbol{x}^{\mathrm{T}} \boldsymbol{x}} \leqslant \lambda_1 \tag{9.2}$$

设 λ_i 对应的特征向量为 $\boldsymbol{x}_i$，则有

$$\frac{\boldsymbol{x}_1^{\mathrm{T}} \boldsymbol{Ax}_1}{\boldsymbol{x}_1^{\mathrm{T}} \boldsymbol{x}_1} = \lambda_1 \frac{\boldsymbol{x}_1^{\mathrm{T}} \boldsymbol{x}_1}{\boldsymbol{x}_1^{\mathrm{T}} \boldsymbol{x}_1} = \lambda_1, \qquad \frac{\boldsymbol{x}_n^{\mathrm{T}} \boldsymbol{Ax}_n}{\boldsymbol{x}_n^{\mathrm{T}} \boldsymbol{x}_n} = \lambda_n \frac{\boldsymbol{x}_n^{\mathrm{T}} \boldsymbol{x}_n}{\boldsymbol{x}_n^{\mathrm{T}} \boldsymbol{x}_n} = \lambda_n$$

由式（9.2）可得

$$\lambda_1 = \max_{x\neq 0} \frac{\boldsymbol{x}^{\mathrm{T}} \boldsymbol{Ax}}{\boldsymbol{x}^{\mathrm{T}} \boldsymbol{x}}, \qquad \lambda_n = \min_{x\neq 0} \frac{\boldsymbol{x}^{\mathrm{T}} \boldsymbol{Ax}}{\boldsymbol{x}^{\mathrm{T}} \boldsymbol{x}}$$

定理 9.1 表明实对称矩阵的 Rayleigh 商介于 λ_1 与 λ_n 之间，且 λ_1 与 λ_n 分别为 Rayleigh 商的最小值和最大值.

9.2　幂法与反幂法

9.2.1　幂法

矩阵 $\boldsymbol{A}$ 模最大的特征值称为主特征值. 幂法是求矩阵的主特征值及其对应特征向量的迭代方法.

设 $\boldsymbol{A}$ 有 n 个线性无关的特征向量 $\boldsymbol{x}_1,\boldsymbol{x}_2,\cdots,\boldsymbol{x}_n$，其对应的特征值为 $\lambda_1,\lambda_2,\cdots,\lambda_n$，且满足

$$|\lambda_1|>|\lambda_2|\geqslant\cdots\geqslant|\lambda_n| \tag{9.3}$$

任取非零向量 $\boldsymbol{u}_0\in\mathbf{R}^n$，从 $\boldsymbol{u}_0$ 出发，按照递推公式

$$\boldsymbol{u}_k=\boldsymbol{A}\boldsymbol{u}_{k-1}\quad(k=1,2,\cdots)$$

可产生一个向量序列 $\{\boldsymbol{u}_k\}$，分析这一序列的收敛情况，可从中找出计算 λ_1 及其对应特征向量的方法.

由于 $\boldsymbol{x}_1,\boldsymbol{x}_2,\cdots,\boldsymbol{x}_n$ 构成 $\mathbf{R}^n$ 的一个基底，对于任意非零向量 $\boldsymbol{u}_0\in\mathbf{R}^n$，必存在唯一的不全为零的数组 $a_1,a_2,\cdots,a_n$，使得

$$\boldsymbol{u}_0=a_1\boldsymbol{x}_1+a_2\boldsymbol{x}_2+\cdots+a_n\boldsymbol{x}_n \tag{9.4}$$

则

$$\boldsymbol{u}_1=\boldsymbol{A}\boldsymbol{u}_0=a_1\boldsymbol{A}\boldsymbol{x}_1+a_2\boldsymbol{A}\boldsymbol{x}_2+\cdots+a_n\boldsymbol{A}\boldsymbol{x}_n=a_1\lambda_1\boldsymbol{x}_1+a_2\lambda_2\boldsymbol{x}_2+\cdots+a_n\lambda_n\boldsymbol{x}_n$$

$$\boldsymbol{u}_2=\boldsymbol{A}\boldsymbol{u}_1=a_1\lambda_1^2\boldsymbol{x}_1+a_2\lambda_2^2\boldsymbol{x}_2+\cdots+a_n\lambda_n^2\boldsymbol{x}_n$$

一般地，有

$$\begin{aligned}\boldsymbol{u}_k&=\boldsymbol{A}\boldsymbol{u}_{k-1}=\boldsymbol{A}^2\boldsymbol{u}_{k-2}=\cdots=\boldsymbol{A}^k\boldsymbol{u}_0=a_1\boldsymbol{A}^k\boldsymbol{x}_1+a_2\boldsymbol{A}^k\boldsymbol{x}_2+\cdots+a_n\boldsymbol{A}^k\boldsymbol{x}_n\\&=a_1\lambda_1^k\boldsymbol{x}_1+a_2\lambda_2^k\boldsymbol{x}_2+\cdots+a_n\lambda_n^k\boldsymbol{x}_n=\lambda_1^k\left[a_1\boldsymbol{x}_1+a_2\left(\frac{\lambda_2}{\lambda_1}\right)^k\boldsymbol{x}_2+\cdots+a_n\left(\frac{\lambda_n}{\lambda_1}\right)^k\boldsymbol{x}_n\right]\\&=\lambda_1^k\left[a_1\boldsymbol{x}_1+\boldsymbol{\varepsilon}_k\right]\end{aligned} \tag{9.5}$$

其中：$\boldsymbol{\varepsilon}_k=\sum\limits_{j=2}^{n}a_j\left(\frac{\lambda_j}{\lambda_1}\right)^k\boldsymbol{x}_j$.

因 $\boldsymbol{u}_0$ 是任意选取的，故可选 $\boldsymbol{u}_0$ 使得 $a_1\neq0$. 由于 $\left|\frac{\lambda_i}{\lambda_1}\right|<1\,(i=2,3,\cdots,n)$，当 k 充分大时，有

$$\boldsymbol{u}_k\approx a_1\lambda_1^k\boldsymbol{x}_1,\qquad\boldsymbol{u}_{k+1}\approx a_1\lambda_1^{k+1}\boldsymbol{x}_1\approx\lambda_1\boldsymbol{u}_k \tag{9.6}$$

而 $\boldsymbol{A}\boldsymbol{u}_k=\boldsymbol{u}_{k+1}\approx\lambda_1\boldsymbol{u}_k$，故 $\boldsymbol{u}_k$ 可以近似看成主特征值 λ_1 对应的特征向量.

下面考虑主特征值 λ_1 的计算. 用 $(\boldsymbol{u}_k)_i$ 表示向量 $\boldsymbol{u}_k$ 的第 i 个分量，则

$$\frac{(\boldsymbol{u}_{k+1})_i}{(\boldsymbol{u}_k)_i}=\lambda_1\frac{a_1(\boldsymbol{x}_1)_i+(\boldsymbol{\varepsilon}_{k+1})_i}{a_1(\boldsymbol{x}_1)_i+(\boldsymbol{\varepsilon}_k)_i}$$

故

$$\lim_{k\to\infty}\frac{(\boldsymbol{u}_{k+1})_i}{(\boldsymbol{u}_k)_i}=\lambda_1 \tag{9.7}$$

也就是说，两相邻迭代向量分量的比值收敛到主特征值.

上述过程由已知非零向量 $\boldsymbol{u}_0$ 及矩阵 $\boldsymbol{A}$ 的乘幂 $\boldsymbol{A}^k$ 构造向量序列 $\{\boldsymbol{u}_k\}$，以计算 $\boldsymbol{A}$ 的主特征值 λ_1（利用式（9.7））及其相应特征向量（利用式（9.6）），称为幂法.

注意到，若 $|\lambda_1|>1$（或 $|\lambda_1|<1$），则 $\boldsymbol{u}_k$ 的分量随 k 的增大而趋于无穷大（或趋于零），在计算机里容易发生上溢出（或下溢出）. 为了避免这种情况，通常每迭代一次都对 $\boldsymbol{u}_k$ 进行归一化，使其范数（$\|\cdot\|_\infty$）等于 1. 因此，实际使用的迭代公式为

$$\begin{cases} \boldsymbol{y}_{k-1} = \dfrac{\boldsymbol{u}_{k-1}}{\max \boldsymbol{u}_{k-1}} \quad (k=1,2,\cdots) \\ \boldsymbol{u}_k = \boldsymbol{A}\boldsymbol{y}_{k-1} \end{cases} \tag{9.8}$$

其中：$\max \boldsymbol{u}_{k-1}$ 为向量 $\boldsymbol{u}_{k-1}$ 绝对值（或模）最大的分量. 由迭代公式知

$$\begin{cases} \boldsymbol{u}_1 = \boldsymbol{A}\boldsymbol{y}_0 = \dfrac{\boldsymbol{A}\boldsymbol{u}_0}{\max \boldsymbol{u}_0}, \quad \boldsymbol{y}_1 = \dfrac{\boldsymbol{u}_1}{\max \boldsymbol{u}_1} = \dfrac{\boldsymbol{A}\boldsymbol{u}_0}{\max(\boldsymbol{A}\boldsymbol{u}_0)} \\ \boldsymbol{u}_2 = \boldsymbol{A}\boldsymbol{y}_1 = \dfrac{\boldsymbol{A}^2\boldsymbol{u}_0}{\max(\boldsymbol{A}\boldsymbol{u}_0)}, \quad \boldsymbol{y}_2 = \dfrac{\boldsymbol{u}_2}{\max \boldsymbol{u}_2} = \dfrac{\boldsymbol{A}^2\boldsymbol{u}_0}{\max(\boldsymbol{A}^2\boldsymbol{u}_0)} \\ \cdots\cdots \\ \boldsymbol{u}_k = \boldsymbol{A}\boldsymbol{y}_{k-1} = \dfrac{\boldsymbol{A}^k\boldsymbol{u}_0}{\max(\boldsymbol{A}^{k-1}\boldsymbol{u}_0)}, \quad \boldsymbol{y}_k = \dfrac{\boldsymbol{u}_k}{\max \boldsymbol{u}_k} = \dfrac{\boldsymbol{A}^k\boldsymbol{u}_0}{\max(\boldsymbol{A}^k\boldsymbol{u}_0)} \end{cases} \tag{9.9}$$

对规范化幂法，有如下收敛性定理.

定理 9.6 设 $\boldsymbol{A}$ 为 n 阶实矩阵，有 n 个线性无关的特征向量，其特征值满足 $|\lambda_1|>|\lambda_2|\geqslant\cdots\geqslant|\lambda_n|$. 向量序列 $\{\boldsymbol{u}_k\}$ 和 $\{\boldsymbol{y}_k\}$ 由式（9.9）确定，则

$$\lim_{k\to\infty} \max \boldsymbol{u}_k = \lambda_1, \qquad \lim_{k\to\infty} \boldsymbol{y}_k = \frac{\boldsymbol{x}_1}{\max \boldsymbol{x}_1}$$

证明 由式（9.9）可得

$$\boldsymbol{A}^k\boldsymbol{u}_0 = \lambda_1^k\left[a_1\boldsymbol{x}_1 + \sum_{j=2}^n a_j\left(\frac{\lambda_j}{\lambda_1}\right)^k \boldsymbol{x}_j\right]$$

$$\boldsymbol{y}_k = \frac{\boldsymbol{A}^k\boldsymbol{u}_0}{\max\left(\boldsymbol{A}^k\boldsymbol{u}_0\right)} = \frac{\lambda_1^k\left[a_1\boldsymbol{x}_1 + \sum\limits_{j=2}^n a_j\left(\dfrac{\lambda_j}{\lambda_1}\right)^k \boldsymbol{x}_j\right]}{\max\left\{\lambda_1^k\left[a_1\boldsymbol{x}_1 + \sum\limits_{j=2}^n a_j\left(\dfrac{\lambda_j}{\lambda_1}\right)^k \boldsymbol{x}_j\right]\right\}} = \frac{a_1\boldsymbol{x}_1 + \sum\limits_{j=2}^n a_j\left(\dfrac{\lambda_j}{\lambda_1}\right)^k \boldsymbol{x}_j}{\max\left[a_1\boldsymbol{x}_1 + \sum\limits_{j=2}^n a_j\left(\dfrac{\lambda_j}{\lambda_1}\right)^k \boldsymbol{x}_j\right]} \tag{9.10}$$

所以

$$\lim_{k\to\infty} \boldsymbol{y}_k = \frac{\boldsymbol{x}_1}{\max \boldsymbol{x}_1}$$

同理可得

$$u_k = Ay_{k-1} = \frac{A^k u_0}{\max(A^{k-1}u_0)} = \frac{\lambda_1^k\left[a_1 x_1 + \sum_{j=2}^{n} a_j \left(\frac{\lambda_j}{\lambda_1}\right)^k x_j\right]}{\max\left\{\lambda_1^{k-1}\left[a_1 x_1 + \sum_{j=2}^{n} a_j \left(\frac{\lambda_j}{\lambda_1}\right)^{k-1} x_j\right]\right\}}$$

$$\max u_k = \frac{\lambda_1 \max\left[a_1 x_1 + \sum_{j=2}^{n} a_j \left(\frac{\lambda_j}{\lambda_1}\right)^k x_j\right]}{\max\left[a_1 x_1 + \sum_{j=2}^{n} a_j \left(\frac{\lambda_j}{\lambda_1}\right)^{k-1} x_j\right]} \to \lambda_1 \quad (k \to \infty)$$

例 9.1　求矩阵 $A = \begin{bmatrix} 2 & -1 & 2 \\ 5 & 1 & -5 \\ 1 & -1 & 3 \end{bmatrix}$ 的绝对值最大的特征值及其对应的特征向量.

解　取初始向量 $u_0 = (1,0,0)^{\mathrm{T}} = y_0$，按式（9.9）计算，结果如表 9.1 所示.

表 9.1　例 9.1 的计算结果

k	u_k^{T}			y_k^{T}			$\max u_k^{\mathrm{T}}$
0	1	0	0	1	0	0	—
1	2.000 0	5.000 0	1.000 0	0.400 0	1.000 0	0.200 0	5.000 0
2	0.200 0	2.000 0	0.000 0	0.100 0	1.000 0	0.000 0	2.000 0
3	−0.800 0	1.500 0	−0.900 0	−0.533 3	1.000 0	−0.600 0	1.500 0
4	−3.266 7	1.333 3	−3.333 3	0.980 0	−0.400 0	1.000 0	−3.333 3
5	4.360 0	−0.500 0	4.380 0	0.995 4	−0.114 2	1.000 0	4.380 0
6	4.105 0	−0.137 0	4.109 6	0.999 9	−0.033 3	1.000 0	4.109 6
7	4.031 1	−0.038 9	4.032 2	0.999 7	−0.009 6	1.000 0	4.032 2
⋮	⋮	⋮	⋮	⋮	⋮	⋮	⋮
15	4.000 0	−0.000 0	4.000 0	1.000 0	−0.000 0	1.000 0	4.000 0
16	4.000 0	−0.000 0	4.000 0	1.000 0	−0.000 0	1.000 0	4.000 0

故 A 的绝对值最大的特征值为 4，其对应的特征向量为 $(1,0,1)^{\mathrm{T}}$. 事实上，A 的特征值为 $\lambda_1 = 4$，$\lambda_2 = 1$，$\lambda_3 = 1$，与 λ_1 相应的特征向量为 $(1,0,1)^{\mathrm{T}}$.

前面的讨论中，假设 $|\lambda_1| > |\lambda_2|$. 若 A 的特征值 $\lambda_i\ (i = 1,2,\cdots,n)$ 满足条件

$$\lambda_1 = \lambda_2 = \cdots = \lambda_m$$

$$|\lambda_1| > |\lambda_{m+1}| \geqslant |\lambda_{m+2}| \geqslant \cdots \geqslant |\lambda_n|$$

A 仍有 n 个线性无关的特征向量，这时由式（9.10）可以看出，只要 $a_1, a_2, \cdots, a_m$ 不全为零，则有

$$
\boldsymbol{y}_k=\frac{a_1\boldsymbol{x}_1+\sum_{j=2}^{n}a_j\left(\frac{\lambda_j}{\lambda_1}\right)^k\boldsymbol{x}_j}{\max\left[a_1\boldsymbol{x}_1+\sum_{j=2}^{n}a_j\left(\frac{\lambda_j}{\lambda_1}\right)^k\boldsymbol{x}_j\right]}\to\frac{a_1\boldsymbol{x}_1+a_2\boldsymbol{x}_2+\cdots+a_m\boldsymbol{x}_m}{\max\left[a_1\boldsymbol{x}_1+a_2\boldsymbol{x}_2+\cdots+a_m\boldsymbol{x}_m\right]}\quad(k\to\infty)
$$

由于向量 $a_1\boldsymbol{x}_1+a_2\boldsymbol{x}_2+\cdots+a_m\boldsymbol{x}_m$ 仍是 $\boldsymbol{A}$ 的属于 λ_1 的特征向量，幂法公式（9.8）仍适用.

9.2.2 幂法的加速

1. 原点平移法

设 $\boldsymbol{A}$ 的特征值为 $\lambda_1,\lambda_2,\cdots,\lambda_n$，且满足

$$|\lambda_1|>|\lambda_2|\geqslant\cdots\geqslant|\lambda_n|$$

幂法的收敛速度由 $r=\left|\frac{\lambda_2}{\lambda_1}\right|$ 决定，当 $r\ll 1$ 时收敛很快，当 r 接近于 1 时收敛可能很慢. 因此，为提高收敛速度、改善 $r\approx 1$ 的状况，可以采用原点平移的方法，改善原矩阵 $\boldsymbol{A}$ 的状态. 令

$$\boldsymbol{B}=\boldsymbol{A}-\lambda_0\boldsymbol{I}$$

其中 λ_0 为选择参数，则 $\boldsymbol{B}$ 的特征值为 $\lambda_1-\lambda_0,\lambda_2-\lambda_0,\cdots,\lambda_n-\lambda_0$，且 $\boldsymbol{A}$ 与 $\boldsymbol{B}$ 的特征向量相同.

若需要计算 $\boldsymbol{A}$ 的主特征值 λ_1，选择适当的 λ_0 使得 $\lambda_1-\lambda_0$ 是 $\boldsymbol{B}$ 的主特征值，且满足

$$\max_{2\leqslant i\leqslant n}\left|\frac{\lambda_i-\lambda_0}{\lambda_1-\lambda_0}\right|<\left|\frac{\lambda_2}{\lambda_1}\right|$$

则对矩阵 $\boldsymbol{B}$ 应用幂法求 $\lambda_1-\lambda_0$ 的过程比对 $\boldsymbol{A}$ 应用幂法求 λ_1 时收敛要快. 这种方法称为原点平移法. λ_0 的最佳值是使 $\max\limits_{2\leqslant i\leqslant n}\left|\frac{\lambda_i-\lambda_0}{\lambda_1-\lambda_0}\right|$ 为最小值. 但是要求 $\boldsymbol{A}$ 的特征值 $\lambda_i\ (i=1,2,\cdots,n)$ 都是未知数，故 λ_0 的选取比较困难.

下面考虑当 $\boldsymbol{A}$ 的特征值为实数时，如何选择 λ_0 使幂法计算 λ_1 得以加速.

设 $\boldsymbol{A}$ 的特征值满足

$$|\lambda_1|>|\lambda_2|\geqslant\cdots\geqslant|\lambda_n|$$

则对于任意实数 λ_0，$\boldsymbol{B}=\boldsymbol{A}-\lambda_0\boldsymbol{I}$ 按模最大的特征值为 $\lambda_1-\lambda_0$ 或 $\lambda_n-\lambda_0$.

当希望计算 λ_1 和 $\boldsymbol{x}_1$ 时，应选择 λ_0 使得

$$|\lambda_1-\lambda_0|>|\lambda_n-\lambda_0|$$

且确定的收敛速度的比值

$$r=\max\left(\left|\frac{\lambda_2-\lambda_0}{\lambda_1-\lambda_0}\right|,\left|\frac{\lambda_n-\lambda_0}{\lambda_1-\lambda_0}\right|\right)$$

当 $\lambda_2-\lambda_0=-(\lambda_n-\lambda_0)$，即 $\lambda_0=\frac{\lambda_2+\lambda_n}{2}$ 时，r 最小，这时用幂法计算 λ_1 和 $\boldsymbol{x}_1$ 得到加速.

当希望计算 λ_n 和 $\boldsymbol{x}_n$ 时，应选择 λ_0 使得

$$|\lambda_n-\lambda_0|>|\lambda_1-\lambda_0|$$

且确定的收敛速度的比值

$$r = \max\left(\left|\frac{\lambda_1 - \lambda_0}{\lambda_n - \lambda_0}\right|, \left|\frac{\lambda_{n-1} - \lambda_0}{\lambda_n - \lambda_0}\right|\right)$$

当 $\lambda_1 - \lambda_0 = -(\lambda_{n-1} - \lambda_0)$，即 $\lambda_0 = \dfrac{\lambda_1 + \lambda_{n-1}}{2}$ 时，r 为最小，这时用幂法计算 λ_n 和 $\boldsymbol{x}_n$ 得到加速.

例 9.2　计算例 9.1 中矩阵 $\boldsymbol{A}$ 的主特征值.

解　作变换 $\boldsymbol{B} = \boldsymbol{A} - \lambda_0 \boldsymbol{I}$，取 $\lambda_0 = 0.75$，则

$$\boldsymbol{B} = \begin{bmatrix} 1.25 & -1 & 2 \\ 5 & 0.25 & -5 \\ 1 & -1 & 2.25 \end{bmatrix}$$

对 $\boldsymbol{B}$ 按式（9.9）计算，结果如表 9.2 所示.

表 9.2　例 9.2 的计算结果

k	$\boldsymbol{u}_k^{\mathrm{T}}$			$\boldsymbol{y}_k^{\mathrm{T}}$			$\max \boldsymbol{u}_k^{\mathrm{T}}$
0	1	0	0	1	0	0	—
1	1.250 0	5.000 0	1.000 0	0.250 0	1.000 0	0.200 0	5.000 0
2	−0.287 5	0.500 0	−0.300 0	−0.575 0	1.000 0	−0.600 0	0.500 0
3	−2.918 8	0.375 0	−2.925 0	0.997 9	−0.128 2	1.000 0	−2.925 0
4	3.375 5	−0.042 7	3.376 1	0.999 8	−0.012 7	1.000 0	3.376 1
5	3.262 4	−0.004 0	3.262 5	1.000 0	−0.001 2	1.000 0	3.262 5
6	3.251 2	−0.000 4	3.251 2	1.000 0	−0.000 1	1.000 0	3.251 2
7	3.250 1	−0.000 0	3.250 1	1.000 0	−0.000 0	1.000 0	3.250 1
8	3.250 0	−0.000 0	3.250 0	1.000 0	−0.000 0	1.000 0	3.250 0
9	3.250 0	−0.000 0	3.250 0	1.000 0	−0.000 0	1.000 0	3.250 0
10	3.250 0	−0.000 0	3.250 0	1.000 0	−0.000 0	1.000 0	3.250 0

故 $\boldsymbol{B}$ 的绝对值最大的特征值为 $\mu_1 = 3.250\,0$，$\boldsymbol{A}$ 的绝对值最大的特征值为

$$\lambda_1 = \mu_1 + \lambda_0 = 4$$

此结果与未加速的规范化幂法公式计算结果相比，收敛速度要快得多.

2. Rayleigh 商加速

对于实对称矩阵，用 Rayleigh 商可以提高计算主特征值幂法的收敛速度.

定理 9.7　设 n 阶实对称矩阵 $\boldsymbol{A}$ 的特征值满足 $|\lambda_1| > |\lambda_2| \geqslant \cdots \geqslant |\lambda_n|$，且对应的特征向量 $\boldsymbol{x}_1, \boldsymbol{x}_2, \cdots, \boldsymbol{x}_n$ 是规范正交的，应用幂法计算 $\boldsymbol{A}$ 的主特征值 λ_1，则规范化向量 $\boldsymbol{y}_k$ 的 Rayleigh 商给出 λ_1 较好的近似，即

$$R(\boldsymbol{y}_k) = \frac{(\boldsymbol{A}\boldsymbol{y}_k, \boldsymbol{y}_k)}{(\boldsymbol{y}_k, \boldsymbol{y}_k)} = \lambda_1 + O\left(\left(\frac{\lambda_2}{\lambda_1}\right)^{2k}\right)$$

证明　对任意非零单位向量 $\boldsymbol{u}_0$ 有

$$\boldsymbol{u}_0 = \boldsymbol{y}_0 = \sum_{i=1}^{n} a_i \boldsymbol{x}_i$$

则

$$\boldsymbol{A}\boldsymbol{u}_k = \boldsymbol{A}^{k+1}\boldsymbol{u}_0 = \sum_{i=1}^{n} a_i \lambda_i^{k+1} \boldsymbol{x}_i, \qquad \boldsymbol{u}_k^{\mathrm{T}} \boldsymbol{A}\boldsymbol{u}_k = \boldsymbol{u}_k^{\mathrm{T}} \boldsymbol{u}_{k+1} = \sum_{i=1}^{n} a_i^2 \lambda_i^{2k+1}$$

因 $\boldsymbol{u}_k^{\mathrm{T}}\boldsymbol{u}_k = \sum_{i=1}^{n} a_i^2 \lambda_i^{2k}$，故

$$R(\boldsymbol{y}_k) = \frac{(\boldsymbol{A}\boldsymbol{y}_k, \boldsymbol{y}_k)}{(\boldsymbol{y}_k, \boldsymbol{y}_k)} = \frac{\boldsymbol{y}_k^{\mathrm{T}}\boldsymbol{A}\boldsymbol{y}_k}{\boldsymbol{y}_k^{\mathrm{T}}\boldsymbol{y}_k} = \frac{\boldsymbol{u}_k^{\mathrm{T}}\boldsymbol{u}_{k+1}}{\boldsymbol{u}_k^{\mathrm{T}}\boldsymbol{u}_k} = \frac{\sum_{i=1}^{n} a_i^2 \lambda_i^{2k+1}}{\sum_{i=1}^{n} a_i^2 \lambda_i^{2k}} = \lambda_1 + O\left(\left(\frac{\lambda_2}{\lambda_1}\right)^{2k}\right)$$

与幂法计算一般矩阵主特征值的收敛速度主要取决于比值 $r = \frac{\lambda_2}{\lambda_1}$ 相比，Rayleigh 商加速法计算实对称矩阵主特征值的收敛速度主要取决于比值 $\left(\frac{\lambda_2}{\lambda_1}\right)^k$.

9.2.3　反幂法

反幂法用于求矩阵 $\boldsymbol{A}$ 模最小的特征值及其对应的特征向量，也可用来计算对应于一个给定的近似特征值的特征向量.

设 $\boldsymbol{A}$ 有 n 个线性无关的特征向量 $\boldsymbol{x}_1, \boldsymbol{x}_2, \cdots, \boldsymbol{x}_n$，其相应的特征值为 $\lambda_1, \lambda_2, \cdots, \lambda_n$，且满足

$$|\lambda_1| \geqslant |\lambda_2| \geqslant \cdots > |\lambda_n| > 0$$

则 $\boldsymbol{A}^{-1}$ 的特征值为

$$\frac{1}{|\lambda_1|} \leqslant \frac{1}{|\lambda_2|} \leqslant \cdots < \frac{1}{|\lambda_n|}$$

对应的特征向量仍然为 $\boldsymbol{x}_1, \boldsymbol{x}_2, \cdots, \boldsymbol{x}_n$. 因此，计算 $\boldsymbol{A}$ 的模最小的特征值问题等价于计算 $\boldsymbol{A}^{-1}$ 模最大的特征值问题.

对 $\boldsymbol{A}^{-1}$ 应用幂法可求得矩阵 $\boldsymbol{A}^{-1}$ 的主特征值 $\frac{1}{\lambda_n}$，从而求得 $\boldsymbol{A}$ 的模最小的特征值 λ_n. 此法称为反幂法.

反幂法迭代公式为：任取初始向量 $\boldsymbol{u}_0 = \boldsymbol{y}_0 \neq \boldsymbol{0}$，构造向量序列

$$\begin{cases} \boldsymbol{u}_k = \boldsymbol{A}^{-1}\boldsymbol{y}_{k-1} \\ \boldsymbol{y}_k = \dfrac{\boldsymbol{u}_k}{\max \boldsymbol{u}_k} \end{cases} \quad (k = 1, 2, \cdots) \tag{9.11}$$

其中：迭代向量 $\boldsymbol{u}_k$ 的计算要通过解方程组

$$\boldsymbol{A}\boldsymbol{u}_k = \boldsymbol{y}_{k-1} \tag{9.12}$$

求得.

定理 9.8　设 $\boldsymbol{A}$ 为 n 阶非奇异实矩阵，有 n 个线性无关的特征向量，其特征值满足

$$|\lambda_1| \geqslant |\lambda_2| \geqslant \cdots \geqslant |\lambda_{n-1}| > |\lambda_n| > 0$$

则对任意初始非零向量 $\boldsymbol{u}_0 = \boldsymbol{y}_0$ $(a_n \neq 0)$，由反幂法构造的向量序列 $\{\boldsymbol{u}_k\}$ 和 $\{\boldsymbol{y}_k\}$ 满足

$$\lim_{k\to\infty} \max \boldsymbol{u}_k = \frac{1}{\lambda_n}, \qquad \lim_{k\to\infty} \boldsymbol{y}_k = \frac{\boldsymbol{x}_n}{\max \boldsymbol{x}_n}$$

收敛速度的比值为 $\left|\dfrac{\lambda_n}{\lambda_{n-1}}\right|$.

由式（9.12）知，用反幂法迭代一次，需要解一个线性方程组，实际计算时，可以事先把 $\boldsymbol{A}$ 做 LU 分解，这样，每迭代一次，只要解两个三角方程组.

例 9.3　求矩阵 $\boldsymbol{A} = \begin{bmatrix} 2 & 8 & 9 \\ 8 & 3 & 4 \\ 9 & 4 & 7 \end{bmatrix}$ 模最小的特征值及其对应的特征向量.

解　对矩阵 $\boldsymbol{A}$ 做 LU 分解，可得

$$\boldsymbol{L} = \begin{bmatrix} 1 & & \\ 4 & 1 & \\ 4.5 & 1.1034 & 1 \end{bmatrix}, \quad \boldsymbol{U} = \begin{bmatrix} 2 & 8 & 9 \\ & -29 & -32 \\ & & 1.8103 \end{bmatrix}$$

取初始非零向量 $\boldsymbol{u}_0 = \boldsymbol{y}_0 = (1,1,1)^{\mathrm{T}}$，作规范化计算，有计算公式

$$\begin{cases} \boldsymbol{L}\boldsymbol{W}_k = \boldsymbol{y}_{k-1} \\ \boldsymbol{U}\boldsymbol{u}_k = \boldsymbol{W}_k \\ m_k = \max \boldsymbol{u}_k \quad (k = 1,2,\cdots) \\ \boldsymbol{y}_k = \dfrac{\boldsymbol{u}_k}{m_k} \end{cases}$$

计算结果如表 9.3 所示.

表 9.3　例 9.3 的计算结果

k	$\boldsymbol{y}_k^{\mathrm{T}}$			$\max \boldsymbol{u}_k^{\mathrm{T}}$
0	1.000 0	1.000 0	1.000 0	1.000 0
1	0.434 7	1.000 2	−0.478 5	0.219 1
2	0.190 2	1.000 0	−0.883 5	1.012 7
3	0.184 3	1.000 0	−0.912 4	1.212 9
4	0.183 1	1.000 0	−0.912 9	1.229 3
5	0.183 2	1.000 0	−0.913 0	1.229 5
6	0.183 2	1.000 0	−0.913 1	1.229 5

迭代 6 次可得 $\dfrac{1}{\lambda_3} \approx 1.2295$，所以 $\lambda_3 = 0.813\,3$，其对应的特征向量为

$$\boldsymbol{x}_8 \approx (0.183\,2, 1.000\,0, -0.913\,1)$$

若已知 $\boldsymbol{A}$ 的某个特征值 λ_i 的近似值 p（要求 p 满足当 $i \neq j$ 时 $|\lambda_i - p| < |\lambda_j - p|$），则 $\dfrac{1}{|\lambda_i - p|}$

便是$(\boldsymbol{A}-p\boldsymbol{I})^{-1}$的主特征值. 将原点平移法与反幂法结合起来有下面计算公式.

取$\boldsymbol{u}_0=\boldsymbol{y}_0\neq\boldsymbol{0}$，计算

$$\begin{cases}\boldsymbol{u}_k=(\boldsymbol{A}-p\boldsymbol{I})^{-1}\boldsymbol{y}_{k-1}\\ \boldsymbol{y}_k=\dfrac{\boldsymbol{u}_k}{\max(\boldsymbol{u}_k)}\end{cases}\quad(k=1,2,\cdots)\tag{9.13}$$

若p是λ_i的相对分离较好的近似值（$p\neq\lambda_i$），当$|\lambda_i-p|\ll|\lambda_j-p|(j\neq i)$时，有

$$\lim_{k\to\infty}\boldsymbol{y}_k=\frac{\boldsymbol{x}_i}{\max\boldsymbol{x}_i},\qquad \lim_{k\to\infty}\max\boldsymbol{u}_k=\frac{1}{\lambda_i-p}$$

从而可得

$$p+\lim_{k\to\infty}\frac{1}{\max\boldsymbol{u}_k}=\lambda_i,\qquad \lim_{k\to\infty}\boldsymbol{y}_k=\frac{\boldsymbol{x}_i}{\max\boldsymbol{x}_i}$$

式(9.13)中的$\boldsymbol{u}_k$是通过解方程组$(\boldsymbol{A}-p\boldsymbol{I})\boldsymbol{u}_k=\boldsymbol{y}_{k-1}$求得的，为此进行三角分解$\boldsymbol{P}(\boldsymbol{A}-p\boldsymbol{I})=\boldsymbol{L}\boldsymbol{U}$，其中$\boldsymbol{P}$为置换矩阵，于是求$\boldsymbol{u}_k$相当于解两个三角形方程组

$$\boldsymbol{L}\boldsymbol{w}_k=\boldsymbol{P}\boldsymbol{y}_{k-1},\qquad \boldsymbol{U}\boldsymbol{u}_k=\boldsymbol{w}_k$$

从而反幂法迭代公式为

$$\begin{cases}\boldsymbol{L}\boldsymbol{w}_k=\boldsymbol{P}\boldsymbol{y}_{k-1}\\ \boldsymbol{U}\boldsymbol{u}_k=\boldsymbol{w}_k\\ \boldsymbol{y}_k=\dfrac{\boldsymbol{u}_k}{\max\boldsymbol{u}_k}\end{cases}\quad(k=1,2,\cdots)\tag{9.14}$$

实验表明，按下述方法选择$\boldsymbol{u}_0=\boldsymbol{y}_0$是较好的. 选$\boldsymbol{y}_0$，使得

$$\boldsymbol{U}\boldsymbol{u}_1=\boldsymbol{L}^{-1}\boldsymbol{P}\boldsymbol{y}_0=(1,1,\cdots,1)^{\mathrm{T}}\tag{9.15}$$

用回代求解式（9.15），即得$\boldsymbol{u}_1$，再按式（9.14）迭代.

例 9.4　求矩阵$\boldsymbol{A}=\begin{bmatrix}-11&3&1\\3&1&-2\\3&-2&6\end{bmatrix}$接近$p=-11.2$的特征值及其对应的特征向量.

解　由于$p=-11.2$，有

$$\boldsymbol{A}-p\boldsymbol{I}=\begin{bmatrix}0.2&3&1\\3&12.2&-2\\3&-2&17.2\end{bmatrix}$$

对$\boldsymbol{A}-p\boldsymbol{I}$进行三角分解有$\boldsymbol{P}(\boldsymbol{A}-p\boldsymbol{I})=\boldsymbol{L}\boldsymbol{U}$，其中

$$\boldsymbol{L}=\begin{bmatrix}1&&\\1&1&\\0.0667&-0.1540&1\end{bmatrix},\quad \boldsymbol{U}=\begin{bmatrix}3&12.2000&-2\\&-14.2000&19.2000\\&&4.0900\end{bmatrix},\quad \boldsymbol{P}=\begin{bmatrix}0&1&0\\0&0&1\\1&0&0\end{bmatrix}$$

按式（9.14）计算，计算结果如表 9.4 所示.

表 9.4　例 9.4 的计算结果

k	$\boldsymbol{u}_k^{\mathrm{T}}$			$\boldsymbol{y}_k^{\mathrm{T}}$			$p+\dfrac{1}{\max \boldsymbol{u}_k}$
0	1	1	1	1	1	1	—
1	−0.769 3	0.308 6	0.228 2	1.000 0	−0.401 1	−0.296 6	−12.499 9
2	−1.335 8	0.337 4	0.255 0	1.000 0	−0.252 6	−0.190 9	−11.948 6
3	−1.279 1	0.335 0	0.250 9	1.000 0	−0.261 9	−0.196 2	−11.981 8
4	−1.282 5	0.335 1	0.251 2	1.000 0	−0.261 3	−0.195 9	−11.979 7
5	−1.282 3	0.335 1	0.251 2	1.000 0	−0.261 3	−0.195 9	−11.979 9
6	−1.282 3	0.335 1	0.251 2	1.000 0	−0.261 3	−0.195 9	−11.979 9

特征值为 $\lambda=-11.9799$，其对应的特征向量为 $\boldsymbol{u}=(1.0000,-0.2613,-0.1959)^{\mathrm{T}}$.

9.3　Jacobi　方　法

设 $\boldsymbol{A}$ 为 n 阶实对称矩阵，则存在正交矩阵 $\boldsymbol{Q}$，使得

$$\boldsymbol{Q}^{\mathrm{T}}\boldsymbol{A}\boldsymbol{Q}=\boldsymbol{D}=\operatorname{diag}(\lambda_1,\lambda_2,\cdots,\lambda_n)$$

且 $\lambda_1,\lambda_2,\cdots,\lambda_n$ 是 $\boldsymbol{A}$ 的特征值，$\boldsymbol{Q}$ 的第 i 列是 λ_i 所对应的特征向量. Jacobi 方法就是通过一系列的正交相似变换将矩阵 $\boldsymbol{A}$ 对角化，从而得到 $\boldsymbol{A}$ 的全部特征值和特征向量.

对二阶实对称矩阵

$$\boldsymbol{A}=\begin{bmatrix} a_{11} & a_{12} \\ a_{21} & a_{11} \end{bmatrix} \quad (a_{12}=a_{21}\neq 0)$$

取 $\boldsymbol{Q}=\begin{bmatrix} \cos\theta & \sin\theta \\ -\sin\theta & \cos\theta \end{bmatrix}$，显然 $\boldsymbol{Q}$ 为正交矩阵，且为平面旋转矩阵. 令 $\boldsymbol{B}=\boldsymbol{Q}\boldsymbol{A}\boldsymbol{Q}^{\mathrm{T}}=(b_{ij})$，则有

$$b_{11}=a_{11}\cos^2\theta+a_{12}\sin 2\theta+a_{22}\sin^2\theta$$

$$b_{12}=b_{21}=\frac{a_{22}-a_{11}}{2}\sin 2\theta+a_{12}\cos 2\theta$$

$$b_{22}=a_{11}\sin^2\theta-a_{12}\sin 2\theta+a_{22}\cos^2\theta$$

当选取 θ 满足

$$\begin{cases} \tan 2\theta=-\dfrac{2a_{12}}{a_{11}-a_{22}}, & a_{11}\neq a_{22} \\ \theta=\dfrac{\pi}{4}, & a_{11}=a_{22} \end{cases}$$

时，就有 $b_{12}=b_{21}=0$，此时 $\boldsymbol{B}=\boldsymbol{Q}\boldsymbol{A}\boldsymbol{Q}^{\mathrm{T}}=\operatorname{diag}(\lambda_1,\lambda_2)$.

上述利用平面旋转正交变换将二阶实对称矩阵化为对角矩阵的方法可以推广到一般的 n 阶实对称矩阵.

定义 9.2　称矩阵

$$
\boldsymbol{R}(i,j,\theta)=\begin{bmatrix}
1 & & & & & & & & \\
 & \ddots & & & & & & & \\
 & & 1 & & & & & & \\
 & & & \cos\theta & & & \sin\theta & & \\
 & & & & 1 & & & & \\
 & & & & & \ddots & & & \\
 & & & & & & 1 & & \\
 & & & -\sin\theta & & & \cos\theta & & \\
 & & & & & & & 1 & \\
 & & & & & & & & \ddots \\
 & & & & & & & & & 1
\end{bmatrix}\begin{matrix} \\ \\ \\ i\text{行} \\ \\ \\ \\ j\text{行} \\ \\ \\ \\ \end{matrix}
$$

i列　　　　j列

为 Givens（吉文斯）旋转矩阵，常简记为 $\boldsymbol{R}_{ij}$.

矩阵 $\boldsymbol{R}(i,j,\theta)$ 是将单位矩阵中的元素 $(i,i),(i,j),(j,i),(j,j)$ 分别替换为 $\cos\theta,\sin\theta,-\sin\theta$，$\cos\theta$.

容易验证矩阵 $\boldsymbol{R}(i,j,\theta)$ 是正交矩阵，即 $\boldsymbol{R}^{\mathrm{T}}(i,j,\theta)=\boldsymbol{R}^{-1}(i,j,\theta)$.

定理 9.9　设 $\boldsymbol{A}$ 为 n 阶实对称矩阵，$\boldsymbol{Q}$ 为正交矩阵，$\boldsymbol{L}=\boldsymbol{Q}^{\mathrm{T}}\boldsymbol{AQ}$，则 $\|\boldsymbol{L}\|_F^2=\|\boldsymbol{A}\|_F^2$.

证明　由定义有

$$
\|\boldsymbol{A}\|_F^2=\sum_{i=1}^{n}\sum_{j=1}^{n}a_{ij}^2=\operatorname{tr}(\boldsymbol{A}^{\mathrm{T}}\boldsymbol{A})=\operatorname{tr}(\boldsymbol{A}^2)=\sum_{i=1}^{n}\lambda_i^2(\boldsymbol{A})
$$

$$
\|\boldsymbol{L}\|_F^2=\operatorname{tr}(\boldsymbol{L}^{\mathrm{T}}\boldsymbol{L})=\operatorname{tr}(\boldsymbol{L}^2)=\sum_{i=1}^{n}\lambda_i^2(\boldsymbol{L})
$$

又 $\boldsymbol{Q}$ 为正交矩阵，故 $\boldsymbol{Q}$ 与 $\boldsymbol{L}$ 有相同的特征值. 因此 $\|\boldsymbol{L}\|_F^2=\|\boldsymbol{A}\|_F^2$.

Jacobi 方法就是通过一系列旋转相似变换逐步地将 $\boldsymbol{A}$ 化为对角矩阵的过程，即

$$
\begin{cases}\boldsymbol{A}^{(0)}=\boldsymbol{A}\\ \boldsymbol{A}^{(k+1)}=(\boldsymbol{R}_{ij})_{k+1}\boldsymbol{A}^{(k)}(\boldsymbol{R}_{ij})_{k+1}^{\mathrm{T}}\end{cases}\tag{9.16}
$$

恰当地选取每个旋转矩阵 $(\boldsymbol{R}_{ij})_{k+1}$，就可以使 $\boldsymbol{A}^{(k+1)}$ 趋于对角矩阵.

为书写方便，记 $\boldsymbol{R}_{k+1}=(\boldsymbol{R}_{ij})_{k+1}$. 由于 $\boldsymbol{R}_{k+1}$ 是正交矩阵，$\boldsymbol{A}^{(k+1)}$ 与 $\boldsymbol{A}^{(k)}$ 相似，且 $\boldsymbol{A}^{(k+1)}$ 也为实对称矩阵. $\boldsymbol{A}^{(k+1)}$ 与 $\boldsymbol{A}^{(k)}$ 的差别仅在于 I,j 行与 I,j 列的元素. 记 $\boldsymbol{A}^{(k)}=\left(a_{ij}^{(k)}\right)$，由矩阵乘法可得

$$
\begin{cases}a_{ih}^{(k+1)}=a_{ih}^{(k)}\operatorname{con}\theta+a_{jh}^{(k)}\sin\theta\\ a_{jh}^{(k+1)}=-a_{ih}^{(k)}\sin\theta+a_{jh}^{(k)}\operatorname{con}\theta\\ a_{hi}^{(k+1)}=a_{hi}^{(k)}\operatorname{con}\theta+a_{hj}^{(k)}\sin\theta\\ a_{hj}^{(k+1)}=-a_{hi}^{(k)}\sin\theta+a_{hj}^{(k)}\operatorname{con}\theta\end{cases}\quad(h\neq i,j)\tag{9.17}
$$

$$\begin{cases} a_{ii}^{(k+1)} = a_{ii}^{(k)}\cos^2\theta + 2a_{ij}^{(k)}\sin\theta\cos\theta + a_{jj}^{(k)}\sin^2\theta \\ a_{jj}^{(k+1)} = a_{ii}^{(k)}\sin^2\theta - 2a_{ij}^{(k)}\sin\theta\cos\theta + a_{jj}^{(k)}\cos^2\theta \\ a_{ij}^{(k+1)} = \left(a_{jj}^{(k)} - a_{ii}^{(k)}\right)\sin\theta\cos\theta + a_{ij}^{(k)}\left(\cos^2\theta - \sin^2\theta\right) = a_{ji}^{(k+1)} \end{cases} \tag{9.18}$$

$$a_{mh}^{(k+1)} = a_{mh}^{(k)} \quad (m,h \neq i,j) \tag{9.19}$$

由式（9.17）和式（9.19）可知

$$\left(a_{ih}^{(k+1)}\right)^2 + \left(a_{jh}^{(k+1)}\right)^2 = \left(a_{ih}^{(k)}\right)^2 + \left(a_{jh}^{(k)}\right)^2 \quad (h \neq i,j)$$

$$\left(a_{mh}^{(k+1)}\right)^2 = \left(a_{mh}^{(k)}\right)^2 \quad (m,h \neq i,j)$$

由式（9.18）可以验证

$$\left(a_{ii}^{(k+1)}\right)^2 + \left(a_{jj}^{(k+1)}\right)^2 + 2\left(a_{ij}^{(k+1)}\right)^2 = \left(a_{ii}^{(k)}\right)^2 + \left(a_{jj}^{(k)}\right)^2 + 2\left(a_{ij}^{(k)}\right)^2 \tag{9.20}$$

若 $a_{ij}^{(k)} \neq 0$，选取 θ 使 $a_{ij}^{(k+1)} = 0$，只须 θ 满足

$$\tan 2\theta = \frac{2a_{ij}^{(k)}}{a_{ii}^{(k)} - a_{jj}^{(k)}} \tag{9.21}$$

此时有

$$\left(a_{ii}^{(k+1)}\right)^2 + \left(a_{jj}^{(k+1)}\right)^2 = \left(a_{ii}^{(k)}\right)^2 + \left(a_{jj}^{(k)}\right)^2 + 2\left(a_{ij}^{(k)}\right)^2$$

引入记号 $D(\boldsymbol{A}) = \sum_{i=1}^{n} a_{ii}^2$，$S(\boldsymbol{A}) = \sum_{\substack{i,j=1 \\ i \neq j}}^{n} a_{ij}^2$，由于 $a_{mh}^{(k+1)} = a_{mh}^{(k)}\ (m,h \neq i,j)$，有

$$\begin{cases} D(\boldsymbol{A}^{(k+1)}) = D(\boldsymbol{A}^{(k)}) + 2\left(a_{ij}^{(k)}\right)^2 \\ S(\boldsymbol{A}^{(k+1)}) = S(\boldsymbol{A}^{(k)}) - 2\left(a_{ij}^{(k)}\right)^2 \end{cases} \tag{9.22}$$

这说明只要 $a_{ij}^{(k)} \neq 0$，按上述方法构造的 Givens 旋转矩阵 $\boldsymbol{R}_{k+1}$ 对 $\boldsymbol{A}^{(k)}$ 变换后就会使对角线元素的平方和增加，而非对角线元素的平方和减少.

Jacobi 方法的具体计算步骤如下.

（1）选主元，即确定 $i, j\ (i<j)$ 使得 $\left|a_{ij}^{(k)}\right| = \max\left\{\left|a_{ml}^{(k)}\right| : m \neq l; m,l \in \{1,2,\cdots,n\}\right\}$.

（2）计算 $\mathrm{con}\,\theta_k$ 和 $\sin\theta_k$，确定正交矩阵 $\boldsymbol{R}_{k+1}(i,j,\theta_k)$，因为选取 θ_k 满足

$$\begin{cases} \tan 2\theta_k = \dfrac{2a_{ij}^{(k)}}{a_{ii}^{(k)} - a_{jj}^{(k)}}, a_{ii}^{(k)} \neq a_{jj}^{(k)} \\ \theta_k = \dfrac{\pi}{4}\mathrm{sign}\left(a_{ij}^{(k)}\right), \quad a_{ii}^{(k)} = a_{jj}^{(k)} \end{cases} \tag{9.23}$$

并且 $|\theta_k| \leqslant \dfrac{\pi}{4}$，所以当 $a_{ii}^{(k)} = a_{jj}^{(k)}$ 时，令

$$\begin{cases}\cos\theta_k=\dfrac{\sqrt{2}}{2}\\ \sin\theta_k=\operatorname{sign}\left(a_{ij}^{(k)}\right)\cos\theta_k\end{cases}\tag{9.24}$$

当 $a_{ii}^{(k)}\neq a_{jj}^{(k)}$ 时，令

$$\tan 2\theta_k=\frac{2a_{ij}^{(k)}}{a_{ii}^{(k)}-a_{jj}^{(k)}}=\frac{1}{d_k}$$

从而有

$$\tan^2\theta_k+2d_k\tan\theta_k-1=0$$

即

$$\tan\theta_k=-d_k\pm\sqrt{d_k^2+1}$$

为避免相近的数相减，取

$$t_k=\tan\theta_k=\frac{\operatorname{sign}(d_k)}{|d_k|+\sqrt{d_k^2+1}}\tag{9.25}$$

从而有

$$\cos\theta_k=\frac{1}{\sqrt{t_k^2+1}},\qquad \sin\theta_k=t_k\cos\theta_k\tag{9.26}$$

（3）计算正交矩阵 $\boldsymbol{W}_k$ 的元素.

由迭代关系式（9.16）知

$$\boldsymbol{A}^{(k+1)}=\boldsymbol{R}_{k+1}\boldsymbol{A}^{(k)}\boldsymbol{R}_{k+1}^{\mathrm{T}}=\boldsymbol{R}_{k+1}\boldsymbol{R}_k\boldsymbol{A}^{(k-1)}\boldsymbol{R}_k^{\mathrm{T}}\boldsymbol{R}_{k+1}^{\mathrm{T}}=\cdots=\boldsymbol{R}_{k+1}\boldsymbol{R}_k\cdots\boldsymbol{R}_1\boldsymbol{A}^{(0)}\boldsymbol{R}_1^{\mathrm{T}}\cdots\boldsymbol{R}_k^{\mathrm{T}}\boldsymbol{R}_{k+1}^{\mathrm{T}}$$

记 $\boldsymbol{W}_0=\boldsymbol{I}$，$\boldsymbol{W}_k=\boldsymbol{R}_k\boldsymbol{R}_{k-1}\cdots\boldsymbol{R}_1$，则

$$\begin{cases}\boldsymbol{W}_{k+1}=\boldsymbol{R}_{k+1}\boldsymbol{W}_k\\ \boldsymbol{A}^{(k+1)}=\boldsymbol{W}_{k+1}\boldsymbol{A}^{(0)}\boldsymbol{W}_{k+1}^{\mathrm{T}}\end{cases}\quad(k=0,1,\cdots)\tag{9.27}$$

容易得到 $\boldsymbol{W}_{k+1}$ 与 $\boldsymbol{W}_k$ 元素之间的关系为

$$\begin{cases}w_{ir}^{(k+1)}=w_{ir}^{(k)}\cos\theta_k+w_{jr}^{(k)}\sin\theta_k\\ w_{jr}^{(k+1)}=-w_{ir}^{(k)}\sin\theta_k+w_{jr}^{(k)}\cos\theta_k\quad(r=1,2,\cdots,n)\\ w_{sr}^{(k+1)}=w_{sr}^{(k)}\quad(s\neq i,j)\end{cases}\tag{9.28}$$

因此，逐步由 $\boldsymbol{R}_{k+1}$ 和 $\boldsymbol{W}_k$ 计算出 $\boldsymbol{W}_{k+1}$，计算公式为式（9.28）. 若 $\boldsymbol{A}^{(k+1)}$ 趋于对角矩阵 $\operatorname{diag}(\lambda_1,\lambda_2,\cdots,\lambda_n)$，则 $\boldsymbol{W}_{k+1}^{\mathrm{T}}$ 的各列就是近似特征向量.

（4）计算 $\boldsymbol{A}^{(k+1)}$ 中的元素，其中 $a_{ij}^{(k+1)}=0$. 反复进行，直到 $S\left(\boldsymbol{A}^{(k+1)}\right)<\varepsilon$ 为止，其中 ε 为给定误差限. 计算 $\boldsymbol{A}^{(k+1)}$ 中元素的公式为

$$\begin{cases}a_{ih}^{(k+1)}=a_{ih}^{(k)}\mathrm{con}\theta_k+a_{jh}^{(k)}\sin\theta_k=a_{hi}^{(k+1)}\\ a_{jh}^{(k+1)}=-a_{ih}^{(k)}\sin\theta_k+a_{jh}^{(k)}\mathrm{con}\theta_k=a_{hj}^{(k+1)}\end{cases}\quad(h\neq i,j)\tag{9.29}$$

$$\begin{cases} a_{ii}^{(k+1)} = a_{ii}^{(k)}\cos^2\theta_k + 2a_{ij}^{(k)}\sin\theta_k\cos\theta_k + a_{jj}^{(k)}\sin^2\theta_k \\ a_{jj}^{(k+1)} = a_{ii}^{(k)}\sin^2\theta_k - 2a_{ij}^{(k)}\sin\theta_k\cos\theta_k + a_{jj}^{(k)}\cos^2\theta_k \\ a_{ij}^{(k+1)} = \left(a_{jj}^{(k)} - a_{ii}^{(k)}\right)\sin\theta_k\cos\theta_k + a_{ij}^{(k)}\left(\cos^2\theta_k - \sin^2\theta_k\right) = a_{ji}^{(k+1)} \end{cases} \tag{9.30}$$

$$a_{mh}^{(k+1)} = a_{mh}^{(k)} \quad (m,h \neq i,j) \tag{9.31}$$

定理 9.10　设 $\boldsymbol{A}$ 为 n 阶实对称矩阵，则由 $\boldsymbol{A}^{(0)} = \boldsymbol{A}$ 出发，按式(9.16)和式(9.29)～(9.31)计算产生的迭代序列 $\{\boldsymbol{A}^{(k)}\}$ 收敛于对角矩阵 $\mathrm{diag}(\lambda_1,\lambda_2,\cdots,\lambda_n)$，其中 $\lambda_1,\lambda_2,\cdots,\lambda_n$ 是 $\boldsymbol{A}$ 的全部特征值.

证明　由于 $\left|a_{ij}^{(k)}\right| = \max\left\{\left|a_{ml}^{(k)}\right| : m\neq l; m,l\in\{1,2,\cdots,n\}\right\}$，有

$$S(\boldsymbol{A}^{(k)}) = \sum_{\substack{m,l=1\\ m\neq l}}^{n}\left(a_{ml}^{(k)}\right)^2 \leqslant \sum_{\substack{m,l=1\\ m\neq l}}^{n}\left(a_{ij}^{(k)}\right)^2 = n(n-1)\left(a_{ij}^{(k)}\right)^2$$

从而有

$$\left(a_{ij}^{(k)}\right)^2 \geqslant \frac{1}{n(n-1)}S(\boldsymbol{A}^{(k)})$$

又

$$S\left(\boldsymbol{A}^{(k+1)}\right) = S\left(\boldsymbol{A}^{(k)}\right) - 2\left(a_{ij}^{(k)}\right)^2 \leqslant S\left(\boldsymbol{A}^{(k)}\right) - \frac{2}{n(n-1)}S\left(\boldsymbol{A}^{(k)}\right) = \left[1-\frac{2}{n(n-1)}\right]S\left(\boldsymbol{A}^{(k)}\right)$$

因此

$$S\left(\boldsymbol{A}^{(k+1)}\right) \leqslant \left[1-\frac{2}{n(n-1)}\right]^{k+1} S\left(\boldsymbol{A}^{(0)}\right)$$

当 $n>2$ 时，显然有 $\lim\limits_{k\to\infty} S\left(\boldsymbol{A}^{(k+1)}\right) = 0$，即 $\boldsymbol{A}^{(k+1)}$ 的非对角元平方和趋于零.

$\|\boldsymbol{A}^{(k+1)}\|_F = \|\boldsymbol{A}^{(k)}\|_F = \cdots = \|\boldsymbol{A}^{(0)}\|_F$，当 $\boldsymbol{A}^{(k+1)}$ 的非对角元平方和趋于零时，其对角元平方和的极限存在，即当 k 充分大时，$\boldsymbol{A}^{(k+1)}$ 趋于对角阵. 所以 Jacobi 方法收敛.

例 9.5　求矩阵 $\boldsymbol{A} = \begin{bmatrix} 2 & -1 & 0 \\ -1 & 2 & -1 \\ 0 & -1 & 2 \end{bmatrix}$ 的全部特征值及其对应的特征向量.

解　取 $i=1,\ j=2,\ a_{11}=a_{22}=2,\ a_{12}=-1$，取 $\theta = -\dfrac{\pi}{4}$，得到

$$\sin\theta = -\frac{\sqrt{2}}{2} = -0.707\,106\,8, \qquad \cos\theta = \frac{\sqrt{2}}{2} = 0.707\,106\,8$$

$$\boldsymbol{R}_1(1,2) = \begin{bmatrix} 0.7071 & -0.7071 & 0 \\ 0.7071 & 0.7071 & 0 \\ 0 & 0 & 1 \end{bmatrix}$$

$$\boldsymbol{A}^{(1)} = \boldsymbol{R}_1(1,2)\boldsymbol{A}\boldsymbol{R}_1^{\mathrm{T}}(1,2) = \begin{bmatrix} 3.000\,000\,1 & 0.000\,000\,0 & 0.707\,106\,8 \\ 0.000\,000\,0 & 1.000\,000\,0 & -0.707\,106\,8 \\ 0.707\,106\,8 & -0.707\,106\,8 & 2.000\,000\,0 \end{bmatrix}$$

同理可算

$$R_2(1,3)=\begin{bmatrix} 0.888\,073\,8 & 0.000\,000\,0 & 0.459\,700\,8 \\ 0.000\,000\,0 & 1 & 0.000\,0000 \\ -0.459\,700\,8 & 0.000\,000\,0 & 0.888\,073\,8 \end{bmatrix}$$

$$A^{(2)}=R_2(1,3)A^{(1)}R_2^{\mathrm{T}}(1,3)=\begin{bmatrix} 3.366\,025\,2 & -0.325\,057\,5 & -0.000\,000\,0 \\ -0.325\,057\,5 & 1.000\,000\,0 & -0.627\,963\,0 \\ 0.000\,000\,0 & -0.627\,963\,0 & 1.633\,974\,4 \end{bmatrix}$$

$$R_3(2,3)=\begin{bmatrix} 1.000\,000\,0 & 0.000\,000\,0 & 0.000\,000\,0 \\ 0.000\,000\,0 & 0.851\,653\,8 & 0.524\,104\,6 \\ 0.000\,000\,0 & -0.524\,104\,6 & 0.851\,653\,8 \end{bmatrix}$$

$$A^{(3)}=R_3(2,3)A^{(2)}R_2^{\mathrm{T}}(2,3)=\begin{bmatrix} 3.366\,025\,2 & -0.276\,836\,5 & 0.170\,364\,2 \\ -0.276\,836\,5 & 0.613\,553\,8 & -0.000\,000\,0 \\ 0.170\,364\,2 & -0.000\,000\,0 & 2.020\,420\,2 \end{bmatrix}$$

$$R_4(1,2)=\begin{bmatrix} 0.995\,078\,5 & -0.099\,090\,0 & 0.000\,000\,0 \\ 0.099\,090\,0 & 0.995\,078\,5 & 0.000\,000\,0 \\ 0.000\,000\,0 & 0.000\,000\,0 & 1.000\,000\,0 \end{bmatrix}$$

$$A^{(4)}=R_4(1,2)A^{(3)}R_4^{\mathrm{T}}(1,2)=\begin{bmatrix} 3.393\,592\,8 & 0.000\,000\,0 & 0.169\,525\,7 \\ 0.000\,000\,0 & 0.585\,986\,4 & 0.016\,881\,4 \\ 0.169\,525\,7 & 0.016\,881\,4 & 2.020\,420\,2 \end{bmatrix}$$

$$R_5(1,3)=\begin{bmatrix} 0.992\,684\,2 & 0.000\,000\,0 & 0.120\,739\,3 \\ 0.000\,000\,0 & 1.000\,000\,0 & 0.000\,0000 \\ -0.120\,739\,3 & 0.000\,000\,0 & 0.992\,684\,2 \end{bmatrix}$$

$$A^{(5)}=R_5(1,3)A^{(3)}R_5^{\mathrm{T}}(1,3)=\begin{bmatrix} 3.414\,211\,7 & 0.002\,038\,2 & 0.000\,000\,0 \\ 0.002\,038\,2 & 0.585\,986\,44 & 0.016\,757\,9 \\ 0.000\,000\,0 & 0.016\,757\,9 & 1.999\,800\,8 \end{bmatrix}$$

$$R_6(2,3)=\begin{bmatrix} 1.000\,000\,0 & 0.000\,000\,0 & 0.000\,000\,0 \\ 0.000\,000\,0 & 0.999\,929\,8 & -0.011\,850\,5 \\ 0.000\,000\,0 & 0.011\,850\,5 & 0.999\,929\,8 \end{bmatrix}$$

$$A^{(6)}=R_6(2,3)A^{(5)}R_6^{\mathrm{T}}(2,3)=\begin{bmatrix} 3.414\,211\,7 & 0.002\,038\,1 & 0.000\,024\,2 \\ 0.002\,038\,1 & 0.585\,787\,9 & 0.000\,000\,0 \\ 0.000\,024\,2 & 0.000\,000\,0 & 1.999\,999\,4 \end{bmatrix}$$

由此可知 A 的特征值为

$$\lambda_1 \approx 3.414\,211\,7,\quad \lambda_2 \approx 0.585\,787\,9,\quad \lambda_3 \approx 1.999\,999\,4$$

$$W_6^{\mathrm{T}}=R_1^{\mathrm{T}}(1,2)R_2^{\mathrm{T}}(1,3)R_3^{\mathrm{T}}(2,3)R_4^{\mathrm{T}}(1,2)R_5^{\mathrm{T}}(1,3)R_6^{\mathrm{T}}(2,3)$$

$$=\begin{bmatrix} 0.499\,651\,7 & 0.500\,360\,2 & -0.707\,098\,1 \\ -0.707\,616\,1 & 0.706\,597\,1 & -0.000\,012\,2 \\ 0.499\,627\,4 & 0.500\,360\,1 & 0.707\,115\,2 \end{bmatrix}$$

所以对应于 $\lambda_1,\lambda_2,\lambda_3$ 的三个特征向量为

$$p_1=\begin{bmatrix}0.4996517\\-0.7076161\\0.4996274\end{bmatrix},\quad p_2=\begin{bmatrix}0.5003602\\0.7065971\\0.5003601\end{bmatrix},\quad p_3=\begin{bmatrix}-0.7070981\\-0.0000122\\0.7071152\end{bmatrix}$$

9.4　Householder 方法

Householder（豪斯霍尔德）方法是用正交变换逐步将实对称矩阵 $\boldsymbol{A}$ 化成三对角矩阵的形式，从而使矩阵特征值问题的计算得到简化.

9.4.1　Householder 变换

定义 9.3　设向量 $\boldsymbol{w}\in\mathbf{R}^n,\|\boldsymbol{w}\|_2=1$，则称

$$\boldsymbol{H}=\boldsymbol{I}-2\boldsymbol{w}\boldsymbol{w}^{\mathrm{T}}$$

为 Householder 矩阵或 Householder 变换，有时也称镜面反射矩阵.

因为

$$\boldsymbol{H}^{\mathrm{T}}=(\boldsymbol{I}-2\boldsymbol{w}\boldsymbol{w}^{\mathrm{T}})^{\mathrm{T}}=\boldsymbol{I}-2\boldsymbol{w}\boldsymbol{w}^{\mathrm{T}}=\boldsymbol{H},\qquad \boldsymbol{H}\boldsymbol{H}^{\mathrm{T}}=(\boldsymbol{I}-2\boldsymbol{w}\boldsymbol{w}^{\mathrm{T}})(\boldsymbol{I}-2\boldsymbol{w}\boldsymbol{w}^{\mathrm{T}})^{\mathrm{T}}=\boldsymbol{I}$$

所以 Householder 矩阵是对称正交矩阵.

考虑以 $\boldsymbol{w}$ 为单位法向量，过原点 $\boldsymbol{x}_0$ 的超平面 $S=\{x|(v,x)=0,x\in\mathbf{R}^n\}$（图 9.1），设 $\boldsymbol{v}$ 为 $\mathbf{R}^n$ 中任一向量，则有 $\boldsymbol{v}=\boldsymbol{x}+\boldsymbol{y}$，其中 $\boldsymbol{x}\in S$，$\boldsymbol{y}\in S^{\perp}$（$S$ 为正交补空间），显然，有

$$\boldsymbol{H}\boldsymbol{x}=(\boldsymbol{I}-2\boldsymbol{w}\boldsymbol{w}^{\mathrm{T}})\boldsymbol{x}=\boldsymbol{x}\in S$$

因 $\boldsymbol{y}\in S^{\perp}$，故 $\boldsymbol{y}=c\boldsymbol{w}$（$c$ 为常数），因此有

$$\boldsymbol{w}^{\mathrm{T}}\boldsymbol{y}=c\boldsymbol{w}^{\mathrm{T}}\boldsymbol{w}=c$$

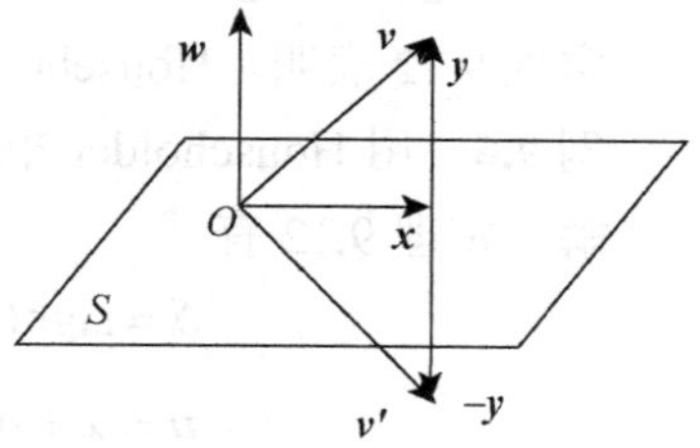

图 9.1　Householder 矩阵的几何意义

$$\boldsymbol{H}\boldsymbol{y}=(\boldsymbol{I}-2\boldsymbol{w}\boldsymbol{w}^{\mathrm{T}})\boldsymbol{y}=\boldsymbol{y}-2\boldsymbol{w}(\boldsymbol{w}^{\mathrm{T}}\boldsymbol{y})=c\boldsymbol{w}-2c\boldsymbol{w}=-c\boldsymbol{w}=-\boldsymbol{y}$$

从而

$$\boldsymbol{H}\boldsymbol{v}=\boldsymbol{H}(\boldsymbol{x}+\boldsymbol{y})=\boldsymbol{H}\boldsymbol{x}+\boldsymbol{H}\boldsymbol{y}=\boldsymbol{x}-\boldsymbol{y}=\boldsymbol{v}'$$

即 $\boldsymbol{v}'$ 是 $\boldsymbol{v}$ 关于超平面 S 的镜面反射，S 的单位法向量就是单位向量 $\boldsymbol{w}$，这就是 Householder 变换的几何意义. 故 Householder 矩阵也称反射矩阵.

定理 9.11　设 $\boldsymbol{x},\boldsymbol{y}\in\mathbf{R}^n$，$\boldsymbol{x}\neq\boldsymbol{y}$，且 $\|\boldsymbol{x}\|_2=\|\boldsymbol{y}\|_2$，则有 Householder 矩阵 $\boldsymbol{H}$，使得 $\boldsymbol{H}\boldsymbol{x}=\boldsymbol{y}$.

证明　令 $\boldsymbol{w}=\dfrac{\boldsymbol{x}-\boldsymbol{y}}{\|\boldsymbol{x}-\boldsymbol{y}\|}$，$\boldsymbol{H}=\boldsymbol{I}-2\boldsymbol{w}\boldsymbol{w}^{\mathrm{T}}$，则有 $\|\boldsymbol{w}\|_2=1$，由 $\boldsymbol{x}^{\mathrm{T}}\boldsymbol{x}=\boldsymbol{y}^{\mathrm{T}}\boldsymbol{y}$ 可得

$$2(\boldsymbol{x}-\boldsymbol{y})^{\mathrm{T}}\boldsymbol{x}=\boldsymbol{x}^{\mathrm{T}}\boldsymbol{x}-2\boldsymbol{x}^{\mathrm{T}}\boldsymbol{y}+\boldsymbol{y}^{\mathrm{T}}\boldsymbol{y}=(\boldsymbol{x}-\boldsymbol{y})^{\mathrm{T}}(\boldsymbol{x}-\boldsymbol{y})=\|\boldsymbol{x}-\boldsymbol{y}\|_2^2$$

于是有

$$Hx = x - 2ww^{\mathrm{T}}x = x - 2\frac{(x-y)(x-y)^{\mathrm{T}}x}{\|x-y\|^2} = x - (x-y) = y$$

上述定理表明，利用 Householder 变换，可将任意非零向量 x 变成与 x 长度相同的向量 y.

定理 9.12 设 $x = (x_1, x_2, \cdots x_n)^{\mathrm{T}} \neq 0$，则存在 Householder 矩阵 H，使得 $Hx = -\delta e_1$，其中：

$$H = I - \beta^{-1}uu^{\mathrm{T}}$$

$$\delta = \mathrm{sign}(x_1)\|x\|_2 = \mathrm{sign}(x_1)\left(\sum_{i=1}^{n} x_i^2\right)^{1/2}$$

$$u = x + \delta e_1, \quad e_1 = (1, 0, \cdots 0)^{\mathrm{T}}$$

$$\beta = \frac{1}{2}\|u\|_2^2 = \delta(\delta + x_1)$$

证明 显然有 $\|x\|_2 = \|\delta e_1\|_2$. 若记 $y = -\delta e_1$，则由定理 9.10 知，存在 Householder 矩阵，使得 $Hx = y = -\delta e_1$，其中 $H = I - 2ww^{\mathrm{T}}$，$w = \dfrac{x-y}{\|x-y\|} = \dfrac{x+\delta e_1}{\|x+\delta e_1\|}$，记 $u = x + \delta e_1 = (x_1 + \delta, x_2, \cdots x_n)$，则有

$$H = I - 2ww^{\mathrm{T}} = I - 2\frac{uu^{\mathrm{T}}}{\|u\|_2^2} = I - \beta^{-1}uu^{\mathrm{T}} \tag{9.32}$$

其中：$\beta = \dfrac{1}{2}\|u\|_2^2 = \dfrac{1}{2}\left[(x_1+\delta)^2 + x_2^2 + \cdots + x_n^2\right] = \delta(\delta + x_1)$.

定理 9.12 表明，Householder 矩阵 H 可将一个向量的后 $n-1$ 个元素一次性全变为零.

例 9.6 用 Householder 矩阵把向量 $x = (2,1,2)^{\mathrm{T}}$ 变为与 e_1 平行的向量.

解 定理 9.12 有

$$\delta = \mathrm{sign}(x_1)\|x\|_2 = 3$$

$$u = x + \delta e_1 = [2,1,2]^{\mathrm{T}} + [3,0,0]^{\mathrm{T}} = [5,1,2]^{\mathrm{T}}$$

$$\beta = \frac{1}{2}\|u\|_2^2 = \delta(\delta + x_1) = 3 \times 5 = 15$$

$$H = I - \beta^{-1}uu^{\mathrm{T}} = I - \frac{1}{15}\begin{bmatrix}5\\1\\2\end{bmatrix}[5,1,2] = \begin{bmatrix} -\frac{2}{3} & -\frac{1}{3} & -\frac{2}{3} \\ -\frac{1}{3} & \frac{14}{15} & -\frac{2}{15} \\ -\frac{2}{3} & -\frac{2}{15} & \frac{11}{15} \end{bmatrix}$$

显然有 $Hx = -3e_1$.

9.4.2 化矩阵为上 Hessenberg 阵

定义 9.4 若矩阵 $G = (g_{ij}) \in \mathbf{R}^{n\times n}$ 的次对角线以下的元素 $g_{ij} = 0$（$i > j+1$），则称 G 为上 Hessenberg（海森伯格）矩阵. 上 Hessenberg 矩阵的形式为

$$
\boldsymbol{G}=\begin{bmatrix} g_{11} & g_{12} & \cdots & g_{1,n-1} & g_{1n} \\ g_{21} & g_{22} & \cdots & g_{2,n-1} & g_{2n} \\ & g_{32} & \cdots & g_{3,n-1} & g_{3n} \\ & & \ddots & \vdots & \vdots \\ & & & g_{n,n-1} & g_{nn} \end{bmatrix} \tag{9.33}
$$

下面讨论如何利用 Householder 变换将矩阵 $\boldsymbol{A}$ 相似变换成式（9.33）的形式.

设 $\boldsymbol{A}$ 有如下分块形式：

$$
\boldsymbol{A}=\boldsymbol{A}_1=\begin{bmatrix} a_{11} & \boldsymbol{c}_1 \\ \boldsymbol{b}_1 & \boldsymbol{B}_1 \end{bmatrix} \tag{9.34}
$$

其中：$\boldsymbol{c}_1=(a_{12},a_{13},\cdots,a_{1n})$，$\boldsymbol{b}_1=(a_{21},a_{31},\cdots,a_{n1})^{\mathrm{T}}$，$\boldsymbol{B}_1\in\mathbf{R}^{(n-1)\times(n-1)}$.

第 1 步的工作是将矩阵 $\boldsymbol{A}$ 中的第 1 列的后 $n-2$ 个元素化为零，得到 Hessenberg 矩阵的第 1 列.

根据定理 9.12，存在 Householder 矩阵 $\tilde{\boldsymbol{H}}_1\in\mathbf{R}^{(n-1)\times(n-1)}$，使得

$$
\tilde{\boldsymbol{H}}_1\boldsymbol{b}_1=(-\delta_1,0,\cdots,0)^{\mathrm{T}}\in\mathbf{R}^{n-1} \tag{9.35}
$$

其中：

$$
\begin{aligned}
&\tilde{\boldsymbol{H}}_1=\boldsymbol{I}_{n-1}-\beta^{-1}\boldsymbol{u}_1\boldsymbol{u}_1^{\mathrm{T}}\\
&\delta_1=\operatorname{sign}((\boldsymbol{b}_1)_1)\|\boldsymbol{b}_1\|_2\\
&\boldsymbol{u}_1=\boldsymbol{b}_1+\delta_1\boldsymbol{e}_1^{(n-1)},\quad \boldsymbol{e}_1^{(n-1)}=(1,0,\cdots 0)^{\mathrm{T}}\in\mathbf{R}^{n-1}\\
&\beta=\frac{1}{2}\|\boldsymbol{u}_1\|_2^2
\end{aligned}
$$

令

$$
\boldsymbol{H}_1=\begin{bmatrix} 1 & \boldsymbol{0} \\ \boldsymbol{0} & \tilde{\boldsymbol{H}}_1 \end{bmatrix} \tag{9.36}
$$

则 $\boldsymbol{H}_1$ 是 Householder 矩阵，且有

$$
\boldsymbol{A}_2=\boldsymbol{H}_1\boldsymbol{A}_1\boldsymbol{H}_1=\begin{bmatrix} a_1 & \boldsymbol{c}_1\tilde{\boldsymbol{H}}_1 \\ \tilde{\boldsymbol{H}}_1\boldsymbol{b}_1 & \tilde{\boldsymbol{H}}_1\boldsymbol{B}_1\tilde{\boldsymbol{H}}_1 \end{bmatrix}=\begin{bmatrix} a_{11} & a_{12}^{(1)} & \cdots & a_{1n}^{(1)} \\ -\delta_1 & a_{22}^{(1)} & \cdots & a_{2n}^{(1)} \\ 0 & a_{32}^{(1)} & \cdots & a_{3n}^{(1)} \\ \vdots & \vdots & & \vdots \\ 0 & a_{n2}^{(1)} & \cdots & a_{nn}^{(1)} \end{bmatrix}=\begin{bmatrix} \boldsymbol{A}_{22} & \boldsymbol{C}_2 \\ \tilde{\boldsymbol{b}}_2 & \boldsymbol{B}_2 \end{bmatrix} \tag{9.37}
$$

其中：$\boldsymbol{A}_{22}\in\mathbf{R}^{2\times2}$，$\boldsymbol{B}_2\in\mathbf{R}^{(n-2)\times(n-2)}$，$\boldsymbol{C}_2\in\mathbf{R}^{2\times(n-2)}$，$\boldsymbol{b}_2\in\mathbf{R}^{n-2}$，$\tilde{\boldsymbol{b}}_2=(\boldsymbol{0},\boldsymbol{b}_2)\in\mathbf{R}^{(n-2)\times2}$.

第 2 步的工作是将矩阵 $\boldsymbol{A}_2$ 中的第 2 列的后 $n-3$ 个元素化为零，得到 Hessenberg 矩阵的第 2 列. 于是构造 Householder 矩阵 $\tilde{\boldsymbol{H}}_2\in\mathbf{R}^{(n-2)\times(n-2)}$，使得

$$
\tilde{\boldsymbol{H}}_2\boldsymbol{b}_2=(-\delta_2,0,\cdots,0)^{\mathrm{T}}\in\mathbf{R}^{n-2} \tag{9.38}
$$

其中：

$$\tilde{\boldsymbol{H}}_2=\boldsymbol{I}_{n-2}-\beta^{-1}\boldsymbol{u}_2\boldsymbol{u}_2^{\mathrm{T}}$$
$$\delta_2=\operatorname{sign}((\boldsymbol{b}_2)_1)\|\boldsymbol{b}_2\|_2$$
$$\boldsymbol{u}_2=\boldsymbol{b}_2+\delta_2\boldsymbol{e}_1^{(n-2)},\quad \boldsymbol{e}_1^{(n-2)}=(1,0,\cdots 0)^{\mathrm{T}}\in\mathbf{R}^{n-2}$$
$$\beta=\frac{1}{2}\|\boldsymbol{u}_2\|_2^2$$

令

$$\boldsymbol{H}_2=\begin{bmatrix}\boldsymbol{I}_2 & \boldsymbol{O}\\ \boldsymbol{O} & \tilde{\boldsymbol{H}}_2\end{bmatrix} \tag{9.39}$$

则有

$$\boldsymbol{A}_3=\boldsymbol{H}_2\boldsymbol{A}_2\boldsymbol{H}_2=\begin{bmatrix}\boldsymbol{A}_{22} & \boldsymbol{C}_2\tilde{\boldsymbol{H}}_2\\ \tilde{\boldsymbol{H}}_2\tilde{\boldsymbol{b}}_2 & \tilde{\boldsymbol{H}}_2\mathrm{B}_2\tilde{\boldsymbol{H}}_2\end{bmatrix}=\begin{bmatrix}a_{11} & a_{12}^{(1)} & a_{13}^{(2)} & \cdots & a_{1n}^{(2)}\\ -\delta_1 & a_{22}^{(1)} & a_{23}^{(2)} & \cdots & a_{2n}^{(2)}\\ 0 & -\delta_2 & a_{33}^{(2)} & \cdots & a_{3n}^{(2)}\\ \vdots & \vdots & \vdots & & \vdots\\ 0 & 0 & a_{n3}^{(2)} & \cdots & a_{nn}^{(2)}\end{bmatrix}=\begin{bmatrix}\boldsymbol{A}_{33} & \boldsymbol{C}_3\\ \tilde{\boldsymbol{b}}_3 & \boldsymbol{B}_3\end{bmatrix} \tag{9.40}$$

其中：$\boldsymbol{A}_{33}\in\mathbf{R}^{3\times3}$，$\boldsymbol{B}_3\in\mathbf{R}^{(n-3)\times(n-3)}$，$\boldsymbol{C}_3\in\mathbf{R}^{3\times(n-3)}$，$\boldsymbol{b}_3\in\mathbf{R}^{n-3}$，$\tilde{\boldsymbol{b}}_3=(\boldsymbol{O},\boldsymbol{b}_3)\in\mathbf{R}^{(n-3)\times3}$.

一般地，第 k 步的工作是将矩阵 $\boldsymbol{A}_k$ 中的第 k 列的后 $n-(k+1)$ 个元素化为零，得到 Hessenberg 矩阵的第 k 列.

设前 $k-1$ 步后得到的矩阵形式为

$$\boldsymbol{A}_k=\begin{bmatrix}\boldsymbol{A}_{kk} & \boldsymbol{C}_k\\ \tilde{\boldsymbol{b}}_k & \boldsymbol{B}_k\end{bmatrix}$$

其中：$\boldsymbol{A}_{kk}\in\mathbf{R}^{k\times k}$，$\boldsymbol{B}_k\in\mathbf{R}^{(n-k)\times(n-k)}$，$\boldsymbol{C}_k\in\mathbf{R}^{k\times(n-k)}$，$\boldsymbol{b}_k\in\mathbf{R}^{n-k}$，$\tilde{\boldsymbol{b}}_k=(\boldsymbol{O},\boldsymbol{b}_k)\in\mathbf{R}^{(n-k)\times k}$.

第 k 步构造 Householder 矩阵 $\tilde{\boldsymbol{H}}_k\in\mathbf{R}^{(n-k)\times(n-k)}$，使得

$$\tilde{\boldsymbol{H}}_k\boldsymbol{b}_k=(-\delta_k,0,\cdots,0)^{\mathrm{T}}\in\mathbf{R}^{n-k} \tag{9.41}$$

其中：

$$\tilde{\boldsymbol{H}}_k=\boldsymbol{I}_{n-k}-\beta^{-1}\boldsymbol{u}_k\boldsymbol{u}_{\mathrm{k}}^{\mathrm{T}}$$
$$\delta_k=\operatorname{sign}((\boldsymbol{b}_k)_1)\|\boldsymbol{b}_k\|_2$$
$$\boldsymbol{u}_k=\boldsymbol{b}_k+\delta_k\boldsymbol{e}_1^{(n-k)},\quad \boldsymbol{e}_1^{(n-k)}=(1,0,\cdots 0)^{\mathrm{T}}\in\mathbf{R}^{n-k}$$
$$\beta=\frac{1}{2}\|\boldsymbol{u}_k\|_2^2$$

令

$$\boldsymbol{H}_k=\begin{bmatrix}\boldsymbol{I}_k & \boldsymbol{O}\\ \boldsymbol{O} & \tilde{\boldsymbol{H}}_k\end{bmatrix} \tag{9.42}$$

则有

$$\boldsymbol{A}_{k+1}=\boldsymbol{H}_k\boldsymbol{A}_k\boldsymbol{H}_k=\begin{bmatrix}\boldsymbol{A}_{kk} & \boldsymbol{C}_k\tilde{\boldsymbol{H}}_k\\ \tilde{\boldsymbol{H}}_k\tilde{\boldsymbol{b}}_k & \tilde{\boldsymbol{H}}_k\boldsymbol{B}_k\tilde{\boldsymbol{H}}_k\end{bmatrix}=\begin{bmatrix}\boldsymbol{A}_{k+1,k+1} & \boldsymbol{C}_{k+1}\\ \tilde{\boldsymbol{b}}_{k+1} & \boldsymbol{B}_{k+1}\end{bmatrix} \tag{9.43}$$

其中：$\tilde{\boldsymbol{b}}_{k+1}=(\boldsymbol{O},\boldsymbol{b}_{k+1})$．注意，这里 $\boldsymbol{H}_k\boldsymbol{A}_k$ 使得 $\boldsymbol{A}_k$ 的前 k 列不变，而 $\boldsymbol{H}_k\boldsymbol{A}_k\boldsymbol{H}_k$ 使得 $\boldsymbol{H}_k\boldsymbol{A}_k$ 的前 k 列不变. 经过 $n-2$ 步这样的变换后，得到矩阵

$$\boldsymbol{A}_{n-1}=\boldsymbol{H}_{n-2}\boldsymbol{A}_{n-2}\boldsymbol{H}_{n-2}=\boldsymbol{H}_{n-2}\cdots\boldsymbol{H}_2\boldsymbol{H}_1\boldsymbol{A}\boldsymbol{H}_1\boldsymbol{H}_2\cdots\boldsymbol{H}_{n-2} \tag{9.44}$$

就是上 Hessenberg 矩阵，而上 Hessenberg 形式的矩阵 $\boldsymbol{A}_{n-1}$ 与 $\boldsymbol{A}$ 是正交相似的. 特别地，若 $\boldsymbol{A}$ 是实对称矩阵，则由上面的步骤得到的矩阵 $\boldsymbol{A}_{n-1}$ 就是一个实对称三对角矩阵.

综上所述，可得下述定理.

定理 9.13　（1）对于任意矩阵 $\boldsymbol{A}\in\mathbf{R}^{n\times n}$，存在正交矩阵 $\boldsymbol{Q}$，使得

$$\boldsymbol{B}=\boldsymbol{Q}^{\mathrm{T}}\boldsymbol{A}\boldsymbol{Q}$$

为上 Hessenberg 矩阵.

（2）对于任意对称矩阵 $\boldsymbol{A}\in\mathbf{R}^{n\times n}$，存在正交矩阵 $\boldsymbol{Q}$，使得

$$\boldsymbol{B}=\boldsymbol{Q}^{\mathrm{T}}\boldsymbol{A}\boldsymbol{Q}$$

为对称三对角矩阵.

例 9.7　用 Householder 变换把矩阵 $\boldsymbol{A}=\begin{bmatrix}1 & 2 & 1 & 2\\ 2 & 2 & -1 & -\frac{1}{2}\\ 1 & -1 & 1 & 1\\ 2 & -\frac{1}{2} & 1 & 1\end{bmatrix}$ 化为三对角矩阵.

解　取 $\boldsymbol{b}_1=(2,1,2)^{\mathrm{T}}$，则有 $\tilde{\boldsymbol{H}}_1$ 使得 $\tilde{\boldsymbol{H}}_1\boldsymbol{b}_1=(-\delta_1,0,0)^{\mathrm{T}}$，其中：

$$\delta_1=3,\quad \boldsymbol{u}_1=(5,1,2)^{\mathrm{T}},\quad \beta=\frac{1}{2}\|\boldsymbol{u}_1\|_2^2=15$$

$$\tilde{\boldsymbol{H}}_1=\boldsymbol{I}-\beta^{-1}\boldsymbol{u}_1\boldsymbol{u}_1^{\mathrm{T}}=\boldsymbol{I}-\frac{1}{15}\begin{bmatrix}25 & 5 & 10\\ 5 & 1 & 2\\ 10 & 2 & 4\end{bmatrix}=\begin{bmatrix}-\frac{2}{3} & -\frac{1}{3} & -\frac{2}{3}\\ -\frac{1}{3} & \frac{14}{15} & -\frac{2}{15}\\ -\frac{2}{3} & -\frac{2}{15} & \frac{11}{15}\end{bmatrix}$$

令

$$\boldsymbol{H}_1=\begin{bmatrix}1 & 0 & 0 & 0\\ 0 & -\frac{2}{3} & -\frac{1}{3} & -\frac{2}{3}\\ 0 & -\frac{1}{3} & \frac{14}{15} & -\frac{2}{15}\\ 0 & -\frac{2}{3} & -\frac{2}{15} & \frac{11}{15}\end{bmatrix}$$

则

$$\boldsymbol{A}_2=\boldsymbol{H}_1\boldsymbol{A}\boldsymbol{H}_1=\begin{bmatrix}1 & -3 & 0 & 0\\ -3 & 1 & 0 & 0\\ 0 & 0 & 1.44 & 1.58\\ 0 & 0 & 1.58 & 1.56\end{bmatrix}$$

此时 $\boldsymbol{A}_2$ 为三对角矩阵.

9.4.3　对称三对角矩阵的特征值计算

对于三对角矩阵

$$\boldsymbol{B}=\begin{bmatrix} a_1 & b_1 & & & \\ b_1 & a_2 & b_2 & & \\ & \ddots & \ddots & \ddots & \\ & & b_{n-2} & a_{n-1} & b_{n-1} \\ & & & b_{n-1} & a_n \end{bmatrix}$$

设 $b_i \neq 0\ (i=1,2,\cdots,n-1)$，记 $\boldsymbol{B}-\lambda\boldsymbol{I}$ 的 i 阶主子式为 $g_i(\lambda)$，即

$$g_i(\lambda)=\begin{vmatrix} a_1-\lambda & b_1 & & & \\ b_1 & a_2-\lambda & b_2 & & \\ & \ddots & \ddots & \ddots & \\ & & b_{i-2} & a_{i-1}-\lambda & b_{i-1} \\ & & & b_{i-1} & a_i-\lambda \end{vmatrix}$$

令 $g_0(\lambda)=1$，利用行列式的展开式可得

$$\begin{cases} g_0(\lambda)=1 \\ g_1(\lambda)=a_1-\lambda \\ \cdots\cdots \\ g_i(\lambda)=(a_i-\lambda)g_{i-1}(\lambda)-b_{i-1}^2 g_{i-2}(\lambda) \quad (i=2,3,\cdots,n) \end{cases} \tag{9.45}$$

于是得到一个特征多项式序列 $\{g_0(\lambda),g_1(\lambda),\cdots,g_n(\lambda)\}$，其中 $g_n(\lambda)=|\boldsymbol{B}-\lambda\boldsymbol{I}|$.

定理 9.14　(1) 当 $\lambda>0$ 充分大时，$g_i(-\lambda)>0$；而

$$\operatorname{sign}(g_i(\lambda))=(-1)^i \quad (i=1,2,\cdots,n)$$

(2) 序列 $\{g_0(\lambda),g_1(\lambda),\cdots,g_n(\lambda)\}$ 中两个相邻多项式没有相同的零点.

(3) 若 $g_i(m)=0$，则有

$$g_{i-1}(m)g_{i+1}(m)<0 \quad (i=1,2,\cdots,n)$$

(4) $g_i(\lambda)$ 的 i 个实零点 $s_j\ (j=1,2,\cdots,i)$ 与 $g_{i-1}(\lambda)$ 的 $i-1$ 个实零点 $r_j\ (j=1,2,\cdots,i)$ 互相分隔地排列：

$$-\infty<s_1<r_1<s_2<r_2<\cdots<r_{i-1}<s_i<+\infty \tag{9.46}$$

从而 $g_i(\lambda)=0$ 的每个根都是单根.

证明　(1) 由于 $g_i(\lambda)$ 的首项为 $(-\lambda)^i$，结论 (1) 是显然的.

(2)（反证法）假设 $g_{i-1}(\lambda)$ 与 $g_i(\lambda)$ 有相同的零点 m，则由式 (9.45) 有

$$g_i(m)=(a_i-m)g_{i-1}(m)-b_{i-1}^2 g_{i-2}(m)$$

由于 $g_i(m)=0$，$g_{i-1}(m)=0$，有 $g_{i-2}(m)=0$，以此类推可得 $g_2(m)=0,\ g_1(m)=0$. 又

$$g_2(m)=(a_2-m)g_1(m)-b_1^2 g_0(m)$$

于是 $g_0(m)=0$，这与 $g_0(\lambda)=1$ 矛盾. 因此，序列 $\{g_0(\lambda),g_1(\lambda),\cdots,g_n(\lambda)\}$ 中两个相邻多项式没有相同的零点.

(3) 由于 $g_{i+1}(m)=(a_i-m)g_i(m)-b_{i-1}^2 g_{i-1}(m)$，若 $g_i(m)=0$，则有

$$g_{i+1}(m) = -b_{i-1}^2 g_{i-1}(m)$$

由（2）得 $g_{i+1}(m) \neq 0$，$g_{i-1}(m) \neq 0$，因此

$$g_{i+1}(m)g_{i-1}(m) = -b_{i-1}^2[g_{i-1}(m)]^2 < 0$$

（4）由于 $g_1(\lambda) = a_1 - \lambda$ 的零点是 a_1，而

$$g_2(\lambda) = (a_2 - \lambda)(a_1 - \lambda) - b_1^2, \qquad g_2'(\lambda) = -a_1 - a_2 + 2\lambda$$

当 $\lambda \in \left[\dfrac{a_1 + a_2}{2}, +\infty\right)$ 时，$g_2(\lambda)$ 单调增加；当 $\lambda \in \left(-\infty, \dfrac{a_1 + a_2}{2}\right]$ 时，$g_2(\lambda)$ 单调减少. 又

$$\lim_{\lambda \to +\infty} g_2(\lambda) = +\infty, \qquad \lim_{\lambda \to -\infty} g_2(\lambda) = +\infty$$

$g_2(a_1) = -b_1^2 < 0$，$g_2\left(\dfrac{a_1 + a_2}{2}\right) < 0$，故 $g_2(\lambda)$ 在 $(-\infty, a_1)$ 和 $(a_1, +\infty)$ 内各有一个零点，因此当 $i = 2$ 时结论成立. 假设结论对某个 i 成立，由（3）知

$$g_{i-1}(s_j)g_{i+1}(s_j) < 0 \quad (j = 1, 2, \cdots, i)$$

因此，当 λ 由 $g_i(\lambda)$ 的一个零点变到相邻零点时，$g_{i-1}(\lambda)$ 变号，从而 $g_{i+1}(\lambda)$ 也变号，这样在 s_1 与 s_i 之间，$g_{i+1}(\lambda)$ 有 $i-1$ 个零点位于 $g_i(\lambda)$ 的零点之间. 由（1）知，当 $\lambda \to \pm\infty$ 时，$g_{i-1}(\lambda)$ 与 $g_{i+1}(\lambda)$ 符号相同，而在 s_1 和 s_i 处，$g_{i-1}(\lambda)$ 与 $g_{i+1}(\lambda)$ 符号相反，所以 $g_{i+1}(\lambda)$ 在 $(-\infty, s_1)$ 和 $(s_i, +\infty)$ 内各有一个零点，即结论成立. 由数学归纳法，结论（4）成立.

定义 9.5　称实系数多项式序列 $\varphi_0(x), \varphi_1(x), \cdots, \varphi_n(x)$ 为区间 (a,b) 内的 Sturm（施图姆）序列，若它满足：

（1）多项式 $\varphi_0(x)$ 在 (a,b) 内无实零点；

（2）序列中任意两个相邻的多项式 $\varphi_{j-1}(x), \varphi_j(x)$ $(j = 1, 2, \cdots, m)$ 在 (a,b) 内无公共零点；

（3）设 $x_0 \in (a,b)$ 且 $\varphi_j(x_0) = 0$，则 $\varphi_{j-1}(x_0)$ 与 $\varphi_{j+1}(x_0)$ 反号.

由上述定义知，序列 $\{g_0(\lambda), g_1(\lambda), \cdots, g_n(\lambda)\}$ 为 $(-\infty, +\infty)$ 内的 Sturm 序列.

定义 9.6　整数函数 $S_n(\lambda)$ 表示数列 $\{g_0(\lambda), g_1(\lambda), \cdots, g_n(\lambda)\}$ 中相邻两数符号相同的数，称 $S_n(\lambda)$ 为数列的同号数. 计算同号数时约定，当 $g_k(\lambda) = 0$ 时，$g_k(\lambda)$ 与 $g_{k-1}(\lambda)$ 同号.

例 9.8　已知 $\boldsymbol{B} = \begin{bmatrix} 2 & 1 & 0 \\ 1 & 2 & 1 \\ 0 & 1 & 2 \end{bmatrix}$，计算 $S_3(\lambda)\big|_{\lambda=0}$，$S_3(\lambda)\big|_{\lambda=-2}$.

解　$\boldsymbol{B}$ 的特征多项式序列为

$$g_0(\lambda) = 1, \quad g_1(\lambda) = 2 - \lambda, \quad g_2(\lambda) = (2-\lambda)^2 - 1, \quad g_3(\lambda) = (2-\lambda)[(2-\lambda)^2 - 1] - (2-\lambda)$$

因 $\{g_0(0), g_1(0), g_2(0), g_3(0)\} = \{1, 2, 3, 4\}$，$\{g_0(2), g_1(2), g_2(2), g_3(2)\} = \{1, 0, -1, 0\}$，故

$$S_3(\lambda)\big|_{\lambda=0} = 3, \qquad S_3(\lambda)\big|_{\lambda=-2} = 2.$$

定理 9.15　设

$$\boldsymbol{B} = \begin{bmatrix} a_1 & b_1 & & & \\ b_1 & a_2 & b_2 & & \\ & \ddots & \ddots & \ddots & \\ & & b_{n-2} & a_{n-1} & b_{n-1} \\ & & & b_{n-1} & a_n \end{bmatrix} \tag{9.47}$$

且 $b_i \neq 0 \ (i=1,2,\cdots,n-1)$，$\{g_0(\lambda),g_1(\lambda),\cdots,g_n(\lambda)\}$ 是矩阵 $\boldsymbol{B}$ 的特征多项式序列，则

（1）$S_n(c)$ 表示 $g_n(\lambda)=0$ 在 $[c,+\infty)$ 上根的个数；

（2）若 $c<d$，则 $g_n(\lambda)=0$ 在 $[c,d)$ 上根的个数为 $S_n(c)-S_n(d)$.

证明见参考文献 [15].

利用上述定理，下面给出计算三对角矩阵 $\boldsymbol{B}$ 的特征值的二分法.

设 $\boldsymbol{B}$ 的特征值为 $\lambda_1,\lambda_2\cdots,\lambda_n$，且满足

$$\lambda_n<\lambda_{n-1}<\cdots<\lambda_2<\lambda_1$$

考虑 λ_m 的计算方法. 设 $\lambda_m\in[a_0,b_0]$，则有 $S_n(a_0)\geqslant m$，$S_n(b_0)\leqslant m$. 取 $[a_0,b_0]$ 的中点 $c_0=\dfrac{a_0+b_0}{2}$，计算 $S_n(c_0)$. 若 $S_n(c_0)\geqslant m$，则 $\lambda_m\in[c_0,b_0]$. 此时记 $a_1=c_0$，$b_1=b_0$；否则 $\lambda_m\in[a_0,c_0]$，则记 $a_1=a_0,b_1=c_0$. 于是 $\lambda_m\in[a_1,b_1]$. 重复进行这样的对分过程，始终保留包含 λ_m 的区间，经过 k 次对分，将得到长度为 $\dfrac{b_0-a_0}{2^k}$ 的区间 $[a_k,b_k]$，且 $\lambda_m\in[a_k,b_k]$，当 k 充分大时，可取这个区间的中点作为 λ_m 的近似值.

9.4.4 对称三对角矩阵特征向量的计算

求出对称三对角矩阵 $\boldsymbol{B}$ 的某一特征值 λ 的近似值 $\bar{\lambda}$ 后，再用反幂法求矩阵 $\boldsymbol{B}-\bar{\lambda}\boldsymbol{I}$ 的模最小的特征值 λ_0 及其对应的特征向量 $\boldsymbol{p}$，有

$$(\boldsymbol{B}-\bar{\lambda}\boldsymbol{I})\boldsymbol{p}=\lambda_0\boldsymbol{p}$$

即

$$\boldsymbol{B}\boldsymbol{p}=(\lambda_0+\bar{\lambda})\boldsymbol{p}$$

因此，$\boldsymbol{p}$ 就是 $\boldsymbol{B}$ 的对应于 λ 的特征向量，并且可得到特征值 λ 更精确的近似值 $\lambda_0+\bar{\lambda}$.

对称三对角矩阵 $\boldsymbol{B}$ 是实对称矩阵 $\boldsymbol{A}$ 经正交相似变换得到的，即

$$\boldsymbol{B}=\boldsymbol{HAH}$$

其中：$\boldsymbol{H}$ 为 Householder 矩阵. 因为 $\boldsymbol{H}$ 是对称正交矩阵，所以 $\boldsymbol{B}$ 的特征值就是 $\boldsymbol{A}$ 的特征值. 若 $\boldsymbol{x}$ 是 $\boldsymbol{B}$ 的对应于特征值 λ 的特征向量，即

$$\boldsymbol{HAHx}=\boldsymbol{Bx}=\lambda\boldsymbol{x}$$

则有

$$\boldsymbol{AHx}=\boldsymbol{H}(\lambda\boldsymbol{x})=\lambda\boldsymbol{Hx}$$

因此，$\boldsymbol{Hx}$ 就是 $\boldsymbol{A}$ 的对应于 λ 的特征向量.

9.5 QR 方 法

QR 方法目前已成为计算一般矩阵全部特征值及其对应特征向量的最有效方法之一. QR 方法的原理是利用矩阵的正交分解产生一个与矩阵 $\boldsymbol{A}$ 相似的矩阵迭代序列，这个序列将收敛于一个上三角阵或拟上三角阵，从而求得原矩阵 $\boldsymbol{A}$ 的全部特征值.

9.5.1 矩阵的 QR 分解

定理 9.16 任意 n 阶矩阵 $\boldsymbol{A}$ 都可以分解为一个正交矩阵 $\boldsymbol{Q}$ 和一个上三角矩阵 $\boldsymbol{R}$ 的乘积，即

$$\boldsymbol{A}=\boldsymbol{QR}$$

证明 利用 Householder 变换对矩阵 $\boldsymbol{A}$ 做 QR 分解. 设矩阵 $\boldsymbol{A}$ 的第 1 列为 $\boldsymbol{a}_1$，构造 Householder 矩阵 $\boldsymbol{H}_1$，使得 $\boldsymbol{H}_1\boldsymbol{a}_1=(c_1,0,\cdots,0)^{\mathrm{T}}$. 令 $\boldsymbol{A}_1=\boldsymbol{H}_1\boldsymbol{A}$，则 $\boldsymbol{A}_1$ 的形状如

$$\boldsymbol{A}_1=\begin{bmatrix} c_1 & a_{12}^{(1)} & a_{13}^{(1)} & \cdots & a_{1n}^{(1)} \\ 0 & a_{22}^{(1)} & a_{23}^{(1)} & \cdots & a_{2n}^{(1)} \\ 0 & a_{32}^{(1)} & a_{33}^{(1)} & \cdots & a_{3n}^{(1)} \\ \vdots & \vdots & \vdots & & \vdots \\ 0 & a_{n2}^{(1)} & a_{n3}^{(1)} & \cdots & a_{nn}^{(1)} \end{bmatrix}$$

类似地，设矩阵 $\boldsymbol{A}_1$ 的第 2 列为 $\boldsymbol{a}_2$，构造 Householder 矩阵 $\boldsymbol{H}_2$，使得 $\boldsymbol{H}_2\boldsymbol{a}_2=(a_{12}^{(1)},c_2,0,\cdots,0)^{\mathrm{T}}$. 令 $\boldsymbol{A}_2=\boldsymbol{H}_2\boldsymbol{A}_1=\boldsymbol{H}_2\boldsymbol{H}_1\boldsymbol{A}$. 以此类推，做 $n-1$ 次变换后，矩阵 $\boldsymbol{A}$ 将被化为上三角矩阵

$$\boldsymbol{A}_{n-1}=\boldsymbol{H}_{n-1}\cdots\boldsymbol{H}_2\boldsymbol{H}_1\boldsymbol{A}_1=\begin{bmatrix} c_1 & * & * & \cdots & * \\ 0 & c_2 & * & \cdots & * \\ 0 & 0 & c_3 & \cdots & * \\ \vdots & \vdots & \vdots & \ddots & \vdots \\ 0 & 0 & 0 & \cdots & * \end{bmatrix}$$

记 $\boldsymbol{Q}=\boldsymbol{H}_1\boldsymbol{H}_2\cdots\boldsymbol{H}_{n-1}$，$\boldsymbol{R}=\boldsymbol{A}_{n-1}$，则 $\boldsymbol{Q}$ 是正交矩阵，且有

$$\boldsymbol{QR}=\boldsymbol{H}_1\boldsymbol{H}_2\cdots\boldsymbol{H}_{n-1}\boldsymbol{H}_{n-1}\cdots\boldsymbol{H}_2\boldsymbol{H}_1\boldsymbol{A}=\boldsymbol{A}$$

注 9.1 若 $\boldsymbol{A}$ 是非奇异矩阵，且上三角矩阵 $\boldsymbol{R}$ 的对角线上的元素均为正数，则 $\boldsymbol{A}$ 的 QR 分解是唯一的.

例 9.9 求 $\boldsymbol{A}=\begin{bmatrix} 2 & 1 & 0 \\ 1 & 1 & 1 \\ 2 & 0 & 2 \end{bmatrix}$ 的 QR 分解.

解 取 $\boldsymbol{a}_1=(2,1,2)^{\mathrm{T}}$，则有 $\boldsymbol{H}_1$ 使得 $\boldsymbol{H}_1\boldsymbol{a}_1=(-\delta_1,0,0)^{\mathrm{T}}$，其中：$\delta_1=3,\boldsymbol{u}_1=(5,1,2)^{\mathrm{T}}$，$\beta=\dfrac{1}{2}\|\boldsymbol{u}_1\|_2^2=15$，且

$$\boldsymbol{H}_1=\boldsymbol{I}-\beta^{-1}\boldsymbol{u}_1\boldsymbol{u}_1^{\mathrm{T}}=\boldsymbol{I}-\frac{1}{15}\begin{bmatrix} 25 & 5 & 10 \\ 5 & 1 & 2 \\ 10 & 2 & 4 \end{bmatrix}=\begin{bmatrix} -\dfrac{2}{3} & -\dfrac{1}{3} & -\dfrac{2}{3} \\ -\dfrac{1}{3} & \dfrac{14}{15} & -\dfrac{2}{15} \\ -\dfrac{2}{3} & -\dfrac{2}{15} & \dfrac{11}{15} \end{bmatrix}$$

$$A_1 = H_1 A = \begin{bmatrix} -\frac{2}{3} & -\frac{1}{3} & -\frac{2}{3} \\ -\frac{1}{3} & \frac{14}{15} & -\frac{2}{15} \\ -\frac{2}{3} & -\frac{2}{15} & \frac{11}{15} \end{bmatrix} \begin{bmatrix} 2 & 1 & 0 \\ 1 & 1 & 1 \\ 2 & 0 & 2 \end{bmatrix} = \begin{bmatrix} -3 & -1 & -\frac{5}{3} \\ 0 & \frac{3}{5} & \frac{2}{3} \\ 0 & -\frac{4}{5} & \frac{4}{3} \end{bmatrix}$$

取$\boldsymbol{a}_2 = \left(\frac{3}{5}, -\frac{4}{5}\right)^{\mathrm{T}}$，则有$\tilde{\boldsymbol{H}}_2$使得$\tilde{\boldsymbol{H}}_2 \boldsymbol{a}_2 = (-\delta_2, 0)^{\mathrm{T}}$，$\delta_2 = 1$，$\boldsymbol{u}_2 = \left(\frac{8}{5}, -\frac{4}{5}\right)^{\mathrm{T}}$，$\beta = \frac{1}{2}\|\boldsymbol{u}_2\|_2^2 = \frac{40}{25}$，且

$$\tilde{\boldsymbol{H}}_2 = \boldsymbol{I} - \beta^{-1} \boldsymbol{u}_2 \boldsymbol{u}_2^{\mathrm{T}} = \begin{bmatrix} -\frac{3}{5} & \frac{4}{5} \\ \frac{4}{5} & \frac{3}{5} \end{bmatrix}, \quad \boldsymbol{H}_2 = \begin{bmatrix} 1 & 0 & 0 \\ 0 & -\frac{3}{5} & \frac{4}{5} \\ 0 & \frac{4}{5} & \frac{3}{5} \end{bmatrix}$$

$$\boldsymbol{A}_2 = \boldsymbol{H}_2 \boldsymbol{A}_1 = \begin{bmatrix} 1 & 0 & 0 \\ 0 & -\frac{3}{5} & \frac{4}{5} \\ 0 & \frac{4}{5} & \frac{3}{5} \end{bmatrix} \begin{bmatrix} -3 & -1 & -\frac{5}{3} \\ 0 & \frac{3}{5} & \frac{2}{3} \\ 0 & -\frac{4}{5} & \frac{4}{3} \end{bmatrix} = \begin{bmatrix} -3 & -1 & -\frac{5}{3} \\ 0 & -1 & \frac{2}{3} \\ 0 & 0 & \frac{4}{3} \end{bmatrix} = \boldsymbol{R}$$

故

$$\boldsymbol{Q} = \boldsymbol{H}_1 \boldsymbol{H}_2 = \begin{bmatrix} -\frac{2}{3} & -\frac{1}{3} & -\frac{2}{3} \\ -\frac{1}{3} & \frac{14}{15} & -\frac{2}{15} \\ -\frac{2}{3} & -\frac{2}{15} & \frac{11}{15} \end{bmatrix} \begin{bmatrix} 1 & 0 & 0 \\ 0 & -\frac{3}{5} & \frac{4}{5} \\ 0 & \frac{4}{5} & \frac{3}{5} \end{bmatrix} = \begin{bmatrix} -\frac{2}{3} & -\frac{1}{3} & -\frac{2}{3} \\ -\frac{1}{3} & -\frac{2}{3} & \frac{2}{3} \\ -\frac{2}{3} & \frac{2}{3} & \frac{1}{3} \end{bmatrix}$$

9.5.2　QR 方法及其收敛性

由定理 9.16 知，任意 n 阶实矩阵 $\boldsymbol{A}$ 都可以分解为一个正交矩阵 $\boldsymbol{Q}$ 与一个上三角矩阵 $\boldsymbol{R}$ 的乘积，即 $\boldsymbol{A} = \boldsymbol{QR}$.

设 $\boldsymbol{A}_1 = \boldsymbol{A}$ 为实矩阵，对 $\boldsymbol{A}$ 进行 QR 分解，则

$$\boldsymbol{A}_1 = \boldsymbol{Q}_1 \boldsymbol{R}_1 \tag{9.48}$$

再令

$$\boldsymbol{A}_2 = \boldsymbol{R}_1 \boldsymbol{Q}_1 \tag{9.49}$$

这样就完成了一次迭代，一般的迭代公式为

$$\begin{cases} \boldsymbol{A}_k = \boldsymbol{Q}_k \boldsymbol{R}_k \\ \boldsymbol{A}_{k+1} = \boldsymbol{R}_k \boldsymbol{Q}_k \end{cases} \quad (k = 1, 2, \cdots) \tag{9.50}$$

由此得到矩阵序列$\{\boldsymbol{A}_k\}$. 不难证明 $\boldsymbol{A}_k$ $(k = 1, 2, \cdots)$ 与 $\boldsymbol{A}$ 相似. 事实上，由式（9.48）可得

$\boldsymbol{R}_1 = \boldsymbol{Q}_1^{-1}\boldsymbol{A}_1$，因此 $\boldsymbol{A}_2 = \boldsymbol{R}_1\boldsymbol{Q}_1 = \boldsymbol{Q}_1^{-1}\boldsymbol{A}_1\boldsymbol{Q}_1$，即 $\boldsymbol{A}_2$ 与 $\boldsymbol{A}_1$ 相似. 又

$$\begin{aligned}\boldsymbol{A}_{k+1} &= \boldsymbol{Q}_k^{-1}\boldsymbol{A}_k\boldsymbol{Q}_k = \boldsymbol{Q}_k^{-1}\boldsymbol{Q}_{k-1}^{-1}\boldsymbol{A}_{k-1}\boldsymbol{Q}_{k-1}\boldsymbol{Q}_k = \cdots = \boldsymbol{Q}_k^{-1}\boldsymbol{Q}_{k-1}^{-1}\cdots\boldsymbol{Q}_1^{-1}\boldsymbol{A}_1\boldsymbol{Q}_1\cdots\boldsymbol{Q}_{k-1}\boldsymbol{Q}_k \\ &= (\boldsymbol{Q}_1\cdots\boldsymbol{Q}_{k-1}\boldsymbol{Q}_k)^{-1}\boldsymbol{A}_1(\boldsymbol{Q}_1\cdots\boldsymbol{Q}_{k-1}\boldsymbol{Q}_k) \quad (k=1,2,\cdots)\end{aligned} \tag{9.51}$$

于是，$\boldsymbol{A}_k\ (k=1,2,\cdots)$ 与 $\boldsymbol{A}$ 相似. 故它们有相同的特征值.

把式（9.51）改写成

$$\boldsymbol{Q}_1\cdots\boldsymbol{Q}_{k-1}\boldsymbol{Q}_k\boldsymbol{A}_{k+1} = \boldsymbol{A}_1(\boldsymbol{Q}_1\cdots\boldsymbol{Q}_{k-1}\boldsymbol{Q}_k)$$

令 $\boldsymbol{Q}^{(k)} = \boldsymbol{Q}_1\cdots\boldsymbol{Q}_{k-1}\boldsymbol{Q}_k$，$\boldsymbol{R}^{(k)} = \boldsymbol{R}_k\boldsymbol{R}_{k-1}\cdots\boldsymbol{R}_1$，则

$$\begin{aligned}\boldsymbol{Q}^{(k)}\boldsymbol{R}^{(k)} &= \boldsymbol{Q}_1\cdots\boldsymbol{Q}_{k-1}\boldsymbol{Q}_k\boldsymbol{R}_k\boldsymbol{R}_{k-1}\cdots\boldsymbol{R}_1 = \boldsymbol{Q}_1\cdots\boldsymbol{Q}_{k-1}\boldsymbol{A}_k\boldsymbol{R}_{k-1}\cdots\boldsymbol{R}_1 \\ &= \boldsymbol{A}_1\boldsymbol{Q}_1\cdots\boldsymbol{Q}_{k-1}\boldsymbol{R}_{k-1}\cdots\boldsymbol{R}_1 = \boldsymbol{A}_1\boldsymbol{Q}^{(k-1)}\boldsymbol{R}^{(k-1)}\end{aligned}$$

由上述递推公式有

$$\boldsymbol{Q}^{(k)}\boldsymbol{R}^{(k)} = \boldsymbol{A}_1\boldsymbol{Q}^{(k-1)}\boldsymbol{R}^{(k-1)} = \boldsymbol{A}_1^2\boldsymbol{Q}^{(k-2)}\boldsymbol{R}^{(k-2)} = \cdots = \boldsymbol{A}_1^{k-1}\boldsymbol{Q}^{(1)}\boldsymbol{R}^{(1)} = \boldsymbol{A}_1^{k-1}\boldsymbol{Q}_1\boldsymbol{R}_1 = \boldsymbol{A}_1^k \tag{9.49}$$

由此可见 $\boldsymbol{Q}^{(k)}$ 及 $\boldsymbol{R}^{(k)}$ 是矩阵 $\boldsymbol{A}_1^k$ 的 QR 分解. 同样，若规定 $\boldsymbol{R}_i\ (i=1,2,\cdots,n)$ 的对角线元素皆为正数，则这种分解是唯一的.

由 $\boldsymbol{A}_k$ 计算 $\boldsymbol{A}_{k+1}$ 称为一步 QR 算法，序列 $\{\boldsymbol{A}_k\}$ 中每一个矩阵都是相似的，有相同的特征值.

关于 QR 方法有如下收敛性定理.

定理 9.17 （QR 方法的收敛性）设 n 阶矩阵 $\boldsymbol{A}$ 可对角化，$\boldsymbol{A} = \boldsymbol{X}\boldsymbol{D}\boldsymbol{X}^{-1}$，$\boldsymbol{D} = \mathrm{diag}(\lambda_1, \lambda_2, \cdots, \lambda_n)$，且 $|\lambda_1| > |\lambda_2| > \cdots > |\lambda_n| > 0$，$\boldsymbol{X}^{-1}$ 有三角分解 $\boldsymbol{X}^{-1} = \boldsymbol{L}\boldsymbol{U}$（$\boldsymbol{L}$ 为单位下三角矩阵，$\boldsymbol{U}$ 为上三角矩阵），则 QR 算法产生的序列 $\{\boldsymbol{A}_k\}$ 基本收敛于上三角矩阵，即

$$\lim_{k\to\infty}\boldsymbol{A}_k = \boldsymbol{R} = \begin{bmatrix}\lambda_1 & * & \cdots & * \\ & \lambda_2 & \cdots & * \\ & & \ddots & \vdots \\ & & & \lambda_n\end{bmatrix}$$

这里基本收敛的意思是指 $\lim\limits_{k\to\infty} a_{ii}^{(k)} = \lambda_i\ (i=1,2,\cdots,n), \lim\limits_{k\to\infty} a_{ij}^{(k)} = 0\ (i>j)$，但 $\lim\limits_{k\to\infty} a_{ij}^{(k)}\ (i<j)$ 不一定收敛.

证明见参考文献[16].

推论 9.1 若矩阵 $\boldsymbol{A}$ 为 n 阶实对称阵且满足定理 9.17 的条件，则由 QR 方法产生的序列 $\{\boldsymbol{A}_k\}$ 收敛于对角矩阵 $\boldsymbol{D} = \mathrm{diag}(\lambda_1, \lambda_2, \cdots, \lambda_n)$.

例 9.10 用 QR 方法求矩阵 $\boldsymbol{A} = \begin{bmatrix}3 & 2 \\ 2 & 4\end{bmatrix}$ 的全部特征值.

解 对 $\boldsymbol{A}_1 = \boldsymbol{A}$ 进行 QR 分解得

$$\boldsymbol{Q}_1 = \begin{bmatrix}-0.8321 & -0.5547 \\ -0.5547 & 0.8321\end{bmatrix}, \qquad \boldsymbol{R}_1 = \begin{bmatrix}-3.6056 & -3.8829 \\ 0 & 2.2188\end{bmatrix}$$

于是

$$\boldsymbol{A}_2 = \boldsymbol{R}_1\boldsymbol{Q}_1 = \begin{bmatrix}5.1538 & -1.2308 \\ -1.2308 & 1.8462\end{bmatrix}$$

再分解得

$$\boldsymbol{A}_2 = \boldsymbol{Q}_2\boldsymbol{R}_2 = \begin{bmatrix}-0.9727 & 0.2323 \\ 0.2323 & 0.9727\end{bmatrix}\begin{bmatrix}-5.2988 & 1.6259 \\ 0 & 1.5098\end{bmatrix}$$

于是

$$A_3 = R_2Q_2 = \begin{bmatrix} 5.5315 & 0.3507 \\ 0.3507 & 1.4685 \end{bmatrix}, \quad A_3 = Q_3R_3 = \begin{bmatrix} -0.9980 & -0.0633 \\ -0.0633 & 0.9980 \end{bmatrix}\begin{bmatrix} -5.5426 & -0.4429 \\ 0 & 1.4434 \end{bmatrix}$$

$$A_4 = R_3Q_3 = \begin{bmatrix} 5.5595 & -0.0913 \\ -0.0913 & 1.4405 \end{bmatrix}, \quad A_4 = Q_4R_4 = \begin{bmatrix} -0.9999 & 0.0164 \\ 0.0164 & 0.9999 \end{bmatrix}\begin{bmatrix} -5.5603 & 0.1150 \\ 0 & 1.4388 \end{bmatrix}$$

$$A_5 = R_4Q_4 = \begin{bmatrix} 5.5614 & 0.0236 \\ 0.0236 & 1.4386 \end{bmatrix}, \quad A_5 = Q_5R_5 = \begin{bmatrix} -1.0000 & -0.0042 \\ -0.0042 & 1.0000 \end{bmatrix}\begin{bmatrix} -5.5615 & -0.0297 \\ 0 & 1.4385 \end{bmatrix}$$

$$A_6 = R_5Q_5 = \begin{bmatrix} 5.5615 & -0.0061 \\ -0.0061 & 1.4385 \end{bmatrix}, \quad A_6 = Q_6R_6 = \begin{bmatrix} -1.0000 & 0.0011 \\ 0.0011 & 1.0000 \end{bmatrix}\begin{bmatrix} -5.5615 & 0.0077 \\ 0 & 1.4384 \end{bmatrix}$$

$$A_7 = R_6Q_6 = \begin{bmatrix} 5.5616 & 0.0016 \\ 0.0016 & 1.4384 \end{bmatrix}, \quad A_7 = Q_7R_7 = \begin{bmatrix} -1.0000 & -0.0003 \\ -0.0003 & 1.0000 \end{bmatrix}\begin{bmatrix} -5.5616 & -0.0020 \\ 0.0016 & 1.4384 \end{bmatrix}$$

$$A_8 = R_7Q_7 = \begin{bmatrix} 5.5616 & -0.0004 \\ -0.0004 & 1.4384 \end{bmatrix}$$

因为 A_8 已经接近对角矩阵，所以它的对角线的元素即为 A 的特征值，因此有

$$\lambda_1 \approx 5.5616, \qquad \lambda_2 \approx 1.4384$$

9.5.3　带原点平移的 QR 方法

QR 方法收敛速度不快，为了加速收敛，可以采用带原点平移的 QR 方法.

设 A 是 n 阶实对称矩阵，取 A_1 为 A 的上 Hessenberg 矩阵，取适当的数 s_1，对矩阵 $A_1 - s_1I$ 作 QR 分解，设为

$$A_1 - s_1I = Q_1R_1 \tag{9.52}$$

令

$$A_2 = R_1Q_1 + s_1I \tag{9.53}$$

如此继续，即

$$A_k - s_kI = Q_kR_k \quad (k = 1,2,\cdots) \tag{9.54}$$

令

$$A_{k+1} = R_kQ_k + s_kI \quad (k = 1,2,\cdots) \tag{9.55}$$

称 s_k 为第 k 次迭代中的平移量. 序列 $\{A_k\}$ 中的每一个矩阵均与 A_1 相似. 事实上，由 $R_k = Q_k^{\mathrm T}(A_k - s_kI)$ 可得

$$A_{k+1} = Q_k^{\mathrm T}(A_k - s_kI)Q_k + s_kI = Q_k^{\mathrm T}A_kQ_k - s_kQ_k^{\mathrm T}Q_k + s_kI = Q_k^{\mathrm T}A_kQ_k$$

故 A_{k+1} 与 A_k 相似. 又

$$\begin{aligned} A_{kk} &= Q_{k-1}^{\mathrm T}A_{kk-1}Q_{k-1} = Q_{k-1}^{\mathrm T}Q_{k-2}^{\mathrm T}A_{k-2}Q_{k-2}Q_{k-1} = \cdots \\ &= Q_{k-1}^{\mathrm T}Q_{k-2}^{\mathrm T}\cdots Q_1^{\mathrm T}A_1Q_1\cdots Q_{k-2}Q_{k-1} = (Q_1\cdots Q_{k-2}Q_{k-1})^{\mathrm T}A_1Q_1\cdots Q_{k-2}Q_{k-1} \end{aligned}$$

故 A_k 与 A_1 相似. 于是 $\{A_k\}$ 中所有矩阵具有相同的特征值.

若 A 经过相似变换后已成为上 Hessenberg 矩阵 A_1，这时，A_k 均为上 Hessenberg 矩阵.

迭代若干步后，若 $\left|a_{n,n-1}^{(k+1)}\right|$ 足够小，就可以认为 $a_{n,n}^{(k+1)}$ 是特征值的近似值，然后将 A_{k+1} 第 n 行和第 n 列去掉，对压缩后的矩阵重复上述分解过程.

恰当选取平移量 s_k，可以加速迭代过程的收敛. s_k 的选取通常有两种方法.

（1）直接选取 $s_k = a_{n,n}^{(k)}$.

（2）当矩阵 $\boldsymbol{A}$ 为实对称矩阵时，经 Househlder 变换后得上 Hessenberg 矩阵 $\boldsymbol{A}_1$ ，$\boldsymbol{A}_1$ 实际上是一个对称三对角矩阵，则由 QR 方法产生的矩阵 $\boldsymbol{A}_k$ 均为三对角阵，这时可以取平移量 s_k 为矩阵右下角的二阶子式

$$\begin{bmatrix} a_{n-1,n-1}^{(k)} & a_{n-1,n}^{(k)} \\ a_{n,n-1}^{(k)} & a_{n,n}^{(k)} \end{bmatrix}$$

的两个特征值中最靠近 $a_{n,n}^{(k)}$ 的那一个特征值.

9.6　应用实例

例 9.11　某种植物的基因型为 AA，AC，CC. 现计划采用 AA 型植物与每种基因型植物相结合的方案培育植物后代，试预测，若干年后，这种植物的任一代的三种基因型分布情况. 已知双亲体基因型与其后代基因的概率如表 9.5 所示.

表 9.5　例 9.11 的数据表

后代基因类型	父母基因类型					
	AA-AA	AA-AC	AA-CC	AC-AC	AC-CC	CC-CC
AA	1/2	1/4	1/4	1/4	1/4	0
AC	1/4	1/2	1/4	1/2	1/2	1/4
CC	1/4	1/2	1/4	1/4	1/2	1

解　用 x_n, y_n, z_n 分别表示第 n 代植物中，基因型 AA，AC，CC 的植物占植物总数的百分率. 令 $\boldsymbol{w}^{(n)}$ 为第 n 代植物基因分布，$\boldsymbol{w}^{(n)} = (x_n, y_n, z_n)^{\mathrm{T}}$，由表 9.5 可得

$$\boldsymbol{w}^{(n+1)} = \begin{bmatrix} x_{n+1} \\ y_{n+1} \\ z_{n+1} \end{bmatrix} = \boldsymbol{A}\boldsymbol{w}^{(n)}$$

其中：$\boldsymbol{A} = \begin{bmatrix} 0.50 & 0.25 & 0.25 \\ 0.25 & 0.50 & 0.25 \\ 0.25 & 0.50 & 0.25 \end{bmatrix}$. 从而

$$\boldsymbol{w}^{(n+1)} = \boldsymbol{A}\boldsymbol{w}^{(n)} = \boldsymbol{A}^2\boldsymbol{w}^{(n-1)} = \cdots = \boldsymbol{A}^{n+1}\boldsymbol{w}^{(0)}$$

为计算 $\boldsymbol{A}^{n+1}$，先将 $\boldsymbol{A}$ 对角化，即求正交阵 $\boldsymbol{Q}$ 使得

$$\boldsymbol{Q}^{-1}\boldsymbol{A}\boldsymbol{Q} = \boldsymbol{D}$$

其中：$\boldsymbol{D}$ 为对角阵.

```
>>[V,D]=eig(A)
V=
   0.5774    0.8165   -0.3015
   0.5774   -0.4082   -0.3015
```

```
    0.5774   -0.4082     0.9045
D=
    1.0000        0           C
    0             0.2500      0
    0             0           0.0000
```

所以 A 的特征值为 $\lambda_1 = 1.0000$，$\lambda_2 = 0.2500$，$\lambda_3 = 0$. 取 x_0=0.25，y_0=0.5，z_0=0.25.

$$A^n = (VDV^{-1})^n = VD^nV^{-1}$$

$$= \begin{bmatrix} 0.5774 & 0.8165 & -0.3015 \\ 0.5774 & -0.4082 & -0.3015 \\ 0.5774 & -0.4082 & 0.9045 \end{bmatrix} \begin{bmatrix} 1^n & & \\ & 0.25^n & \\ & & 0^n \end{bmatrix} \begin{bmatrix} 0.5774 & 0.8165 & -0.3015 \\ 0.5774 & -0.4082 & -0.3015 \\ 0.5774 & -0.4082 & 0.9045 \end{bmatrix}^{-1}$$

$$\lim_{n\to\infty} A^n = \begin{bmatrix} 0.3333 & 0.4167 & 0.2500 \\ 0.3333 & 0.4167 & 0.2500 \\ 0.3333 & 0.4167 & 0.2500 \end{bmatrix}$$

$$\lim_{n\to\infty} w^{(n)} = \lim_{n\to\infty} A^n w^{(0)} = \begin{bmatrix} 0.3333 & 0.4167 & 0.2500 \\ 0.3333 & 0.4167 & 0.2500 \\ 0.3333 & 0.4167 & 0.2500 \end{bmatrix} \begin{bmatrix} x_0 \\ y_0 \\ z_0 \end{bmatrix} = \begin{bmatrix} 0.25 \\ 0.50 \\ 0.25 \end{bmatrix}$$

经若干年后三种基因型 AA 占 0.25，AC 占 0.5，CC 占 0.25.

习　题　9

1. 设

（1）
$$A = \begin{bmatrix} 2 & 1 & 0 \\ 1 & 1 & -1 \\ 2 & 0 & 3 \end{bmatrix};$$

（2）
$$A = \begin{bmatrix} 15 & -2 & 2 \\ 1 & 10 & -3 \\ -2 & 1 & 0 \end{bmatrix}.$$

试用幂法求矩阵 A 的主特征值及其对应的特征向量.

2. 求 $A = \begin{bmatrix} 2 & 1 & 0 \\ -2 & 5 & -1 \\ -1 & -1 & 3 \end{bmatrix}$ 的最接近于 6 的特征值及其对应的特征向量.

3. 用 Jacobi 方法计算矩阵 $A = \begin{bmatrix} 1.0 & 1.0 & 0.5 \\ 1.0 & 1.0 & 0.25 \\ 0.5 & 0.25 & 2.0 \end{bmatrix}$ 的全部特征值和特征向量.

4. 用 Jacobi 方法计算矩阵 $A = \begin{bmatrix} 2 & 1 & 1 \\ 1 & 2 & 1 \\ 1 & 1 & 2 \end{bmatrix}$ 的全部特征值（计算过程要精确进行）.

5. 用 Householder 变换将 $A = \begin{bmatrix} 1 & 2 & 3 & 4 \\ 4 & 5 & 6 & 7 \\ 2 & 1 & 5 & 0 \\ 4 & 2 & 1 & 0 \end{bmatrix}$ 化为上 Hessenberg 矩阵（保留 4 位小数）.

6. 利用 Householder 变换将 $A=\begin{bmatrix}1&3&4\\3&1&2\\4&2&1\end{bmatrix}$ 正交相似约化为对称三对角矩阵.

7. 设 A 是一个非奇异的上 Hessenberg 矩阵，$\bar{A}=Q^{\mathrm{T}}AQ$ 是经过一个 QR 迭代步得到的矩阵. 证明：$\bar{A}$ 也是上 Hessenberg 矩阵.

8. 设

（1）$A=\begin{bmatrix}1&2&0\\2&1&-1\\0&1&3\end{bmatrix}$；　（2）$A=\begin{bmatrix}-1&-4&1\\-1&-2&-5\\5&4&3\end{bmatrix}$.

先把 A 化为上 Hessenberg 矩阵，再用 QR 方法求 A 的特征值.

9. 对矩阵

$$A=\begin{bmatrix}6&2&3&1\\2&5&4&8\\3&4&9&1\\1&8&1&7\end{bmatrix}$$

用 Householder 方法求出 A 的特征值和特征向量.

10. 用带位移的 QR 方法计算下列矩阵的全部特征值.

（1）$A=\begin{bmatrix}3&1&0\\1&2&1\\0&1&1\end{bmatrix}$；　（2）$A=\begin{bmatrix}3&4&5\\4&3&7\\3&6&2\end{bmatrix}$

11. 在 QR 方法中，设

$$\bar{Q}_k=Q_1Q_2\cdots Q_k,\qquad \bar{R}_k=R_kR_{k-1}\cdots R_1$$

证明 QR 方法产生的序列满足 $A^k=\bar{Q}_k\bar{R}_k$.

第 10 章　MATLAB 数学软件与数值计算

10.1　MATLAB 介　绍

MATLAB 是由 MathWorks 公司开发的一种主要用于数值计算及可视化图形处理的工程语言，是当今最优秀的科技应用软件之一. 它将数值分析、矩阵运算、图形图像处理、信号处理和仿真等诸多强大的功能集成在较易使用的交互式计算环境之中，为科学研究、工程应用提供了一种功能强、效率高的编程工具. 它强大的科学计算和可视化功能、简单易用、开放式可扩展环境，特别是所附带的 30 多种面向不同领域的工具箱支持，使得它在许多科学领域中成为计算机辅助设计和分析、算法研究和应用开发的基本工具和首选平台.

20 世纪 70 年代，美国新墨西哥大学计算机系主任 Clever Moler（克里夫·莫勒尔）博士和他的同事设计了一组调用 LINPACK 和 EISPACK 库程序通俗易用的接口，这就是用 Fortran 编写的萌芽状态的 MATLAB. 1984 年，John Little（约翰·李特尔）、Clever Moler 和 Steve Bangert（斯蒂夫·班格尔特）合作成立了 MathWorks 公司，专门从事 MATLAB 软件的开发，并把 MATLAB 正式推向市场. 此后，MATLAB 的内核采用 C 语言编写，除原有的计算能力外，新增了数据图视功能. 1993 年，MathWorks 公司推出了 MATLAB 4.0 版本；1997 年，推出了 MATLAB 5.0；2000 年，推出了 MATLAB 6.0；2002 年，推出了 MATLAB 6.5；2004 年 7 月，推出了 MATLAB 7.0. 从 2006 年开始，MathWorks 公司开始发布 MATLAB R 系列版本，在技术层面上实现了一次飞跃，并在每年的 3 月和 9 月进行两次产品发布，版本命名方式为“R + 年份 + 代码”，代码 a 和 b 分别对应 3 月和 9 月发布的版本.

MATLAB 工具箱主要有两类，即功能型工具箱和领域型工具箱. 功能型工具箱主要用来扩充 MATLAB 的数值计算、符号运算功能、图形建模仿真功能、文字处理功能及与硬件实时交互功能. 领域型工具箱是学科专用工具箱，其专业性很强. 表 10.1 列出了 MATLAB 常用工具箱.

表 10.1　MATLAB 常用工具箱及其功能介绍

编号	工具箱名称	功能	编号	工具箱名称	功能
1	Matlab Main Toolbox	MATLAB 主工具箱，是 MATLAB 的基本部分	11	Neural Network Toolbox	神经网络工具箱
2	Control System Toolbox	控制系统工具箱	12	Partial Differential Toolbox	偏微分方程工具箱
3	Communication Toolbox	通信工具箱	13	Robust Control Toolbox	鲁棒控制工具箱
4	Financial Toolbox	财政金融工具箱	14	Signal Processing Toolbox	信号处理工具箱
5	System Identification Toolbox	系统辨识工具箱	15	Spline Toolbox	样条工具箱
6	Fuzzy Logic Toolbox	模糊逻辑工具箱	16	Statistics Toolbox	统计工具箱
7	Bioinformatics Toolbox	生物分析工具箱	17	Symbolic Math Toolbox	符号数学工具箱
8	Image Processing Toolbox	图像处理工具箱	18	Simulink Toolbox	动态仿真工具箱
9	Database Toolbox	数据库工具箱	19	Virtual Reality Toolbox	虚拟现实工具箱
10	Model Predictive Control Toolbox	模型预测控制工具箱	20	Wavelet Toolbox	小波工具箱

10.2　MATLAB 数值处理简介

MATLAB 程序的基本数据单元是数组. 一个数组是以行和列组织起来的数据集合，并且拥有一个数组名. 数组中的单个数据是可以被访问的，访问的方法是数组名后带一个括号，括号内是这个数据所对应的行标和列标. 标量在 MATLAB 中也被作为数组来处理——它被看成只有 1 行 1 列的数组. 数组可以定义为向量或矩阵.

向量一般用来描述一维数组，而矩阵往往用来描述二维或多维数组. 在本书中，当讨论一维数组时用向量表示，当讨论二维或多维数组时用矩阵表示. 如果在特殊情况下，同时遇到这两种数组，就把它们通称为“数组”. 数组的大小由数组的行数和列数共同决定，注意行数在前. 一个数组所包含的数据多少可由行数乘列数得到.

10.2.1　向量及其运算

1. 向量

向量是数据按照行或列组成的集合，并且拥有一个数组名. 按照行排列成的集合称为行向量，按照列排列成的集合称为列向量.

例如，数组 $a=(1,3,-2,5)$是一个 1×4 的行向量，包含 4 个元素；$b=(1,3,2)^{T}$是一个 3×1 的列向量，包含 3 个元素. 在 MATLAB 中，可以通过输入“a = [1,3,–2,5]”创建行向量 a，通过输入“b = (1;3;2)”创建列向量 b.

2. 向量的运算

（1）向量的加法与减法.

对于同型的向量，可以做向量的加法和减法运算. 例如，在 MATLAB 命令窗口中输入

```
>>a=[1 3 -2 5];b=[2 1 4 3];
>>c=a+b
   c=
     3   4   2   8
```

```
>>c=a-b
  c=
    -2   2   -6   2
```

（2）向量的乘法.

向量 a 与 b 相乘，要求向量 a 与 b 满足向量乘积的规则，即要求做乘积的两个向量前一个向量的列数与后一个向量的行数相等. 例如

```
>>a=[1 3 -2 5];b=[2 1 4 3]';
>>c=a*b
  c=
     12
>>d=b*a
  d=
     2     6    -4    10
     1     3    -2     5
```

```
    4    12    -8    20
    3     9    -6    15
```

另外，同型的两个向量的点乘，例如

```
>>a=[1 3-2 5];b=[2 1 4 3]
>>c=a.*b
  c=2  3  -8  15
```

即向量 c 与 a 或 b 同型，且分量为向量 a 与 b 对应分量乘积.

（3）向量的点积与叉积运算.

向量的点积即数量积，定义为参与运算的两个向量对应分量乘积之和. 向量点积的结果是一个标量. MATLAB 中点积的运算函数是 dot(a,b)，其中 a,b 是两个相同维数的向量.

叉积也称向量积或矢量积. 在数学描述中，向量 a,b 的叉积是一新向量 c，其方向垂直于 a 和 b 所决定的平面. MATLAB 中叉积运算的函数是 cross(a,b). 点积、叉积，甚至两者的混合积，在场论中是极其基本的运算. 例如

```
>>a=[1 3 -2 5];b=[2 1 4 3];
>>c=dot(a,b)
  c=
    12
```

```
>>a=[1 3 -2];b=[2 1 4];
>>c=cross(a,b)
  c=
    14  -8  -5
```

10.2.2　矩阵及其运算

矩阵的代数运算应包括线性代数中讨论的诸多方面，本小节所描述的代数运算包括求矩阵行列式的值、矩阵的加减乘除、矩阵的逆、矩阵的秩、矩阵的特征值和特征向量，以及矩阵的乘方和开方等. 这些运算在 MATLAB 中有些是由运算符完成的，但更多的是由函数实现的.

1. 矩阵的四则运算

矩阵的加减法使用“+”和“−”运算符，格式与数的运算完全相同，但要求两个矩阵是同型的. 乘法使用“*”运算符，矩阵的乘法运算要求相乘的两个矩阵中前一个矩阵的列数等于后一个矩阵的行数.

例 10.1　已知矩阵 $\boldsymbol{A}=\begin{bmatrix}2 & 3\\ 4 & 6\end{bmatrix}$，$\boldsymbol{B}=\begin{bmatrix}5 & 1\\ 3 & 2\end{bmatrix}$，求 $2\boldsymbol{A}-\boldsymbol{B}$，$\boldsymbol{AB}$.

```
>>A=[2 3;4 6];B=[5 1;3 2];
>>C=2*A-B
  C=
     -1     5
      5    10
```

在 MATLAB 中，矩阵的除法运算包括左矩阵除（left matrix divide）、右矩阵除（right matrix divide）、左数组除（left array divide）和右数组除（right array divide）. 记 $A=(a_{i,j})$，$B=(b_{i,j})$，$C=(c_{i,j})$，左矩阵除和右矩阵除分别定义为 A\B = inv(A)*B 和 B/A = B*inv(A)，这里假设 inv(A) 与 B 满足矩阵乘法运算规则. 左数组除定义为 C = A.\B，其中 $c_{i,j}=b_{i,j}/a_{i,j}$；右数组除 C = A./B，其中 $c_{i,j}=a_{i,j}/b_{i,j}$，这里要求矩阵 A，B 同型.

例 10.2　已知矩阵 $\boldsymbol{A}=\begin{bmatrix}2 & 3\\1 & 4\end{bmatrix}$，$\boldsymbol{B}=\begin{bmatrix}4 & 6\\2 & 2\end{bmatrix}$，求 A \ B, A / B, A.\ B, A./ B.

在命令行窗口输入如下.

```
>>A=[2,3;1,4];B=[4,6;2,2]
>>A\B
ans=
    2.0000    3.6000
         0   -0.4000
>>A./B
ans=
    2.0000    2.0000
    2.0000    0.5000
```

```
>>A\B
ans=
    0.5000         0
    1.5000   -2.5000
>>A./B
ans=
    0.5000    0.5000
    0.5000    2.0000
```

2. 求矩阵行列式的值

方阵可以求行列式，MATLAB 中方阵求行列式可以调用函数 det(A).

3. 求矩阵的逆

MATLAB 中求矩阵的逆可以调用函数 inv(A).

4. 求矩阵的秩

求矩阵的秩的运算可由函数 rank(A)实现.

```
>>r=rank(A)
```

5. 求矩阵的特征值和特征向量

求矩阵的特征值和特征向量可以调用函数[V,D] = eig(A)来实现，其中矩阵 D 为对角阵，对角元是矩阵 A 的特征值，矩阵 V 的列向量是相应于矩阵 D 中对角元的特征向量.

6. 求矩阵的转置

求矩阵的转置也是数值计算中使用较多的一种运算，运算符是“'”，此运算符的运算优先级比加、减、乘、除等要高.

10.3　MATLAB 程序设计入门

10.3.1　运算符与操作符

MATLAB 运算符可分为三大类，分别是算术运算符、关系运算符和逻辑运算符.

1. 算术运算符

算术运算因所处理的对象不同，分为矩阵算术运算和数组算术运算两类. 表 10.2 给出了矩阵算术运算的符号、名称、示例和使用说明，表 10.3 给出了数组算术运算的运算符号、名称、示例和使用说明.

表 10.2　矩阵算术运算符

运算符	名称	用法	描述
+	加	C = A+B	两个矩阵相加，即 C(i,j) = A(i,j) + B(i,j)
–	减	C = A–B	两个矩阵相减，即 C(i,j) = A(i,j)–B(i,j)
*	乘	C = A*B	两个矩阵相乘，即 C(i,j) = A(i,:)*A(: ,j)
/	右除	C = A/B	定义为线性方程组 X*B = A 的解，即 C = A/B = A*B^{-1}
\	左除	C = A\B	定义为线性方程组 A*X = B 的解，即 C = A\B = A^{-1}*B
^	乘幂	C = A^B	A,B 其中一个为标量时有定义
'	共轭转置	B = A'	B 是 A 的共轭转置矩阵

表 10.3　数组算术运算符

运算符	名称	用法	描述
.*	数组乘	C = A.*B	C(i,j) = A(i,j)*B(i,j)
./	数组右除	C = A./B	C(i,j) = A(i,j)/B(i,j)
.\	数组左除	C = A.\B	C(i,j) = B(i,j)/A(i,j)
.^	数组乘幂	C = A.^B	C(i,j) = A(i,j)^B(i,j)
.'	转置	A.'	将数组的行摆放成列，复数元素不做共轭

2. 关系运算符

关系运算符被用来比较两个数之间的大小关系，MATLAB 的关系运算符如表 10.4 所示.

表 10.4　关系运算符

运算符	描述	运算符	描述
＜	小于	＞=	大于等于
＜=	小于等于	= =	恒等于
＞	大于	～=	不等于

关系运算符还可以用来比较两个同型矩阵对应位置元素的大小关系，其结果是与被比较矩阵同型的矩阵. 若两个矩阵对应位置元素符合某种关系，则结果矩阵对应元素为 1；否则为 0.

例 10.3　已知 $\boldsymbol{A}=\begin{bmatrix}1 & 2\\ 3 & 1\end{bmatrix}$，$\boldsymbol{B}=\begin{bmatrix}2 & 0\\ 1 & 4\end{bmatrix}$，求 C = A＞= B.

```
>>A=[1,2;3,1];B=[2,0;1,4];
>>C=A>=B
  C=
     0     1
     1     0
```

3. 逻辑运算符

MATLAB 提供三种类型的逻辑运算符，即元素方式逻辑运算符、比特方式逻辑运算符和短路逻辑运算符. 这里仅介绍比较常用的元素方式逻辑运算符的用法和功能，如表 10.5 所示. 元素方式逻辑运算符只接受逻辑类型变量输入.

表 10.5　元素方式逻辑运算符

运算符	名称	用法	描述
&	与	A&B	逻辑与. 当两个操作数同时为 1，运算结果为 1；否则为 0
|	或	A|B	逻辑或. 当两个操作数同时为 0，运算结果为 0；否则为 1
～	非	～A	逻辑非. 当 A 为 0 时，运算结果为 1；否则为 0
xor	异或	xor(A,B)	逻辑异或. 当两个操作数相同时，运算结果为 0；否则为 1

10.3.2　M 文件简介

M 文件有脚本文件（script file）和函数文件（function file）两种形式. 脚本文件通常用于执行一系列简单的 MATLAB 命令，运行时只需输入文件名字，MATLAB 就会自动按顺序执行文件中的命令；函数文件与脚本文件不同，它可以接受参数，也可以返回参数，在一般情况下，用户不能靠单独输入其文件名来运行函数文件，而必须由其他语句来调用，MATLAB 的大多数应用程序都以函数文件的形式给出.

下面来说明 M 文件的编辑与运行.

可以用普通的文本编辑器把一系列 MATLAB 语句写在一起构成 MATLAB 程序，然后存储在一个文件里，文件的扩展名为“. m”，因此称为 M 文件. 这些文件都是由纯 ASCII 码字符构成的，在运行 M 文件时只需在 MATLAB 命令窗口下输入该文件名即可.

在 MATLAB 的编辑器中建立与编辑 M 文件的一般步骤如下.

1. 新建文件

（1）最简单的方法是单击 MATLAB 主界面工具栏上的图标.

（2）在命令窗口输入 edit 语句建立新文件，或输入 edit filename 语句，打开名为 filename 的 M 文件，在弹出文件不存在的提示框中，单击“Yes”按钮，则建立名为 filename 新的 M 文件.

（3）利用 MATLAB 主界面的 File|New 子菜单，从下拉菜单中选择 M-file 项.

（4）如果已经打开了文件编辑器后需要再建立新文件，可以用编辑器的菜单或工具栏上相应的图标进行操作.

2. 打开文件

（1）单击 MATLAB 主界面工具栏上的图标，弹出“打开文件”（Open）对话框，选择已有的 M 文件，单击“打开”按钮.

（2）输入 edit filename 语句，打开名为 filename 的 M 文件.

（3）利用 MATLAB 主界面的 File|Open 子菜单，弹出“打开文件”（Open）对话框，选择已有的 M 文件，单击“打开”按钮.

（4）如果已经打开了文件编辑器后需要打开其他文件，可以用编辑器的菜单或工具栏上相应的图标进行操作.

3. 编辑文件

虽然 M 文件是普通的文本文件，在任何的文本编辑器中都可以编辑，但 MATLAB 系统提供了一个更方便的内部编辑/调试器.

对于新建的 M 文件，可以在 MATLAB 编辑/调试器的编辑窗口编写新的文件；对于打开的已有 M 文件，其内容显示在编辑窗口，用户可以对其进行修改. 在编辑的过程中可以使用类似于其他文本编辑器（如 Word）的“编辑”（Edit）菜单、工具栏的编辑图标和快捷键等，值得注意的是，除了注释内容外，所有 MATLAB 语句都要使用西文字符.

4. 保存文件

M 文件在运行之前必须先保存，其方法有如下几种.

（1）单击编辑器工具栏上的图标，对于新建的 M 文件，则弹出“保存文件”（Save file as）对话框，选择存放的路径、文件名和文件保存类型（不选择时为 M 文件），单击“保存”按钮，即可完成保存；对于打开的已有 M 文件，则直接完成保存.

（2）选择 File|Save，等同于单击编辑器工具栏上的图标.

（3）选择 File|Save As….，对于新建的 M 文件，等同于选择 File|Save；对于打开的已有 M 文件，可以在弹出“保存文件”（Save File As）对话框中，重新选择存放的目录、文件名进行保存.

（4）选择 File|Save All，对于 M 文件而言，等同于选择 File|Save.

5. 运行文件

脚本文件可直接运行，而函数文件还必须输入函数参数.

（1）在命令窗口输入要运行的文件名即可开始运行，需要注意的是，在运行前一定要先保存文件，否则运行的是保存前的程序.

（2）若在编辑器中完成编辑后需要直接运行，可以选择编辑器的 Debug|Save and Run 选项（若文件已经保存过，则该选项变为 Run）.

（3）按 F5 键保存程序并直接运行. 若是新建 M 文件，则弹出“保存文件”对话框，用户保存文件后直接运行.

10.3.3　程序结构与控制

MATLAB 程序流程语句主要包括循环结构和选择结构. 循环结构根据给定的条件来决定

执行语句的次数，MATLAB 提供的循环结构语句有 for 语句和 while 语句. MATLAB 程序流程语句都以 end 为结束标志. 选择结构是根据给定的条件成立或不成立，分别执行不同的语句，MATLAB 提供的选择结构语句有 if 语句、switch 语句和 try 语句.

1. 循环结构

MATLAB 有 for/end 和 while/end 两种循环结构. for/end 循环是“直到型”循环，while/end 循环是“当型”循环.

（1）for/end 循环控制.

为了说明 for/end 循环，看以下例子.

例 10.4　用 for/end 循环计算 $S=1+2^2+3^2+\cdots+10^2$.

```
S=0;
for i=1:10
S=S+i^2;
end
```

i 是循环变量，S 是累加器，返回数字 1～10 的平方和. for 循环由 end 终止，每次循环 i 增加量为 1，若 i 值大于 10，则循环终止. 若每次循环增加量不是 1，可在 for 语句中给出，如 for i = 1:2:10，则每次循环变量 i 增加 2.

上述计算也可按相反的次序进行.

```
S=0;
for i=10:-1:1
S=S+i^2;
end
```

这里 for 语句指定循环变量 i 从 10 开始取值，每次减少 1，直到 i = 1 为止. 中间–1 给出了循环变量的增加量.

另外，循环也可在指定的数集上进行.

```
set=[1,3,6];
S=0;
for i=set
  S=S+i^2;
end
```

此时 S 返回 $1^2+3^2+6^2$.

（2）while/end 循环.

While/end 循环需要在 while 语句中指定循环条件做出逻辑判断，当循环条件满足时，逻辑真，执行循环体内部语句；当循环条件不满足时，逻辑假，循环结束. 因此 while/end 循环也称当型循环.

例 10.5　用 while/end 循环计算 $S=1+2^2+3^2+\cdots+10^2$.

```
S=0;
i=1;
while(i<=10)
  S=S+i^2;
```

```
  i=i+1;
end
```

while/end 循环可以处理无限循环问题，此时需要有条件语句做出结束循环的判断，然后由 break 命令终止循环.

2. 选择结构（分支结构）

选择结构可以使 MATLAB 选择性执行指定区域内的代码（称为语句组），而跳过其他区域的代码. 选择结构在 MATLAB 中有三种具体的形式，即 if 结构、switch 结构和 try/catch 结构. 这里主要介绍前两种结构的用法.

（1）if-else-end 分支结构.

If 结构的基本形式如下.

```
If  表达式 1
    语句组
elseif 表达式 2
    语句组
else
    语句组
end
```

其中“表达式”控制用于 if 语句的逻辑判断. 若返回逻辑值为 1，则执行该结构内部的语句；若返回逻辑值为 0，则进行其他表达式的判断并执行相应的操作. 在 if 选择结构中，else if 语句可以有多个，但 else 语句只能有一个，end 语句作为选择结构终止的标志.

if 语句还可以嵌套使用. 若 if 结构完全是另一个 if 结构的一个语句块，则称两者为嵌套关系. 下面是两个 if 语句的嵌套.

```
If 表达式 1
   语句组
   If 表达式 2
   语句组
   end
else if
   语句组
else
   语句组
end
```

（2）switch-case-end 分支结构.

switch 结构是另一种形式的选择结构. 程序员可以根据一个单精度整形数、字符或逻辑表达式的值来选择执行特定的代码语句块.

```
Switch(表达式)
    Case 表达式 1
         语句组 1
    Case 表达式 2
```

```
        语句组 2
    otherwise
        语句组 3
end
```

若表达式的值与表达式 1 相符，则执行语句组 1；若表达式的值与表达式 2 相符，则执行语句组 2. 在这个结构中，用相同的方法来对待其他的情况. otherwise 语句块是可选的，若它不存在，且表达式的值与所有的选项都不相符，则这个结构中的任何一个语句块都不会被执行. 这种情况下的结果可以看成没有选择结构. 若表达式有很多值可以导致相同代码的执行，则这些值可以括在同一括号内. 若这个 switch 表达式与表中任何一个表达式相匹配，则这个语句块将会被执行.

```
Switch(表达式)
    case{表达式 1,表达式 2,表达式 3}
         语句组 1
    otherwise
         语句组 2
end
```

10.4 MATLAB 绘图功能简介

MATLAB 不但擅长与矩阵相关的数值运算，而且还提供了许多在二维和三维空间内显示可视信息的函数，利用这些函数可以绘制出所需的图形；MATLAB 提供了丰富的修饰方法，合理地使用这些方法，可使绘制的图形更为美观、精确.

MATLAB 将构成图形的各个基本要素称为图形对象. 这些对象包括计算机屏幕、图形窗口、用户菜单、坐标轴、用户控件、曲线、曲面、文字、图像、光源、区域块和方框. 系统将每个对象按树形结构组织起来，在 MATLAB 中，每个具体的图形都是由若干个不同的图形对象组成的，计算机屏幕是产生其他对象的基础，称为根对象，它包括一个或多个图形窗口对象. 每个具体的图形必须有计算机屏幕和图形窗口对象. 一个图形窗口对象有 3 种不同类型的子对象，其中坐标轴又有 7 种不同类型的子对象. MATLAB 在创建每个图形对象时，都为该对象分配了唯一值，称为图形对象句柄. 句柄是图形对象的唯一标识符，不同图形对象的句柄是不可能重复和混淆的. 改变句柄就可以改变图形对象的属性，从而对具体图形进行编辑，以满足实际需要.

10.4.1 MATLAB 的图形窗口

1. 创建图形窗口

在 MATLAB 中，绘制的图形被直接输出到一个新的窗口中，这个窗口与命令行窗口是相互独立的，被称为图形窗口. 若当前不存在图形窗口，则 MATLAB 的绘图函数会自动建立一个新的图形窗口；若已存在一个图形窗口，则 MATLAB 的绘图函数就会在这个窗口中进行绘图操作；若已存在多个图形窗口，则 MATLAB 的绘图函数就会在当前窗口中进行绘图操作（当前窗口通常是指最后一个使用的图形窗口）. 在 MATLAB 中使用函数 figure 来建立图形窗口，该函数最简单的调用方式为 figure，这样就建立了如图 10.1 所示的图形窗口.

图 10.1 图形窗口

使用“图形编辑工具条”可以对图形进行编辑和修改，也可以用鼠标选中图形中的对象，右击，弹出快捷菜单，通过选择菜单项实现对图形的操作.

函数 figure 其他调用方式如下.

（1）figure('PropertyName'，PropertyValue，...). 以指定的属性值，创建一个新的图形窗口，其中 PropertyName 为属性名，PropertyValue 为属性值. 未指定的属性，取默认值.

（2）figure(h). 若 h 已经是图形句柄，则将它代表的图形窗口置为当前窗口；若 h 不是图形句柄，但为一正整数，则创建一个图形句柄为 h 的新的图形窗口.

（3）h = figure(...). 调用函数 figure 时，同时返回图形对象的句柄.

2. 关闭与清除图形窗口

执行 close 命令可关闭图形窗口，其调用方式如下.

（1）close. 关闭当前图形窗口，等效于 close(gcf).

（2）close(h). 关闭图形句柄 h 指定的图形窗口.

（3）close name. 关闭图形窗口名 name 指定的图形窗口.

（4）close all. 关闭除隐含图形句柄的所有图形窗口.

（5）close all hidden. 关闭包括隐含图形句柄在内的所有图形窗口.

（6）status = close(...). 调用 close 函数正常关闭图形窗口时，返回 1；否则返回 0.

清除当前图形窗口可使用如下命令.

（1）clf. 清除当前图形窗口所有可见的图形对象.

（2）clf reset. 清除当前图形窗口所有可见的图形对象，并将窗口的属性设置为默认（Units、PaperPosition 和 PaperUnits 属性除外）.

10.4.2 基本二维图形绘制

在 MATLAB 中，主要的二维绘图函数如下.

（1）plot. x 轴和 y 轴均为线性刻度.

（2）loglog. x 轴和 y 轴均为对数刻度.

（3）semilogx. x 轴为对数刻度，y 轴为线性刻度.

（4）semilogy. x 轴为线性刻度，y 轴为对数刻度.

（5）plotyy. 绘制双纵坐标图形.

其中 plot 是最基本的二维绘图函数，其调用格式如下.

（1）plot(Y). 若 Y 为实向量，则以该向量元素的下标为横坐标，以 Y 的各元素值为纵坐标，绘制二维曲线；若 Y 为复数向量，则等效于 plot(real(Y), imag(Y))；若 Y 为实矩阵，则按列绘制每列元素值相对其下标的二维曲线，曲线的条数等于 Y 的列数；若 Y 为复数矩阵，则按列分别以元素实部和虚部为横、纵坐标绘制多条二维曲线.

（2）plot(X,Y). 若 X 和 Y 为长度相等的向量，则绘制以 X 和 Y 为横、纵坐标的二维曲线；若 X 为向量，Y 为有一维与 Y 同维的矩阵，则以 X 为横坐标绘制出多条不同色彩的曲线，曲线的条数与 Y 的另一维相同；若 X 和 Y 为同维矩阵，则绘制以 X 和 Y 对应的列元素为横、纵坐标的多条二维曲线，曲线的条数与矩阵的列数相同.

（3）plot $(X_1,Y_1,X_2,Y_2,L,X_n,Y_n)$. 其中每一对参数 X_i 和 $Y_i(i=1,2,\cdots,n)$ 的取值和所绘图与（2）中相同.

（4）plot(X_1,Y_1,LineSpec,...). 以 LineSpec 指定的属性，绘制所有 X_1,Y_1 对应的曲线.

（5）plot(...,'PropertyName',PropertyValue,...). 对于由 plot 绘制的所有曲线，按照设置的属性值进行绘制，PropertyName 为属性名，PropertyValue 为对应的属性值.

（6）h = plot(...). 调用函数 plot 时，同时返回每条曲线的图形句柄 h（列向量）.

其他绘图函数如表 10.6 所示.

表 10.6　绘图函数

函数	二维图形状描述
Bar(x,y)	条形图. x 为横坐标，y 为纵坐标
fplot(y,[a,b])	精确绘图. y 为函数名称（字符型），[a,b]为精确绘图区间
polar (θ,r)	极坐标图. θ 为极角离散值，r 为对应于 θ 值的极径
stairs(x,y)	阶梯图. (x,y)为数据点
stem(x,y)	针状图. (x,y)为数据点
fill(x,y,ys)	实心图. (x,y)为数据点，ys 是颜色选项（缺省报错）
scatter(x,y,s,c)	散点图. (x,y)为坐标点，s 为尺寸（数值型），c 为颜色.
pie(x)	饼图. 绘制大小与 x/sum(x)相一致的分块饼图，块数等于 x 非零分量的个数

绘图常用参数如表 10.7 所示.

表 10.7　绘图常用参数

颜色参数	颜色	线型参数	线型	标记符号	标记
y	黄	-	实	.	圆点
b	蓝	:	点	O	圆圈
g	绿	-.	点划线	+	加号
m	洋红	--	虚线	*	星号
w	白			×	叉号

续表

颜色参数	颜色	线型参数	线型	标记符号	标记
c	青			s	方块
k	黑			d	菱形
r	红			v	朝上三角符号
				^	朝下三角符号
				<	朝左三角符号
				>	朝右三角符号
				p	五角星
				h	六角星

例 10.6　在同一图形窗口中绘制 $y_1=\sin x$ 和 $y_2=\cos x$ 在区间 $[-\pi,\pi]$ 上的图形.

```
>>x=-pi:0.1:pi;
>>y1=sin(x);
>>y2=cos(x);
>>plot(x,y1,'b-+',x,y2,'r:d');
%曲线 y1 采用实线、加号标记
%曲线 y2 采用点线、菱形标记
```

输出图形如图 10.2 所示.

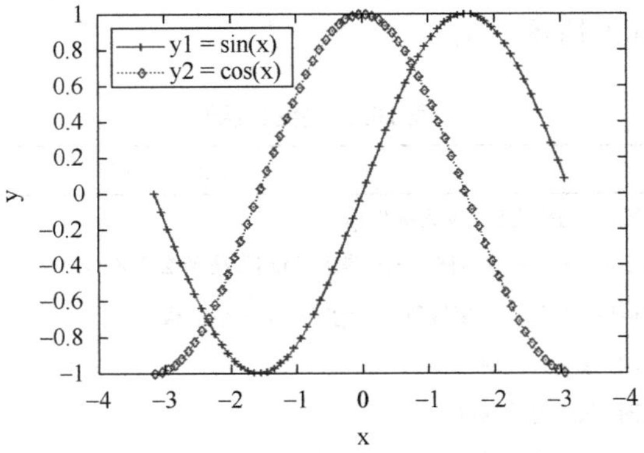

图 10.2　$y=\sin x$ 和 $y=\cos x$ 的图形

10.4.3　绘图辅助函数——坐标轴和标注

1. 坐标轴标注和图形标题

MATLAB 在绘图时会根据数据的分布范围自动选择坐标轴的刻度范围. MATLAB 同时提供了函数 axis 指定坐标轴的刻度范围其调用格式为

```
Axis([xmin,xmax,ymin,ymax])
```

其中：xmin,xmax,ymin,ymax 分别表示 x 轴的起点、终点，y 轴的起点、终点.

MATLAB 还提供了一些图形的标注命令（表 10.8），通过这些标注命令可以对每个坐标轴单独进行标注，给图形放置文本注解，还可以加上网格线以确定曲线上某一点的坐标值，还可以用 hold on/off 实现保持原有图形或刷新原有图形.

表 10.8　图形的标注命令

命令	功能
axis on/off	显示/取消坐标轴
xlabel('option')	x 轴加标注，option 表示任意选项
ylabel(option')	y 轴加标注
title('option')	图形加标题
legend('option')	图形加标注
grid on/off	显示/取消网格线
box on/off	给坐标加/不加边框线

例 10.7　图形加标注示例.

```
x=0:0.05:5;
y1=exp(0.4.^x)-1.5;y2=sin(x*4);
plot(x,y1,x,y2,'r-.');              %曲线 y2 用点画线表示
line([0,5],[0,0]);                  %在(0,0)与(5,0)之间画直线,代替横坐标
xlabel('x');ylabel('y');title('函数曲线');
                                    %x 轴标注'x';y 轴标注'y';
                                    %图形标题'函数曲线'
legend('y1=e^(0.4^x)-1.5', 'y2=sin(4x)'); %注解图形
grid on                             %显示网格线
```

图形如图 10.3 所示.

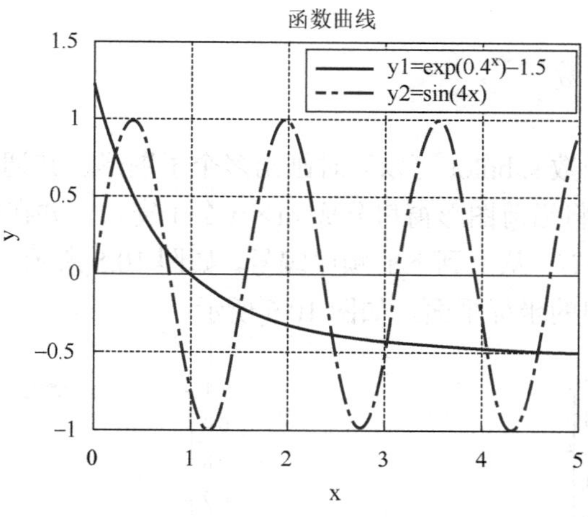

图 10.3　图形标注

2. 用文本标注图形

在 MATLAB 语言中可以使用 text 或 gtext 命令对图形进行文本注释. 使用 text 进行标注时需要定义用于注释的文本字符串和放置注释的位置，而使用 gtext 命令进行标注却可以使用鼠标来选择标注文字放置的位置. 调用格式为

```
Text(x,y,'string');text(x,y,z,'string');gtext('string');
gtext({'string1','string2','string3',...})
```

在定义标注放置的位置可以通过函数的计算值来确定，而且标注中还可以实时地调用返回值为字符串的函数，如 num2str 等.

例 10.8　文本标注图形示例.

```
x=1:0.1:2*pi;y=sin(x);plot(x,y)
xlabel('x(0-2\pi)','fontweight','bold');
ylabel('y=sin(x)','fontweight','bold');
title('正弦函数','fontsize',12,'fontweight','bold','fontname',
'隶书')
text(pi,sin(pi),'\leftarrowsin(t)=0','FontSize',16)
```

图像如图 10.4 所示.

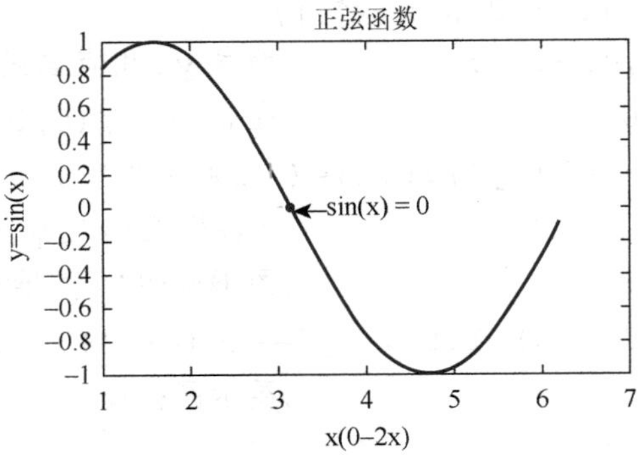

图 10.4　文本标注示例

10.4.4　多窗口绘图函数

在一个图形窗口用函数 subplot 可以同时画出多个子图形，其调用格式主要有以下几种.

（1）subplot(m,n,p). 将当前图形窗口分成 m×n 个子窗口，并在第 p 个子窗口建立当前坐标平面. 子窗口按从左到右，从上到下的顺序编号，如图 10.5 所示. 若 p 为向量，则以向量表示的位置建立当前子窗口的坐标平面，如图 10.6 所示.

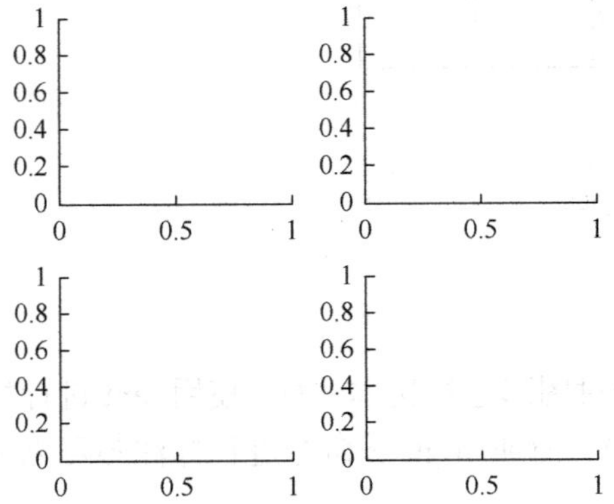

图 10.5　多子图窗口

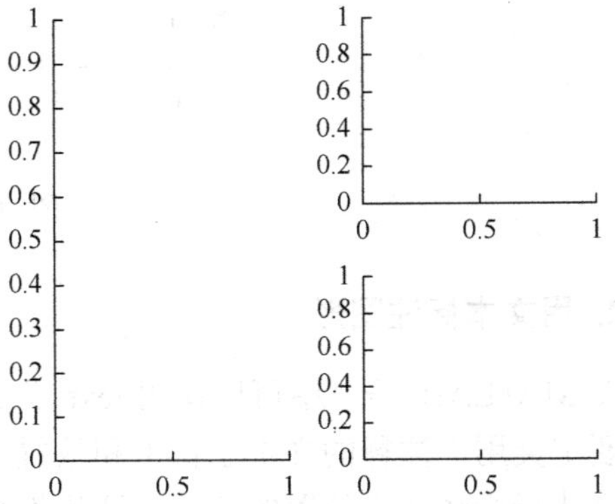

图 10.6　subplot 参数 p 为向量

（2）subplot(m,n,p,'replace'). 按（1）建立当前子窗口的坐标平面时，若指定位置已经建立了坐标平面，则以新建的坐标平面代替.

（3）subplot(m,n,p,'align'). 将窗口分为 m×n 个子窗口，在第 p 个子窗口绘制图形，并对齐坐标轴.

（4）subplot(h). 指定当前子图坐标平面的句柄 h，h 为按 mnp 排列的整数，图 10.5 中 h = 223，表示第 3 个子图坐标平面的句柄.

（5）subplot('Position',[left bottom width height]). 在指定的位置建立当前子图坐标平面，它把当前图形窗口看成是 1.0×1.0 的平面，所以 left,bottom,width,height 分别在(0.0,1.0)的范围内取值，分别表示所创建当前子图坐标平面距离图形窗口左边、底边的长度，以及所建子图坐标平面的宽度和高度.

（6）h = subplot(...). 创建当前子图坐标平面时，同时返回其句柄. 值得注意的是，函数 subplot 只是创建子图坐标平面，在该坐标平面内绘制子图，仍然需要使用 plot 函数或其他绘图函数.

例 10.9　多窗口绘图示例.

```
x=linspace(0,2*pi,100);y=sin(x);              %x 轴从 0～2π 取 100 点
subplot(2,2,1);plot(x,sin(x));                %视窗的第 1 行第 1 列画
xlabel('x');ylabel('y');title('sin(x)')       %x 轴加注解 x
%y 轴加注解 y,加标题 sin(x)
subplot(2,2,2);plot(x,cos(x));
xlabel('x');ylabel('y');title('cos(x)');
subplot(2,2;3);plot(x,exp(x));
xlabel('x');ylabel('y');title('exp(x)');
subplot(2,2,4);plot(x,exp(-x));
xlabel('x');ylabel('y');title('exp(-x)');
```

输出图形如图 10.7 所示.

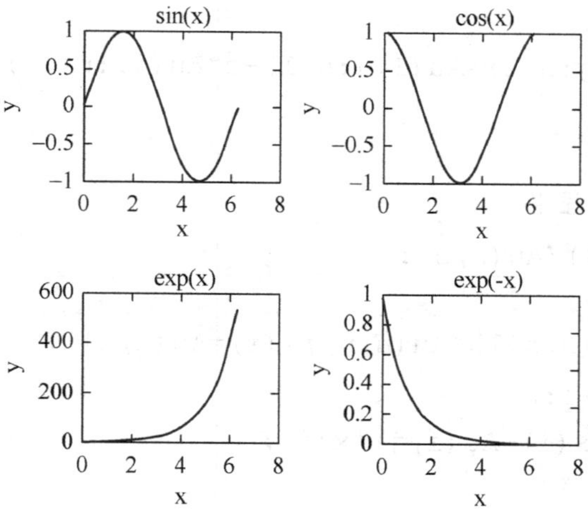

图 10.7　多窗口绘图

10.5　线性方程组的数值解法

10.5.1　直接法

1. Gauss 消元法

例 10.10　用 Gauss 消元法解方程组

$$\begin{bmatrix} 2 & 1 & 1 & 0 \\ 4 & 3 & 3 & 1 \\ 8 & 7 & 9 & 5 \\ 6 & 7 & 9 & 8 \end{bmatrix}\begin{bmatrix} x_1 \\ x_2 \\ x_3 \\ x_4 \end{bmatrix}=\begin{bmatrix} 1 \\ 2 \\ 2 \\ -1 \end{bmatrix}.$$

程序如下（Gauss 消元法）.

```
function x=Gauss(A,b)
      if size(A,1)~=size(A,2)
             error();return
      else
             n=size(A,1);
      end
      Au=[A,b];
      for j=1:n-1
           for i=j+1:n
             if Au(j,j)~=0
                c=Au(i,j)/Au(j,j);
             else
                   return
        end
        Au(I,j:n+1)=Au(I,j:n+1)-c*Au(j,:n+1);
      end
    end
%回代求解线性方程组
x(n)=Au(n,n+1)/Au(n,n):
for i=n-1:-1:1
     x(n)=Au(n,n+1)/Au(n,n);x(i)=Au(i,n+1);
     for j=i+1:n
       x(i)=x(i)-Au(i,j)*x(j);
     end
     x(i)=x(i)/Au(i,i);
   end
end
```

在命令行窗口输入如下.

```
>>A= [2,1,1,0;4,3,3,1;8,7,9,5;6,7,9,8];b=[1,2,2,-1]';
>>x=Gauss(A,b)
        x=
            0     1     0    -1
```

2. 列选主元 Gauss 消元法

例 10.11　采用列选主元 Gauss 消元法求解例 10.10.

程序如下（列选主元 Gauss 消元法）.

```
function x=Gauss_col(A,b)
    %Gauss 消元过程
    if size(A,1)~=size(A,2)
        error();return;
    else
        n=size(A,1);
    end
    Au=[A,b];
    for k=1:n-1
        for i=k: n
                [val,id]=max(abs(Au(k:n,k)));
                vec=Au(k,k:n+1);Au(k,k: n+1)=Au(id,k:n+1);
                Au  (id,k:n+1)=vec;
                for j=k:n-1
                    for i=j+1:n
                        if Au(j,j)~=0
                            c=Au(i,j)/Au(j,j);
                        else
                            return;
                        end
                        Au(i,j:n+1)=Au(i,j:n+1)-c*Au(j,j:n+1);
                    end
                end
        end
    end
    %回代求解
    x(n)=Au(n,n+1)/Au(n,n);
      for i=n-1: -1: 1
          x(i)=Au(i,n+1);
          for j=i+1: n
              x(i)=x(i)-Au(i,j)*x(j);
```

```
            end
                x(i)=x(i)/Au(i,i);
           end
      end
```

在命令行窗口输入如下.

```
>>A=[2,1,1,0;4,3,3,1;8,7,9,5;6,7,9,8];b=[1,2,2,-1]';
>>x=Gauss_col(A,b)
  x=
     0     1     0    -1
```

3. LU 分解算法

例 10.12　用 Gauss 消元法求解例 10.10 方程组中系数矩阵的 LU 分解.

程序如下（可逆矩阵的 LU 分解算法）.

```
%通过 Gauss 消元法求可逆矩阵的 LU 分解,L 返回单位下三角阵,U 返回上三角阵
function [L,U]=LU(A)
        n=size(A,1);U=zeros(n);L=eye(n);U(1,1:n)=A(1,1:n);
        L(1:n,1)=A(1:n,1)/U(1,1);
        for col=2:n
           for row=col:n
              U(col,row)=A(col,row)-L(col,1:col-1)*U(1:col-1,row);
              L(row,col)=(A(row,col)-L(row,1:col-1)*U(1:col-1,col))/
              U(col,col);
           end
        end
end
```

在命令行窗口输入如下.

```
>>A=[2,1,1,0;4,3,3,1;8,7,9,5;6,7,9,8];
>>[L,U]=LU(A)
L=1     0     0     0                    U=2     1     1     0
  2     1     0     0                      0     1     1     1
  4     3     1     0                      0     0     2     2
  3     4     1     1                      0     0     0     2
```

4. 对称正定矩阵的平方根法(Cholesky 分解法)

例 10.13　用平方根法分解矩阵 $\boldsymbol{A}=\begin{bmatrix} 3 & -2 & 1 \\ -2 & 6 & 3 \\ 1 & 3 & 5 \end{bmatrix}$.

程序如下（平方根法）.

```
%对矩阵施行 Cholesky 分解
function L=Cholesky(A)
```

```
    n=size(A,1);L=zeros(n);
        for j=1:n
            L(j,j)=sqrt(A(j,j)-sum(L(j,1:j-1).*L(j,1:j-1)));
            for i=j+1: n
            L(i,j)=(A(i,j)-sum(L(i,1: j-1).*L(j,1:j-1)))/L(j,j);
            end
        end
end
```

在命令行窗口输入如下.

```
>>A=[3 -2 1;-2 6 3;1 3 5]
>>L=Cholesky(A)
L=
     1.7321      0         0
    -1.1547      2.1602    0
     0.5774      1.6973    1.3363
```

例 10.14　用改进的平方根法分解矩阵 $\boldsymbol{A}=\begin{bmatrix} 3 & -2 & 1 \\ -2 & 6 & 3 \\ 1 & 3 & 5 \end{bmatrix}$.

程序如下（改进的平方根法）.

```
%对矩阵施行改进的平方根分解
function [L,D]=Cholesky_i(A)
    n=size(A,1);L=eye(n);D=ones(n,1);
    %if 判断语句施行对角元计算
    for j=1:n
         if j==1
              D(j)=A(j,j);
         else
             D(j)=A(j,j)-sum(L(j,1: j-1).*L(j,1:j-1).*D(1:j-1)');
         end
         %for 循环计算分解的下三角部分,以向量 D 为对角元形成对角阵,并保存至 D
         for i=j+1:n
              L(i,j)=(A(i,j)-sum(L(i,1:j-1).*D(1: j-1)'.
              *L(j,1:j -1)))/D(j);
         end
    end
     D=diag(D);
end
```

在命令行窗口输入如下.

```
>>A=[3 -2 1;-2 6 3;1 3 5];
```

```
>>[L,D]=Cholesky_i(A)
     L=1.0000    0         0         D=3.0000    0         0
      -0.6667    1.0000    0         0           4.6667    0
       0.3333    0.7857    1.0000    0           0         1.7857
```

5. 三对角线性方程组的追赶法

例 10.15　用追赶法解方程组

$$\begin{bmatrix}3 & -2 & 0\\1 & 5 & 2\\0 & 1 & 2\end{bmatrix}\begin{bmatrix}x_1\\x_2\\x_2\end{bmatrix}=\begin{bmatrix}4\\1\\-5\end{bmatrix}$$

程序如下（追赶法解三对角方程组）.

```
function [L,U,X]=chasing(A,B,CU,D)
    %输入参数:B是主对角元数组,A是主对角下方次对角元数组,CU是主对
    %角线上方次对角元数组,D是方程组右端项数组
    %输出参数:L单位下三角阵的次对角元数组,U上三角阵的主对角元数组
  n=length(B);
  L=zeros(n-1,1);U=zeros(n,1);U(1)=B(1);
  for i=2:n                    %三对角矩阵分解
      L(i-1)=A(i-1)/U(i-1); U(i)=B(i)-CU(i-1)*L(i-1);
  end
  X=zeros(n,1);Y=zeros(n,1);
  %更新方程组的右端项
  Y(1)=D(1);
  for i=2:n
      Y(i)=D(i)-L(i-1)*Y(i-1);
   end
  %回代求解方程组
  X(n)=Y(n)/U(n);
   for i=n-1:-1:1
      X(i)=(Y(i)-CU(i)*X(i+1))/U(i);
   end
end
```

在命令行窗口输入如下.

```
>>A=[1 1];B=[3 5 2];C=[-2 2];D=[4 1 -5];
>>[L,U,X]=Chasing(A,B,C,D)
    L=                    U=                   X=
     0.3333                3.0000               2.0000
     0.1765                5.6667               1.0000
                           1.6471              -3.0000
```

10.5.2　迭代法

1. Jacobi 迭代法

例 10.16　用 Jacobi 迭代法求解线性方程组

$$\begin{bmatrix} 10 & -1 & -2 \\ -1 & 10 & -2 \\ -1 & -1 & 5 \end{bmatrix}\begin{bmatrix} x_1 \\ x_2 \\ x_2 \end{bmatrix}=\begin{bmatrix} 72 \\ 83 \\ 42 \end{bmatrix}$$

程序如下（Jacobi 迭代方法）.

```
function x=Jacobi(A,b)
    eps=1.0e-6;N=1000;                %eps 容许误差;N 最大迭代步数
    x0=ones(n,1);x=x0+2*eps;          %x0 迭代初值;x 迭代初值加扰动
    iter_number=0;
    [m,n]=size(A);
    while(iter_number<N & norm(x-x0)>eps)
          x0=x;
          for i=1:n;x(i)=x0(i)+(b(i)-sum(A(i,:).*x0'))/A(i,i);end
          iter_number+iter_number+1;
    end
```

在命令行窗口输入如下.

```
>>A=[10-1-2;-1 10-2;-1-1 5];b=[72 83 42]';
>>x=Jacobi(A,b)
   x=11.0000
     12.0000
     13.0000
```

2. Gauss-Seidel 迭代法

例 10.17　用 Gauss-Seidel 迭代法求解例 10.13. 用平方根法分解矩阵 .

程序如下（Gauss-seidel 迭代法）.

```
function [x,iter_number]=Gaussseidel(A,b)
    [m,n]=size(A);
    x0=ones(n,1);eps=1.0e-5;N=1000;
    %x0 迭代初值;eps 容许误差;N 最大迭代次数
    x=x0+2*eps;    %x 初始化向量
    iter_number=0;
    while(iter_number<N & norm(x-x0)>eps)
          x0=x;x(1)=(b(1)-sum(A(1,2:n).*x0(2: n)'))/A(1,1);
          for i=2:n;x(i)=(b(i)-sum(A(i,1:i-1).*x(1:i-1)')-sum
          (A(i,i+1:n).*x0(i+1:n)'))/A(i,i);end
```

```
        iter_number=iter_number+1;
    end
end
```

在命令行窗口输入如下.

```
>>A=[10 -1 -2;-1 10 -2;-1 -1 5];b=[72 83 42]';
>>x=Gaussseidel(A,b)
    x=11.0000
       12.0000
       13.0000
```

10.6　非线性方程求根

10.6.1　二分法

例 10.18　用二分法求非线性方程 $f(x)=x^3-x-1$ 在区间[1,1.5]上的根.

程序如下（二分法）.

```
function [x,iter_num]=bisect(fun,a,b,eps,N)
      %x:非线性方程的解;iter_num:迭代步数,f:非线性函数;
       a,b:区间的左端点和右端点
       if nargin<5;N=100;
          else if nargin<4;N=100;eps=1.0e-5;end
       end
       iter_num=0;
       while((b-a)/2>eps)
          iter_num=iter_num+1;
          x=(a+b)/2;
          if abs(fun(x))<1.0e-10;return;%if 判断语句判断根的存在区间
          else if fun(a)*fun(x)<0
                     a=a;b=x;
          else
                     a=x;b=b;
          end
      end
end
```

在命令行窗口输入如下.

```
>>f=inline('x^3-x-1');a=1;b=1.5;N=100;eps=1.0e-6;
>>[x,iter_num]=bisect(f,a,b,eps,N)
   x=
     1.3247
```

```
iter_num=
          18
```

10.6.2　Newton 法

例 10.19　用 Newton 法求非线性方程 $f(x)=x^3-x-1$ 在区间[1,1.5]上的根.

程序如下（Newton 法）.

```
function  [x,iter_num,flag]=Newton(f,df,x0,eps,N)
     %用法: [x,iter_num,flag]=Newton(f,df,x0,eps,N)
     if nargin<5;N=100;end
     if nargin<4;eps=1.0e-6;N=100;end
     iter_num=0;
     while(iter_num<100)
          iter_num=iter_num+1;
          x=x0-f(x0)/df(x0);
          %flag=1,迭代满足绝对误差准则;flag=0,满足相对误差准则
          if abs(x-x0)<eps;flag=1;return
          elseif abs(x-x0)/x<eps;flag=0;return;
          end
            x0=x;
     end
end
```

在命令行窗口输入如下.

```
>>f=inline('x^3-x-1');df=inline('3*x^2-1');x0=1.5;N=100;eps=1.0e-6;
>>[x,iter_num,flag]=Newton(f,df,x0,eps,N)
     x=                    iter_num=
       1.3247                        4
     flag=1
```

10.7　插值方法

10.7.1　Lagrange 插值

例 10.20　在给定节点处的函数值如表 10.10 所示.

表 10.9　例 10.20 的函数表

x	10	11	12	13	14
$y=\ln x$	2.3026	2.3979	2.4849	2.5649	2.6391

用 Lagrange 插值方法计算 ln 11.5 的近似值.

程序如下（Lagrange 插值）.

```
function [yp,yd]=Lagrange_interpolation(x,y,xp,xd)
    %用法:[yp,yd]=Lagrange(x,y,xp,xd);yd=Lagrange(x,y,xp);
    %输出:yp:Lagrange插值多项式在点xp处的函数值;
     yd:Lagrange插值多项式在区间离散点xd处的函数值;
    %输入:x;插值节点;y 插值节点x处的函数值;
     xp,待由Lagrange插值多项式计算函数近似值的点
    %xd,定义区间的离散点
    nx=length(x);
    if nargin<4;xd=x(1)+(x(nx)-x(1))*0.01.*[1:100];end
    if nargin<3;xd=x(1)+(x(nx)-x(1))*0.01.*[1:100];xp=xd;end
    nxp=length(xp);nxd=length(xd);
    %计算Lagrange插值多项式在给定变量取值xp处的函数值
    for j=1:nxp
        yp(j)=0;
        for i=1:nx
            mul=1.0;%mul 返回l_i(x_j)处的函数值
            for k=1:nx
                if k~=i
                    mul=mul* (xp(j)-x(k))/(x(i)-x(k));
                else
                    mul=mul;
                end
            end
            yp(j)=yp(j)+y(i)*mul;
        end
    end
    %计算Lagrange插值多项式在给定自变量取值xd处的值
    for j=1: nxd
        yd(j)=0;
        for i=1:nx
            mul=1.0;
            for k=1:nx  %mul 返回l_i(x_j)处的函数值
                if k~=I;mul=mul* (xd(j)-x(k))/ (x(i)-x(k));
                    else;mul=mul;end
            end
            yd(j)=yd(j)+y(i)*mul;
        end
    end
```

```
end
```

在命令行窗口输入如下.

```
>>x=[10:1:14];
>>y=[2.3026,2.3979,2.4849,2.5649,2.6391];
>>xp=11.5;
>>yp=Lagrange(x,y,xp)
      yp=
         2.4424
```

提示：这里 xp 可以是需要计算近似值的点构成的向量，如计算 ln 11.5,ln 12.5,ln 13.5 处的近似值，可以输入 xp=[11.5,12.5,13.5].

10.7.2　Newton 插值

例 10.21　已知函数表如表 10.10 所示.

表 10.10　例 10.21 的函数表

x	10	11	12	13	14
$y=\ln x$	2.3026	2.3979	2.4849	2.5649	2.6391

试用 Newton 插值方法构造插值多项式，并计算 ln 11.5 的近似值.

程序如下（Newton 插值）.

```
function y=Newton_interpolation(xp,yp)
      %用法:y=Newton_interpolation(x,xp,yp);
      syms x;
      nx=length(xp);
      if nargin<4;xd=x(1)+(x(nx)-x(1))*0.01.*[1:100];end
      if nargin<3;xd=x(1)+(x(nx)-x(1))*0.01.*[1:100];xp=xd;end
      nxp=length(xp);%nxp 表示 xp 含节点的个数
      %计算各阶均差,用 f(k)表示
      f=yp;
      for i=1:nxp
        for k=nxp:-1:i+1;f(k)=(f(k-1)-f(k))/(xp(k-i)-xp(k));end
      end
      %由均差生成 Newton 插值多项式,crf 表示 Newton 插值多项式累加变量
      crf=0;
      for i=2:nxp
         w=1;
         for j=1:i-1;w=w*(x-xp(j));end
         crf=crf+f(i)*w;
```

```
        end
        Nf=f(1)+crf;y=vpa(Nf,4);  %vpa(Nf,4)函数中的数值保留 4 位小数
    end
```

在命令行窗口输入如下.

```
>>x=[10:1:14];
>>y=[2.3026,2.3979,2.4849,2.5649,2.6391];
>>p=Newton_interpolation(x,y)
     p=0.0953*x-0.00415*(x-11.0)*(x-10.0)+0.0002167*(x-12.0)*
       (x-11.0)*(x-10.0)-4.167e-6*(x-13.0)*(x-12.0)*(x-11.0)*
       (x-10.0)+1.35
>>fv=eval(['@(x)',vectorize(p)]);val=fv(11.5)
   val=
       2.4428
```

10.8　数据拟合与函数逼近

10.8.1　多项式数据拟合

例 10.22　已知函数在给定节点处的函数值如表 10.11 所示，试求拟合曲线.

表 10.11　例 10.22 的函数值

x	−1	−0.75	−0.5	−0.25	0	0.25	0.5	0.75	1
y	−0.2209	0.3295	0.8826	1.4392	2.0003	2.5645	3.1334	3.7601	4.2838

程序如下（数据拟合的最小二乘法）.

```
 function coef=Lsfit(x,y,n,rho)
                               %(x,y)拟合数据向量,n 拟合多项式次数,rho 权重
    num=length(x);
    if nargin<4;rho=ones(num,1);end
    B=zeros(n+1,1);
    for i=1:n+1
         for j=1:n+1;CM(i,j)=sum(x.^(i+j-2).*rho);end
         B(i)=sum(x.^(i-1).*y. *rho);
    end
    %对称矩阵分解 CM=L'DL
    [L, D]=Cholesky_i(CM);
    v=sTril(L,B);
    w=D\v;%求解 Dw=v,其中 D=diag()
    coef=sTriu(L',w);  %求解 L'coef=w,u 返回拟合多项式的系数
 end
```

<table>
<tr><th colspan="2">辅助求解函数</th></tr>
<tr><td>

```
%x=sTril(Tr,b)求解下三角形方程组
%Tr 三角方程组的系数矩阵
function x=sTril(Tr,b)
   m=size(Tr,1);
   x=zeros(m,1);
   x(1)=b(1)/Tr(1);
   for i=2:m
      x(i)=(b(i)-sum(Tr(i,1:i-
1).*x(1:i-1)'))/Tr(i,i);
   end
end
```

</td><td>

```
%x=sTriu(Tr,b)求解上三角形方程组
%Tr 三角方程组的系数矩阵
function x=sTriu(Tr,b)
   m=size(Tr,1);
   x=zeros(m,1);
   x(m)=b(m)/Tr(m,m);
    for i=m-1:-1:1
       x(i)=(b(i)-sum(Tr(i,i+1:
m).*x(i+1:m)'))/Tr(i,i);
    end
end
```

</td></tr>
</table>

在命令行窗口输入如下.

```
>>x=[-1 -0.75 -0.5 -0.25 0 0.25 0.5 0.75 1]';
>>y=[-0.2209 0.3295 0.8826 1.4392 2.0003 2.5645 3.1334 3.7601 4.2838]';
>>n=2;
>>coef=Lsfit(x,y,n);
    coef=
        2.0034
        2.2625
        0.0379
```

因此，二次拟合多项式为 $p(x)=2.0034+2.2625x+0.0379x^2$.

10.8.2　非线性拟合

例 10.23　已知数据如表 10.12 所示.

表 10.12　例 10.23 的函数表

i	1	2	3	4	5
x_i	1.0	1.4	1.8	2.2	2.6
y_i	0.931	0.473	0.297	0.224	0.168

求形如 $y=\dfrac{1}{ax+b}$ 的拟合函数（保留 4 位小数）.

解　本例可借助例 10.22 已知函数在给定节点处的函数值如表 10.11 所示，试求拟合曲线函数 Lsfit 实现. 令 $Y=\dfrac{1}{y}$，则可根据数据(x_i, Y_i)作线性拟合，得到 $Y=ax+b$，即 $y=\dfrac{1}{Y}=ax+b$.

在命令行窗口输入如下.

```
>>n=1;
>>x=[1.0,1.4,1.8,2.2,2.6]';
>>y=[0.931,0.473,0.297,0.224,0.168]';
```

```
>>YI=1./y;
>>coef=Lsfit(x,YI,n)
coef=
      -2.053604992001131
       3.026663750511891
```

因此，$Y=-2.0536+3.0267x$，于是可得

$$y=\frac{1}{Y}=\frac{1}{-2.0536+3.0267x}$$

拟合曲线如图 10.8 所示.

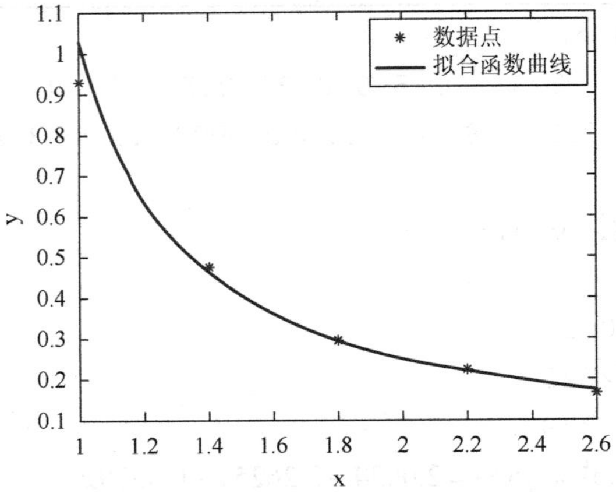

图 10.8　数据点与拟合曲线

10.8.3　最佳平方逼近

例 10.24　计算函数 $f(x)=\sin\pi x$，$x\in[0,1]$ 的二次最佳平方逼近函数.

程序如下（函数最佳平方逼近）.

```
function coef=LsApp(fap,a,b,n,rho)
%fap 被逼进函数,a,b 定义区间[a,b]的端点,n 逼近多项式次数,rho 权重函数
    if nargin<4
        function rho=rho(x)
            rho=1;
        end
    end
    %形成正则方程组
    B=zeros(n+1,1);
    for i=1:n+1
        for j=1:n+1
          fun1=@(x)phi(x,i).*phi(x,j); %创建函数乘积φi(x)φi(x)的句柄
          CM(i,j)=quad(fun1,a,b,0.0001); %通过 simpson 公式计算内积
```

```
            end
            %创建函数乘积 f(x)φ(x,i)的句柄
            Fun2=@(x)phi(x,i).*fap(x);B(i)=quad(fun2,a,b,0.0001);
            %通过 simpson 公式计算内积
        end
        [L,D]=Cholesky_i(CM);
        v=sTril(L,B);
        w=D\v;  %求解 Dw=v,其中 D=diag()
        coef=sTriu(L',w)
        %求解函数 sTriu()函数求解方程组 L'coef=w,通过 coef 返回拟合多项式的系数
    end
    function phi=phi(x,k);phi=x.^k;end
```

在命令行窗口输入如下.

```
>>a=0;b=1;n=2;
>>fap=@(x)sin(pi*x);          %创建被逼近函数 sin πx 的句柄
>>coef=LsApp(fap,a,b,n)
      coef=
           -0.0503
            4.1214
           -4.1214
```

因此，二次最佳平方逼近函数为 $p_2(x) = -4.1214x^2 + 4.1214x - 0.0503$.

10.9 数值积分

10.9.1 非复化的数值积分

例 10.25 分别用梯形公式和 Simpson 公式计算定积分 $\int_{0.5}^{1} \sqrt{x}\mathrm{d}x$ 的近似值.

程序如下（梯形公式）.

```
function  trapz=trap(func,a,b)
%输入:func 被积函数;a,b 积分区间[a,b]的端点;输出:trapz 梯形公式计算结果
  h=b-a;
  trapz=h/2*(feval(func,a)+feval(func,b));
end
```

在命令行窗口输入如下.

```
>>a=0.5;b=1;
>>f=@(x)sqrt(x);
>>trapz=trap(f,a,b)
trapz=
      0.330224130853025
```

程序如下（Simpson 公式）.

```
function simp=simp(func,a,b)
    %Simpson 公式计算函数 func(x)在区间[a,b]上的积分
    %用法:simp=simp(func,a,b)
    %输入:func 被积函数;a,b 积分区间[a,b]的端点;
    输出:simp Simpson 公式计算结果
    h=(b-a)/2;xm=a+h;  %区间[a,b]长度;xm 表示区间中点
    simp=h/3*(feval(func,a)+feval(func,b)+4*feval(func,xm));
end
```

在命令行窗口输入如下.

```
>>a=0.5;b=1;
>>f=@(x)sqrt(x);
>>simp=simp(f,a,b)
simp=
    0.337287630292120
```

10.9.2 复化的数值积分

例 10.26 对于函数 $f(x)=\dfrac{\sin x}{x}$，给出 $n=8$ 时的函数值如表 10.13 所示.

表 10.13 例 10.26 的函数表

x	0	1/8	1/4	3/8	1/2	5/8	3/4	7/8	1
$f(x)$	1	0.997 4	0.989 6	0.976 7	0.958 9	0.936 2	0.908 9	0.877 2	0.841 5

分别用复化梯形公式和复化 Simpson 公式计算积分 $I=\int_0^1 \dfrac{\sin x}{x}\mathrm{d}x$.

程序如下（复化梯形公式求积分）.

```
function ctrapz=cTrap(func,a,b,n)
   %输入:func 被积函数,a,b 积分区间[a,b]的端点,n 积分节点个数;
    输出:ctrapz 复化梯形公式计算结果
  h=(b-a)/(n-1);
   xd=a+[1:n-2]*h;  %xd 表示[a,b]区间内部 n-2 个节点
   ctrapz=h/2*(feval(func,a)+feval(func,b)+2*sum(feval(func,xd)));
end
```

在命令行窗口输入如下.

```
>>f=@(x)sin(x)/x;
>>n=8;
>>ctrapz=cTrap(f,a,b,n)
ctrapz=
      0.393673235820875
```

程序如下（复化 Simpson 公式求积分）.

```
function cSimp=cSimp(func,a,b,n)
   %输入:func 被积函数,a,b 积分区间[a,b]的端点,n(奇数)积分节点个数;
    输出:csimp 复化 Simpson 公式计算结果
   h=(b-a)/(n-1);
   xo=a+[1:2:n-2]*h;xe=a+[2:2:n-3]*h;
   cSimp=h/3*(feval(func,a)+feval(func,b)+4*sum(feval(func,xo))
        +2*sum(feval(func,xe)));
end
```

在命令行窗口输入如下.

```
>>f=@(x)sin(x)/x;
>>n=8;
>>csimp=cSimp(f,a,b,n)
csimp=
      0.356284199986425
```

10.10　常微分方程初值问题数值解

10.10.1　单步法

例 10.27　分别用 Euler 方法和改进的 Euler 方法求解初值问题

$$\begin{cases}\dfrac{\mathrm{d}y}{\mathrm{d}x}=y-\dfrac{x}{y} & (0<x<1)\\ y(0)=1\end{cases}$$

程序如下（Euler 方法）.

```
function [u,v]=Eulerm(func,a,b,y0,N)
%输入:func 常微分方程右端函数;a,b 常微分方程定义区间的左右端点;
 y0 待求函数初值 y(a)=y0;N 等分区间个数
%输出:u 等分区间节点; v 等分区间节点处函数的数值解
   h=(b-a)/N;
   u=zeros(N+1,1);v=zeros(N+1,1);
   u(1)=a;u(2:N)=a+h*(1:N-1);v(1)=y0;
   for i=1:N;v(i+1)=v(i)+h*feval(func,u(i),v(i));end
end
```

在命令行窗口输入如下.

```
>>a=0;b=1;N=10;y0=1;
>>func=@(x,y)y-x/y;
>>[u,v]=Eulerm(func,a,b,y0,N);
>>[u,v]
ans=
```

```
0                   1.000000000000000
0.100000000000000   1.100000000000000
0.200000000000000   1.200909090909091
0.300000000000000   1.304345950037850
0.400000000000000   1.411780511960588
0.500000000000000   1.524625547038971
0.600000000000000   1.644293163932003
0.700000000000000   1.772232636958998
0.800000000000000   1.909957700170274
0.900000000000000   2.059067725810414
1.000000000000000   2.221265396999670
```

程序如下（改进的 Euler 方法）.

```
function [u,v]=iEulerm(func,a,b,y0,N)
  %输入:func 为常微分方程右端函数;a,b 为常微分方程定义区间的左右端点;
   y0 为待求函数初值 y(a)=y0;N 为等分区间个数
  %输出:u 为等分区间节点;v 为等分区间节点处函数的数值解.
   h=(b-a)/N;x=a;y=y0;u=zeros(N+1,1);v=zeros(N+1,1);u(1)=x;
     v(1)=y;
   n=1;
   while n<N+1
       n=n+1;
       yp=y+h*feval(func,x,y);yq=y+h*feval(func,x+h,yp);
          y=(yp+yq)/2;x=x+h;
       u(n)=x;v(n)=y;
  end
end
```

在命令行窗口输入如下.

```
>>a=0;b=1;N=10;y0=1;
>>func=@(x,y)y-x/y;
>>[u,v]=iEulerm(func,a,b,y0,N);
>>[u,v]
        ans=
            0                   1.000000000000000
            0.100000000000000   1.100454545454546
            0.200000000000000   1.202680804548193
            0.300000000000000   1.308333411280591
            0.400000000000000   1.418975023270992
            0.500000000000000   1.536151987662147
            0.600000000000000   1.661443448051049
            0.700000000000000   1.796495785278280
```

```
0.800000000000000   1.943048667995449
0.900000000000000   2.102956341063483
1.000000000000000   2.278206448246801
```

例 10.28　用四阶 R-K 方法求解例 10.27.

程序如下（四阶 R-K 方法）.

```
function [u,v]=RKutta(func,a,b,y0,N)
    %输入: func:常微分方程右端函数;
    %a,b 为常微分方程定义区间的左右端点;y0 为待求函数初值 y(a)=y0;
     N 为等分区间个数
    %输出:u 为等分区间节点;v 为等分区间节点处函数的数值解.
    h=(b-a)/N;x0=a;y(1)=y0;
    u=zeros(N+1,1);v=zeros(N+1,1);u(1)=a;v(1)=y0;
    n=1;
    while n<N+1
        n=n+1;
        K1=feval(func,x0,y0);
        K2=feval(func,x0+h/2,y0+h*K1/2);
        K3=feval(func,x0+h/2,y0+h*K2/2);
        K4=feval(func,x0+h,y0+h*K3);
        y=y0+h*(K1+2*(K2+K3)+K4)/6;
        x0=x0+h;y0=y;u(n)=x0;v(n)=y;
    end
end
```

在命令行窗口输入如下.

```
>>a=0;b=1;N=10;y0=1;
>>func=@(x,y)y-x/y;
>>[u,v]=RKutta(func,a,b,y0,N);
>>[u,v]
ans=
     0                   1.000000000000000
     0.100000000000000   1.100318914191545
     0.200000000000000   1.202461217176921
     0.300000000000000   1.308075027660195
     0.400000000000000   1.418721791425065
     0.500000000000000   1.535949886699473
     0.600000000000000   1.661342695400944
     0.700000000000000   1.796552488493359
     0.800000000000000   1.943326170377686
     0.900000000000000   2.103526406740889
     1.000000000000000   2.279150384537977
```

10.10.2　线性多步法

例 10.29　用多环节 Adams 方法求解初值问题

$$\begin{cases} \dfrac{dy}{dx} = y - \dfrac{x}{y} & (0<x<1) \\ y(0) = 0 \end{cases}$$

程序如下（多环节 Adams 预测-校正法）.

```
function xyv=multiAdams(func,a,b,y0,N)
      %输入:func 为常微分方程右端函数;a,b 为常微分方程定义区间的左右端点;
       y0 为待求函数初值 y(a)=y0;N 为等分区间个数
      %输出:xyv(:,1)等分区间节点;xyv(:,2)等分区间节点处函数的数值解
      for s=1:N+1;x(s)=a+(s-1)*h;end
      k=1;
      y(1)=y0;p0=0;c0=0;
      for k=1:N
          if k<=3
              fv(k)=feval(func,x(k),y(k));
              K1=h*fv(k);K2=h*feval(func,x(k)+h/2,y(k)+K1/2);
              K3=h*feval(func,x(k)+h/2,y(k)+K2/2);
              K4=h*feval(func,x(k)+h,y(k)+K3);
              y(k+1)=y(k)+1/6*(K1+2*K2+2*K3+K4);
          else
              %执行多环节 Adams 过程
              fv(4)=feval(func,x(k),y(k));
              p=y(k)+h/24*[55*fv(4)-59*fv(3)+37*fv(2)-9*fv(1)];
              m=p+251/270*(c0-p0);
              c=y(k)+h/24*[9*feval(func,x(k+1),m)+19*fv(4)
                -5*fv(3)+fv(2)];y(k+1)=c-19/270*(c-p);
              fv(1)=fv(2);fv(2)=fv(3);fv(3)=fv(4);p0=p;
          end
       end
       %xyv 返回数对(x,y)值
       xyv=[x;y]';
end
```

在命令行窗口输入如下.

```
>>a=0;b=1;N=10;y0=1;
>>func=@(x,y)y-x/y;
>>xyv=multiAdams(func,a,b,y0,N)
xyv=
```

```
0                  1.000000000000000
0.100000000000000  1.100318914191545
0.200000000000000  1.202461217176921
0.300000000000000  1.308075027660195
0.400000000000000  1.418719688237956
0.500000000000000  1.535947530827868
0.600000000000000  1.661340236256381
0.700000000000000  1.796549862659797
0.800000000000000  1.943323397085174
0.900000000000000  2.103523501639559
1.000000000000000  2.279147366416497
```

10.11　方阵的特征值与特征向量

10.11.1　幂法

例 10.30　用幂法计算矩阵 $A=\begin{bmatrix}2 & -1 & 0\\0 & 2 & -1\\0 & -1 & 2\end{bmatrix}$ 模最大的特征值及其对应的特征向量.

程序如下（幂法）.

```
function [vec,val]=powermethod(A,eps,N)
    %功能: 幂法主要用来计算矩阵 A 模最大的特征值 val 与相应的特征向量 vec
    %用法: [vec,val]=powermethod(A,eps,N)
    %输入: A 矩阵;erro 容许误差;N 最大迭代步数;
     输出:vec 特征向量;val 特征值
  if nargin<3 N=10;end
  if nargin<2 eps=1.0e-5;end
  num=size(A,2);
  x=ones(num,1);x=[0 0 1]';
  k=0;mu=0;
  [val,row]=max(abs(x));
  alpha=x(row);
  while(k<=N)
      y=x/alpha;x=A*y;
      [val,row]=max(abs(x));
      alpha=x(row);
      if abs(alpha-mu)<eps;val=alpha;vec=x/alpha;break;end
      mu=alpha;
      k=k+1;
```

```
        end
        vec=x/alpha;
    end
```

在命令行窗口输入如下.

```
>>A=[2 -1 0;0 2 -1;0 -1 2];
>>eps=1.0e-5;%相邻两次迭代的容许误差
>>N=500;%最大迭代次数
>>[vec,val]=poweracc(A,eps,N)
      vec=
            0.947978053241211
           -0.999898394635237
            1.000000000000000
      val=
            3.000000418150403
```

10.11.2 Jacobi 方法

例 10.31 用 Jacobi 方法计算矩阵 $\boldsymbol{A}=\begin{bmatrix}8 & -1 & 0\\ -1 & 2 & -1\\ 0 & -1 & 2\end{bmatrix}$ 的全部特征值.

```
function eigvalue=Jacobi_method(A,eps)
    %输入:A 矩阵;eps 容许误差;输出:eigvalue 计算矩阵 A 的所有特征值
    if nargin<2;eps=1.0e-5;end
    if~isequal(A,A');disp('矩阵 A 非对称,请重新输入');return;end
    no=size(A,1);
    EAS=sum(sum(A.^2))-sum(diag(A).^2);%EAS=E(A)^2
    num=0;
    while EAS>=eps
        num=num+1;
        maxval=max(max(abs(triu(A,1))));
        [p,q]=find(abs(triu(A,1))==maxval);
        p=pm(1);q=qm(1);
        EAS=EAS-2*A(p,q)^2;
        mat=jacobitran(A,p,q);  %调用旋转变换函数
        A=mat;
    end
    eigvalue=diag(A);
end
%实对称矩阵的 Jacobi 变换
```

```
function [matrix,J]=jacobitran(A,p,q)
    if nargin<3;error('输入参数不足,请重新输入');end
    n=size(A,1);
    if p>n|q>n;error('参数 p,q 输入不当');end
    if A(p,q)==0;c=1;s=0;
    else
        tau=(A(q,q)-A(p,p))/(2*A(p,q));
        t=sign(tau)/(abs(tau)+sqrt(1+tau^2));
        c=1/sqrt(1+t^2);
        s=t*c;
    end
    index=[p,q];
    matrix=A;
    for i=1:n
        if i~=index
                matrix(i,p)=c*A(i,p)-s*A(i,q);
                matrix(p,i)=matrix(i,p);
                matrix(i,q)=s*A(i,p)+c*A(i,q);
                matrix(q,i)=matrix(i,q);
         end
    end
    matrix(p,p)=c^2*A(p,p)-2*s*c*A(p,q)+s^2*A(q,q);
    matrix(q,q)=s^2*A(p,p)+2*s*c*A(p,q)+c^2*A(q,q);
    matrix(p,q)=(c^2-s^2)*A(p,q)+s*c*(A(p,p)-A(q,q));
    matrix(q,p)=matrix(p,q);
end
```

在命令行窗口输入如下.

```
>>A=[8 -1 0;-1 2 -1;0 -1 2];
>>eps=1.0e-8;
>>eigvalue=jacobi_method(A,eps)
  eigvalue=
          8.166545095795962
          0.926815096287125
          2.906639807916915
```

参考文献

[1] 蔺小林. 现代数值分析方法［M］. 北京：科学出版社，2014.

[2] 豪斯霍尔德 A S. 数值分析中的矩阵论［M］. 孙家昶，译. 北京：科学出版社，1986.

[3] 黄铎，陈兰平，王风. 数值分析［M］. 北京，科学出版社，2000.

[4] 唐旭清，王林君，方伟，等. 数值计算方法［M］. 北京：科学出版社， 2015.

[5] KINCAID D，CHENEY W. Numerical analysis：Mathematics of science computing［M］. 3 版. 北京：机械工业出版社，2003.

[6] 胡祖炽，林源渠. 数值分析［M］. 北京：高等教育出版社，1986.

[7] 李岳生，齐东旭. 样条函数方法［M］. 北京： 科学出版社， 1979.

[8] 关治，陆金甫. 数值分析基础［M］. 北京：高等教育出版社，2010.

[9] 孙志忠，袁慰平，闻震初. 数值分析［M］. 南京: 东南大学出版社，2002.

[10] 李岳生，黄友谦. 数值逼近［M］. 北京：人民教育出版社，1978.

[11] STOER J，BULIRSCH R. Introduction to numerical analysis［M］. New York: Springer-Verlag，1993.

[12] 戈林鲍姆 A，夏蒂埃 T P. 数值方法：设计、分析和算法实现［M］. 吴兆金，王国英，范红军，译. 北京：机械工业出版社，2003.

[13] 林德菲尔德 G，彭尼 J. 数值方法（MATLAB 版）［M］. 3 版. 李君，任明明，译. 北京：机械工业出版社，2016.

[14] 丁丽娟，程杞元. 数值计算方法［M］. 北京：高等教育出版社，2011.

[15] 欧杨洁，聂玉峰，车刚明，等. 数值分析［M］. 北京：高等教育出版社，2009.

[16] 李庆阳，关治，白峰杉. 数值计算原理［M］. 北京：清华大学出版社，2000.